第一推动丛书:综合系列
The Polytechnique Series

伽利略的手指
Galileo's Finger

[英] 彼得·阿特金斯 著　许耀刚 刘政 陈竹 译

Peter Atkins

湖南科学技术出版社

THE
FIRST
MOVER

总序

《第一推动丛书》编委会

　　科学，特别是自然科学，最重要的目标之一，就是追寻科学本身的原动力，或曰追寻其第一推动。同时，科学的这种追求精神本身，又成为社会发展和人类进步的一种最基本的推动。

　　科学总是寻求发现和了解客观世界的新现象，研究和掌握新规律，总是在不懈地追求真理。科学是认真的、严谨的、实事求是的，同时，科学又是创造的。科学的最基本态度之一就是疑问，科学的最基本精神之一就是批判。

　　的确，科学活动，特别是自然科学活动，比起其他的人类活动来，其最基本特征就是不断进步。哪怕在其他方面倒退的时候，科学却总是进步着，即使是缓慢而艰难的进步。这表明，自然科学活动中包含着人类的最进步因素。

　　正是在这个意义上，科学堪称为人类进步的"第一推动"。

　　科学教育，特别是自然科学的教育，是提高人们素质的重要因素，是现代教育的一个核心。科学教育不仅使人获得生活和工作所需的知识和技能，更重要的是使人获得科学思想、科学精神、科学态度以及科学方法的熏陶和培养，使人获得非生物本能的智慧，获得非与生俱来的灵魂。可以这样说，没有科学的"教育"，只是培养信仰，而不是教育。没有受过科学教育的人，只能称为受过训练，而非受过教育。

　　正是在这个意义上，科学堪称为使人进化为现代人的"第一推动"。

　　近百年来，无数仁人志士意识到，强国富民再造中国离不开科学技术，他们为摆脱愚昧与无知做了艰苦卓绝的奋斗。中国的科学先贤们代代相传，不遗余力地为中国的进步献身于科学启蒙运动，以图完成国人的强国梦。然而可以说，这个目标远未达到。今日的中国需要新的科学启蒙，需要现代科学教育。只有全社会的人具备较高的科学素质，以科学的精神和思想、科学的态度和方法作为探讨和解决各类问题的共同基础和出发点，社会才能更好地向前发展和进步。因此，中国的进步离不开科学，是毋庸置疑的。

　　正是在这个意义上，似乎可以说，科学已被公认是中国进步所必不可少的推动。

　　然而，这并不意味着，科学的精神也同样地被公认和接受。虽然，科学已渗透到社会的各个领域和层面，科学的价值和地位也更高了，但是，毋庸讳言，在一定的范围内或某些特定时候，人们只是承认"科学是有用的"，只停留在对科学所带来的结果的接受和承认，而不是对科学的原动力——科学的精神的接受和承认。此种现象的存在也是不能忽视的。

　　科学的精神之一，是它自身就是自身的"第一推动"。也就是说，科学活动在原则上不隶属于服务于神学，不隶属于服务于儒学，科学活动在原则上也不隶属于服务于任何哲学。科学是超越宗教差别的，超越民族差别的，超越党派差别的，超越文化和地域差别的，科学是普适的、独立的，它自身就是自身的主宰。

　　湖南科学技术出版社精选了一批关于科学思想和科学精神的世界名著，请有关学者译成中文出版，其目的就是为了传播科学精神和科学思想，特别是自然科学的精神和思想，从而起到倡导科学精神，推动科技发展，对全民进行新的科学启蒙和科学教育的作用，为中国的进步做一点推动。丛书定名为"第一推动"，当然并非说其中每一册都是第一推动，但是可以肯定，蕴含在每一册中的科学的内容、观点、思想和精神，都会使你或多或少地更接近第一推动，或多或少地发现自身如何成为自身的主宰。

再版序
一个坠落苹果的两面：
极端智慧与极致想象

龚曙光

2017年9月8日凌晨于抱朴庐

连我们自己也很惊讶,《第一推动丛书》已经出了 25 年。

或许,因为全神贯注于每一本书的编辑和出版细节,反倒忽视了这套丛书的出版历程,忽视了自己头上的黑发渐染霜雪,忽视了团队编辑的老退新替,忽视好些早年的读者,已经成长为多个领域的栋梁。

对于一套丛书的出版而言,25 年的确是一段不短的历程;对于科学研究的进程而言,四分之一个世纪更是一部跨越式的历史。古人"洞中方七日,世上已千秋"的时间感,用来形容人类科学探求的速律,倒也恰当和准确。回头看看我们逐年出版的这些科普著作,许多当年的假设已经被证实,也有一些结论被证伪;许多当年的理论已经被孵化,也有一些发明被淘汰……

无论这些著作阐释的学科和学说,属于以上所说的哪种状况,都本质地呈现了科学探索的旨趣与真相:科学永远是一个求真的过程,所谓的真理,都只是这一过程中的阶段性成果。论证被想象讪笑,结论被假设挑衅,人类以其最优越的物种秉赋 —— 智慧,让锐利无比的理性之刃,和绚烂无比的想象之花相克相生,相否相成。在形形色色的生活中,似乎没有哪一个领域如同科学探索一样,既是一次次伟大的理性历险,又是一次次极致的感性审美。科学家们穷其毕生所奉献的,不仅仅是我们无法发现的科学结论,还是我们无法展开的绚丽想象。在我们难以感知的极小与极大世界中,没有他们记历这些伟大历险和极致审美的科普著作,我们不但永远无法洞悉我们赖以生存世界的各种奥秘,无法领略我们难以抵达世界的各种美丽,更无法认知人类在找到真理和遭遇美景时的心路历程。在这个意义上,科普是人类极端智慧和极致审美的结晶，是物种独有的精神文本，是人类任何其他创造 —— 神学、哲学、文学和艺术无法替代的文明载体。

在神学家给出"我是谁"的结论后，整个人类，不仅仅是科学家，包括庸常生活中的我们，都企图突破宗教教义的铁窗，自由探求世界的本质。于是，时间、物质和本源，成为了人类共同的终极探寻之地，成为了人类突破慵懒、挣脱琐碎、拒绝因袭的历险之旅。这一旅程中，引领着我们艰难而快乐前行的，是那一代又一代最伟大的科学家。他们是极端的智者和极致的幻想家，是真理的先知和审美的天使。

我曾有幸采访《时间简史》的作者史蒂芬·霍金，他痛苦地斜躺在轮椅上，用特制的语音器和我交谈。聆听着由他按击出的极其单调的金属般的音符，我确信，那个只留下萎缩的躯干和游丝一般生命气息的智者就是先知，就是上帝遣派给人类的孤独使者。倘若不是亲眼所见，你根本无法相信，那些深奥到极致而又浅白到极致，简练到极致而又美丽到极致的天书，竟是他蜷缩在轮椅上，用唯一能够动弹的手指，一个语音一个语音按击出来的。如果不是为了引导人类，你想象不出他人生此行还能有其他的目的。

无怪《时间简史》如此畅销！自出版始，每年都在中文图书的畅销榜上。其实何止《时间简史》，霍金的其他著作，《第一推动丛书》所遴选的其他作者著作，25年来都在热销。据此我们相信，这些著作不仅属于某一代人，甚至不仅属于20世纪。只要人类仍在为时间、物质乃至本源的命题所困扰，只要人类仍在为求真与审美的本能所驱动，丛书中的著作，便是永不过时的启蒙读本，永不熄灭的引领之光。

虽然著作中的某些假说会被否定，某些理论会被超越，但科学家们探求真理的精神，思考宇宙的智慧，感悟时空的审美，必将与日月同辉，成为人类进化中永不腐朽的历史界碑。

因而在25年这一时间节点上，我们合集再版这套丛书，便不只是为了纪念出版行为本身，更多的则是为了彰显这些著作的不朽，为了向新的时代和新的读者告白：21世纪不仅需要科学的功利，而且需要科学的审美。

当然，我们深知，并非所有的发现都为人类带来福祉，并非所有的创造都为世界带来安宁。在科学仍在为政治集团和经济集团所利用，甚至垄断的时代，初衷与结果悖反、无辜与有罪并存的科学公案屡见不鲜。对于科学可能带来的负能量，只能由了解科技的公民用群体的意愿抑制和抵消：选择推进人类进化的科学方向，选择造福人类生存的科学发现，是每个现代公民对自己，也是对物种应当肩负的一份责任、应该表达的一种诉求！在这一理解上，我们将科普阅读不仅视为一种个人爱好，而且视为一种公共使命！

牛顿站在苹果树下，在苹果坠落的那一刹那，他的顿悟一定不只包含了对于地心引力的推断，而且包含了对于苹果与地球、地球与行星、行星与未知宇宙奇妙关系的想象。我相信，那不仅仅是一次枯燥之极的理性推演，而且是一次瑰丽之极的感性审美……

如果说，求真与审美，是这套丛书难以评估的价值，那么，极端的智慧与极致的想象，则是这套丛书无法穷尽的魅力！

伽利略右手的中指

1737年3月12日，当伽利略的遗体被转移到位于佛罗伦萨的圣十字教堂中时，为了永久地纪念他，人们将他的右手中指从其身体上取下。这根手指目前保存在佛罗伦萨的科学历史博物馆里，它盛放在一个含有圆柱形石膏底座的容器内，附言如下：

Leipsana ne spernas digiti，quo dextera coeli

Mensa vias，nunquam visos mortalibus orbes

Monstravit，parvo fragilis molimine vitri

Ausa prior facinus，cui non Titania quondam

Sufficit pubes congestis montibus altis，

Nequidquam superas conata ascendere in arces.

不要小看这根手指，一位伟人（伽利略）正是靠它才度量了苍穹的路径，并且揭示了地上的凡夫俗子们从未见过的宇宙胜景。因此，这位伟人在摆弄一架不起眼的望远镜的同时，也在挑战甚至是那些勇力超群的年轻的提坦巨神们（希腊神话）都无法完成的登天任务。

序言
认识的萌芽 ¹

为什么我们选择伽利略的手指呢？因为伽利略标志着科学史上的一个转折点，即从那时起科学探索开始朝着一个新的方向转变，而"科学家们"——当然，这个词用来指代当时的研究者其实并不恰当——则从先前的"摇椅式"空想中解脱出来，并对先前囿于权威的各种探求世界本质的方法的有效性提出质疑，从而在通往现代科学的道路上迈出了蹒跚的第一步。在此过程中他们摒弃了没有实证的所谓权威，但他们并没有完全放弃那些"不着边际"的猜想和内心沉思，而使其与可公开验证的实验观察方法进行有机的结合，并共同铸就了一个新兴的、强有力的联合体系。上述体系所体现的伽利略的思想已"染指"目前的所有科学领域：在首先激发出这种思想的物理学中可以看到，在19世纪初的化学中也开始显现，同样在生物学中也可以看到它的身影，尤其在19世纪和20世纪，生物学已不仅仅是一门"展示"大千奇观的学科的时候。

简而言之，本书赞扬了伽利略的具有象征意义的"手指"在揭示真理方面的有效性。尽管其生理意义上的手指被收藏在博物馆里，但是伽利略的实证技巧却传了下来并且发扬光大，这也透射出了个人的短暂存在与知识的永恒不灭这一道理。因此，伽利略的手指代表了

"具有科学性的方法"这个模糊的概念。他不是唯一的或第一个提出这种获取新知方法的人，但是他是历史上提出这种实证思想的举足轻重的人，因此把他作为实证思想的代言人也在情理之中。这种可以探索真理的神奇有效的方法中的一个方面就是强调了实验的核心性，从而将真正的科学与其主要对手——即那些令人印象深刻但也是极其无用的空想的表述划清了界限。深入研究领域并在严格控制条件的情况下所做的实验观察极大地避免了我们认识的主观性，并且在原则上使得实验观察可以面对大众的监督。

2　　　伽利略还发展了科学简化法，即将问题的本质剥离出来的方法，其思想之光穿透了在现实事件中笼罩在事物本质上面的乌云。这种对复杂问题的简化处理，即从复杂性中看到了简单性，恰恰像伽利略通过他自制的望远镜从"简单"的天穹中看到其复杂性一样。他把在泥泞中前行的吱嘎作响的小车（具体的现实生活事件）放在一边，取而代之的是研究从斜面上滚下的小球（抽象的一般的事件）这种简单的状态，或是从高点落下的钟摆的摆动状态。从现实中喧嚣和杂乱无章的事件中剥离出事物的一般本质是科学方法的关键部分。科学家往往能够从牡蛎中发现珍珠，从皇冠中发现宝石。

　　　当然有些人认为这种简化法存在缺陷。他们宣称，真正的认识来源于对喧嚣的现实事件的深入理解，比如小车的停滞不前，情人悲伤，云雀冲天等，并且认为科学家们将蝴蝶作为对象去研究其机制是对认识的抹杀。这种异议虽然不太合理，不过我们应正确地看待它，而不能将其完全抛弃。大多数科学家认为，作为人，情感只是我们与周围世界发生互动的一个极其重要的因素，而只有少数科学家认为这种情感因素是发现真理的可靠途径。他们喜欢解析令人惊愕的复杂性问题，通过将问题化整为零，然后再重新组合起来，尽可能去逐步深入地获得理解。他们通过研究斜面上小球的运动来获得对山坡上的小车的运动的理解；通过研究钟摆运动来更好地理解运动员腿部的摆动机理。反对者则对这种研究方法提出质疑，他们疾呼，对声音振动的物理学理解并不能阐明音乐的美感，且将一曲交响乐分割为一组单个的音符会破坏对其完整性的理解。科学家则回应，我们首先应该理解单个音符的本质，然后再去理解为什么有些和音令人愉悦，有些则如梦魇，而后 —— 可能用不了多长时间 —— 再尝试着去理解一段乐曲所产生的心理和艺术效应。科学的目标是获得对事物本质及其发展规律的详尽的认识，当然科学家们也从不会忘记追求这个终极目标，更不会因为失去耐心而半途而废。至于科学家们是否明白我们认识世界身心与共的快乐，是否理解哲学家、艺术家、预言家以及神学家各自领域的重大问题，都是无关紧要的，我们只知道伽利略改进的简化方法非常重要。

说到伟大的思想，我想它应该是一种内含和外延皆极其丰富的简单概念，它好比橡子，能生长成枝繁叶茂的可用之材；它又如蜘蛛，能通过来回盘旋织成大网然后享用盛宴。总之，思想能够产生理论，从而可以阐释事物的本质及其发展规律，同样它也能够用于指导实践。

科学史上存在诸多璀璨的思想，但我们不能奢望对其一一进行探讨，因此在这里我不得不有所选择。毫无疑问，其他人或许可以选择别的"超级蜘蛛"来获取科学思想中的其他肉肥味美的"猎物"，但本书所罗列的就是我的选择。

　　我的关注点集中于科学思想而非实际应用。我只写了很少一部分有关黑洞和星际旅行的东西，而且几乎没有写 —— 除了在经过认真考虑后的结语中 —— 诸如我们正处于信息技术和计算科学大行其道的年代中，正经历着科技对生活的巨大推动这种程式化的叙述。我的目的是理出能够为技术进步指明方向，或在大多数情况下能够为技术的进步提供理论基础的那些思想。继承了伽利略学术思想的想象力丰富的科学家 —— 弗里曼·戴森，将理论驱动型科学与技术驱动型科学作了区分。我所考虑的几乎都是理论驱动型科学。在上述分类中，戴森呼应了另外一个著名的思想家 —— 弗朗西斯·培根。培根把思想分为两种：一种是 *fructifera*，即带来果实的使者（引申为面向实践）；另一种为 *lucifera*，即带来光明的使者（引申为启迪智慧）。我则专注于后者。对于分子生物学和DNA结构的发现，到底是 *lucifera* 还是 *fructifera*，是理论驱动型科学还是技术驱动型科学，以及是否应该将其纳入本书的讲述范围尚存在争论。不过在上述每种情况中我倾向于选择前者，因为在生物学领域中，没有任何发现能够像DNA结构的发现那样极大地拓展了我们对生物学的理解和应用，因此把它排除在外无疑是十分荒谬的。也许将 *lucifera* 和 *fructifera* 完全割裂开来是不切实际的，在分子生物学中我们将会看到 *lucifera* 和 *fructifera* 在盛况空前的科学体系中的完美融合。

　　科学阐释不同于小说阅读，因为小说中的事件往往是以简单的线性方式展开的。要理解一个科学思想，你首先应该快读一遍，跳过文中那些较难理解或太乏味（但愿本书不会如此）的部分。诚然，尽管我认为文章的铺展有其正常的顺序，比如从晦涩迷离的基础原理开始，逐步攀升而看到熟悉事物的曙光；或者由熟悉的事物开始挖掘而揭开更深层次的原理（我采用后一种叙述方式），但是由于本书各章之间或多或少是相对独立的，因此读者可以按照任意顺序去阅读。

　　还需要谨记一点：科学方法的抽象化塑造了现代科学。抽象化是伽利略手指的另一个重要方面，我们应该对其在现代科学中扮演的角色及其重要性有所觉察。首先，抽象法并不意味着没有价值，事实上它能够产生巨大的实际效应，因为它可以指出我们原本意想不到的现象之间的联系，并且使源于某个领域的思想可以举一反三地应用 4 到其他领域中去。最重要的是，抽象法使我们能够站在一系列实验观察的结果背后，以一个更广阔的视角来看待它们。科学史上或阅读科学史时，一个最令人赞叹的"我发现了！"时刻是一种类似科特斯（Cortez-like）的体验，即发现一些海洋能够合并为统一的整体，并由此认识到先前看起来不同的现象之间所存在的内在联系。我的目的是带领本书读者攀上科学的制高点，去领略令人快慰的科学思想的融合，并且随着旅行的深入，我们将逐步揭开更伟大的抽象性，并体会其中的乐趣。因此，我将从猴子和豌豆开始叙述，然后是原子，再过渡到对称美，而后是时空，最后在对数学那种令人敬畏的抽象性的颂歌中达到高潮。如果你是按照章节的编排顺序进行阅读的话，那么你就会发现你对已读部分的理解逐章深入。

　　我们即将启程踏上充满挑战但同时会带给你深深的满足感的奇妙科学旅程。科学是文艺复兴精神的典范，而文艺复兴是对人类灵魂解放和貌似微不足道的人类大脑的思想力量的极好的注解。我期待着能够随着这趟旅程，小心翼翼地引领读者到达认识的极致，届时你将会感受到只有科学才能带给你启迪的无穷乐趣。

目录

第1章
进　化
⁵**复杂性的萌芽**

伟大的思想
进化源于自然选择

> 没有进化之光的照耀，生物学毫无道理可言。
>
> ——西奥多修斯·杜布赞斯基

　　生命是如此精致，以至于在很长一段时间内人们都认为它需要经过特殊的创造过程才能产生，因为人们难以想象如此非同寻常的事物又怎能从毫无生气的黏土中自发形成，况且，事物的哪些重要组成部分能够赋予其生命的特征？对类似于这类重大问题的解释先后掀起过两次浪潮。第一次浪潮是19世纪的经验性解释。那个时候，其中大多数是博物学家和地质学家的观测者们通过审视自然界的外在形式，进而得出了一些影响深远的结论。第二次浪潮出现在20世纪，此时人类的认识已经不只局限于对事物特征的描述，而是像鼹鼠挖地洞一样深入到事物内部，并揭示出了构成生命网络的分子基础。第一次浪潮所产生的认识是本章所要探讨的主题；第二次浪潮所产生的认识是下一章的主题，它极大地拓展了我们对于"生命是什么"这个命题的理解。

　　古希腊的哲学家们对于生命的本质也有他们各自的观点，但是就他们的大多数善意的言论而言，他们错得彻底但也错得可爱。例如，就拿为了证明他的神性而糊涂地跳进爱特拿火山口的自命为神的恩培多克勒（约公元前490 — 前430年）来说，之前他就猜测动物是[6]由通用的各种成套的零部件组装而成，不同的组合会产生不同的动物，由此得来大象、昆虫、角蟾和人类。至于为什么世界上充斥着这些我们所熟悉的动物而不是另外一些组合所形成的动物，比如可以飞行的猪和长着尾巴的鱼？他认为只有特定的组合是可以存活并繁衍后代的。自然界可能早已试验过其他林林总总的组合方式，以期实现类似于《人类复制岛》中的景象，但是经过短暂的蹒跚、摇晃或打滚之后，这些在试验过程中创造的生物最终栽倒在地，从而淡出历史舞台。

大约2000年过后，恩培多克勒的上述观点得到了乔治·路易斯·勒克莱尔，即进化生物学家布丰（1707 — 1788）的响应。但布丰的想法是建立在分子规模上的，他认为生命体起源于我们现在所称的有机分子的聚集：有多少种可以成立的有机分子的组合，就有多少个物种存在。布丰应该对自然的内理有自己的见解：他的巨著《自然史》（首见于1749年）原本打算扩展到55卷[1]，其中由他自己完成的36卷中，有9卷专门探讨鸟类，5卷探讨无机物，以及8卷（布丰去世后出版）专注于探讨鲸类、爬行类和鱼类。

但是所有的这些活蹦乱跳的生物究竟从何而来？世上的生物多得令人咋舌，对应于有记录的一定种类的物种，你可能会发现10倍于（甚至更多）该种类数量的生物个体。作为大百科全书式人物，亚里士多德也经常提出有严重错误的理论：他认为动物是从恒星降落到地

---

1. 实际为44卷。——译者注

球上的，或是由某种完备的形式（无需组装）自发产生的。在亚马孙盆地居住的雅胡那（Yahuna）印第安人则持新亚里士多德式观点，他们认为树薯源自那些被谋杀并火葬的麦洛马基人的骨灰。加利福尼亚的卡辉拉（Cahuilla）印第安人有着类似的信奉，他们认为葡萄树起源于火葬后的胃，西瓜源自眼睛的瞳孔，玉米源自牙齿，而有点不登大雅之堂的是，小麦源自虱子卵燃烧后的灰烬，豌豆源自人的精子。

其他的宗教则提供了一些看似简单的关于生命起源的解释，那就是：所有生物，无论大小，一律由上帝创造，就这样，无可辩驳。但是，即便是一些教堂的神父也发现他们无法完全认可《圣经》中的所有教旨。例如，博学的拿先素斯教皇格利高里（约330—389，拿先素斯位于现今小亚细亚的加柏多西亚地区）就认为上帝肯定在挪亚大洪水之后又进行了一些造物工作，因为小小的挪亚方舟根本不足以容纳所有物种的代表（一个物种雌雄各一只）。[1]作为教会执事长的卡莱尔·威廉姆·帕利（1743—1805）则认为在他出版于1802年的书中他已毫无争议地确定了生物的起源，其书美其名曰《自然神学》，或称为《存在的证据及自然表象之神学特质》。在书中他以类推方式提出了著名的论证，比如当一个旅行者偶遇一个钟表，他往往会惊叹于钟表复杂的设计，并由此认定肯定有人创造了这个钟表。因此，任何人当其遇到自然界的复杂事物时，会自然而然地认定上帝肯定在设计和制造过程中起了重要作用。米利都学派的阿那克西曼德（约公元前610—前545年），这位对当时处于萌芽期的西方哲学作出过贡献的古希腊哲学家事实上已经瞥见了真理的一角，他猜测到动物物种之间

---

1. 挪亚方舟是用哥斐木建造的，长300腕尺，宽50腕尺，高30腕尺；一腕尺的长度相当于从肘部到指尖的距离，大约45厘米（约18英尺）。

可以相互转变，尽管他靠的是纯粹的猜想来解释事物的存在特性及其一般本质。这种猜想方法也是阿那克西曼德、泰勒斯、阿那克西美尼哲学体系的一部分。

科学往往是这样，通往真知而非奇怪猜想的第一步是收集资料。对于解释自然起源来说，这就意味着首先要识别构成生物圈的所有种类的生物并且将其归类，至少在你还有耐心、能够坚持不懈并且老天照应的情况下，去统计尽可能多的生物种类。给生物种类命名便于确定个体之间的关系，就像按照惯例我们的家庭成员都保留姓氏一样。18世纪中期，伴随着国际海上贸易体系的建立，即便是足不出户的人也早已熟悉很多充斥世界的古灵精怪的生物，并意识到一些简单的名字诸如牛、狗等已不足以表达如此众多的生物，就像拉普兰（瑞典的一个地区）的居民会发现他们的语言在乌干达用不上一样。第一个被普遍接受的生物命名系统是由瑞典植物学家卡尔·冯·林尼（1707—1778）（我们也许更熟悉他的拉丁名——林奈）发明的，林奈最早在1735年出版的《自然系统》中提出了他的命名系统概念，一般认为他的植物命名系统源自他1753年出版的《植物种志》。在这部著作里，林奈引入了生物系统命名的层次概念（图1-1），比如生物"界"接近金字塔的顶端，自顶向下，金字塔逐渐拓宽至更特别的命名类型，依次为门、纲、目、科、属和种。这个命名系统中后来已加入了许多不同的中间层次，比如亚家族和超家族，从而使该命名系统更趋详尽。因此，按照林奈的命名系统，我们人类被划分为（也许有些人觉得难以理解）人种、人属、人科、类人总科，狭鼻次亚目、类人猿亚目、灵长目，真兽亚纲、哺乳动物纲、四足总纲，脊椎动物亚门、脊索动物门、动物界、真核域、有机王国。

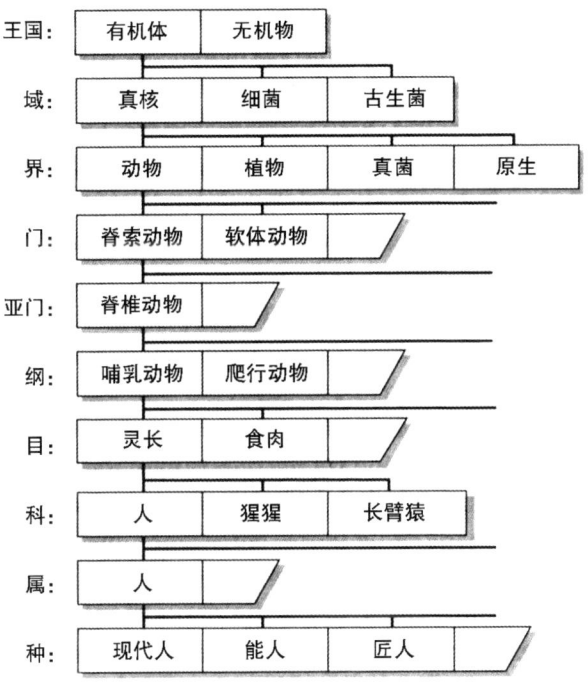

图1-1 林奈分类法最初包括8个等级（域、界、门、纲、目、科、属、种），其组织方式有点类似于罗马军队。从那以后，分类树就吸纳了许多中间过渡等级，这里只展示了一小部分。这个分类树显示了人类的命名是怎样与扩展后的林奈命名系统相契合的。其中，一个特定分类层次只展示了其中部分分类结果，从等级较高的物种开始，这一行以分割的长方形（梯形）表格结束。这个分类图表中每个分类层次尚存在争议：比如有些人倾向于按照5个界的模式来思考问题（他们将细菌也算进了"界"层次中）

　　林奈命名系统的一个不足之处是，它建立在识别种属之间的外部特征的相似性基础之上，而不是建立在确定种属之间的内在血缘关系基础上的，而从科学的角度讲，后者要更合乎科学性。再者，对于诸如门、纲等概念来说，很难给出准确的定义，而且实际上它们也没有什么特别重要的意义。当前分类学中最流行的是遗传分类学（*klados*

是希腊语, 意为幼苗或嫩枝), 它通过详细考察由一个共同祖先传承下来的生物世界, 从而确定进化树的不同分枝, 或支脉 (图1-2)。德国分类学家威利·汉尼希 (1913 — 1976) 最早提出遗传分类学并在其所著的《动植物分类法》(1966) 中进行了详细阐述。根据汉尼希的理论, 分类法应能够反映出生物的宗谱关系, 且应该严格按照"生物世系来源于共同祖先"这个基础, 将生物归类。不同于那些无所顾忌的理论物理学者将日常生活中的词汇如"旋转"和"气味"信手

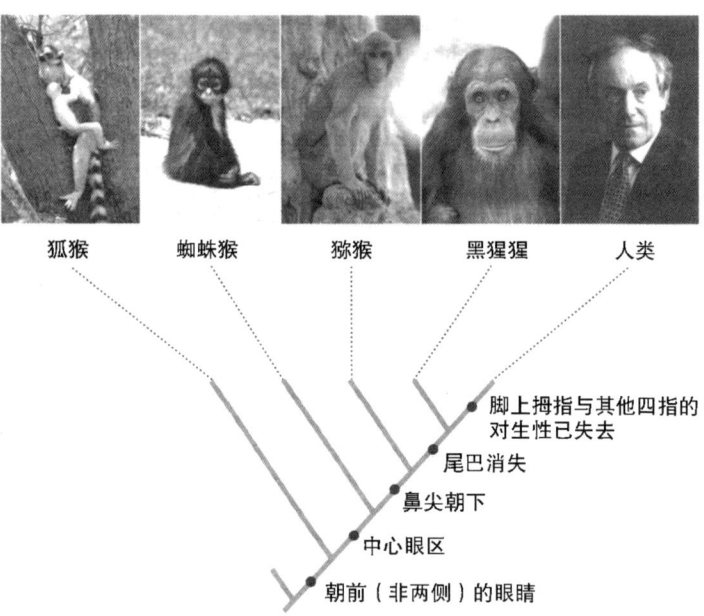

图1-2　在遗传分类法中, 进化树往往在每个特别重要的特征出现时发生分枝。按照正式的说法, 我们称这种分类法是基于*共同派生特征*的, 即生物共享后天派生的同源性状; *同源现象*是指性状是由共同祖先遗传下来的。上面的进化树表明了人类是怎样契合该分类体系的

拈来当作他们的工作用语。汉尼希在分类学中引入了希腊词语, 且遗传分类学研究的是共同原始特征 (多个生物共享同一祖先的原始特

征）、共同派生特征（共享派生的特征）等等。幸运的是，我们无须为这些词语所累，因为我们用得最多的还是林奈命名系统。但是，遗传分类学是非常有说服力的、合乎逻辑的体系，因为它是建立在生物系谱学基础上的。而据论证，生物系谱学能够为生物的分类提供强有力的理论依据。

9　　不过，我们马上又碰到了一个深刻的问题，它在我们接下来的讨论中不时出现，甚至给一些更新的生物分类命名系统也制造了麻烦，那就是："物种"一词到底是什么意思？直到现在，对于这个词语的准确定义仍然存在诸多争论。这些争论其实并没有多少实际意义，但是由于这个概念对于有关物种起源的历史争论来说具有核心意义，所以我们还需简单地对其探讨一下。实际上，接受"创造一个放之四海而皆准的正确定义是不可能的"这一理念，将"物种"这个词看作是本来就模糊的概念，而不再紧紧咬住它的具体定义而不断争执下去，也许是一个更好的选择。

　　关于物种的常识性定义，被称为类型分类学者的人有如下解释，即一个物种就是一个生物群落，而这个群落由于其特有的可确认的形态学特征而与其他生物群落相区别。柏拉图对于理念或称"完美存在"的定义类似于上述思想，即其概念不仅大多有感性的来源，而且具有非常丰富的含义，那是后来被逐渐抽象化了的概念所无法表达的。

10　　因此，我们能够通过"可确认的形态学特征"[1]轻易地区分麻雀和

---

1. 感性的外在的东西。——译者注

黑鸟，从而将它们分别归为不同的物种。当然，我们也能轻而易举地认识到麻雀和黑鸟的"鸟性"本质，并将其与芜菁的"植物性"区别开来，同样，我们也能区分"麻雀性"和"黑鸟性"。

一个比较复杂的定义是生物学物种概念，其中对于物种的定义为：进行同种交配但与其他这样的群落存在生殖隔离的一个生物群落。根据这个观点，一个物种就是一个有着旺盛繁殖活动的封闭的"小岛"，与仲夏的米克诺斯并没有什么不同。[1]这个定义将麻雀和黑鸟归为不同的物种，因为它们只在自身种内交配而不进行异种交配。生殖隔离在许多情况下都可以发生。例如生物种群可能会由于地理界限而被隔离，或交配发生在一年当中的不同时期，前者就是为什么岛屿在进化思想的发展过程中显得如此重要的原因之一。这些生物种群之间也许会互相排斥（或者，至少是互不感兴趣），或者会十分沮丧地发现，尽管彼此十分渴望交配，但是生理上的隔阂却难以突破。

如果我们期望在下一章中能够详尽地阐述遗传的机制，我们就应承认每个物种都分别代表着一个特定的基因库这一事实。当该物种的成员之间进行交配时，基因就在这个物种的基因库中进行流动而不迁移到其他物种的基因库里，这个过程称为基因流动。一个物种中进行的基因流动保证了其中所有成员的外表或多或少地相似，所以在这里，生物学物种概念与类型分类学者对物种的定义是一致的。

但是为什么对于物种的上述定义目前仍存在如此大的争议呢？

1.米克诺斯是希腊爱琴海中一个著名的小岛，被誉为"爱欲岛"。——译者注

因为对以交配活动为基础的上述定义来说，其需要面对的一个难题就是有些生物并不进行交配。例如并非所有细菌都进行交配，但仍然将它们划归为物种。除此之外，许多细胞有机体则进行无性繁殖（比如最常见的蒲公英，*Taraxacum officinale*），但仍然被认为是真正的物种。这个问题凸现了"物种"这个词有时候所包含的两种不同含义。其中一个含义如上所述，与生物群落的生殖隔离有关；另一个含义就是"物种"这个词只是分类学金字塔中最低级的分类之一，是对一个生物种群——如果不考虑其能否与别的种类的生物进行交配——分类的基本单位。这就意味着物种只是一个分类单位。用"物种"来简单地指代生物分类在古生物学中相当普遍，其中的单一世系也许在其不同的发展时期会被冠以不同的名称，尽管其后续成员或许在交配活动上从来没有选择余地。因此，直立人（*Homo erectus*）进化成为现代人（也称为智人，*H. sapiens*），并且集体走出非洲：他们便是处于古猿祖先和智人之间的，被称作渐变种的例子。

对在物种定义过程中的诸多困难的认识，促使人们想出其他替代的方法来解决这个问题，其中有些定义已跨越了生物学物种定义的理论界限并与之产生冲突。例如，有一种依据生物体表现型（外貌特征）对其进行分类的方法，它根据纯粹客观的评价手段，比如离散的评价方法，如用阿拉伯数字1代表"有翅膀"，用0代表"无翅膀"而将生物体进行归类。报纸杂志等媒体以及婚介所中的"找伴侣"栏目就与此类似。按表现型分类的方法的优点是它具有纯粹客观性，它不是依赖于对一个生物体外貌的主观评价，或去猜测这个生物体——或许其已灭绝——是否（假设有这样的机会）能和另外一个生物体进行交配而得出结论。然而这种分类方法所遇到的问题是，尽管以表现型判定的生物群体成员外表很相似，但是也许这些成员之间压根儿不能进行交配繁殖。因此，尽管它们是同样的表现型物种，但却是不同的生物学（生理）物种，一个例子就是果蝇（Drosophila）的两个亚种（二者不进行交配）：北美拟暗果蝇（D. pseudoobscura）和两似果蝇（D. persimilis）。从表型上看，二者几乎没有什么不同，所以它们同属一个表型物种，但由于二者不能交配，故将其归为两个不同的生物学物种。

对于物种定义还有其他一些表述，但是这些表述的加入更加使得围绕物种定义展开的讨论乱成一锅粥了。生态学物种概念强调的是生物体周围环境的重要性，它认为一个物种就是一个生活在单一生态环境中的生物群体。而认知物种概念则强调的是一个生物体有识别其潜在配偶的能力。这个定义是与生物学物种定义紧密相连的，它的一个优点在于，生物体这种识别配偶的活动能够被我们直接观察到，但其是否具备异种交配的能力则只能由推断得出。或许这是事实：当一个生物种群中的成员不能够识别它们以前的配偶并将其当作交配对象，转而与别的物种个体进行交配时，一个新物种就会产生。这种识别的达成不一定非得通过外表来判断：植物和动物都分别有各种各样的交流方式，包括声音和一些我们认为是谨慎的、抑或无意识的交流方式，如释放并检测一些我们称之为信息素的物质。同样的道理，人类有时也在香水和其他洗液中也加入类似的物质，以使自己更具吸引力。说到这里（只是局限在上面这个简单的探讨中，实际上还存在其他一些定义，但我们不可能一一讨论），种系发生的物种概念出炉了，其定义为：一个物种就是一个生物群体，这个群体的成员具有共同祖先但至少有一个性状使其能够区别于另一个物种。根据这个定义，两个不

同的种系发生的物种之间至少有一个性状是不同的，但是这两个物种
成员之间是可以交配的。

　　毫无疑问，现存物种由其远古祖先进化而来，并且依然在进化着。
对于远古时期的进化来说最好的证据莫过于化石，它给我们提供了地
球在漫长岁月的演进过程中，曾经生活在地球上的那些生物遗留下来
的格外珍贵的资料。就像目前没有哪个博物馆能够收藏每个现存物种
的样本一样，化石记录也是不完全的。这很容易理解，毕竟博物馆对
其内部收藏品采取的保护措施要远胜于原始地球。但是，即便资料不
太完全，却足以使我们穿越历史时空，追踪到现存生物的祖先们曾经
生活的印记，从而使我们自身的起源问题变得十分明朗，而以前的陈
词滥调"模糊遥远的过去"用在这里显然是不太恰当的。

　　有关化石记录及按照地球上生命存在的历史对化石记录进行解
析的科学叫作古生物学。"化石"（fossil）这个词取自拉丁词语 fodere，
意为挖掘，而后演变为 fossile，意为挖掘出来的东西。早期的化石发
掘者一般认同柏拉图学派的观点，他们认为化石是理念的化身，这种
化身只能由某种神秘的塑造力所创造。然而我们现在知道化石只不过
是包含有生物的骨骼（骨头主要含有磷酸钙和软骨蛋白）和牙齿（各
种坚硬的外壳包裹的磷酸钙）的矿物质。化石多见于沉积岩中，它是
由已经形成矿物质的岩石经沉积和压缩而成的，比如石灰岩。火成岩
是岩石物质从地下深处喷发到地表而形成的，其中化石比较少见。有
些化石可以在变形岩中找到，变形岩是经由高温高压改造过的沉积岩
或火成岩。有些化石则是有机物质被水渗过后，内部孔洞被石质沉积
物填充而发生矿物质化而形成的。在我们发现化石之时，原来的生物

体其实早已灰飞烟灭，但出土的化石却是该生物的三维写真，从而使我们有幸认识它的本来面目。贝壳常常能够保存下来，是因为形成贝壳的碳酸钙的一种存在形式 —— 文石转化成了更坚硬，密度也更大的方解石。不过有机材质并不通过这种方式来保存，羽毛（一种硬质蛋白质）的压痕和动物肉体部分（由脂肪润滑的软质蛋白组成）常常嵌入岩石的化石中，从而得以保存。有些小生物可以完好无损地保存在我们称之为琥珀的固体化的树脂中。更大的生物如猛犸象可以保存在冰河时代的冰层中。[13]

在地球内部的熔化地层中存在着永无休止的熔岩上升活动，从而不断地成为地球最外面的固体外壳 —— 岩石圈添加新的地层。从这个角度来讲，我们脚下的土地是充满生机的。涌升的岩浆柱使得岩石圈从涌升区不断扩展，继而在远离涌升区的隐没海沟又沉降下去。包围这条地质活动传送带的是外壳坚硬的一圈硬质"牛粪" —— 我们称之为大陆，它在地球表面进行着漂移运动。这些板块构造过程最初是由德国地质学家阿尔弗雷德·魏格纳（1880 —— 1930）提出并在所著的《大陆和海洋的起源》（1915）中进行了论证，但在当时却遭到了世人的蔑视。不过自从20世纪60年代起，魏格纳的学说逐渐被人们接受，因为一系列工作揭示了以前人们认为静止的、坚硬的海床，是怎样通过扩张改变地球的面貌（图1-3）的这一问题。这种海床的运动导致了大陆地壳的局部扭曲，同时伴有其他地质效应，诸如造山运动和峡谷、丘陵以及山谷的形成。

在大地剧烈的褶皱过程中，在某些情况下不同的地质地层之间发生混合也就不足为奇了。在这些地方，一个世代的生物化石会被带到另一世代的化石下面（顺序性被打乱），而较古老的化石则经塌陷作用而与较年轻的化石混合在一起。通过追踪地层的形状，观测其是否发生过扭曲，我们可以发现化石的这种明显的不连续性。事实上，当

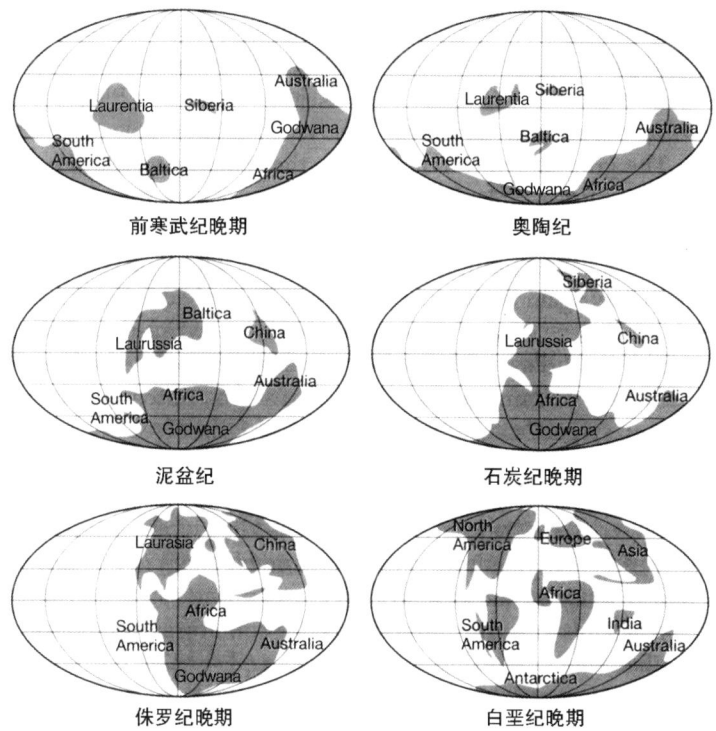

前寒武纪晚期　　奥陶纪

泥盆纪　　石炭纪晚期

侏罗纪晚期　　白垩纪晚期

Laurentia：劳伦古陆，Siberia：西伯利亚，Australia：澳洲，Godwana：戈德瓦那，South America：南美洲，Baltica：波罗的海沿岸大陆，Africa：非洲，Antarctica：南极洲，China：中国，laurussia/laurasia：劳娅古陆，North America：北美洲，India：印度

图1-3　如果以一个相当长的时间跨度来审视地球的话，那么我们现在所熟悉的按照目前大陆分布方式的地球就会呈现出完全不同的景象。在数百万年时间内，地球表面呈流动的状态，伴随着熔岩从地底涌升并又在离涌升区较远的俯冲带下沉，大陆也在地球表面进行着漂移运动。在这些序列图中，我们可以看到地球在过去的数十亿年间（地球的年龄对应于这些已被命名的地质年代，参看图1-9）是怎样逐渐变成现在的样子的。这些图标出了一些最终演变成我们现在的大陆和国家的原始大陆

我们结合地球剧烈变化的气候效应来思考构造运动的强大威力的时候，会发现各种远古生物化石居然在这种剧烈的动荡中能够保存下来是多么不可思议。因为在这种气候变化剧烈的年代里，海洋发生冻结而进入冰河时代，冰川之间则来回进行着摩擦撞击，而当冰河时代退却时，补给海洋的冰川又引发了高达几百米的海啸。世界大战——地球对生物，生物对生物——极大地破坏了曾经生活过的生物的遗骸，但幸运的是，至少远古生物还把一颗牙齿留给了我们。

但是我们找到的却不仅仅是一颗牙齿。如果真有这么回事（恐龙灭绝），那实在是不幸中的万幸：恐龙死去的地方是如此隐蔽以至其没有成为别的动物的盘中餐，而后它们的遗骸沉入泥浆并被沉积物所覆盖。在一个合适的时候，由于自然界的侵蚀作用，将它们的表面覆盖物剥落而使其重见天日。生活在浅水中的含有坚硬骨架的海洋无脊椎动物组成了最丰富的化石记录，而最难形成化石的是一些没有骨架且易折损的生物，如鸟类。有些种类的化石是大量产生的：白垩纪的地层中有成堆的被称为颗石藻的单细胞藻类的化石遗骸（图1-4）。[14]这种化石现在仍在形成，因为每年有大约14亿千克的颗石藻在不断地沉积。颗石藻是不透明的，部分原因是由于它们长期生活在海水里。在1997年和1998年的夏天，整个巴林（Baring）海域海水由原来的深蓝色变为碧绿色，这是由于生活在其中的亿万颗石藻在堆积形成高地的过程中抓紧它们最后的短暂时光，静静享受生命的乐趣。

化石记录尽管不完整，但仍旧不失其光彩夺目之本色，它在生物进化研究中极具启发价值。伴随着物种的来去，一个物种进化成其他

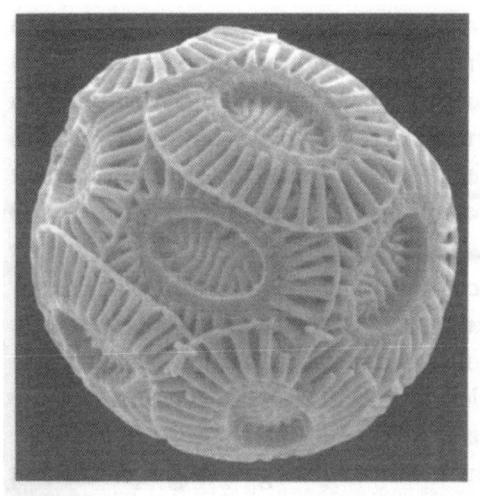

图1-4　这是一幅扫描电子显微镜（SEM）拍摄的一种常见的颗石藻（*Emiliana huxleyi*）图像。其中每个轮踏盖形状的结构就是一个独立的颗石藻。我们现今的白垩石和石灰石高地就是由死亡后经过压缩的无数颗石藻所构成

物种，有的物种又走向消亡，所有这些要素集中起来就相当于一棵枝繁叶茂的大树：强壮的树枝不停地分支，柔弱的树枝则趋于消亡，而目前的生物圈相当于它的树叶。化石记录为我们展示了生物圈在进化过程中不断分支的历史，有时伴随着一些模棱两可的但又似乎合乎情理的生物后代世系。然而，对于化石记录还有其他一些解释，由于化石记录对于理解我们自身在自然界中所处的位置是如此重要，所以我们必须对上述解释方案仔细探究一番。

　　进化论也称为物种演变论，我们稍后再来仔细分析这种理论。这里我们要研究的是另一种学说：神创论。它认为除了微小的变异外，每个物种几乎都是永恒不变的。神创论者宣称，物种是由一个永生的、全能的、被顶礼膜拜的造物主将"生命气息"注入现成的、巧妙设计

后的躯壳而产生。这些物种既可能会永恒地存在下去，又可能会趋于灭绝，从而为造物主捉摸不透的想法显灵，为其创造的新生物种腾出发展空间。造物主拥有无穷的能力设计制造生物，并且让物种之间以伤残和杀戮为主题，衍生出无穷的变异。当然，这一幅铁血獠牙的场景，隐现了人类拜服的上帝自由意志的图像。

神创论及它的明显经过伪装的变种"智能设计论"并不是真正的科学，它是一种不能被验证的结论，是被宗教激发的反科学所追求并推动发展的。即便给予最大限度的宽容，神创论仍然十分类似于伽利略笔下的辛普利西奥（意为头脑简单的、荒诞的）。这是一个文学比喻，用来表明科学的解释才是更好的解释方法——这里指进化论。科学一贯追求的就是为人们答疑解惑，这是十分重要的。神创论的问题是，它的支持者们并没有意识到自己就是"辛普利西奥"，他们对确凿证据的反复纠缠，甚至不惜歪曲事实的做法只是在浪费时间且令人反感。更令人担忧的是，它还有可能遮蔽年轻人的双眼，使其不能看到"创造"的真实内涵。

哪些证据可以驳斥神创论呢？限于本章篇幅，我们不可能一一列举如此多的论据。在这里，我只举3个例子以飨读者。首先，大量新物种是在最近一段时期内形成的，这强烈地提示了新物种在更早的时期就已开始进化，因此，化石不仅仅是"桶底剩余的酒"，即它不但是生物灭绝的记录，同时也是生物进化的记录。其次，有人指出进化论并没有预知力，因此是不可验证的，所以进化论也不过就是与神创论一样的非科学的东西，但是上述论断并不成立。通过对以前的和现存的微观生物的仔细观察和分析，我们可以证明进化是确实存在的。在

20世纪，我们已经能够在分子水平上追踪进化的过程，并有效地预测了生物分子水平进化的细节与生物体宏观进化存在着一致性。事实上确实如此：至今没有发现一例分子水平进化与观察到的整个生物体的进化存在不一致性。再次，评定是否存在版权侵犯的一个手段是：检验所审查的出版物中是否复制了有时故意在原版中引入的错误之处，地图制作者们有时会在所绘的地图中引入一些小错误——比如在地标中多加一座房子——借以给剽窃者们制造陷阱。与此类似，生物学中也存在两种"剽窃"错误。其一，某些进化有时从一开始就犯了南辕北辙的错误（可以归结为没有远见），所以只能自吞苦果。哺乳动物的眼睛是一个被经常引用的例子，因为那个"愚蠢的造物主"的愚蠢设计，眼睛的进化陷入尴尬的境地。在哺乳动物眼睛的构造中，由于血管位于视网膜的前方，因此当血管从视网膜上的孔洞穿过并离开眼球回到大脑时，就使得该孔洞成为视网膜上的盲点。这个不合理的设计被一直沿用着。另一种错误发生在分子水平上，以假基因为例，它是一种可复制的无功能的突变DNA序列，这类似于上述地图中故意引入的假房子。[1]

我们再回到对科学以及进化理论的探讨中。微观进化是指生物体特征或功能（或二者兼有）发生细微改变的积累和发展过程。宏观进化是由上述微观进化所产生的变化经不断积累，从而产生新物种和更高级的分类层次（目、属等）的过程，该过程称为种系渐变论。就像我们先前指出的那样，这种逐渐进化的实证依据往往被我们认为的"化石记录的不完整性"所掩盖，因为化石记录常常欠缺我们所期望

---

1. 此论据的详细解释请浏览http：//www. talkorigins. org/faqs/molgen/ 。

的过渡物种。对于这点有两种可能的解释，一种解释是：过渡物种确实曾经存在过，但是早已消失得无影无踪；另一种解释就是：种系渐变论是不正确的，其实化石记录远比人们想象的要完整，并且物种是在经历了一段相当长的静止或叫"稳态"的时期之后，在数千年时间内如雨后春笋般大规模形成的。这一饱受争议的理论——间断平衡论是由尼尔斯·埃尔德里奇和斯蒂芬·古尔德（1941—2002）于1972年提出。该理论认为，一个小的隔离生物群在异域物种形成（"异域"简单来说就是指种的变异发生在与其祖先的栖息地不同的地方）过程中经历了进化的爆发。因此，该物种祖先的栖息地就不太可能包含有过渡物种的化石记录，并且只有当进化完全的新物种又回到其祖先的栖息地时，才能在该栖息地找到它的化石。这种易于理解的过渡物种的缺失使人们增强了对两个物种之间非连续转化的理解。

　　种系渐变论和间断平衡论（其最初提出时的形式）被认为是进化论可成立范围内的两个极端。但是将它们看作是解释进化的两个不相容模式显然是不合适的，我们应将两者看作是"进化计量仪"的不同标记模式，即都可用于表示物种形成发生的速度。有些物种的出现方式可能更符合种系渐变论的模式，而另一些物种的出现方式可能更符合间断平衡论的模式。判别一个物种进化的频率并确定所获得的化石记录是完整的是特别困难的（种系渐变论）。对保持静态平衡的机制和由这种静态平衡到快速变异的切换机制来说，尽管其在一定程度上通过一些解释，使得这种修正的理论已经脱离了其最初简单的"骤变−渐变"对比的模式，但这并不等于间断平衡论的最新修正版就没有任何争议。同样的，间断平衡论的哲学立场也是存在争议的，因为它将物种形成看作生物对环境产生适应性的原动力。然而达尔文主义者则将物种形成看作生物不断适应环境并由此产生的性状变化的积累的结果。但总的来说，我们不应该把上述这些存在的争议看作自然选择理论的失败（当然更不是进化论的失败），它们不过是人们对于自然界中一个重要过程的发生细节的激烈争辩罢了。

我们还需强调一点，进化并不总是导致复杂度的增大，进化并不总是上升的。实际上，如果生物能够抛弃许多社会和生理结构方面的包袱的话，那么它会发现它能大大加快繁殖的速度，并因此而在地球上占据更显赫的位置。但困扰我们的一个问题是，既然人类可以摒弃社会活动而专心致志于繁殖，那么为何我们又会受到这些人为的社会活动的困扰呢？再者，生物的栖息地可能也会变化，因此那些本来就处于劣势地位的物种的残余成员可能会突然发现它们的时日不多了，但正是这种环境的改变可能会迫使其繁殖能力超过当前处于优势地位的竞争对手。被囊类动物如海鞘（*Ciona intestinalis*）有另外一种解决之道，但它同时也是个终极懒汉。这种小家伙在其幼虫期是一个运动型猎手，因此是需要大脑的。然而，一旦发现一个适合居住的地方，它就会在此扎根，因此也不需要再进行思考了，就这样优哉游哉地饱食终日，所以它就干脆把它的消耗太多能量的大脑吃掉。大脑是耗能大户，所以当你发现如果有一天你再也用不着它的时候，将它及早处理掉会是个不错的主意。

所有这些种类丰富的生命是怎样产生的呢？我们先前提到的威廉姆·帕利认为他已知道了这个问题的答案，而且信心十足地宣称所有物种都是由上帝创造的，且是毋庸置疑的事实。拉马克（1744—1829）认为他也知道这个问题的答案。且就学术意义而言，他的思想比帕利的思想更受人们推崇，因为他曾竭力去寻找生命产生背后的机制问题，而不是像帕利那样把问题推给上帝就高枕无忧了。拉马克最初当过军人，而后当过银行职员，后又做过植物学研究助理，最后成为昆虫学和蠕虫学教授。他毕生贫困，在生命的最后几年已双目失明。甚至在死后他还受到贫困的纠缠，因为他原先被葬在一座租来的坟墓中，当5年使用期满后，他的尸骨只能迁出坟墓以供其他去世的人使用，因此他的尸骨也已荡然无存了。在现在看来，他的名字更多地与鄙视而非尊重联系在一起。但是作为无脊椎动物学（拉马克创造的名字）的奠基人，并且作为试图努力去揭示物种存在奥秘的学者，他是值得后人尊敬的。拉马克在1801年开始发表他关于进化机制的学术猜想——也只能说是猜想，因其确实不是严格的科学理论——然后他在1809年发表的《动物的哲学》中对进化机制做了最完备的阐述。

　　拉马克认为所有生物都在不停地向着更高的目标探求，以趋于完美，且都是从最原初的"种子"转变而成，这个种子包含某种柏拉图式的物种的本质。生物的这种探求由"神经流"驱动，各种不明类型的"神经流"滋养着那些经常锻炼的器官，而那些不经常使用的器官则不得不"忍饥挨饿"。同时他也猜测——这一猜测是最为人们所津津乐道的，尽管拉马克自己可能认为该猜测是他所有理论中的一个不太起眼的部分——生物一旦获得新的性状，就会把该性状遗传下去。他最著名的例子就是，当长颈鹿努力去吃更高的树叶的时候，经过一定时间（或一定数量的世代）它的脖子就会变得更长并成为更占优势的种类，并且这种在上一代长颈鹿中获得的脖子变长的性状能够传到下一代（或更多世代）。

我们也许会嘲笑拉马克上述思想简单、幼稚，但是在分子生物学诞生并排除关于这种性状遗传的任何可能机制之前，要反驳上述思想是比较困难的。尽管拉马克的观点被看作是物种演变论而不是进化论，但它在20世纪仍旧十分流行。各种反驳拉马克观点的滑稽的论据相当普遍但却不着边际：有些人认为，连续几代的犹太人在经受割礼后却并没有使他们后代的包皮萎缩，因此这就证明了拉马克的进化理论是错误的。但仔细思考一番就会发现上述反驳论据的破绽，因为犹太男童并没有像拉马克观点所阐述的那样"努力"地失去包皮（即这种行为并不是自身努力的结果，而完全是由别人来完成的）。在其一系列著名的但令人感觉不太舒服的实验中，德国生物学家奥古斯特·魏斯曼（1833—1914）将连续几代小鼠的尾巴切断，但却发现这些小鼠的后代的尾巴并没有任何缩短的迹象。所有这些损毁实验——有很多这样的实验，包括偶然的和人为的——尽管可以否定"获得的性状是可遗传的"这一观点，但是它们实际上与物种演变论的中心思想即拉马克所强调的"努力去得到"毫无关系，而只有以后者为中心，物种转变的内在源动力才能运行。

在发表于1844年的《创造的痕迹》中，罗伯特·钱伯斯（1802—1871）已经看到了解释物种产生问题的一丝曙光。他意识到了突变的重要性，但却宣称新物种产生是由于生物生育的新个体发生畸变导致的。因此，如果一条鱼莫名其妙地生来就有翅膀、羽毛和喙，那么生物界就增加了一个与鸟相像的新物种。大约同一时期，布里奇沃特协议出台了。布里奇沃特协议是按照布里奇沃特地区第8世也是最后一世伯爵拉弗伦德·亨利·安格顿的意愿——"通过运用所有合理的论据而把生物的产生描述成上帝创造各种各样的有机体的过程，从而去歌颂就像创世记中所描述的那样一位集力量、智慧与福祉于一身的上帝"——并在他的赞助下，出版的一个作品集，该协议成为当时一些流行思想表达的载体。其中有所建树的观点包括由托马斯·查尔莫斯于1833年提出的"外部环境对人类精神和智力组成的适应"，以及约翰·基德在1837年提出的"外部环境对人类生理条件的适应"。以现代的观点来看，上述两个观点与我们目前认可的事实正好相反。

　　在本节行将结束之时，进化论的集大成者，查尔斯·罗伯特·达尔文（1809—1882）终于以与别人不同的方式登上历史舞台。达尔文在确定不同种类生物的起源上所取得的成就，可以追溯到他在环球旅行中对自然世界的痴迷和探索。1831年，达尔文以绅士（指菲茨罗伊）同伴的名义，实际上是作为博物学者的身份登上了由英王查理二世的非嫡系后代罗伯特·菲茨罗伊舰长领衔的英国海军舰艇"贝格尔号"（猎犬号），并在随后5年间（1831—1836）进行了环球旅行。菲茨罗伊希望达尔文在这个漫长且孤独的旅程中不仅能够避免前任舰长开枪自杀的命运，也能够打破他叔叔的宿命。因为若干年前，菲茨罗伊的叔叔，即英国内政部长卡斯尔雷子爵在旅途中因为抑郁症突然发作而切断了自己的喉咙。因此，菲茨罗伊让达尔文和其他船员尽可能多地去陆地上"透气"，去干自己感兴趣的事。专注于压得人喘不 20 过气来的浩瀚资料中往往是开创性发现的前奏，潜意识中悄悄进行的孜孜不倦的探索并寻求问题的合理解释，最终在意识深处爆发并造就了达尔文科学生涯中最光彩夺目的篇章，从而又诞生了一个"我发现了"的事件。

在5年的环球旅行中，达尔文在陆地上度过许多时光。对他来说，他在"贝格尔号"这艘小帆船[1]甲板上不时受到晕船的袭击，因此他把在陆地上度过的时光当作是一种解脱。他最著名的陆上逗留发生在加拉帕戈斯群岛（海龟群岛）。从1835年9月15日开始总共持续了5周时间，"贝格尔号"从太平洋中的厄瓜多尔海岸出发，像之前的船只一样，船员们对加拉帕戈斯群岛特有的大海龟进行捕杀用以补充鲜肉，以顺利通往下一程。因此稍大岛屿上的大海龟都被猎杀殆尽，只有那些稍小的岛屿上的海龟存活下来。加拉帕戈斯群岛是由火山喷发而形成的一系列岛屿，与达尔文不同时期的另一个旅行者——赫尔曼·麦尔维尔曾把加拉帕戈斯群岛比作是"在城市外面垃圾场到处倾倒的一堆堆灰烬"。当然麦尔维尔的这个看法就远不如达尔文所经历的那样深入。但是达尔文当时也并不知道他此行的重大意义，直到"贝格尔号"渐行渐远并把加拉帕戈斯群岛远远甩在身后，他记录的是：很难想象"热带岛屿对人类来说是如此无用"。尽管当时的人们把这些云雾缭绕的岛屿昵称为"魔幻岛"（Los Encantadas），但是实际上笼罩在物种起源问题上的那层迷雾却开始逐渐散开，在他帮别的船员屠宰猎来的海龟，并将佐料塞在海龟肉里的时候，达尔文就在不停地思考着从不同的岛屿上收集来的鸟类尸体标本的差异性问题（他只去过圣克里斯托巴岛、佛罗瑞那岛、伊莎贝拉岛和圣迭戈岛）。他做了如下记录：

> 有几个岛屿拥有他们自己特有的海龟、笑画眉、雀类
> 以及大量植物，这些物种都有类似共通的习性，占据相似

---

1. "贝格尔号"长27米，船身中部最宽处为7米，相当于15 × 4 darwins。

　　的生存环境，并且明显地按照天然的经济适用法则聚居于同样的栖息地……［这种情况］着实令我惊叹。

　　就像我们先前所强调的那样，在我们认识被达尔文适时地称作自然选择的理论的时候，岛屿毋庸置疑起着相当重要的作用。岛屿不仅简化了生态系统从而使我们得以更轻易地观察物种之间的区别，而且它还有效地隔离了生物种群而使生物更易发生变异和适应。

　　尽管满脑子都是海龟并且惊叹于各种奇怪现象，但是此时的达尔文仍旧缺乏一些将思想的火花转化成理论的条件。达尔文后来声称，他的思想火花是在1838年9月28日当他仍在不停地反思旅行中收集的海量资料时突然迸发的。在闲暇时，达尔文拜读了马尔萨斯的《人口论》（1798）。举止优雅且博学多才的大师托马斯·马尔萨斯，是一位受雇于东印度公司并给该公司职员讲授经济理论的政治经济学教授。在《人口论》中，他论证了人类注定会发生人口危机，因为人口的增长速度要远远超过物质资料的增长速度，结果会导致相对的人口过剩。达尔文随后回忆道：

　　　对动植物习性的长时间不间断观察，使我已经有充分的基础去理解物种之间无处不在的生存竞争，并且在一瞬间使我惊醒：在这种严酷的环境中，优势变异将会保留下来，而劣势变异将会趋于消亡。

　　达尔文理论的坚定拥护者托马斯·赫胥黎（1825—1995）随后说道，"（自己）简直是笨到极点，当初怎么没想到这一点呢"。

之后在将近20年时间里，达尔文不停地思考着他的这一系列观察结果，逐渐构筑着他的自然选择理论并积累着大量例证，他也从未放弃对拉马克提出的获得性状的可遗传性理论的信奉，但同时也为他的著作出版可能会产生的后果而担惊受怕。1856年，达尔文开始起草一份包含上述思想的报告，并希望这些思想能像乔治·埃略特笔下的卡苏朋博士的形象那样影响广泛且具权威性。但是达尔文的计划却受挫了，因为当时还有一些读过马尔萨斯著作且对岛屿生物物种做过亲自考察的博物学家们。随后，在收到一份来自阿尔弗雷德·拉塞尔·华莱士（1823—1913）的名为《生物由原始类型无限分化的多样性趋势》的手稿后，达尔文大吃一惊。华莱士是苏格兰英雄威廉姆·华莱士的远亲后裔，在1842—1852年间，他曾作为一个专业的标本采集者在亚马孙河流域四处旅行。由于在欧洲没有什么发展前景，华莱士决定继续从事日益有利可图但比较辛劳的标本采集工作，并且选定马来群岛（印尼群岛）作为他的目的地，并于1854年到达新加坡。1858年2月，经过之前数年的旅途奔波，采集标本，甚至在摩鹿加群岛（具体是哪个岛屿已经无法确定，很可能就是吉罗罗岛和特那特岛二者之一）染上疟疾等一系列辛劳困苦之后，华莱士终于意识到——就像达尔文那样——马尔萨斯《人口论》中的思想是破解进化论谜题的钥匙。

达尔文处在了进退两难的窘境，因为对他来说，华莱士的半路杀出，使得在他头脑里已经孕育了20年的自然选择思想的优先发现权面临巨大的冲击。他随后咨询了他的朋友查尔斯·赖尔和植物学家约瑟夫·胡克。尽管没有咨询到华莱士的意见，但是他们仍旧决定于1858年7月1日在伦敦召开的林奈学会的一次会议上发表华莱士的手

稿以及达尔文积攒的大量笔记。从那一刻起，自然选择理论终于出炉 22
了。达尔文放弃了打造鸿篇巨制的计划，并在保留有价值的资料的基础上大大缩减了原计划的篇幅，终于在1859年11月出版了《物种起源》(On the origin of species)，更准确地说，这本书完全按照维多利亚时代哥特式风格的包装进行还原，名为《依靠自然选择过程或生存竞争中的优势种族保留过程的物种的起源》。达尔文甚至也觉得上述题名有些冗繁，因此在随后各版中他把 "On" 删去了[1]。达尔文记述道：

　　这个观点包含两方面内容：第一，物种并不是各自独立地，毫无瓜葛地被 "制造" 出来的；第二，自然选择是生物物种变迁的动因。

　　说到这里，我们的视线该聚焦到达尔文这个被普遍承认的自然选择的发现者身上了。但是我们也不能忽视华莱士在自然选择理论构建中的应有功绩，而不仅仅是因为他将自然选择的优先发现权让与达尔文所体现出的高尚情操。然而，华莱士在其后半生的相当长的时间内却从事着其他研究，这使得他在进化领域的历史地位大大降低。他始终难以理解人类能够在没有神灵指示的情况下进化的事实，而试图把自然选择限制在身体外在形式的进化范围之内，且认为意识由更高级的某种东西所塑造。以致后来华莱士不仅十分厌恶他身边的朋友，而且整个人都陷入了唯灵论的无尽的黑暗泥潭中不能自拔。

---

1. 除了结束词 "已进化的"（evolved）露过几次面以外，"进化"（evolution）这个词实际上并没有在《物种起源》中直接出现，而且该书也没有给出物种起源的明确答案，而这至今也是十分困扰人类的问题。

自然选择思想看似简单，但是应用到实际中却是相当复杂的，因为所有必要的考虑都需要相当谨慎地来对待。简单地说，就以海龟为例，没有一只海龟是与其他事物毫无联系的，所以要考虑自然选择对于一个海龟物种所产生的意义，我们必须考虑这个海龟物种对于其周围生物群以及自然环境和当地气候的反应。而且这种海龟的进化将会对其竞争对手和捕食者产生影响，这个结果反过来又会影响这种海龟的进化。不同于线性系统中的影响因素顺着一条指令链传递下来的简单情况，生物圈是一个包罗万象的非线性系统，生物的进化会使自己产生新的性状，而这种新性状反过来又使生物通过与周围环境的互动而不断地进化。预测非线性系统的时序发展是十分困难的，因此毫无疑问，进化学家们并不能够预测生物圈的未来走向，这就是因为非线性系统在作祟。在这里，我将列举现代综合进化论或新达尔文主义的一些典型思想——这些思想最初是以与遗传学相关的形式出现的——并用来支持20世纪早期与观测的自然史相关的思想。

23　　事实上，直到20世纪30年代，并且是在现代综合进化论建立之后，自然选择学说才被广泛接受。我先前已经声明，本章中我在很大程度上将我们讨论的内容都限制在现象学（生物体表征）的范畴之内，对生物进化的分子基础我们将在下一章进行讨论。

自然选择依赖于以下三个原理：

1. 遗传和变异

这就是说，一个给定物种内的成员并不是相同的克隆体（基因完全相同），物种内存在着遗传干扰。达尔文对于遗传的机制没有任何构想，他支持一种叫作"融合遗传"的理论，该理论对遗传的真实机制一无所知，并且它还倾向于支持一个并不能够导致进化发生的所谓"机制"。达尔文的批评者很快就指出这种机制不能导致进化的发生，这是影响进化论被人们接受的主要障碍之一。如果当初达尔文能够耐着性子，翻阅一封出自一个不起眼的修道士 —— 格雷格·孟德尔的信件的话，那么历史很可能会改写，因为孟德尔已经知道了遗传的秘密。

2. 过度繁殖

与马尔萨斯理论产生共鸣的是，即便亲代繁殖的子代个体很多，但其中只有很少的个体能够存活下来。有些物种，如大象只生产一个子代个体，且有可能夭折；其他物种，如青蛙每次生产上千个后代，但很可能只有一个存活下来。过度繁殖较少发生在那些体形大且结构和功能复杂的物种，因为亲代需要付出多年辛劳去抚育子代，比如大象，或许西方国家的中产阶级家庭模式也与此类似。

3. 适者生存

"生存"（survival）并不仅仅意味着存活，它还意味着有继续繁殖后代的能力。这个原理由19世纪右翼自由意志主义者赫伯特·斯宾塞所创造，它是"适者生存"这个词的源头，但不幸的是，"适者生存"是对它的错误注解。斯宾塞将他（大约在1862年）的"适者生存"理论与他的社会达尔文主义的发展相联系，并在其中粗暴地将自然选择学说的微妙思想推广到社会变迁的层面并且开启了优生学的大门，这消除了几乎所有形式的国家干预手段并助长了种族主义的蔓延。"适者生存"是令人难忘的，就像所有好听的口号一样，以致达尔文受其诱惑在《物种起源》的后来各版中也用到了这个词语，但是"适者生存"却曲解了自然选择内涵的微妙性。

当思考自然选择的时候，我们应切记，它只能适用于时空中的某些局部范围内，超越这个范畴必然会扭曲它的本来面目。自然选择只对当前事实作出承诺，完全没有先见之明。如果生物对于环境变化所作出的生理调整在后来看来是得不偿失的话，那么厄运就会降临：自然选择并不知道它正在把一个物种往进化的死胡同里赶。诚然，自然选择根本无法预知事情走向，即便是明天的事情，更不用说遥远的未来了。自然选择活在当下，它是"及时行乐"（carpe diem）所能达到的极限。前面我们已经提到过的哺乳动物的眼睛构造就是一个自然选择（进化）盲目性的典型例子：真是进化捉弄，原始的光敏感区（感光点）在特定的时期进化成主要的知觉器官 —— 眼睛，但是位于原始的光敏感一侧的血管在进化的特定时期覆盖在了视网膜上（即位于视网膜前部）（图1-5）。感光能力对动物的捕食和防御来说是如此重要，以至于动物宁愿服从大自然的安排，继续使用这种构造不太合理的眼睛，而不是想方设法通过颠倒血管和视网膜之间的排列顺序，以期经过百万年时间而获取具有更好视力的眼睛。单从这方面（不包括其他方面）来说，乌贼的眼睛构造就要比哺乳动物的更合理，因为它顺着另外一条进化路径而巧妙地把血管排列在了视网膜的后面。另一个例子是我们人类的食管、气管的排列方式给我们带来的不便：食管和气管在口腔内的相交大大增加了窒息的

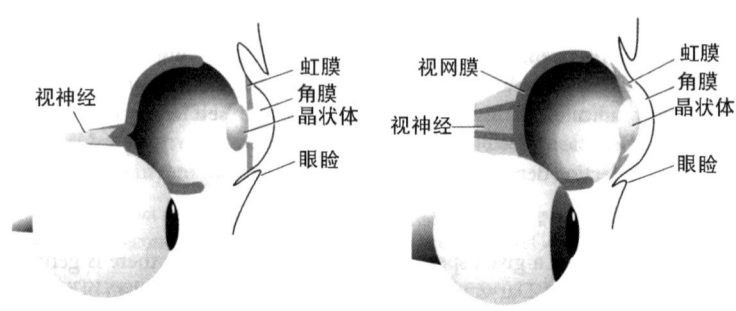

图1-5　左边的图表示的是哺乳动物眼睛的一般构造。图中揭示了血管是怎样排布在用来感光的视网膜前方并且穿出视网膜回到大脑，而在视网膜上留下一个盲点。右图表示的是乌贼的眼睛，它的设计似乎更为合理一些，因为血管排布在视网膜的后方。尽管进化在毫无预知的情况下就跌跌撞撞走入了上述设计（可能有些不完美）中，但是这种设计却不容易颠覆，因为感光性的存在是如此重要，并最终进化成视觉。顺便说一下，尽管不完美，但是哺乳动物的眼睛看起来至少还有一个优点：在这种排列方式中进行的血液流动可能有助于减少眼疾的发生

概率。哺乳动物食管、气管两者的相交源于它们的远古祖先 —— 肺鱼，因为肺鱼体表用来呼吸的气穴正好位于口部的上方，并且与食物的通路共享一个空间（图1-6）。尽管这一设计有一定的危险性，但是进化却无路可回。与此有相似进化基础的另一个例子就是，哺乳动物雄性中存在的看似具有经济性但并不卫生的将生殖器官既用于交配（尤其包括人类的一些宗教仪式）又用于排尿的现象。再者，拿从睾丸到阴茎的输精管与从肾脏到膀胱的输尿管来说，前者在后者那一侧错误地扭成环状，从而使二者发生交叉也是一个鲜明的例子。

　　自然选择从本质上来说是不可预测的，因为有时候它反映的是生存竞争的走向和一些开始看上去是有利的但却最终难以企及的适应作用。一个我们熟知的例子就是人的阑尾。对我们来说，阑尾是一个隐患，因为它会发炎甚至致人死亡。当阑尾发生感染进而肿胀时，就

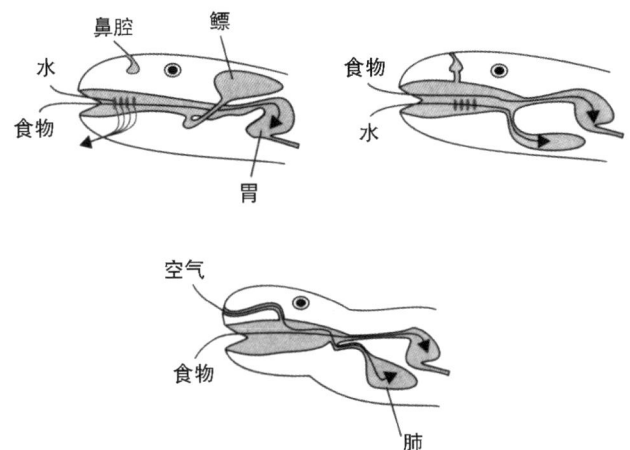

图1-6 另一个不幸的缺乏远见的进化事例是哺乳动物呼吸系统和消化系统的盲目进化。左上图表示的是鱼的典型结构。它的鼻孔向前发展而形成一个闭合腔，主要起嗅觉作用。鱼将水吸入嘴里，并通过鳃将水排出，在此过程中，鱼能够吸收溶于水中的氧气。鱼鳔是用来控制上浮与下沉的，就像潜水艇中的分隔压载水舱一样。右上图表示的是肺鱼，即现代哺乳动物的祖先的结构。它的鼻孔与口腔相通，但是仍旧只起嗅觉作用。空气经由口腔而进入鱼鳔中。哺乳动物的典型结构是通过一个走捷径的进化过程产生的，如下图所示，它的鼻孔用来进气（而不只是有嗅觉作用）。不幸的是，在进食时，吸入的空气和吃进的食物在分别进入肺和胃之前就在一个共同的腔内相遇，这种匆匆拼凑的、"吝啬"的但从进化角度又是可以理解的设计可能会导致窒息的发生

会进一步压迫供给它血液的动脉。一般来说，稳定的供血能够保护阑尾免受细菌繁殖的困扰，而供血不足将会大大增加阑尾受细菌感染的概率，从而导致其发炎肿胀。如果完全切断血液供应，那么细菌将会肆无忌惮地繁殖而致肿胀的阑尾最终破裂。当遭遇由细菌引起的这一系列连锁反应时，一个较小的阑尾比较大的阑尾的耐受性要差，所以自然选择保留了较大的阑尾。这主要是考虑到如果阑尾萎缩的话，那么后果会比现在的情况（即有可能发炎的情况，萎缩和发炎是一对矛盾）更加危险。最终结果是，尽管有危险，但是对于进化来说，去掉

阑尾是极其困难的。

自然选择是一场激烈的"军备竞赛",即所谓的"红皇后假说":捕食者和被捕食者共同处在一种常规战斗状态中,如果捕食者进化出更好的捕食策略和技巧的话,那么被捕食者也一定会进化出更好的防御策略和技巧(红皇后曾经告诉爱丽丝要不停奔跑,速度越来越快以使自己待在原来的地方——《爱丽丝梦游仙境》)。举例来说,捕食者 26 锐利的牙齿将造就被捕食者进化出更厚的皮肤或更健壮的腿脚,反过来被捕食者的上述进化又会导致捕食者进化出更锐利的牙齿。

自然选择是反映动物栖息地的一面镜子。体现自然环境对自然选择进程影响的一个引人注目的例证就是:在地球上许多彼此相距遥远的地区,竟然各自独立地产生了经历过相似适应过程的动物。其中最吸引眼球的当属在这种称为趋同进化过程中产生的胎盘类哺乳动物的变种——有袋类哺乳动物。胎盘类哺乳动物的胚胎是在母体子宫中孕育的,而有袋类哺乳动物的胚胎则主要在母体外部的育儿袋里孕育。有袋类哺乳动物的进化要追溯到6500万年以前的新生代,当时澳洲大陆连同其与世隔绝的特有的生态系统,正逐渐脱离南极大陆并像一艘无比巨大的挪亚方舟一样向北部漂移(图1-7)。这造就了属于胎盘类哺乳动物的北美野狼(*Canis lupus*)在外表上与属于有袋类哺乳动物的塔斯马尼亚野狼(*Thylanicus cynocephalus*)的极大相似性。动物在自然选择过程中对适合其生存的环境的探索导致许多胎盘类哺乳动物和有袋类哺乳动物有着共同习性及相似的外表(图1-8):如豹猫(*Felis pardalis*)与虎猫(*Dasyurus maculatus*)外表类似,飞鼠(*Glaucomys volans*)与蜜袋鼯(*Petaurus breviseps*)相

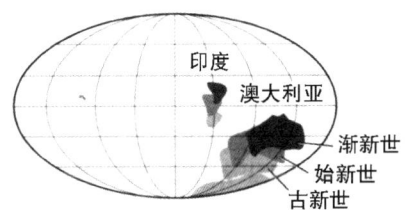

图1-7 澳洲大陆大约在6000万年以前（对应于地质年代中的"世"，请参看图1-9）脱离了戈德瓦纳古陆残余的部分，并载着它的货物 —— 与其他大陆相隔绝的动物种群，向东北方向漂移，而它的动物种群也在这个巨大的"岛屿"上经历着隔离进化过程。与此同时，印度洋板块向北漂移并与欧亚大陆板块相互碰撞、交叠相挤而产生了喜马拉雅山脉

像，旱獭（*Marmota monax*）与袋熊（*Vombatus ursinus platyrrhinus*）相像，普通的鼹鼠（*Scalopus aquaticus*）看起来也类似于有袋的鼹鼠（*Notoryctes tryphlops*）。甚至就连家鼠（*Mus musculus*）也有它的有袋类对应体（德语 *doppelganger*），即黄足鼠（*Antechinus flavipes*）。[1]

了解巴拿马大陆桥的来历，能够使我们较好地理解上述胎盘类哺乳动物和有袋类哺乳动物的相通性。巴拿马大陆桥（它是由火山喷发产生的一个大陆桥，并将北美大陆和南美大陆连接起来。北美大陆和南美大陆分别由远古的劳娅古陆一部分和戈德瓦纳古陆一部分发展而来）出现于350万年前，它不仅使得原先生活在北美洲的胎盘类哺乳动物大量涌入南美洲，并导致其与原来的土著有袋类哺乳动物之间发生激烈的生存斗争，而且它也扰乱了海洋的正常循环，从而在随后引发了改变整个地球生物种群的冰河时代的到来。

27

1.上述各例中，前一种动物属于胎盘类哺乳动物，后一种则属于有袋类哺乳动物。—— 译者注

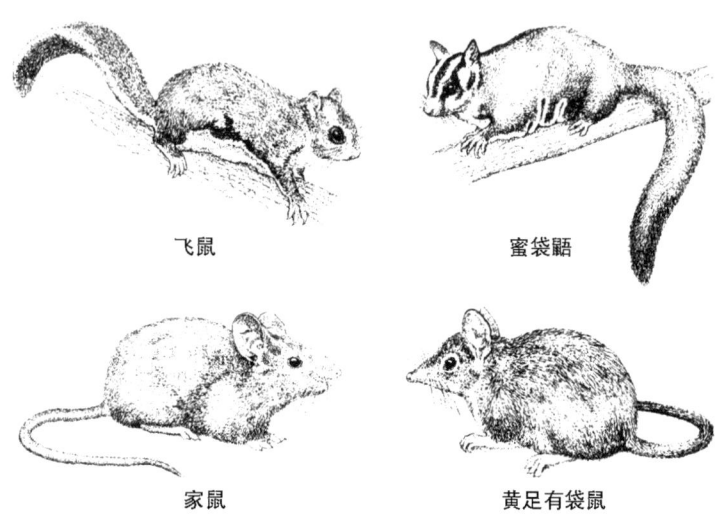

飞鼠　　　　　　　　　　蜜袋鼯

家鼠　　　　　　　　　黄足有袋鼠

图1-8　尽管澳洲大陆（和南美洲）与其他大陆相隔离，但是生物的进化仍然还需面对与其他大陆生物进化中同样的问题，当然解决之道也就大同小异了。这里举出两组例子，分别是胎盘类哺乳动物和它们的对应物种（变种）——有袋类哺乳动物

但是，生存斗争仅仅是导致生物进化的诸多因素中的一个，因为自然环境的变化在生物的进化中也起着相当重要的作用。自然环境的变化包括通过大灭绝将现存生物赖以生存的环境彻底破坏，因而使得新物种能够产生并发展。灾变论认为，地球会遭遇到像诺亚洪水这个神话传说所渲染的那样突然发生的大灾难，而这种灾难就是生物进化发展的动力。这个理论得到了德高望重的法国解剖学家及脊椎动物古生物学之父——居维叶爵士（1769—1832）的支持（居维叶的姓前的名字有一长串，多得快要赶上地质年代序列了），但是灾变论在地质学发展起来后却逐渐没落了。地质学的科学化和理性化最初始于詹姆斯·赫顿（1726—1797）的著作《地球理论》（1795），随后查尔

斯·赖尔爵士（1797—1875）借助三卷《地质原理》大力传播这种具有科学内涵的地质理论（1830—1833年达尔文乘"贝格尔号"做环球旅行的时候随身携带了该书的复制本）—— 均变论。赫顿和赖尔都支持均变论，该理论建立在对地质地层进行分析后所得到的大量证据的基础之上，并认为地球目前的物理状态是经由缓慢的、稳定的变化发展而来。但是我们现在知道，虽然整体过渡比较平稳，但是地球上也确确实实发生过一些突发的灾难，最著名的当属小行星撞击地球给成功盘踞整个地球但遗传灵活性不足（使得其面对环境变化不能及时产生有利于其生存的变异）的恐龙带来的灭顶之灾。由于行星撞击地球，灰尘遮天蔽日，伴随而来的是无尽的"黑夜"以及恐龙赖以生存的植物的匮乏，或许还有地球极其炽热而几乎将它们烤焦这一不利条件的存在。总之，这些体形庞大的生物最终不堪忍受折磨而悉数灭绝，但是恐龙的灭绝却为蜂拥而来的哺乳动物打开了新的世界[1]。

在以下的章节中，我们将会提到一些用来划分我们这个具有可塑性的星球所经历过的地质学年代，诸如"代"、"纪"等（图1-9）。这些地质年代的命名显得多少有些随意（有些是以首次发现该地质地层的地方的名称来命名），但是与威尔士和西城（属于英格兰）有关的年代命名还是比较合理的：寒武（是"寒武纪"这个名字的来源）是威尔士的古代名称，北威尔士人和志留人（分别是"奥陶纪"和"志留纪"的来源）指的是前罗马时期的威尔士部落，还有以英国的德文郡命名的"泥盆纪"。以"世"划分的一些地质年代的命名稍微有些混乱：包括古新世（old recent）、始新世（dawn of recent）、渐新世

---

1. 如果鸟类是恐龙的后代的话（现在认为这种可能性越来越大），那么从这个角度讲，恐龙的恢复能力和延续能力是十分惊人的。

29

	代	纪	世	标志性事件
0.01	新生代	第四纪	全新世	
2			更新世	冰河期, 大型动物灭绝
5			上新世	早期直立人出现
25		晚第三纪	中新世	—
35			渐新世	—
55		早第三纪	始新世	—
65		第三纪	古新世	早期哺乳动物
145	中生代	白垩纪		—
205		侏罗纪		鸟类和哺乳类出现
250		三叠纪		恐龙出现
290		二叠纪		无脊椎动物灭绝
350		石炭纪		爬行动物出现
400	古生代	泥盆纪		两栖动物以及森林出现
440		志留纪		吸气式动物, 以及陆生植物出现
500		奥陶纪		脊椎动物出现
540		寒武纪		—
700	前寒武纪			动物出现
3400				有机体诞生
4600				地球形成

（现在）

年代单位：百万年

图1-9　上述表示了将地球的地质年龄用"代"、"纪"、"世"等单位进行划分。在某些时期发生的标志性事件在上述也已列出。与这些地质年代配合的数字纪年法仅供参考，因为不同的资料之间会有一些差异

（few recent）。我将会在后面的阐述中以插入语的形式增加一些对其他地质名称语源学方面的介绍，除了那些早期的地质学家们试图将地质命名系统化而发明的一些比较规范的名称，比如三叠纪、第三纪和第四纪。

白垩纪（chalky）晚期发生的恐龙大灭绝是地球历史上发生过的

至少5次影响重大的事件中最使人耳熟能详的一件。那次大灾难 ——
且不说是什么灾难 —— 总之，它导致了二叠纪（来源于"Perm"一词，
Perm是俄罗斯东部的一个地名）走向尽头，并造成95％以上的海洋
动物灭绝。奥陶纪在4亿4000万年前突然终结，泥盆纪在3亿5000
万年前结束，二叠纪是2亿5000万年前结束，三叠纪结束于2亿500
万年前，白垩纪结束于6500万年前。造成这些生物灭绝的原因至今
还是未知数，但是从来就不缺乏各种猜测，其中包括行星撞击地球而
导致的海平面急剧下降以及随之而来的全球变冷。灭绝带给地球生物
极大的创伤甚至是毁灭性打击，但是生命却是如此地不屈不挠，很快
物种多样性又恢复了：在500万到1000万年间，生物的种类就已经
恢复到灭绝以前的水平甚至超过灭绝前的种类数量。在灭绝过程中，
竞争者们被一扫而空，从而留出空间以备时机成熟时动物进行繁殖，
因此被认为是物种"光复"的大好机会（除了那些灭绝后不可再生的
生物）。然而，尽管灭绝效应在地球演化历史中起着重要作用，我们
还是不应该去过分夸大它的作用。一般动物物种往往要延续大约200
万年，但是一般情况下每2000万～3000万年就要爆发一次灭绝，因
此大多数物种并没有机会去经历由突发大灾难而引发的这种灭绝。

30　　　　恐龙的不幸就在于它们太成功了（曾经几乎统治整个地球）：它
们延续的时间太长以至于赶上大灭绝从而一去不复返。

　　　　目前，人类似乎正处在一种新形式的大灭绝之中，因为人类的活
动使得生物圈遭到破坏，并影响了与人类共享生物圈的许多物种的和
谐共存，甚至这种危害已经波及了自身。这种自己引发的灭绝也许是
人类"进步"中不可避免的伴随物，因为极端悲观的新马尔萨斯论认

为，人类自取灭亡的能力的上升速度不可避免地要超过人类智力的发展速度。最令人黯然神伤的观点是：尽管在某些个体能够一下子杀死数千人的情况下（这种情况贯穿历史直到现在）社会依然能够保全，但是，当技术发展到一定程度，在一个人能够一下子置数千万人于死地的情况下，任何社会必将崩溃。人类社会现在似乎已经具备这种自我摧毁的能力了。如果灭绝是所有星球上社会的普遍规则的话，那么我们就很难达到像乐观的充满想象力的科幻小说所向往的那种完美的境界。但是，至少我们的灭绝将会给蟑螂们留下发展的机会。

地理环境与生物体遗传基因之间存在许多相互作用，而这种相互作用是自然选择频繁发生的基础，但是仍然有几个核心问题需要弄清楚。其中之一就是自然选择是在哪个层次上起作用的，即该层次的本质是什么。是基因层次？个体层次抑或物种层次？

首先我们可以把物种层次从自然选择的单位中排除。因为生物体不会从整个物种的利益出发去做一件事情。就像自然选择不能预知未来的结果一样，同样它也不会关心生物群体的发展状况。在生物个体之间进行竞争，并受利益驱动去谋求自身的生存和发展的情况下，这些个体是不会考虑构成自身物种的整个集体的利益的。生物个体在繁殖愿望的驱动下往往表现出自私的行为，头脑里丝毫没有利他主义的概念，即为了别的个体的利益而自我牺牲的无意识行为[1]。但是这并不是说动物的许多行为看起来不像"利他"——不过，当我们认真地考

---

[1]. 在人类行为中，利他主义和利己（自私）在一般情况下都是有意识的活动，但在遗传学里，它们都是指无意识的、本能的、有着既定程序的动物行为。

察这种"利他"行为时就会发现，所谓的利他不过是披着羊皮的狼而已，只是表面现象，真正体现的却是沾满鲜血的牙齿和爪子的自私性。按照互惠利他主义，随着制约理想人类社会的社会约定（运行在社会中的协调人与人关系的普遍规则）的变更，一个人会通过与其他人合作的方式而继续谋取个人利益（自私性），这在很大程度上是由于在面对生存压力时，通过合作可能会得到双赢的结果。

31　　在更深层次上探讨利他主义时，我们应该认识到，同一物种内部的各个成员会共享部分基因，这就意味着通过帮助其显而易见的竞争对手进行繁殖，生物个体在暗地里将自己的部分基因也传递下来。这种类型的利他叫作亲缘选择。基于上述原理，理论生物学家J.B.S.霍尔丹（1892—1964）曾经说过：如果能够换来两个亲兄弟姐妹或10个堂兄弟姐妹的话，他宁愿投河自尽。因为他的每个亲兄弟姐妹都与他有一半基因是相同的，那么两个亲兄弟姐妹的基因组合起来就会包含他自身的所有基因。他的每个堂兄弟姐妹与他有1/8的基因是相同的（所以8个堂兄弟姐妹的所有基因中就会包含他自身的所有基因，那么10个堂兄弟姐妹更是绰绰有余的）。这种基因对行为的操控使得我们应该在物种之下，个体之下，最终深入到基因层次进行探索。

但是这种基因影响行为的观点又遇到了难题，即基因与行为之间很少存在着一一对应关系。这是由于不仅生物圈内存在着复杂的协同作用，构成了错综复杂的系统，而且生物的基因型（个体遗传基因的组成形式）在表现型（个体的性状特征）中的表达方式也是相当复杂的。有些生物个体会放弃自身进行繁殖的乐趣，而是通过帮助与它们有亲缘关系的个体进行繁殖，而对该物种的延续做出贡献。对有些物种（如蜜蜂）而言，因为负责繁殖后代的个体（也称为蜂王）的基因与其他个体的基因十分相近，因此其他个体只需为蜂王的繁育做好后勤工作即可获得自身基因的延续。蜂王通过自身的繁殖活动会把它们（其他个体）的基因复制并传递给后代，而无需它们亲自动手。

另一个难题是难以去追踪一个层次上（比如个体层次）发生的竞争对另一个更高层次（比如物种层次）所产生的影响。很可能有些因素对于个体来说是有利的，而对于整个生物种群则是有害的。因为个体是没有进化前瞻性的，它的行为往往从自身角度出发，而忽视了这种行为将会给整个群体带来的后果。比如，即使在食物缺乏时，有些个体仍旧继续进行交配并将其基因传递给后代，它们并不会从整个物种的利益出发去节制自身的繁殖。最终的结果是，该物种的进化将朝着这种"自私"基因流动的方向进行。在现代进化生物学中，群体选择理论，即发生在物种或类似群体层次上的自然选择已经不太受人关注了。自然选择发生在较低的层次上，并且所有看似由发生在物种间的自然选择所引导的进化趋势，实际上都源于发生在更低层次上的自然选择。事实上，如果我们将亲缘选择这种特殊情况排除的话，那么将没有哪种生物个体的适应过程能够给整个种群带来好处，所谓的"为了物种的利益"只不过是一句空话。

有关自然选择单元的问题可以用一种不同的方式进行探讨，因为自然选择很可能发生在某个特定层次上。在生物体的最低层次上，如原子层次，不太可能发生自然选择，因为所有原子只能通过一系列惨烈的竞争而求得生存，至于谁把谁"屠杀"对它们来说并不重要。而

32　在一个很高层次上比如动物界，同样它也不会关心其中个体之间的猎杀活动，因为动物界的保全无需考虑其中的生物构成类型的变化。当我们到达个体及其基因层次时就会发现，生存竞争在这个层次上显得尤为重要，因为这时将捕食者和被捕食者区别开来往往有着举足轻重的作用。由个体层次向上一点就会到达物种层次，其中个体的死亡会在一定程度上对整个物种的发展产生影响。因为对于物种来说，它希望尽可能多地拥有能够繁殖后代的个体，以便对该物种的延续做出贡献。对于哺乳动物纲来说，如果"用餐者"是哺乳类，而"盘中餐"是非哺乳类（甚至是植物）的话，那么这个层次似乎更可能存在下来，弱肉强食——一般情况下是哺乳动物之间的猎杀——已经成为普遍规则。从个体层次向与上述物种层次相反的方向进发，我们就会遇到基因——决定个体和物种形式的蓝图。那这是不是就意味着一个人的基因"正餐"（基因层次上的活动），多少要比其他人的基因"正餐"重要呢？

　　确定自然选择单元的一个手段就是鉴别哪种实体具有潜在的永恒不灭的性质。原子是不灭的，但是它们是无机世界而不是有机世界的代言人。双螺旋DNA的组成单位（即"核苷酸碱基对"，我们将在第2章中进行讨论）本质上也是无生命的，就像字母表里的字母并不等同于文学一样。即便这些组成部分是不灭的，我们也不认为它们具有生命气息。人类基因组，即每个细胞里的所有DNA序列，也不是永恒不灭的。典型的例子就是，在有性生殖中的减数分裂过程中，DNA会断裂，同时DNA上的片段——即基因——将被另一个基因替换（参看第2章关于减数分裂过程的阐述）。但是我们已经发现了一个层次：基因——一段具有功能的、能够自主复制的DNA片段。基因具有潜在的永恒不灭性 —— 直到其发生变异 —— 因为基因总是从一个基因组传递到另一个基因组，从一只（一代）老鼠传递到下一只（下一代）老鼠，且几乎是完好无损的。[1]那么基因是自然选择的单元吗？在其著作《适应和自然选择》（1966）中，乔治·威廉姆斯提出应当把基因看作染色体物质的组分，基因通过足够多世代的延续，而作为自然选择的单元。随后，在著名的《自私的基因》（1976）一书中，牛津大学的动物学家理查德·道金斯（1941—）极大地发展了乔治·威廉姆斯的理论，并探索了基因是怎样通过自私的行为而扩散进生物系统中并不断延续的。

我在前言中提到，通过采取更高层次的抽象方法，我们对科学内在规律会有更深入的了解，而且也会拓展科学的范围。同样地，这种趋势也存在于生物学中。

自然选择就像天然堆肥一样富有营养，极有利于培育抽象方法。[33]将基因确定为自然选择的单位就是这种抽象化过程中的一个主要步骤。因此，道金斯认为自然选择是在生命的最低层次，即基因中发生的，并且把个体看作是一个废弃的"容器"，无情的自私基因（用专业术语来作一下强调）借助这个载体而使自己延续下去。无意识的基因同样无意识地塑造着它的"容器"，即生物个体的表现型，以使其能够很好地适应环境，因为最适应环境的"容器"将最能保证该基因的有效复制和延续。

---

1. 之所以说"几乎完好无损"，是因为在减数分裂过程中，即使DNA的随机断裂正好发生在一个基因序列中间，随后的重组步骤也会在新基因组中重新组合出该基因。

不过，还有更低层次上的自然选择，它甚至比基因层次更抽象，也更永恒不灭。基因编码的确是反映个体表现型的信息，这种信息相当于一幅蓝图，它规划了生物个体的体形、颜色或其他生理特征，以使其更适应环境，比如生物发出更大的叫声。基因是一种物理实体，它必须通过 DNA 链的复制而不断更新，并保证这些复制物能够传递到每个细胞以及下一代中去。这样说来，作为一个物理实体，基因也不是永恒不灭的，因为它必须经常进行自我复制。遗传信息在 DNA 中进行编码是一个详细的执行过程，而不是创建过程。当我们把基因看作自然选择的单位时，我们通常关注的是基因中包含的遗传信息的传递，就像生物的身体对基因来说是一个可随意使用的"容器"一样，DNA 中的碱基序列对于基因包含的遗传信息来说也是一个可随意使用的载体。生命体的真正不灭的组成部分并不是具体存在的基因，而是基因所包含的抽象的遗传信息。遗传信息是不灭的，且是极端自私的。遗传信息是自然选择的终极单元，它的载体是 DNA，而身体充其量只是它的可丢弃的辅助性的"容器"而已。

伴随着无机物质磕磕绊绊地在传递复杂且不可预测的信息的道路上前行，生命世界开始崭露头角并且发现，对遗传信息来说，只有通过永不停息的复制才能使其达到永恒不灭的目的。而这也呼应了那个"只有以最快速度奔跑才能保持静止的'红皇后'假说"。同样的道理，当人类磕磕绊绊地将自己的复杂且不可预测的智慧（文化）信息传递给他们周围的人和后来者时，我们通常所说的有文化、有教养的、有高级智慧的生命层次就出现了。人类通过发明语言，从而有效地将全人类这种有机体的过去、现在和将来整合成为一个庞大的有机体，这确实是一项意义深远的成就。

上面的辞藻虽华丽，但基因却真真切切地带给我们繁荣景象，现在该谈谈性在进化中的角色了。自然选择中的一个令人费解的方面是有性生殖的进化。乍看之下，有性生殖似乎是不错的选择，因为它赋予了物种以遗传灵活性以及对环境变化所作出的快速反应。然而，其中问题却不少。[34]

第一，有性生殖并不是必需的。许多生物都无需通过有性生殖也能够很好地繁殖后代。这种被称为孤雌生殖（无配子生殖）的繁殖方式在植物中普遍存在，更准确地应称之为单性结实。我们在前面提到过的蒲公英就是属于这种生殖类型，但是还有其他一些普通植物也采用这种生殖方式，比如黑莓（*Rubus*）和斗篷草（*Alchemilla*）。有些爬行动物也是无性生殖的，最有名的就是属于鞭尾蜥属（属于美洲蜥蜴科）的新大陆蜥蜴，属于正蜥属（属于蜥蜴科）的旧大陆蜥蜴，以及盲蛇（白头钩盲蛇，属于盲蛇科）。但与圣经中的情况（如亚当，夏娃以及玛利亚生耶稣）相反，没有哪种哺乳动物是采取无性生殖方式的。

第二，有性生殖存在不稳定性（发生突变）。假设某个特定物种采取有性生殖的方式而繁殖出大量后代个体，其中雄性和雌性各占一半。为使整个种群的数量大致维持在一个恒定的水平，那么从理论上讲，除了其中两个，这些后代个体都将死亡，从而留下一个雄性个体和一个雌性个体。现在我们假定那个雌性个体基因发生了突变，从而使其具备了无性生殖的能力。那么"她"将自我繁殖产生大量后代，其中也会有两个后代最终存活下来。由于这两个个体都是其母亲的克隆体，因此都是雌性。"她们"再经过孤雌生殖而繁殖产生更多后代个体。如果进行无性生殖的"单身"母亲能够产出与进行有性生殖的

"夫妇"（当然这种称谓只局限于雄性在交配后仍充当丈夫角色的情况下，而不是一走了之。）同样数量的子代个体，那么经过一定世代，无性生殖的雌性种群数量将会盖过原来的种群数量。因此，这里必须存在一个平衡力量保持有性生殖方式的稳定。

第三，有性生殖机制是相当复杂的。有性生殖是建立在减数分裂（第 2 章将讨论）的基础之上的，减数分裂所涉及的生殖细胞（即配子，包括精子和卵子）中的染色体数量只有体细胞中的一半，但是受精过程中精子和卵子的结合，使得其中的染色体数目回复到体细胞中的水平。导致生物发展出这种精密机制的强有力的选择压力究竟是什么呢？生物通过把已经具备的解剖学特征和生化特征结合起来，并作一些调整而发展出复杂的生理机制并不是什么不寻常的事情 —— 动物眼睛的无数次独立进化就是一个典型例子 —— 但是，为了获得一双眼睛，动物必须付出一些代价，无一幸免。

被理查德·道金斯看作是自达尔文之后最有资格获得最杰出达尔文主义者称号的牛津大学动物学家威廉·汉密尔顿（1936 — 2000）认为，他已经确定了这种"代价"的内涵。汉密尔顿深深痴迷于寄生虫研究，并提出有性生殖使得有机体总比寄生于其中的寄生虫在进化方面要领先一步（令人啼笑皆非且带有悲剧意味的是，不久，汉密尔顿就因感染了自己研究的一种寄生虫所传播的疟疾而被病魔击倒）。寄生虫和其宿主（寄生虫寄宿的有机体）之间存在着协同进化作用，即它们都为对方提供了一个快速变化着的环境，以促使对方发生进化。协同进化需要一个快速且特殊的反馈机制，而有性生殖能够提供这种反馈机制。对共生关系（非常类似于冷战期间各国的关系）的动力学机制进行仔细分析后显示，有性生殖的优势在于它为有机体提供了一个储存过剩遗传信息的机制，一旦寄生虫的基因型回复到原来的形式时，上述"过剩的"遗传信息就又会被派上用场。换句话说，有性生殖相当于为生物体提供了"储备的"刀剑，用来抵挡步枪的攻击，不过也仅限于用尽弹药的步枪。但是，在核武器将步枪取代的情况下，这些储备的刀剑就会毫无用处。这就是说，如果寄生虫进化出一个新策略而不是恢复到原来的样子，那么生物体有性生殖提供的上述过剩（目前已经无用的）遗传信息的机制将不起作用。上述理论还停留在猜想阶段，因为它很难用实验来证明，并且它依赖于寄生虫和宿主之间特殊的进化关系。

相对来说，确定有性生殖得以维持的机制要比确定其起源的机制容易一些，而这也解释了为什么有性生殖能够存在并得以延续。首先，有性生殖的生物种群对于环境的变化要比孤雌生殖的生物种群反应更灵敏。因此，在有性生殖生物中，有利的突变可以分别独立地在双亲中发生，而后双亲将这种繁殖优势传递到它们的子代。而在孤雌生殖生物中，突变的发生是按顺序进行的。这就是说，有性生殖生物中突变是平行（并联）发生的，而孤雌生殖生物是顺次（串联）进行的。第二，有害的突变不太可能在有性生殖的生物种群中传播、延续，因为即便双亲都携带某种有害的突变基因，他们仍旧能够产下正常的后代个体（用孟德尔遗传理论来解释，这种现象的原因就十分明了了，请参看第2章），但是无性生殖的有机体如果想要剔除这种有害的突变的话，那么它只有将该突变基因恢复到原来的正常基因，但这是不可能的。雌雄异形（即同一物种雌性和雄性具有不同的体貌特征）也比较容易解释 —— 至少虚构一个似乎合理的解释比较容易 —— 因为过度的炫耀行为是雄性的显著标志。例如，在他的有性生殖进化理论的推论中，汉密尔顿认为，雄性向雌性展现其鲜艳的色彩是表示"他"很健康，没有寄生虫。而雌性对雄性的"检阅"——就是我们人类中的"坠入爱河"——往往类似于医学检查。

有性生殖似乎在各个层次上都能赋予生物以优势，无论在群体、个体还是基因层次。大多数进化过程只能为生物带来微小的优势，而如果生物要选择有性生殖（进化方向）的话，那它应当具备巨大的优势。为什么将一个与自己毫无关系的陌生者的基因与自身的基因掺杂在一起就可以带来生存优势呢？所谓的底线，即性别的起源，就像有机体的进化将会达到一个什么样的高度的问题一样，仍旧是个谜。

36　　　地球经过不断的运动变化而形成现在的模样，现在我们来探讨一下目前仍在运动着的地球。世界上没有哪个地方的地球构造运动能够比肩非洲大陆的地壳运动（非洲大陆在南半球漂移时经受的压力使其地壳发生波动变形）带来的微妙变化，对人类存在造成的影响。

大约在 2000 万年以前，非洲大陆的地势是相当平坦的，横贯其中的是热带雨林。随后地球运动发生了，大约在 1500 万年前，非洲大陆地势发生了变化：局部地壳的提升形成了火山岩高地，它们主要集中在今天的肯尼亚和埃塞俄比亚境内。这些高地形成于地质活动敏感带上，因为其下的地壳仍在进行漂移（分离）。当地壳运动中的断裂作用使其内部的缺口扩大到一定程度时，高地发生塌陷，而后产生了一个又深又长的断裂带，即东非大裂谷。它起自今天的莫桑比克，经埃塞俄比亚，一直延伸至红海，甚至（跨越红海）到达叙利亚境内。

而地壳运动新抬升的高地在非洲大陆东部投射出一个雨影区，随着降雨量的减少，这里原来的热带雨林逐渐退化形成开阔的热带稀树草原。这种地理环境为许多生物群落提供了各种各样的栖息地 —— 其中有些地区潮热且植被丰富，而另一些地区则是干燥的草地。这些栖息地不仅为各种动物提供了生活场所，而且也为物种的生殖隔离提供了方便，因为一个物种的个体并不能够跨越已经形成的自然障碍（地理隔离）而发生交配。总之，生物是受到约束的。

　　但是，生物只是在地理空间内，而不是在进化空间（范畴）内受到约束，自然选择的一个最重要的结果是智人的出现，即出现了被我们这些现代"智人"尊称为进化典范的物种。达尔文对其进化论的内涵十分敏感，他的进化论认为，人类是猿的后代而不是特别创造的产物。基督教会为此感到苦恼，因为人类竟然是在没有某种社会"没落"的背景下出现，这在某种程度上破坏了基督教会的立教基础，因为基督教把救赎世人这个理念作为它的核心教条。有明确的证据表明，你我可能都是类人猿的后代。我们和类人猿的世系关系对于我们理解人类起源以及人类在生物圈中的地位是如此重要，所以我们需要花些时间去研究它。

　　自然选择需要解释生物的地栖性（生物在地面上生活的习性）、[37]二足性（生物靠双脚直立行走，将双手解放出来用于手工劳动）、脑形成（脑质量与整个身体质量比值的增大），以及文化的出现。对于动物的二足性与地栖性出现的顺序，现在仍存在相当多的争论。二足性的一个优势是它使得后续生物群体对环境的耐受力大大增强，并且采取直立的姿态能使热带稀树草原上的动物看得更远以便更好地侦察敌情。有些学者认为脑形成是人类进化的最初阶段，因为他们认为文化的应用 —— 包括工具的使用 —— 是人类向前发展的跳板。

灵长类动物是热带和亚热带雨林生态系统中典型的树栖类动物。我们可以通过观察它们的手脚的解剖学特征，它们的行走姿势、视力、牙齿构造以及它们的智力水平而将其辨认出来。上述最后一种特征是最重要的，因为灵长类动物的主要特征就是将智力的进化（不断发展）当作一种生活方式。牙齿构造特征也是很重要的，因为它可以使我们分辨这些灵长类动物所吃的食物的类型，尤其是分辨一种动物是属于以软果为生的树栖类动物还是以坚果或谷物为生的地栖类动物。灵长类动物主要分为两种类型，即原猴类和类人猿。前者包括懒猴和丛猴；后者包括猴子、猿类和人类。

图1-10表示的是人科进化树，我们应该好好关注一下，因为人类遥远的历史确实令人感到有些困惑，且我们现在还在不断地拼接这段历史。回到久远的新生代第3纪古新世时代，早期的原猴分化成为现代原猴，这与我们人类的出现没有太大的关系。在渐新世早期，新大陆猴（阔鼻猴类，即"鼻子是扁平的猴子"，包括狨猴、吼猴、僧帽猴）开始在南美洲安营扎寨，繁衍生息。当旧大陆猴（狭鼻猴类，即"鼻尖朝下的猴子"，包括树栖的疣猴，以及地栖的猕猴和恒河猴）开始在非洲出现时，进化树又发生了分枝。类人动物（hominids）最早是以森林古猿（或者称为"橡树居民"，反映出它们可能居住在热带和亚热带的丛林中）[1]的形式出现于3000万年前的中新世。中新世早期

---

1. 现在有些人主张用"hominine"这个词取代"hominid"，因为森林古猿群体类似于人类的家庭组织方式。

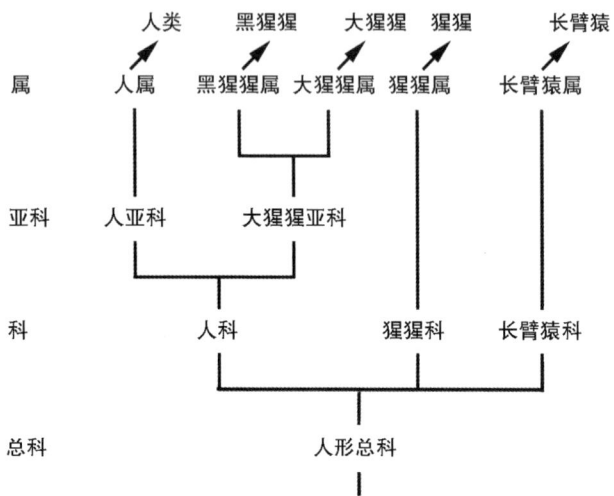

图1-10　人类家族进化树，其中各个种属分支一直在修改，以求完善，这幅图是目前人们比较接受的版本

的猿类，比如原康修尔猿，它们的姿态与猴类非常相似：原康修尔猿本身没有尾巴（像猿类），但是它们的身体保持与地平行的姿态（趴着的姿势）则像猴类。它们拥有对生拇指[1]，因此这就提供了一个微弱的线索，即它们可能用过一些简单的工具。类人动物化石在非洲大陆和欧亚大陆的中新世大部分时期的地层中均有发现，最早的原康修尔猿物种化石标本可以追溯到大约2200万年以前。 38

　　在中新世中期，大约在1000万—1500万年以前，森林古猿，这个往北最远在西班牙和匈牙利被发现的物种，在这一时期开始分化为几类物种，包括栖息在印度、巴基斯坦，甚至土耳其的西瓦古猿和栖

1.即大拇指与其他四指能够对持，从而使动物更方便地抓取东西。——译者注

息在非洲大陆的拉玛古猿。西瓦古猿可能是猩猩的祖先，拉玛古猿长
期以来一直被当作人类的祖先，但是现在被认为仅仅是当时存在的许
多类似猿的物种中的一种。生活在300万年前的类人动物可以分为两
种，其中一种脑较大而颊齿较小，而另一种则正好与之相反。前者构
成了人属；后者则构成了南方古猿属的更新纪灵长类动物。后者中的
非洲南猿化石是在1924年由约翰内斯堡附近采石场的工人首次发现
的，而且它看起来很像是人属的祖先。起初人们对这个发现并没有投
入太多的注意，很大程度上是由于之前不久发生的皮尔当化石伪造案
带给人们太多的痛苦记忆，也使人们"吃一堑，长一智"，并对这类发
现产生了怀疑；再者，当时还存在这样一种观点，即非洲不适宜作为
人类文明的发祥地，现代工业文明的发源地英国当是首选之地：伦敦
周围各郡最好，不过英格兰西南部各郡也可担此重任。目前对于非洲
南猿在进化树上的排序仍不确定。

　　1962年，路易斯·利基，这个老资格的古人类化石探寻者，在坦
39 桑尼亚塞伦加蒂平原的奥都维山谷中进行发掘时，无意中发现了能
够使用工具的原始人类的遗骸，并认定它是生活于180万年以前一个
新物种，称为能人（即"灵巧的人"）。制作石头工具似乎与脑容量扩
增几乎在同期发生，即大约在250万年前，因此这一发现就引发了如
下推测：到底是制作石头工具驱动了脑容量扩增，还是后者驱动了前
者。当时，能人的发现引发了很大争议，因为有些学者认为——基于
同一物种内部的个体之间，生理特征也存在着不同这一理论—— 能
人不过是一种体形较大的非洲南猿而已；然而另一些学者则认为能人
属于一种体形较小的直立人（我们即将要讨论的）。目前的观点认为，
能人是一个真正的物种，或至少是向直立人进化途中出现的一个渐

变种。另外，目前也认为那些混杂在一起被我们称作能人的骨骼化石，实际上来自于两个物种，即能人和卢多尔夫人（是以它的发现地——卢多尔夫湖而得名，卢多尔夫湖现在改称图尔卡纳湖，位于肯尼亚北部）。卢多尔夫人具有稍大的脑容量，脑结构也更趋近于现代人。但是现在仍然不知道其中哪个物种最终演变为智人。乍一看，具有稍大的脑容量的卢多尔夫人好像更能肩负这一历史使命，但经过仔细考察后发现，卢多尔夫人又具有其他一些不相关的解剖学特征，因此排除了它进化到智人的可能性。

大约200万年以前，在非洲大陆，匠人（"辛勤工作的人"）扛着他的石制工具包蹒跚地登上了历史舞台。他比先他而来的各种"人"体形更高大，脑容量也更大。理查德·利基于1984年在图尔卡纳湖西岸发现的具有几乎完整骨架的"图尔卡纳男孩"（图1-11）是匠人的代表。他的身体的完整性表明他大约是在160万年前因溺水而死，因此没有被食肉类动物撕成碎片。匠人生活在气候温和，干燥且开阔的土地上。他们使用工具进行劳动，这被称为阿舍利文化。这个名字取自法国的一个地名——圣阿舍尔，因为在当地发现了大量的比较先进的双面打制的石头工具，例如水珠形状的斧头。据推测匠人是以捕食为生，而不是食腐动物。

大约在180万年前，匠人进入了亚洲大陆，并同时在亚洲和非洲发生进化而形成直立人，即直立性和二足性充分发展的人，也许他和现代人身高相仿，但是他的面部略显笨重，前额和眉脊略低（图1-12）。据推测，直立人跟随着兽群（随着冰河作用使地球降温，原来的森林不断衰退，致使生活于其中的动物不得不迁移到别处）进行迁移，

40

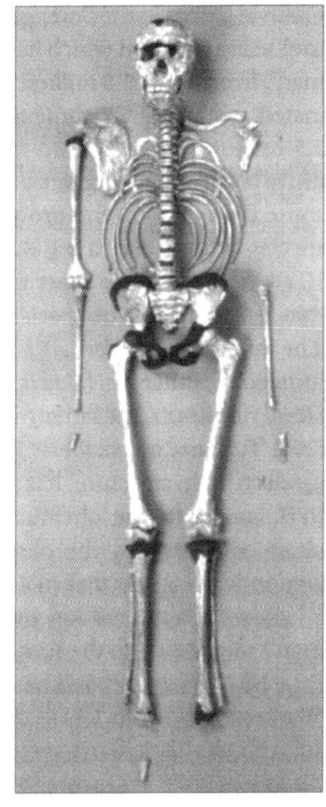

图1-11 "图尔卡纳男孩"的不幸却成就了科学的发展。左图是"图尔卡纳男孩"（更正式的名称是WT-15000）几乎完整的骨架，他属于匠人，大约在160万年以前溺水身亡，1984年被发现。从他的骨架所提供的细节信息中人们推断出了一些重要的结论，尽管有些人认为这些推论不过是空想罢了。他的骨头较现代人相对密度更大的事实，表明他曾经从事过程式化的体力劳动；其脊椎管（内有脊髓流动）的直径要小于现代人的事实表明，他的神经传导路径要少于现代人，这使得他的呼吸所受的神经控制要少于现代人，且没有语言出现。他的骨盆的大小，以及对于女性怀胎所具有的意义，也说明婴儿需要接生才能产出的特点（而不像其他非人灵长类动物一样能够自产）以及人类社会结构是在匠人中产生发展的

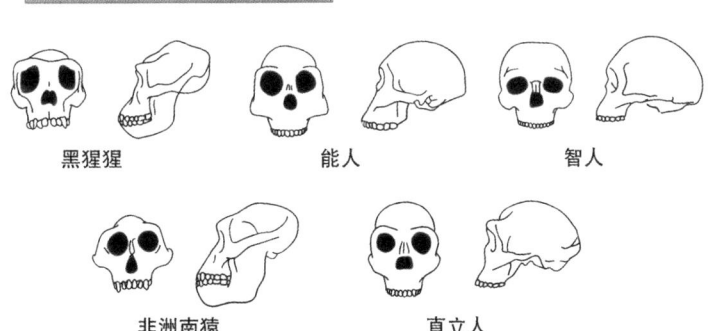

图1-12　上图展示的是黑猩猩和各个人种的头骨。按照图的顺序观察后发现，这些头骨中眉脊逐渐消失，但头骨却逐渐增大且变圆

在穿越今沙特阿拉伯的热带和亚热带地区后进入中国的中南部。从这里，直立人跨过大陆桥进入爪哇，杜博斯于1891年在爪哇的梭椤河流域发现一些"爪哇人"化石碎片，从而找到了人类进化过程中先前所缺少的这一环。

根据"走出非洲"假说，智人似乎是于15万年前在非洲出现的，[41]很可能是由匠人进化而来，但也有可能是由不太聪明（根据其脑容量较小这个薄弱的证据下的结论）的直立人进化而来。在特定的时候，智人遇到了尼安德特人，即"穴居人"，他们的遗骸是于1856年由采石场工人在德国境内的尼安德河谷的杜塞尔河上一个叫作菲尔德霍夫·格罗图的地方首次发现（图1-13）。

尼安德特人体形较大，且比现代人更粗壮结实，胸围也更宽大，尽管他们的平均脑容量要比现代人大，但是对其头骨研究表明他们缺少大脑额叶。他们似乎曾经适应过寒冷环境。后来，尼安德特人的化石标本相继在中东、亚洲其他地区以及非洲北部被发现。他们的石器技术被称为莫斯特文化，是因位于法国境内勒·莫斯特地区的尼安德特人居住的山洞而得名。在4万年以前，可能是由于他们与智人打了一些交道，尼安德特人从阿舍利文化中吸收了灵感，并对石制工具技术做了改进而创造了沙特佩隆文化，它因一个山洞所在地而得名。用鹿角和骨头制作的饰物的出现，表明尼安德特人和智人这两个物种间存在贸易活动。笛子的发现使我们有幸对尼安德特人的家庭生活的丰富性管中窥豹一番。这支笛子可以追溯到4万3000年至6万7000年[42]之前，笛子很可能最早出自尼安德特人之手，他们笛子上的孔能够与现代音乐的7音符的全音阶吻合。

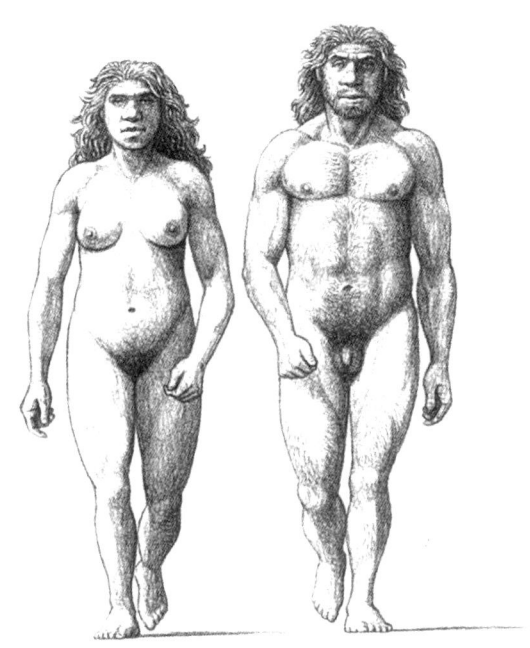

图1-13　上图是对尼安德特人男性和女性可能外貌的还原。注意观察他们与现代人相比显得比较粗糙的体貌特征：他们具有笨重的眉脊和收缩的下巴和前额。据推测，尼安德特人不太可能与智人发生种间交配，目前这一支物种的已经灭绝

　　除了音乐晚会，尼安德特人的社会组织结构也已发展到了很高水平，他们采取集体合作狩猎的方式，也很可能已经开始用语言进行交流（尽管对他们的喉部结构分析表明他们的语言尚缺乏足够的清晰度）。而且他们以一种比较温和体贴的方式来埋葬死亡的同伴（也可能由于岩崩造成的无意埋葬）。另一方面，尼安德特人或许也曾是同类残食的动物，不过这也可以理解为另一种方式的关怀体贴——他们质朴地认为这样可以把他们所爱的人的身体和灵魂整合到自己体内——如果我们能够摒弃成见的话。如果单单从一件艺术品出发，比如一个经过打磨且雕刻精美的小猛犸象的牙齿，能够作出可信的人

类学推断的话，那么尼安德特人就是极富艺术天分的人。

    尽管尼安德特人是"艺术家"，但他们却不是幸存者，因为他们大约在3万年以前就消失了，他们的进化也就此终结，留给生命进化树的是其嫩枝末端一片干枯的叶子。尼安德特人的灭亡始于4万年前，当时，另一族原始人类发动了"入侵"狂潮，他们从东到西席卷整个欧洲大陆，直到2万7000年前才终止。"入侵者"被称为克罗马侬人（图1-14），他们是一族体貌特征颇似现代人的智人，因发现于法国中

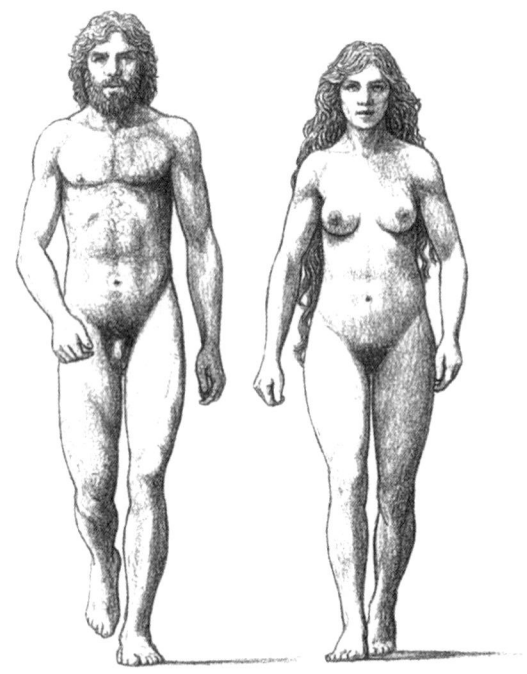

图1-14　克罗马侬人的体貌特征颇似现代人，图中展示的是比较理想的体貌特征还原图。这种智慧高度发展的生物正处在带来规模更大的物种灭绝过程中，这种灭绝更甚于他们的任何对手包括自然灾难。但是，在接下来的章节我们将会看到，尽管他们缺乏自控力，这种似是而非的动物能够进行缜密的思考，并且创造了辉煌的艺术成果

部的克罗马侬山洞（位于多尔多省的莱塞济地区附近）而得名。1868
年，第一个克罗马侬人标本在那里被发现。克罗马侬人曾经适应过温
暖的气候，这就支持了他们起源于非洲这一观点。克罗马侬人扫除了
前进道路上的一切障碍，或许是因为他们拥有比其他原始人类更高级
的工具（如武器），这也被称为奥瑞纳文化，其中包括骨头和鹿角饰
物以及精致的瓷器。另一方面是由于尼安德特人无法克服疾病的侵袭，
或由于他们没有完整连贯的语言，因此无法进行有效交流而共同抵
御入侵者（克罗马侬人）的进攻。克罗马侬人则住在帐篷里，他们使
用陷阱、弓箭以及带柄的刀具（用沥青将柄和刀粘在一起）进行狩猎。
战争从那时起已经奠定了工业化基础，这也造成了之后数千年人类历
史中的悲恸。

　　当不在战争、屠杀的怪圈中徘徊的时候，现代人类开始有条件去
思考他们的周围环境，他们自己的生理和心理本质，以及他们周遭事
物由什么组成的问题，并在随后的生活过程中逐渐明白周遭事物都可
以为他们所用（屈服于他们的意志）。从此时开始，人类拉开了发展
的序幕。

第 2 章
DNA
生物学的理性化

伟大的思想
遗传因子是在 DNA 中进行编码的

　　生命体的几乎所有活动都是在分子水平上就设计好的，如果不了解这些分子，那么我们对生命本质的理解将是十分粗略的。

　　　　　　　　　　　　　　　　　　—— 弗朗西斯·克里克

　　我们每个人都"可能"摇身变出百万亿个自己。我们身体里大约 [45] 有数以百亿计的细胞，其中每个细胞都包含可以形成我们自身完整躯体的模板（即 DNA）。大多数细胞是相当微小的，以至于需要用大约 200 个这样的细胞才能把字母"i"中的上面那个圆点覆盖住。理论上 —— 这往往是一个很玄乎的令人生疑的词 —— 你身体中的数以百亿计的细胞能够产生出百亿个你（克隆），而其中的每一个"你"中的数以百亿计的细胞又分散开来，然后又可以产生出百亿个你，很快地，你和你的这些众多克隆体一起将彻底统治地球。幸运的是，自然界总是存在着各种物理的和生物的制约因素，从而使得上述理论结果不可能发生（仅仅是幻想而已）。但是能够思考上述"理论"的可能性，甚至是做一些幻想，这也表明我们对细胞本质的了解已经到达了一个空前的高度。

　　我们确实做到了。实际上，除了那个传教士（即孟德尔，后面将要讲到）外，达尔文和与他同时代的那些科学家们对于遗传的本质一无所知。尽管他们对自然界的许多现象和生存竞争所带来的后果有着很深的理解，但是对遗传机制的无知使得他们在理解别的问题时却是举步维艰。当时最被人们所接受的有关遗传机制的学说是融合遗传理论。它认为，亲代双方将他们各自可遗传的性状都注入最终发育成为其子代个体的"熔炉"中，其子代个体由这种混合成分萌发而成。而事实上，这种融合性并不能使自然选择很好地维持下去（即不太能够支持自然选择持续发生），因为生物产生的独有的适应性很快就被掩盖，因此它经常被用作反对达尔文观点的有力证据，并使得达尔文进化论迟迟不能得到广泛接受。亚里士多德，尽管他对疑难问题的执着追求而受到后人极大尊敬，却在遗传机制这个问题上又像往常一样抛出了错误的结论，从而再次展现了一个没有实验支持的摇椅上的思考的失败事实[1]。因观察到血液流经身体的各个器官的现象，所以亚里士多德将遗传机制归因于血液，这个观点至今仍作为一个暗喻而存在。他认为精液是净化过的血液，在交配时，这种"净化过的血液"与经血混合，从而产生了下一代。

上文提到的那个握有打开遗传秘密大门钥匙的传教士就是格里戈·约翰·孟德尔（1822 — 1884），他出生在奥地利西里西亚地区摩拉维亚省（后并入捷克斯洛伐克，现在属于捷克共和国）北部的海因申多夫村（即现在的海因西斯村）的一个农民家庭。孟德尔的父亲安顿是一个小佃农，他把许多精力都投入到了园艺中。不幸的是，有一次在工作时被一棵正在倒下的树砸在身上，从此落下疾病，长期不

---

1. 摇椅上的思考如果能与实验结合起来的话，那么它的威力是极其巨大的，而二者的结合也是科学方法的核心。

愈，全家生计更是雪上加霜。于是安顿将他的土地转卖给他的女婿以供养他唯一的儿子——孟德尔先后在特鲁堡和奥尔姆兹求学，由于从小就受到植物学方面的熏陶，所以孟德尔整个生命轨迹都被植物学所塑造。生活的压力迫使孟德尔在22岁那年进入布鲁恩市（现为捷克的布尔诺市）圣托马斯的奥古斯丁修道院，并取教名为格里戈，1847年（25岁时）他被任命为神父。之后孟德尔被修道院送到维也纳大学去学习数学和其他自然科学，以便成为一名中学教师，而这段学习经历为他日后将辅修的算术应用到遗传研究中作了一些铺垫。但是他在维也纳大学的研究工作却比较薄弱，尤其是生物学。在两年的学习期满后，孟德尔回到了修道院，并在后来当上了修道院的院长（1868年）。

孟德尔扮演着多种角色。他首先是弗朗兹·约瑟夫皇帝领导下的奥地利皇家帝国的在职牧师，他还是摩拉维亚抵押银行的功不可没的董事、奥地利气象协会的创立者、奥地利皇家帝国国家农业和自然科学与知识促进会摩拉维亚和西里西亚分会委员，以及最重要的角色——园艺家。在19世纪50年代，正当达尔文埋头于整理他的思想理论之时，孟德尔开始了他的研究工作，而这些工作使得他在去世后声名远扬。针对他的研究的各种疑问接踵而来——当然是激烈的批驳——都是关于他和他的助手所做工作的真实性问题，比如1936年，著名的统计学家和遗传学家罗纳德·艾尔默·费舍尔（1890—1962）就曾指出，孟德尔报道的数字结果是值得怀疑的。之后更进一步的问[47]题被提出，那就是：孟德尔到底知不知道自己所做实验的目标是什么，以及围绕他的成就所发展起来的各种遗传"神话"（理论构建）是否更多的与我们自己的后知后觉有关，而不是孟德尔自身的洞察力？

因此有些人认为，孟德尔的研究工作的原动力就是试图去理解杂交规律，而不是遗传的内在机制。他的动机就是追求验证当时流行的观点 —— 新物种起源于杂交，即 "遗传稳定的杂交体" 就是新物种。而他孤注一掷的目标就是去创造一个新物种，但在这方面，他彻底败下阵来。

　　孟德尔在布隆自然历史学会1865年2月8日和3月8日两次会议上，陈述了他的研究报告 —— 一个不被理睬的令人感伤的报告，并在该学会于1866年出版的学报上以《植物杂交实验》为题进行了发表。但是他的研究成果却被完全忽视了，只有W.O.福克在其发表于1881年的《植物杂种》中引用过孟德尔的工作，但却对他的工作提出了批评，因此孟德尔的研究结果在发表后30多年间一直被束之高阁，直到1900年。这些结果一直被忽视的可能原因是，按照当时的观点，它们并没有揭示出植物杂交的合理性机制，它们代表的仅仅是杂交失败的结果。孟德尔转而将更多时间花在修道院的管理工作上，这也反映出他对自己毕生心血造就的惨淡结果极度失望的心境。后来的三位植物学家 —— 荷兰的德弗里斯、德国的柯灵斯和澳大利亚的切尔马克 —— 各自宣布独立地重复了孟德尔的工作。但是后来证实，这些报告中有一些猫腻的意味。因为直到柯灵斯发表了与孟德尔具有相似结果的工作后，德弗里斯才完全认可了孟德尔的优先地位，同时他也意识到自己已经没有希望去争夺遗传规律发现的优先头衔了。因此，他重申了孟德尔的地位，以使柯灵斯的 "发现遗传规律" 这一重要成果失去应有的光泽。对于孟德尔的重要发现被束之高阁长达35年这一事实，人们作出了各种各样的解释。有人认为，孟德尔只是一个半路杀出的业余植物学爱好者，再者，他与教会联系太紧密，而教会往往被认为不可能会产生什么对科学发展有益的东西。还有人认为，孟德尔在其研究中借助的数学工具 —— 尽管只是简单的数学知识 —— 使得当时的生物学家一头雾水。但是真正的原因也许要简单得多：孟德尔的实验设计太超前了，从而使得与他同时代的科学家们无法将数字结果与遗传机制联系起来，而直到德弗里斯、柯灵斯和切尔马克重新复活了孟德尔的研究工作，并用一种现代科学的眼光去看待这些结果，才使得孟德尔的成就大白于天下。

　　孟德尔的工作是在19世纪完成的，但直到人类历史进入了20世纪，他的工作的重要性才逐步体现出来。就像普朗克量子化能量（参看第7章），孟德尔也将遗传进行了量化。而这一成就给遗传理论提供了一个强有力的证据，并最终导致当时十分流行的融合遗传理论的垮台，并且适时地被颗粒遗传理论（遗传信息由许多不连续的单元所携带）所取代。整整8年，孟德尔将他的注意力都放在了豌豆（*Pisum sativum*）的研究上，因为豌豆有很多特殊的特征而使其成为理想的研究材料。首先，豌豆花本身结构十分特殊，因此两个植株进行杂交比较容易。另外，对于野生植株来说，它也可以进行自花授粉（自交）。再者，豌豆可以表现出许多变异的性状，比如，它的花瓣既可以是白色，又可以是紫色；果实可以是光滑的也可以是皱缩的；子叶可以是绿色，又可以是黄色；豆荚也分为绿色和黄色；植株有的表现为矮秆，有的为高秆。还有一点，或许是当时的真实情况：豌豆比较便宜，也容易获得，况且它还有占地小，在较短时间内产生的子代数量较多等优势。此外，我们还可以天马行空地做一些猜想：豌豆汤也许经常在圣托马斯的修道院的伙食菜单上不厌其烦地露脸。但是，豌豆的一大缺点是，它是一种不"上镜"的植物，因此孟德尔当时的豌豆实验园地早已被改种了更美丽的秋海棠以取悦游人（图2-1）。

图2-1　修道院内孟德尔的实验园地。孟德尔用普通的豌豆作为实验材料，事后证明这是一个很恰当的选择，一方面因为豌豆的经济性，更主要的原因是豌豆的许多性状都是独立遗传的。不过修道院中的这片园地现在已被秋海棠占据

　　当孟德尔观察到植物杂交产生的变异体能够将这种变异性状遗传到随后的世代时，他着实吃了一惊。他决定通过实验观察去探寻隐藏在其中的系统遗传模式。在最初两年中，他开始着手培育豌豆纯种，即绿色果实植株只能结出绿色果实，黄色果实植株只能结出黄色果实，其他的各个性状也同理。接下来，孟德尔开始进行一系列的杂交和自交实验。例如，当他用绿色豌豆种子植株与黄色豌豆种子植株进行杂交时发现，由此产生的子一代（即F_1代杂交体）豌豆种子均为黄色。但是，当用上述得到的F_1代杂交体之间进行自交时，产生的F_2代中有3/4的种子为黄色，剩余的1/4为绿色。这简直有些不可思议，

因为最初的绿色种子性状又重新出现了。当孟德尔针对豌豆的其他性状继续进行杂交、自交实验（方法同上）时，也分别得出了与上述情况相似的结果。很显然，一种遗传模式已经浮出水面并且亟待给予合理的解释。

孟德尔以其大量的实验结果为基础构建了一个假说。他的第一条线索就是，实验中的变异体是以一个简单的数量比出现的。为解释这些比率所涉及的抽象（离散）的数字，他提出，每个性状内部的不同（比如绿色种子和黄色种子）取决于植株中控制该性状的两个相异的不连续单元（遗传因子）的表达情况的不同。孟德尔用"因子"这个词来表示这种不连续的可遗传单元，当讨论植物的外部特征即表现型时，他应用了"性状"这个词。孟德尔的大多数理论推理都建立在这些可观察的性状之上，而后来的研究者们则将注意力从生物外部特征转移到了对这些特征背后的"因子"的探索上。从那以后，人们对于这种遗传实体的命名简直是五花八门，但是目前被广泛认可的命名是由丹麦生物学家约翰森于1909年提出的"基因"。更准确地说，控制同一个性状的不同表现型的两个基因，比如控制豌豆种子颜色（绿色和黄色）的基因，叫作等位基因。因此，绿色豌豆和黄色豌豆分别对应不同的等位基因。

为了解释孟德尔豌豆杂交实验中得出的简单的数量比，我们可以假设基因（即上述的"因子"，遗传实体）——姑且按照现在的说法——是成对存在的，并且一对基因控制一个性状（两个表现型），生物的每个配子（即生殖细胞，在动物中称为卵子和精子；在植物中称为胚珠和花粉）包含上述控制性状的一对基因中的一个。接下来，在受精（植物中称为授粉）过程中，雄性和雌性配子发生随机融合，并使两份单个基因又重新成双。孟德尔将这些可遗传性状分为显性和隐性。同理，将控制显性性状和隐性性状的基因分别称为显性基因和隐性基因，它们是等位基因。因此，当一个显性等位基因与一个隐性等位基因成对时，生物将会产生显性等位基因所对应的表现型。举例来说，孟德尔的实验得出，黄色种子的基因对绿色种子的基因（二者是等位基因）是显性的，因为当用黄色种子的纯种植株与绿色种子的纯种植株进行杂交时，产生的子代的种子都表现为黄色。

50　　　我们可以借助一些符号来阐明这些观点。比如用 Y 来表示黄色豌豆等位基因，用 y 来表示绿色豌豆等位基因（这是基础遗传学中的惯例：用大写字母来表示一个特定性状的显性等位基因，用该字母的小写形式来表示该性状的隐性等位基因）。纯合（纯种）的黄色豌豆和绿色豌豆分别标记为 YY 和 yy。其配子分别是 Y 和 y。当它们杂交后，其子代基因型一定是 Yy，因为黄色是显性的（即 Y 是显性基因），因而上述子代全部为黄色豌豆。现在我们使上述杂合的子代进行交配，由于杂合系（Yy）植物的配子 Y 和 y 的随机分配性，因此其子代基因型将是 YY，Yy，yY 和 yy。只有最后一个即 yy 表现为绿色豌豆（因为在 Yy 和 yY 中，Y 对于 y 是显性的），所以得到的豌豆中黄色和绿色的比率是 3∶1，正如孟德尔所观察到的那样。他把这种简单的研究思路也推广到了对其他单一性状或复合性状（两个性状，例如绿色且矮秆的豌豆与黄色且高秆的豌豆）的研究中，并且发现各种情况下得出的结果与预期比率是一致的。（在这里，费舍尔根据统计学方法对孟德尔的结果提出了批评，因为上述比率很可能因掺杂有主观因素而变得不太准确，结果的离散性也值得怀疑 —— 比如在确定表面有细微皱缩的豌豆应该归为光滑还是皱缩中可能做了有倾向性的选择）。

　　需要说明的是，并非所有的遗传现象都符合孟德尔遗传定律，以及由此产生的简单的统计比率。也许历史上最糟糕的"专家"建议就是德国慕尼黑大学的植物学家内格里给孟德尔提出的建议。事实上，内格里在没有弄明白孟德尔的实验结果及其意义的情况下，就仓促建议他停下手头的豌豆杂交实验，转而研究山柳菊（ *Hieracium* ）。但是山柳菊是孤雌生殖（即无性生殖）的，因此几乎无法重复豌豆实验所得出的孟德尔定律。而孟德尔当时肯定感到十分沮丧，因为他的山柳菊杂交实验根本看不到前景，也无法证明他在豌豆中发现的遗传定律。同时他对自己随后以菜豆为实验材料所得出的结果也感到非常沮丧，因为与豌豆（一个基因控制一个性状）不同的是，菜豆的表现型中的单个性状往往是由多个基因共同控制的，因此孟德尔估计，他先前在豌豆杂交实验中所得到的简单的性状比率很可能被掩盖了。

　　并非所有的有性遗传都遵守孟德尔法则，这其中有更多微妙的原因，因为有些基因与其他一些基因有连锁效应（相互影响而不是相互独立），因而某些性状对应的遗传并不是随机的。另外，很多基因具有功能多态性，这表现在它们能够控制表型中的多个性状，所以对于一个有机体来说，其外部特征（表现型）与其自身基因（基因型）往往不是一一对应的。例如，作为遗传学研究中的主角之一——果蝇中的某个基因突变会导致其复眼和肾脏（即马尔皮基微管）中色素沉着缺乏。而在果蝇的另一个突变中，不仅其翅膀向外侧伸展，而且其背部也缺少特定的被毛。甚至连简单明了的孟德尔遗传统计学意义也常常被一些副效应所掩盖。例如，马思岛猫带有一个叫t的基因，[51]

在基因型为Tt的猫中它会阻碍脊髓的发育并造成常见的无尾表现型。当基因型为tt时，这种双份的等位基因可造成幼猫夭折或胚胎死亡。因此，基因型均为Tt的猫交配所产生的子代中，其表现型比为（TT）:（Tt+tT）= 1：2，而不是预期的1：3。[1]

孟德尔的重要发现在沉寂了35年后终于重见天日，并像我们前面提到的那样，虽然其间有过坎坷，最终人们还是不情愿地承认了孟德尔在遗传学上的地位。但是即使在孟德尔的重要发现"沉睡"的时候，生物学也没有闲着，它沿着另外一条轨迹在前进，并注定要与孟德尔的遗传理论相汇合。

值得一提的是德国生物学家海克尔（1834—1919），他创造了"种系发育"这个词用来指代一个物种的进化历史，他也提出了"胚胎重演律"（phylogeny recapitulates ontology，其中ontology这里引申为个体的发育），其主要内涵为：胚胎在母体子宫中发育，会重现该物种的进化过程（二者有很大的类似），只不过较之物种进化过程速度要快得多。海克尔还提出了政治是生物学规律在人类社会中的应用（优胜劣汰）的论断，而在他去世20年后，这个论断终于应验了[2]。海克尔的论断中与现代生物学联系比较紧密的是，1868年他提出了细胞核中包含有能够控制生物遗传的信息。随后在1882年，德国胚胎学家沃尔特·弗莱明发现蝾螈幼虫的细胞核内存在一种能够被特定染料着色的呈杆状的物质，从而将海克尔的上述设想又推进了一步。在此基础上，德国生物学家瓦尔德尔于1889年将这种物质命名为染色

---

1. 马思岛猫眼睛颜色的不同与其无尾性没有关联。
2. 即在第二次世界大战中应验。——译者注

体（"可以着色的实体"）[1]。

　　细胞核内的染色体数目很难统计，因为大部分时间里它们是以染色质纤维的形式纠集在一起，并散布于整个细胞核内的。直到细胞开始分裂的时候，即染色体需要复制并分配的时候，上述染色质纤维才凝聚成棒状小体的形式（染色体）。大多数我们认为低等动物的染色体数都少于人类，当然植物更是如此（无论高等或低等）。比如人类每个体细胞含有23对染色体，而家鼠只有20对。但是也有许多"另类"，比如西红柿有22对染色体，更不可思议的是，马铃薯竟然有24对染色体（注意：已经超过人类了）。事实上，由于染色体数目的不易确定性，之前很长一段时间，人们认为人类的染色体数和黑猩猩一样多（均为24对）。只有我们先收起自己的那份作为"人"的自满情绪，并承认染色体数目与物种的高低贵贱并没有必然的联系，我们才能够心平气和地接受这个现实，即人类实际上"只有"23对染色体。[2]

　　在世纪之交（19世纪和20世纪），生物学家们终于意识到染色体 52 是遗传的工具，而将染色体理论与孟德尔遗传理论统一起来的关键人物就是沃尔特·瑟顿（1877—1916）。瑟顿当时是纽约哥伦比亚大学的研究生，在研究一种蝗虫（具体地说，瑟顿研究的是一种活跃于美国西部及墨西哥平原地区的笨拙的蝗虫，即笨蝗。它的细胞较大，其中的染色体清晰可见）的精液时发现，原先成对的染色体确实会发生分离现象，从而分别进入两个不同的细胞。瑟顿的这一发现通常被冠名为瑟顿-波弗利染色体学说，因为德国生物学家波弗利

---

1. 瓦尔德尔非常擅长于命名，1891年他也创造了"神经元"这一名词。
2. 在本书写作之时，一种非常知名的电子版百科全书仍将人类的染色体数目说成是24对。

（1862—1915）对海胆卵进行了研究，并在1904年宣称，他与瑟顿几乎同时发表这一学说。波弗利确实在一些核心思想的产生中作出过贡献（与其朋友一道），但是最重要的是，他得到了志同道合朋友的强有力的支持。

现在我们可以推断出瑟顿所研究的染色体其实正是孟德尔所提到的那种"基本单位"（基因）的载体，因此一种新科学就呼之欲出了。在1905年写给剑桥大学动物学家亚当·萨齐维克的一封信中，略微有些古怪的威廉·贝特森提出了"遗传学"这个词，并在1906年召开的第3届国际杂交会议上公之于众。贝特森的颇费周折（将"遗传学"公之于众），或许从另一个角度也说明在这一百年间科学家与公众的对话已经有了很大的进步，我们从贝特森的言论中可见一斑。

> "遗传学"这一名词充分表明，我们的辛勤劳动都已投入到了揭示生物遗传和变异现象背后的机制中：换句话说，都投入到了对生物生理性状和功能的延续的研究中去了，而这种研究对进化学家和系统学家所关心的各种理论问题的探究，会产生潜在的影响，而对于动物或植物杂交学家来说，遗传理论能够指导其进行实践。

在进一步深入到遗传学内部去探讨生物遗传的机理之前，我们首先需要了解有丝分裂和减数分裂这两个重要的细胞事件及其机制。前者关乎体细胞（构成身体的普通细胞）的分裂，而后者则关乎配子（动物中称为精子和卵子，存在于生殖器官中；植物中称为花粉和胚珠，分别存在于花药和子房中）的形成。减数分裂过程的复杂性是导致有性生殖的进化以及为什么必须付出如此巨大的进化代价（即适应的过程是有代价的，参看第1章）等问题难以理解的诸多原因之一。再者，随着自然界的进化达到一定层次，减数分裂——这个比有丝分裂要求更高，也更严谨——就在一个适当的时候在适当的地方应运而生了。本书并不是生物教科书，因此我只将有丝分裂和减数分裂的过程分别做简单的概述，以使读者对其具体过程有一个大致的了解，以便更好地理解后面的内容。

我们首先来探讨有丝分裂，即体细胞的复制过程。每个细胞都有一个循环的生命周期，而在每个周期内，细胞只有不到10%的时间在进行有丝分裂。但是，其他90%的时间也是相当重要的。因为在此期间，细胞并没有闲着，它在忙碌地准备有丝分裂活动中用到的多种原料。在这个看似静态，但实际上却是忙碌且多产的时期内，我们每个体细胞内的23对染色体被拉伸成染色质纤维（呈长丝状），并且十分混乱地散布于细胞核内。当有丝分裂启动后，原先的染色质纤维经卷曲而缩短变粗，以使其更容易地在细胞核内自由移动。在此过程中，每条染色体均发生复制从而成为一对染色体。其中每条染色体都包含两条相同的呈棒状的染色单体，它们交汇于着丝粒，因此看起来像一个拉长的X形。随后，核膜逐渐消失，因此核内物质与其"原来的"外环境（由核膜阻隔），即细胞质——它介于细胞膜和细胞核之间，呈溶胶态，其中包含有大量的细胞组成物和功能实体——发生融合。然后染色体中的两条染色单体，由原来所处的细胞中央分别被纺锤丝拉向相反的两端，随后在两组染色体中间又形成新的细胞膜（我们这里仅以分开的染色单体为例），这时两个细胞的雏形已经形成。随后每个雏形细胞中的核膜开始形成，染色体又重新伸展开来成为染色质纤维，至此原来的一个细胞就分裂得到了现在的两个新细胞。

现在来看减数分裂，即形成生殖配子的过程。减数分裂过程要比有丝分裂更复杂一些，在此过程中一个细胞将会分裂产生四个同样的细胞，且每个细胞仅含有分裂前细胞染色体数目的一半（即23条染

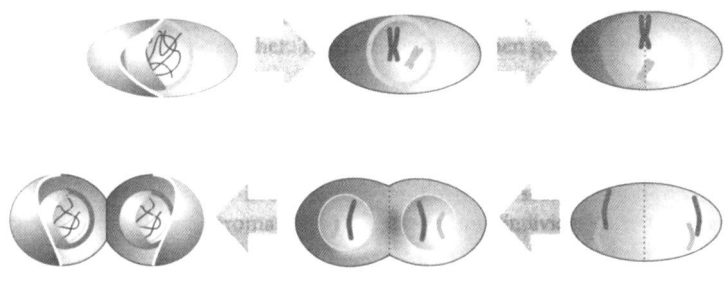

图2-2 有丝分裂的过程就是一个体细胞分裂成两个与之完全相同的子代细胞的过程。最初的时候染色体在细胞核（图中所显示的里面的球状物）中呈伸展的状态。分裂开始后，染色体经卷曲、复制而形成伸长的X形（这里只展示了两条染色体，在人类体细胞中总共有23对染色体），每条染色体包含2条交汇着丝粒的染色单体。染色体排列于中央平面上，核膜消失，染色单体分离并被拉向两端，进入细胞质中。在这里核膜重新形成且细胞膜开始闭合并包裹各自的细胞核。最终染色体重新伸展，由原来的一个细胞分裂为两个相同的二倍体细胞（具有成对染色体的细胞）

色体，而不是原来的46条）。这个过程有些复杂，所以我们应跟着图2-3中的步骤去仔细探究一番。为方便起见，图中仅以一对染色体为例。最初的时候，染色质纤维互相缠绕在一起并充满整个细胞核，但当减数分裂开始后，这些染色质丝就解开这种纠缠状态并收缩成短粗的状态。在这个时段里，我们可以在显微镜下清楚地看到每个染色体都发生了复制，从而包含有两条染色单体。它们交汇于着丝粒且整体类似于伸长的X形，这一过程与有丝分裂相似。但是下面的过程就不太相同了。首先，来自父本的染色单体对（包含两条姐妹染色单体，

54

母本也与此类似）与来自母本的染色单体对（这两个染色单体对称为
同源染色体）发生配对，并拉伸形成类似于拉链两边的样式。每条染
色体的末端，即被称作端粒的部分（即"远端的部分"）连在核膜上，
这种锚定方式可能有利于同源染色体中的一个找到对方并发生配对。
接下来，配对的两条染色体中的非姐妹染色单体（一个来自父本，一 55
个来自母本）发生交叉，即染色体交换，从而使得父本和母本的遗传
信息进行交流。因此，这一瞬间也意味着遗传变异在有机体中发生了。

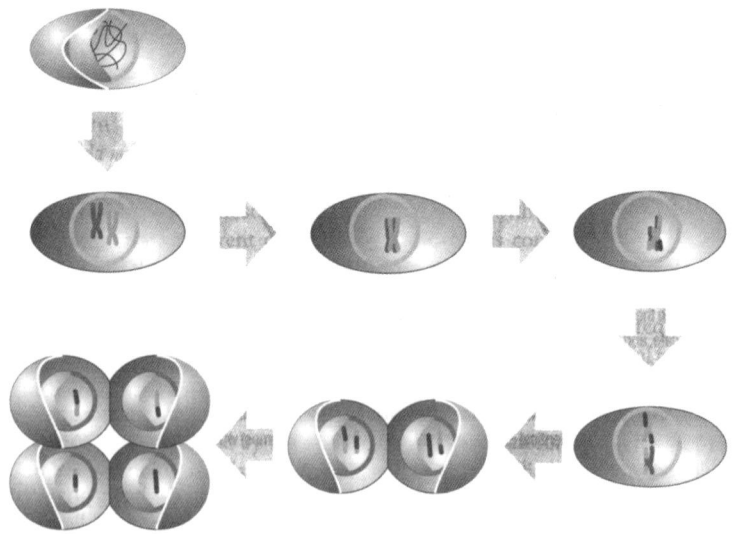

图2-3　减数分裂就是单倍体配子形成的过程。其原则就是将一个二倍体细胞
分裂为4个单倍体细胞（每个细胞只有原来数目减半的染色体），以便将来自亲本的
遗传物质进行融合。这里我们仅画出了亲代细胞中的一对染色体。最初，染色体在细
胞核里分散存在，当减数分裂开始后，其经卷曲、复制而产生两对连接在一起的染色
单体，就像有丝分裂那样。然后来自父本和母本的两条染色体进行配对，并且交换染
色体上携带的一部分遗传物质。之后上述配对染色体排列在细胞中央平面上，在这
里发生第1次减数分裂（没有详细画出），并产生两个细胞，每个含有两条染色体（数
目并未改变）。接下来在第2次减数分裂中，上述每个细胞核里的两条染色体又分离
开来，最终产生4个单倍体细胞，每个细胞含有一条由亲本中两条染色体经遗传物质
交换后的染色体（数目减半）。所谓繁殖，如果从概念上而不是从其机制上讲，就是
减数分裂的逆过程，也即来自父本和母本的单倍体染色体配子进行结合的过程

当有机体生命进程中的这一实实在在的关键使命 —— 染色体交换过程 —— 完成后，两对杂交的染色单体由原来所处的细胞中央分别被纺锤丝拉向相反的两端，就像有丝分裂那样，形成两个细胞，每个细胞中包含有一对染色单体。如图 2-3 中所示的"第一次有丝分裂"。然后，在"第二次有丝分裂"中，每个细胞中的两条染色单体分别被拉向两端，并最终分别进入到新分裂形成的两个细胞中。因此经减数分裂后，一个细胞会分裂形成 4 个细胞，而原先从父本和母本得到的遗传信息也被分配进入分裂后产生的 4 个细胞内。其中有的细胞中的染色体可能携带显性基因，而有的细胞中的染色体则携带隐性基因，如豌豆黄色种子的显性等位基因（用 Y 表示）和绿色种子的隐性等位基因（用 y 表示）。在这里，孟德尔将简单的数学统计运用于他的实验观察中，得出了重要定律，并为现代遗传学的发展奠定了基础。注意科学的另一面：它可能具有高度的复杂性，比如这里的细胞生物学，但它也可能蕴藏在一种简单的、建立在数学统计基础上的实验观察中。

现在是该解开包裹在染色体上的层层面纱的时候了。遗传的真正实体是什么？遗传信息的真正化身又是什么？

在 19 世纪，一种认为化学物质编码遗传信息的思想应运而生，但它到底是哪种物质呢？大约在 1902 年前后，人们认识到蛋白质是由大约 20 种氨基酸（当然并不是每种蛋白质都悉数包含这 20 种氨基酸 —— 译者注）以特定的顺序组成的长纤维状分子（通常卷曲折叠成球状），并推断蛋白质能够编码遗传信息，氨基酸不同的排列顺序能够将不同的遗传信息由上一代传给下一代。从那以后，人们对于这个思想的正确性充满热情的期待。但是不可否认的是，细胞核内还存在着另一种被称为"核酸"（之所以称为核酸，主要为了强调它存在于细胞"核"内）的令人迷惑不解的大分子，并且它也是由另外一些基本单位（不是氨基酸）以特定的顺序组成的长链状分子，关于它的组成我们将在后面介绍。这些核酸分子一度被认为是令人厌烦的，且结构太简单而不可能传递染色体所携带的海量遗传信息。人们普遍认为它们只不过起着维系细胞结构的作用，类似于植物中的纤维素。

但是，这一观点在1944年被艾弗里推翻了。奥斯瓦尔德·艾弗里（1877—1955），英国移民的后代，出生于加拿大的诺瓦斯克夏省，他既是一个短号演奏家又是一个生化学家，其所有研究工作都是在美国完成的。艾弗里研究了在肺炎病人和健康人口腔中发现的许多种不 56 同类型的肺炎球菌。自从1923年以后，人们已经得知肺炎双球菌（能够引起肺炎的一种细菌）可以衍生出多种变异体：表面比较粗糙的非致病菌和表面比较光滑的致病菌。弗雷德里克·格里菲斯（1879—1941）曾在英国伦敦卫生部工作，他在研究肺炎双球菌时发现，上述表面粗糙的菌株和表面光滑的菌株二者之间可以相互转化。1930年，艾弗里及其同事在此基础上继续探究这种相互转化的机理，并且在不久以后发现，细菌之间相互转化的实现依赖于细菌细胞中的一种物质的存在，且这种作为转化效应物的"转化要素"可以被分离出来。随后艾弗里将主要精力集中于确定该"转化要素"的化学本质上。他发现蛋白酶[1]对这种"转化要素"不起作用，因此这就说明它不是一种蛋白质。他还发现脂肪酶（专门裂解脂肪的酶类，而脂肪是构成细菌细

---

1. 专门使蛋白质失去活性的酶类。酶是有机体内生化反应的催化剂，对机体维持正常生理活动起着十分重要的作用。——译者注

胞壁的重要物质）对它也不起作用，因此断定它也不是脂类物质。在已经确定出了这种"转化要素"不是什么（既不是蛋白质也不是脂肪）的情况下，艾弗里紧接着又做了一系列实验，并最终得出结论：这种所谓的"转化要素"实际上就是我们前面提到过的那种"令人厌烦"的核酸。至此，整个局面彻底改观了（核酸是遗传信息携带者），而就像克拉克·肯特变身为超人一样，核酸的地位也逐渐被人们抬升到了一个之前从未有过的高度，并一度成为世界上最炙手可热和最重要的生物分子。

但是并不是每个人都心服口服。有些执著于遗传本质的蛋白质学说的科学家则坚持认为遗传信息的载体就是蛋白质，只不过这种蛋白质未被检测出来，且与核酸结合在一起。但是这一观点在随后几年内被彻底抛弃了。1952 年，阿尔弗雷德·赫尔希（1908 — 1997）和他的实验助理马萨·切斯共同报道了他们用噬菌体（是一种专门侵染细菌的病毒）做的实验所得出的结果。他们注意到核酸含有磷元素，而蛋白质中却不存在。类似地，蛋白质中含有硫元素，而核酸中却没有。以此为依据，他们应用放射性同位素示踪法去追踪代谢后磷元素和硫元素的下落，从而达到追踪核酸和蛋白质的目的。随后他们发现，在噬菌体侵染细菌的过程中，只有噬菌体的核酸，而不是它的蛋白质进入到细菌细胞内。这一重要发现使所有人都相信了核酸编码遗传信息这一确凿事实。

与此同时，人们在解析一种特殊的核酸——脱氧核糖核酸（DNA）的结构方面也取得了很大进展。1868 年，瑞士医生弗雷德里希·米歇尔在对采自德国图宾根城的伤员被脓液浸透的绷带上的细胞进行分析后，发现了"核素"，即一种包含DNA的复合物。脓液中往往集聚着大量的对抗外部细菌感染的白细胞，而白细胞和哺乳动物的红细胞一样，都是没有细胞核的，因此比较容易从中分离到核酸物质。

为了便于理解后面的内容，我们需要知道一些DNA（脱氧核糖核酸）化学组成的知识。也许将其全名拆开有助于理解，即脱氧-核糖-核酸。整个DNA分子犹如一条长链，而其他基团则连在这条长链上且有规律地排列着。这条长链本身是由脱氧核糖分子和磷酸基团交替排列构成，脱氧核糖分子是核糖中的一个氧原子被去掉（因此DNA的全名中有"脱氧-核糖"）后得到的，而核糖与葡萄糖具有"近亲"关系。从图2-4中我们可以看到，脱氧核糖中含有一个由4个碳原子和1个氧原子组成的简单的环状结构主体，其他原子或基团又连在这个环上

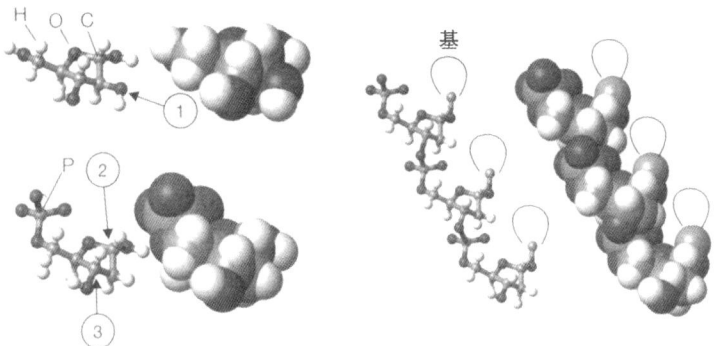

图2-4　脱氧核糖核酸（DNA）的结构。通过对组成DNA的各个部分进行解析，我们可以更好地理解这个复杂分子的结构特点。左上图显示的是核糖的结构。它包含一个由4个碳原子（用C表示）和1个氧原子（用O表示）组成的环状结构，其他原子或基团连接在环中特定原子上。现在假如将连接在环中的一个碳原子（即图中箭头1指示的那个碳原子）上的氧原子去掉，那么核糖就转变成了脱氧核糖，在其另一端则连接有一个磷酸基团。现在来想一个碱基（请详细参看图2-5，此处仅用象征性的小圆环表示）连在脱氧核糖环中的其中一个特定碳原子上（图中箭头2指示的那个碳原子），而一个磷酸基团连接在该脱氧核糖环中的另一个碳原子上（图中箭头3指示的那个碳原子），这样就形成了如右图所示的那种长链，即DNA链

的特定原子上。连接在脱氧核糖环上的磷酸基团含有一个与4个氧原子结合的磷原子（回忆一下前面提到过的赫尔希的放射性同位素示踪实验）。DNA骨架就是由成百上千个磷酸基团和脱氧核糖交替排列而成的类似于珍珠串的长链状结构。

　　这就是DNA骨架，与脱氧核糖环连接的另外一种分子称为碱基。其中的"碱"是有专业来由的，因为在化学中，碱指的就是能够与酸发生反应的化合物。对于碱基来说，它的"碱"性则来源于其中存在的氮原子，这也是化学中碱类物质的普遍特征。DNA中包含4种碱基，即腺嘌呤（用其英文名首字母大写A表示，以下同）、鸟嘌呤（G）、胞嘧啶（C）和胸腺嘧啶（T）。这些分子的结构有很大相似性，从图2-5

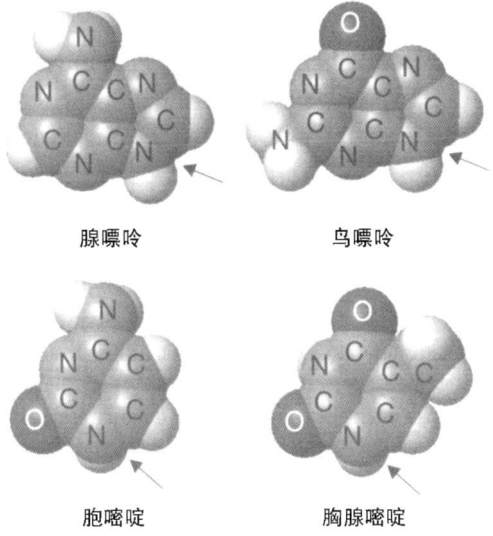

腺嘌呤　　　　　　　　　　鸟嘌呤

胞嘧啶　　　　　　　　　胸腺嘧啶

图2-5　这4种碱基组成了遗传密码文字。腺嘌呤（A）、鸟嘌呤（G）、胞嘧啶（C）和胸腺嘧啶（T）（图中未标记的浅灰色的稍小一点的代表氢原子。）图中箭头所示的是DNA中核糖分子能够形成化学键的氮原子

中看出，这4种碱基可以分为两组。腺嘌呤和鸟嘌呤的形状相似，都是由碳原子和氮原子形成双环结构，它是一大类称为"嘌呤"的化合物分子的共同特征。与之不同的是，胞嘧啶和胸腺嘧啶只有一个由碳原子和氮原子形成的环状结构，它是一大类称为"嘧啶"的化合物分子的共同特征。由此可以想到DNA分子就是由这4种碱基以看似随机的方式连接在DNA骨架（由脱氧核糖和磷酸基团交替排列延伸而成）中的脱氧核糖分子上而形成。可能现在你也有同感：DNA确实是令人厌烦的。

当DNA被确定为遗传物质以后，人们怀着极大的热情渴望去解析它的精细结构，埃尔文·查戈夫（1905—　）便是其中一位关键人物。查戈夫出生在乌克兰西部的切尔诺夫策地区（后并入奥地利并改名为切尔诺维兹），之后移民到美国并在纽约哥伦比亚大学工作，正是他的重要发现使得DNA结构本质开始从层层迷雾中初露端倪。1950年，查戈夫运用新的实验方法"纸色谱法"（能够将理化性质相近的化学物质进行分离，并顺着一条纸带进行洗脱后可以确定每种物质的含量）发现，腺嘌呤和胸腺嘧啶的数量是相同的，而鸟嘌呤和胞嘧啶的数量也是相同的，这与DNA取自哪种生物组织没有任何关系。

上述结论表明，腺嘌呤总是与胸腺嘧啶配对，而鸟嘌呤则总是和[59]胞嘧啶配对。查戈夫发现，上述每种类型碱基对（如A-T和G-C）数量在总碱基对数量中所占比例虽然因物种而异，但是对于同一个体的不同细胞来说，上述比例却是相同的。这一发现说明，生物体内的DNA是多种多样的，不同的生物其DNA组成也是不同的，就像我们每个人都有自己的不同于他人的思想一样。查戈夫还发现，无论他的实验材

料 —— DNA —— 取自何种生物组织，其中的嘌呤（即双环的腺嘌呤和鸟嘌呤）总量总是与嘧啶（即单环的胞嘧啶和胸腺嘧啶）总量保持一致。所有这些信息对于认识DNA的结构都是十分重要的，且足以让人们最终可以完整解析DNA分子结构，这是后话。

最终揭开DNA结构真面目的关键人物是以下4位科学家，其中伦敦大学国王学院的莫里斯·威尔金斯（1916 — 2004）和罗莎琳德·富兰克林（1920 — 1958）通过X射线衍射法揭示了DNA结构的重要信息；而剑桥大学的弗朗西斯·克里克（1916 — 2004）和詹姆斯·沃森（1928 — ，生于芝加哥）则利用这些信息建构了DNA的双螺旋模型。但是，就像我们被无数次告知的那样，DNA结构发现的这段历史其实也充斥着一些不和谐音符，比如弄虚作假、敌对情绪、实用原则以及悲剧色彩等一些甚至无法想象的事情。因此，这个被誉为20世纪最重要的、并且赢得无数人喝彩的科学发现历程或许并不像人们所想的那样完美。

其中的悲剧人物当然就是富兰克林，她因为长年受到研究中使用的X射线的辐射而罹患卵巢癌，去世时年仅38岁[1]。富兰克林的生命历程充分体现了：如果不以生命为代价，则无法昭示生命的奥秘。尽管富兰克林的经历具有吸引力且值得同情，但是如果将其从悲剧人物提升到悲剧女英雄的高度，并且在这部DNA结构发现的"大戏"中担任核心角色的话，这显然是不合适的。事实上，这个十分反映人性本质

---

1. X射线衍射法是利用X射线照射晶体样品，从而根据衍射参数分析晶体性质的技术。晶体内部规则排列的原子将X光束散射到不同方向，由此我们可以得到该晶体的衍射图，通过衍射强度可以确定晶体中原子的空间位置。

的故事的真相似乎是如下将要述及的那样。以现在的观点来看，与20世纪中叶英国的强大的社会经济背景相对立的是，男性对女性的态度显然处在一种"不发达"状态。

威尔金斯当时在伦敦大学国王学院主要从事DNA的研究，其所在实验室的主任，也是威尔金斯的导师——兰德尔，出于建立X射线技术平台的考虑，而将富兰克林招至麾下，以引进她的高超的X射线晶体专业技能。富兰克林曾在巴黎一个实验室用X射线衍射法研究煤的微结构，从而练就了这方面的技能。同时她也热切渴望利用这种技术转而去做一些有生命的东西，而不是整天面对这种毫无生气的化石（指煤）。至于她是否能适应这种转变则不得而知，因为当时的国王学院规定女性不允许进入公共休息室[1]。富兰克林被兰德尔教授聘请到 60 国王学院做研究一事，起初威尔金斯并不知情，因为他那时刚好外出，等他回到国王学院的时候，他对富兰克林在实验室的角色定位存在疑惑，而这也导致他们之间矛盾的产生。很快，二人之间的关系变得十分微妙，并最终导致他们各立门户。但是有一点相同的是，他们都在研究DNA的结构，并且不久以后就都获得了效果很好的DNA纤维X射线衍射图。在这之前，威尔金斯曾在意大利那不勒斯召开的学术会议上遇到了年轻的美国生物学家詹姆斯·沃森，并且给沃森看了他拍摄的DNA晶体衍射图片。而这也激发了沃森去破解DNA结构的信心。于是在1951年9月，沃森来到剑桥大学并在由劳伦斯·布莱格爵士（X射线晶体学的鼻祖之一）领导的实验室学习X射线晶体衍射技术。在这里，他结识了刚刚获得博士学位的弗朗西斯·克里克。

---

1. 实际上，在牛津大学，我所在学院的休息室20世纪70年代以前，也是不允许女性进入的。

1951年11月，同为研究DNA结构的两股急流，终于不可避免地汇合了，并碰撞出了火花。其中以富兰克林和威尔金斯为代表的一方小心求证，但缺乏信心（或可理解为极度耐心）去提出独特见解，而以沃森和克里克为代表的另一方则大胆假设但却苦于缺乏实验证据（或缺乏耐心）。当时沃森去伦敦聆听了富兰克林的工作介绍，之后他匆忙赶回剑桥，并按照其从富兰克林那里得到的数据，和克里克一道创建了一个DNA结构模型，并邀请国王学院的同行前来参观。建立模型 —— 当时是用铁丝和铁片制成的真正的实体模型 —— 在当时来说是阐释蛋白质结构的一个行之有效的手段，因此沃森和克里克也跟随当时的潮流构建了DNA模型。但是国王学院的同行们却当即否定了这个模型，因为这个模型与他们得到的数据不相统一。他们同时也否定了这个实际上富有成效的 —— 后来证明确实如此 —— 模型构建方法。而就在此时，布莱格命令沃森和克里克立即停止手头的DNA结构研究工作，把它留给国王学院的研究组，因为这是他们的课题。从那时起，人们对科学研究中的所有权（领域划分）的态度以及对女性科学家的态度开始发生转变，也许接下来的事情是前一种态度发生变化的转折点。

1952年，沃森和克里克得知莱纳斯·鲍林也在试图解析DNA结构，实际上鲍林之前在蛋白质的结构解析方面可谓是功勋卓著，而对于鲍林转行研究DNA，布莱格的命令（即上述布莱格命令沃森和克里克立即停止DNA结构研究工作）不起作用。沃森和克里克在思索：既然鲍林也在做这项工作，那么就意味着国王学院的研究组已将这个难题泄漏出去了，而他们也与别人有同等权利去从事这项研究工作。紧接着一些不太光彩的事情发生了。正在这个关节点上，威尔金斯在未得到富兰克林同意的情况下就给沃森看了她的X射线DNA晶体衍射照片（图2-6），而马克斯·佩鲁茨也给沃森和克里克出示了富兰克林写给英国医学研究委员会的信函，即其最新实验数据尚未公开出版的研究报告。至此，沃森和克里克已经获得了一些可以确定DNA这种螺旋状分子的尺寸大小的关键数据，然后按照这些数据对之前建立

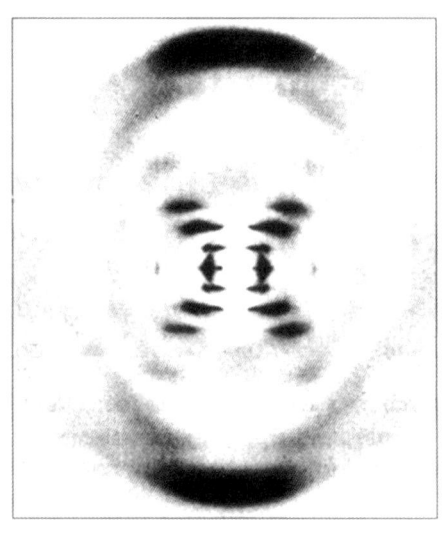

图2-6　罗莎琳德·富兰克林获得的X射线晶体衍射图样是揭示DNA的精细结构的相当重要的证据。它证实了DNA分子具有双螺旋结构，而根据图片中的详细信息我们能够确定螺旋的尺寸大小

的DNA模型进行了一些调整。仅仅数周之内，他们就成功地建立了新模型，并将其展示给了威尔金斯，他也认可了这个模型。1953年4月25日，《自然》杂志发表了DNA双螺旋模型论文，而有意思的是，这篇论文是一个三重唱，一方是沃森和克里克，一方是威尔金斯领导的研究组，还有一方就是富兰克林领导的研究组。实际上，正是后两方为沃森和克里克的设想提供了强有力的实验证据支持。因此，1953年

4月25日这一天也标志着现代分子生物学诞生了。

　　DNA分子的结构就是久负盛名的且具有象征性的右手双螺旋样式，由其包含的两条长链经互相盘绕而成（图2-7），十分类似于梵蒂冈博物馆公共入口处旋转楼梯的样式[1]。DNA分子中的关键要素就是其中一

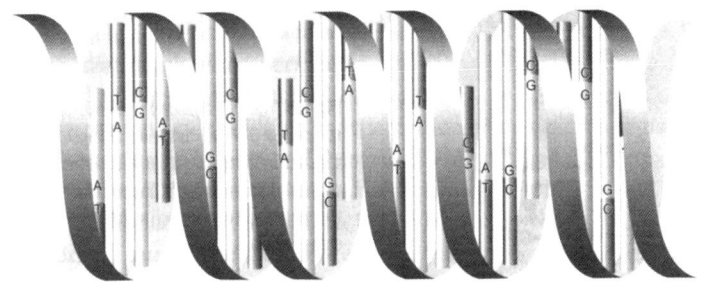

图2-7　DNA双螺旋结构。DNA分子中的两条核苷酸链经互相缠绕而形成双螺旋结构，螺旋中间有小沟和大沟（两股螺旋向内凹进去比较浅的叫作小沟，较深的叫作大沟——译者注）。这两条链依靠碱基之间形成的氢键连在一起，图中用长棒表示嘌呤碱（A和G），短棒表示嘧啶碱（C和T）。碱基配对方式总是A…T, G…C

条链上的碱基与另一条链上的碱基进行配对，这意味着腺嘌呤（A）总是和胸腺嘧啶（T）配对（用A…T来表示），鸟嘌呤（G）总是和胞嘧啶（C）配对（用G…C来表示）。这种配对方式也佐证了查戈夫在其所研究的DNA实验样品中发现的现象，即腺嘌呤的数量和胸腺嘧啶的数量相同，而鸟嘌呤的数量和胞嘧啶的数量相同。你可能还会发现，尺寸相对较小的嘌呤分子（腺嘌呤与鸟嘌呤两者比较）总是和尺寸相对较大的嘧啶分子配对（即A和T, G和C分别配对），因为这样一来

---

1. 参看DNA双螺旋图片请浏览以下网站：http://www.planetware.com/photos/SCV/RVATMS3.HTM

DNA双螺旋结构才能比较均衡：两个较大的嘌呤分子会凸出，而两个较小的嘧啶分子则会凹进去。这种配对原则佐证了查戈夫的另一发现，即DNA样品中嘌呤总量（A+G）与嘧啶总量（T+C）是相等的。

⁶²

　　DNA两条核苷酸链是由碱基之间形成一种非常特别的被称为氢键的化学键而连接在一起的。之所以说氢键特别，并非意味着它不是常见的化学键，因为海洋里的每个水分子都是通过氢键与邻近的水分子连接在一起，因此仅仅在海洋里就有大约10^{44}个氢键，再加上其他地方的氢键那就更是不计其数了。氢键的特别之处在于其特殊的成键方式：它只有在一些特定类型的原子间才能形成，其中包括氧原子和氮原子。为形成氢键，那么就必然需要一个氢原子（它本身体积较小，所以才能担当此类任务）夹在两个其他类型原子之间并扮演黏合剂的角色，从而使另外两个原子联系起来。理解DNA双螺旋结构的一个关键点在于 —— 参看图2-8 —— 胸腺嘧啶分子和腺嘌呤分子的空间构象很合理，因此氮原子、氧原子和氢原子可以很舒适地在这两个

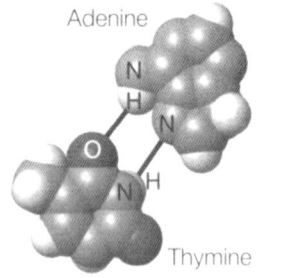
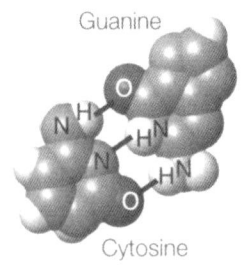

图2-8　正是碱基之间的配对使得DNA的两条链连在一起，从而形成双螺旋结构。图中用直线代表碱基分子间形成的氢键。因嘌呤和嘧啶之间进行配对，因此总体来说，A⋯T和G⋯C的体积几乎相同，从而使得DNA双螺旋结构保持均衡

环状分子之间形成两个氢键。同理，胞嘧啶和鸟嘌呤之间配对也很合
63　理，所不同的是，他们之间形成了3个氢键。实际上，氢键要比那些
能将原子联系起来并形成稳定分子的普通化学键要弱得多，这也意味
着DNA双螺旋的两条链能够很容易地分开，但却能使每条链的骨架
保持完好无损的状态，这就像水可以由液态蒸发成气态，但却并不破
坏水分子一样。

　　通过沃森和克里克的一些自信的言论，我们可以得知为什么他们
能够总结出那篇虽然简短但具有里程碑意义（预示性的）的论文。

　　　　"不出所料，我们设想的那种特殊的碱基配对方式对
　　于认识遗传信息的复制机制具有重要的指示意义。"

　　确实，他们的模型巧妙地解释了DNA复制的机制问题，这也是该
模型很快被人们接受的一个重要原因，尽管实际上直到20世纪70年
代末DNA分子结构的详细而严谨的信息才被破解。为了更好地理解
这个诱人的且令人佩服的伟大创想（DNA复制机制）的发端，现在我
们假设DNA两条链上的碱基采取如下排列顺序：

　　　　　　… ACCAGTAGGTCA …
　　　　　　… TGGTCATCCAGT …

其中处于上方的那条链中第一个A通过氢键与处于下方的那条链中第
一个T连接起来，同样的C与G也连接起来，依此类推。接下来，我们
假定这两条链分离开来，即：

··· ACCAGTAGGTCA ··· 和 ··· TGGTCATCCAGT ···

现在假定细胞内有多余的碱基分子供给，那么这些游离的碱基将结合到上述分开的单链上，而该单链则相当于一个模板，从而根据碱基互补配对原则而合成一条新链，如下所示：

··· ACCAGTAGGTCA ···　　　··· TGGTCATCCAGT ···
　　　　　　　　　和
··· TGGTCATCCAGT ···　　　··· ACCAGTAGGTCA ···

现在我们就有两个相同的DNA双螺旋链，而最初我们仅有一个，这就是DNA的复制！

至此，我们就可以比较容易地将DNA的复制与在前面章节中遇到过的染色体复制联系起来，我们所应做的就是把染色体想象成DNA链。那么有丝分裂简单来说 —— 是否简单，还需验证 —— 就相当于DNA双螺旋的复制。

现在我们来说这个"简单"的问题。首先，一个摆在面前的难题 [64] 就是DNA分子是很长的 —— 如果人类细胞中的单倍数目的染色体（23条，其中每条染色体上含有一个DNA分子）上的DNA分子完全伸展并相接起来的话，那么这个长度将会达到1米左右 —— 但是令人惊奇的是，这么长的DNA分子竟然能够盘踞在小小的细胞核内！由于染色体是成对存在的，且人体内大约有上百万亿个细胞，因此人体中所有DNA合起来的总长度是十分惊人的。我们在前面讲到，大约需要200个细胞才能将字母"i"上面的小点覆盖住，而这200个细胞中的DNA总长度将达到400米左右！为了能够在细胞核中盘踞，DNA双螺旋分子选择了缠绕在扮演着类似纺织机"纱锭"角色的一种叫作组蛋白的蛋白质分子簇上，而这些组蛋白也会互相缠绕。染色体围绕自身不断发生卷曲，甚至是超卷曲，这种卷曲的松紧程度将决定染色体是紧缩成束状 —— 就像其在有丝分裂期间的状态，还是散布于整个细胞核 —— 就像其在有丝分裂间歇期的状态（图2-9）。

图2-9　在塞进细胞核的过程中，DNA双螺旋经历了许多次卷曲和超卷曲。这幅图描述了一些细节。在最底端我们看到的是DNA双螺旋的本来面目，随后，DNA围绕着组蛋白（用球体表示，见图中）不断地进行盘旋卷曲，从而形成高度超卷曲的分子集团，最终形成了最上面所示的染色体

人体内大约有30亿个碱基对，而一些小型病毒大约只有5000个。我们可能又会骄傲于我们身体的复杂性，但是且慢，那些不起眼的蝾螈的基因组中竟然也含有20亿个碱基对，这着实又令我们陷入

了痛苦的思索中。我们可以声称"很多DNA是毫无用处的"，从而像蝾螈扭动那样避开这个窘境。但是，可能蝾螈的很多DNA确实是冗余的，或许在最近一个阶段的进化中，它的细胞内又产生出了一套染色体（变成了像人类一样的"二倍体"），而其原来细胞中仅有一套染色体（即像生殖细胞一样的"单倍体"）。

DNA分子上储存着能够代代相传的遗传信息，并且正是这些信息使得有机体得以生存和延续。那么现在的问题就浮出水面了：这种遗传信息的本质是什么，它是怎样编码，又是怎样被翻译的？　65

活的有机体中各种各样的蛋白质扮演着与蜂箱中的工蜂类似的角色。有的蛋白质与生物的组织结构相关，比如存在于肌肉、软骨、蹄（如马、牛、羊等）、爪子和头发中的蛋白质；有的蛋白质与机体的生理功能相关，比如血红蛋白（存在于红细胞中）和控制机体代谢反应以使机体保持活力的数不清的酶类。制造出各种各样的蛋白质是遗传过程中的关键步骤，所以我们可以自信地宣称，DNA是制造蛋白质的一张设计图纸或一份食谱。实验证明，DNA的突变将导致蛋白质的异化，这也印证了我们的上述宣称。但是大多数情况下，DNA的突变将导致蛋白质功能异常，当然疾病也会伴随而来。个别情况下，DNA的突变是有益的，其产生的"疾病"（即与原来的功能不同）反而成了另一种方式的进化。

前面我们提到，所有蛋白质都是由一些被称为"氨基酸"的小分子连接而成的长链，图2-10中给出了氨基酸分子的基本构造。更专业地讲，我们应将蛋白质称为"多肽"，一些典型蛋白质就是包含100个

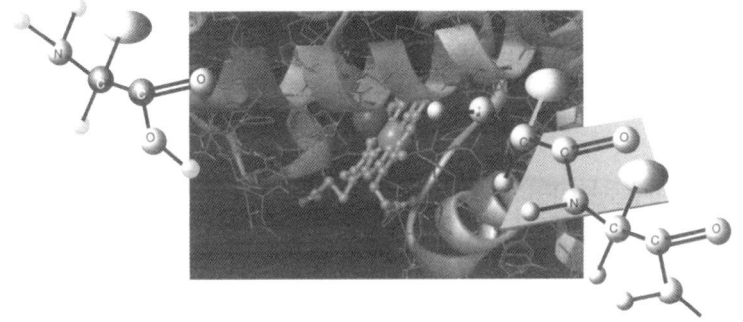

图2-10　蛋白质是由氨基酸组装起来的，所有氨基酸分子都有如图中左上方所示的那种共同的结构，但不同的氨基酸的差别在于示意结构图中灰色椭圆部分的不同。当两个氨基酸分子相结合时，以上图为例，右边氨基酸分子的—COOH（羧基）中的C（碳）原子连接在左边氨基酸分子中的N（氮）原子上。许多氨基酸分子以这种方式连接起来而形成如图中右下方所示的长链。这条链通常称为多肽链，含有两个氨基酸的多肽即称为二肽，依此类推。图中长链中的浅色平面上的—CONH—基团叫作肽键。氨基酸残基（即两个氨基酸分子形成肽键时要分别脱去一些基团，从而变得不完整，故称为残基）之间就是靠这种肽键连接起来的。这样形成的长链往往会旋转盘绕成螺旋形式，如图中深色背景所展示的血红蛋白片断图，其中的带状物就是多肽链

左右氨基酸单位（而有的结构蛋白包含上千个氨基酸）的多肽。人体内总共大约有3万种的蛋白质参与机体功能的执行，但是种类如此繁多的蛋白质却仅由20种不同的氨基酸组合而成，因此DNA分子必须指导这些氨基酸以特定的序列连接起来以产生不同的蛋白质。顺便说一下，这种由20种氨基酸"独霸天下"的局面或许还有改进的空间，因为自然界中还存在着不计其数的其他类型的氨基酸，如果大自然想拓展它的技能的话（或许它已经在其他星球上完成了这项任务），那么它就会清理出空间让这些已往"不受重用"的氨基酸充分发挥作用。其他星球上的生命也许是由与我们不同的氨基酸组合而成的，因此当我们有朝一日到达那里时，我们必须对所吃的食物多加小心。事实上，大自然已经在地球上开始拓展其技能了，比如非标准的（相对于上述

20种氨基酸）第21种氨基酸 —— 硒代半胱氨酸（半胱氨酸分子中的一个硫原子被硒原子取代后的产物）。它是机体内一些酶的重要辅助成分，可以通过对付体内的活性氧自由基而起到保护细胞的作用。如果你恰好是来自中国中部地区的读者，那么你可能会有这方面的隐忧，因为那里的土壤中的硒含量较低，所以你有可能罹患Kashin-Beck综合征，它常表现为肌肉病变。

由于DNA分子包含由核苷酸碱基A、C、G、T组成的序列，因此 66 人们很自然地就联想到这些"字母"能够组成遗传密码"单词"，从而指导氨基酸以特定的排列顺序连接成蛋白质分子。但是，这里仅仅有4个"字母"，而要用它们详尽描述出20种氨基酸，再加上那些指示蛋白质链合成起始和停止的氨基酸的话，很显然，一字母或两字母密码是不可能满足这个要求的，因为前者最多只能编译出4种氨基酸，而后者最多也只能编译出16种氨基酸。三字母密码，比如用ACG代表一种氨基酸，CAT表示另一种氨基酸，依此类推就会编译出$4^3 = 64$种中间氨基酸和起止氨基酸（蛋白质链中），这足以满足上述要求。假定自然就有节约的天性（这就是说，自然有效利用有限的资源以及有效避免不必要的能量消耗均是无意识的），那么我们就可以认为遗传密码是一种三联体，即由3个"字母"编译而成的密码子。但是，我们却不能先入为主地否定一些可能存在的变异的密码，比如有人设想有些氨基酸由2个碱基编码，而另外的氨基酸则由3个碱基编码等可能的方式。然而，大自然实际上并没有采用上述设想中这种参差不齐的方法，而且值得庆幸的是，当时试图破解遗传密码的科研人员们似乎也并未走进那种死胡同。

67　　　三联体密码的一个优点就是它允许大自然通过利用多余的密码去编译新类型的氨基酸，从而去拓展自身的本领。实际上这里也已经暗示了这种本领的拓展是怎样通过进化得来的。前面我们已经认识了第21种氨基酸，即硒代半胱氨酸就是自然拓展自身本领的产物：它对应的三联体密码是TGA（TGA同时也是蛋白质合成的终止密码），它根据环境中是否有可利用的硒元素而调整其功能的执行（即识别硒代半胱氨酸）。如果环境中有可利用的硒，那么TGA就会发出指令——"快使用硒代半胱氨酸吧"；而如果没有硒的话，那么TGA就会说——"快停下来，我们没有硒代半胱氨酸，因此无法制造所需的蛋白质"。

　　　遗传密码破译者们确实曾经走进过别的死胡同，而其中也不乏一些奇思妙想，但是这些想法往往是亚里士多德式的"摇椅猜想"，但在关键时刻，科学实验又一次展开营救，它揭示了这一现象，即大自然在面对遗传密码这个问题时，并没有采取最讲究也最具经济性的解决方案（换作人类的话，那结果可能就不一样了）。解读遗传密码是密码破译者的梦想，因为密码的备选符号是如此之少（只有4个），且与我们熟知的用于军事目的的战斗部署毫无关系，而仅仅用来编译出20种氨基酸。当时（1953年）并没有任何相关数据，因为人们对于DNA中的核苷酸的顺序一无所知，对于蛋白质中氨基酸的顺序也仅有粗略的了解：当时弗雷德里克·桑格尔（1918—　）几乎已经完成了一种蛋白质——胰岛素的氨基酸测序工作（1955年），但也仅此而已。不过这也给科学家们留下了无限遐想的巨大空间。

　　　俄国物理学家乔治·伽莫夫（1904—1968）就是具有无限遐想

能力的科学家，因为他曾经提出了有关宇宙形成的大爆炸理论，并且还修正了化学元素起源的理论。伽莫夫对所有事情都很感兴趣，因此他的注意力很自然地就转移到了当时（20世纪50年代）科学研究的热点——遗传密码上了。不久，伽莫夫就产生了一个聪明的想法：蛋白质是在DNA双螺旋上的沟中的菱形孔洞（类似于钻石的形状）中产生的。上述孔洞是由4个碱基组成的三维结构，其中的两个碱基分别位于菱形最顶端和最底端（顺着DNA链的方向看），另外两个碱基则位于侧面，侧面的一个碱基与位于顶端和底端的那两个碱基都来自同一条DNA链，而侧面的另外一个碱基则来自于DNA的另一条链。尽管这个模型中包含有4个碱基，但它不愧是一个具有创造力的三联体密码模式。因为上述菱形孔洞侧面的两个碱基是互补配对的（像A…T，G…C等），因此只算作一个（因为如果一个碱基是A的话，那么与之配对的只能是T）。接着，伽莫夫又设想，氨基酸平时可能驻扎在适合它们的环境中，而一旦出现合适的酶，这些氨基酸就会被催化而连接起来形成蛋白质。他接着又进行了大胆的猜想，即对上述菱形结构中的碱基来说，无论从水平方向读取三联体密码还是从竖直方向来读取，它们代表的都是同种氨基酸，那么这种规定性就造成了只剩下20种不同密码（原来有64种）的结果，这个数字正好符合伽莫夫的需要（对应20种氨基酸）。但是，正所谓聪明反被聪明误，因为伽莫夫上述想法并没有考虑到蛋白质合成所需的起始密码子和终止密码子（这样一来20种密码子就不够用了）。不过，伽莫夫极大的科学热情使其乐观地认为上述问题肯定是有解的。

伽莫夫提出的上述钻石密码还有另外一个特殊性：这种形式的密码具有重叠性，因为DNA中每一个碱基可能会同时参与形成3个密 [68]

码子。因此，AGTCTTG这个序列就会包括如下密码子（粗体显示）：
AGTCTTG、A**GTC**TTG、AG**TCT**TG、AGT**CTT**G、AGTC**TTG**。这种重
叠的密码似乎应该成为自然在进化中的有力备选方案，因为它很高
效且很紧凑（节省空间）。但是不巧的是，自然还有其他选择，因为
重叠密码的一大弊端是它将很多氨基酸序列排除在外了。例如，假设
我们要编码一个二肽，即由两个氨基酸分子形成的很小的蛋白质，一
个具体例子就是阿斯巴特甜味剂（商品名为Nutra-Sweet），它是由分
子结构发生细微改变的天冬氨酸和苯丙氨酸聚合而成的。由于天然
存在20种氨基酸，所以总共有20×20 = 400种可能的二肽。若要用重
叠密码编码出2个氨基酸，那将需要4个碱基，比如这里有CCGA，那
么CCG就代表脯氨酸，CGA代表精氨酸。但是由于4个碱基最多只
有4×4×4×4 = 256种可能的组合方式，这样一来很多二肽根本就享
受不到被编码的机会（阿斯巴特甜味剂就是其中的一种）。然而，大
自然还是给予了上述理论上那些被"打入冷宫"的组合以露面的机
会。这说明它并没有采纳这种精致的重叠密码方式，大自然需要更大
的灵活性，以使其在永无休止的进化的需求中施展本领。悉尼·布雷
纳（1927 —　）已经就这个问题做了确定的分析：他通过已知的氨基
酸序列反推出其对应的遗传密码，并因此排除了所有可能的重叠密
码。这个分析现在已经盖棺定论了，钉在其上的一个具有想象力和
说服力的"钉子"就是，DNA中一个碱基的突变将会使多至3个氨基
酸发生改变，从而导致所产生出的蛋白质的序列改变。因此，如果一
个序列AGTCTTG发生点突变（即一个碱基突变）而成为AGGCTTG，
那么其包含的突变密码子（粗体部分）有**AGG**CTTG、A**GGC**TTG、
AG**GCT**TG，由此可能产生功能异化的蛋白质。因此，即使是一个碱
基的突变也可能会影响到整个生命体的存活。

从经济和精致角度出发而走入死胡同的，还有一个例子，但是事实再次证明了所谓的经济性和精致性不过是想象力丰富的物理学家们的一厢情愿罢了（将问题复杂化了）。大自然则对其视而不见，这就是密码读取的停顿问题（就像课文中的标点符号）。我们如何知道密码从哪里读起呢？即便不是重叠密码，如 … AGTCTTG … 就可以读作 …（AGT）（CTT）（G …，… A）（GTC）（TTG）（…，… AG）（TCT）（TG …），等等。上述这些不同的密码读取方式叫作*移动阅读框架*，克里克提出，细胞中成分的组织方式（内部机构）只允许特定的密码子组合（特定的读码方式）存在，因此其他按照开放阅读框架读取的密码组合就是无意义的。还以上述序列为例，假设 …（AGT）（CTT）（G … 是正确的读码方式，那么AGT和CTT就是正确的密码，而GTC和TCT就是无意义的密码。这种密码形式被称为*无逗号密码*,[69]因为它在无标点符号（停顿）的情况下就可被准确读取。在这个限制因素下来考察那64个备选密码子，就会发现只有20个是符合要求的，这正中密码破译者下怀。例如，TTT这个密码被排除在外，因为如下碱基组合 … TTTTTT … 含有阅读框架不确定性，比如它既可读为 …（TTT）（TTT）…，又可读为（… T）（TTT）（TT …）。由于上述考察方法能够提供与所需数目正好相等的密码子，并且避免了移动阅读框架问题，因此这个猜想很快就被广泛接受。

但是这个"伟大"的想法却没有被大自然所接受。1961年，大自然严辞拒绝了上述种种不受约束的猜想，并及时叫停了这种可能还要浪费更多时间的遐想。正是马绍尔·尼伦伯格和海因里希·马太窥见了自然的这个奥秘。他们发现TTT也是一个正确的密码子，它代表的是苯丙氨酸[1]。这个发现使得原来那种精致考究的、限定条件的、并且无逗号的密码形式猜想瞬时灰飞烟灭。

事实证明，大自然以其特有的、无意识的、无心的虚张声势，使诸多"猜想家"陷入其中不能自拔。其实大自然进化出的是最简单的密码形式，无需考虑多余的密码子，也不用特意去关注密码本身的阅读框架问题。最终在20世纪60年代拼凑而成的遗传密码表中的密码子其实是高度冗余的，即有多个密码子（最多可达6个）可编码同一种氨基酸，还有多达3个终止密码子（指示蛋白质合成终止的密码子）（图2-11）。这种冗余性事后看来是相当明智的，因为它降低了由于DNA复制错误而发生致命后果的概率。例如，CCT，CCC，CCA，CCG都可编码产生脯氨酸，因此在DNA复制过程中，即便上述密码子中最后一个"字母"发生了错误，那么最后转译出的氨基酸仍然是脯氨酸（对蛋白质功能不影响）。即便是在单个碱基突变可能对生命体正常功能造成较大影响的情况下，其结果往往是用一个类似的氨基酸对"预期氨基酸"（二者在结构上近似）进行替代，从而不会在很大程度上影响蛋白质的功能，并最终使这种突变对机体产生的负面效应降到最低程度。例如，如果TTT这个密码子发生单个碱基突变而形成TAT，那么转译出的就是苯丙氨酸，它在一定程度上可以代替其"堂兄弟"酪氨酸（预期氨基酸）行使功能。这样看来这种形式的密码几乎是最理想的。最后，由于所有64种密码子都具有可利用性，因此就像我们前面提到的那样，大自然还有进行变异和试验的余地，以便最大限度地拓展自身能力。

---

1. 他们以RNA为实验对象，关于RNA我们稍后将会接触到。RNA中与DNA中的胸腺嘧啶（T）对应的是尿嘧啶（U），因此RNA中相应的UUU密码子也代表苯丙氨酸。

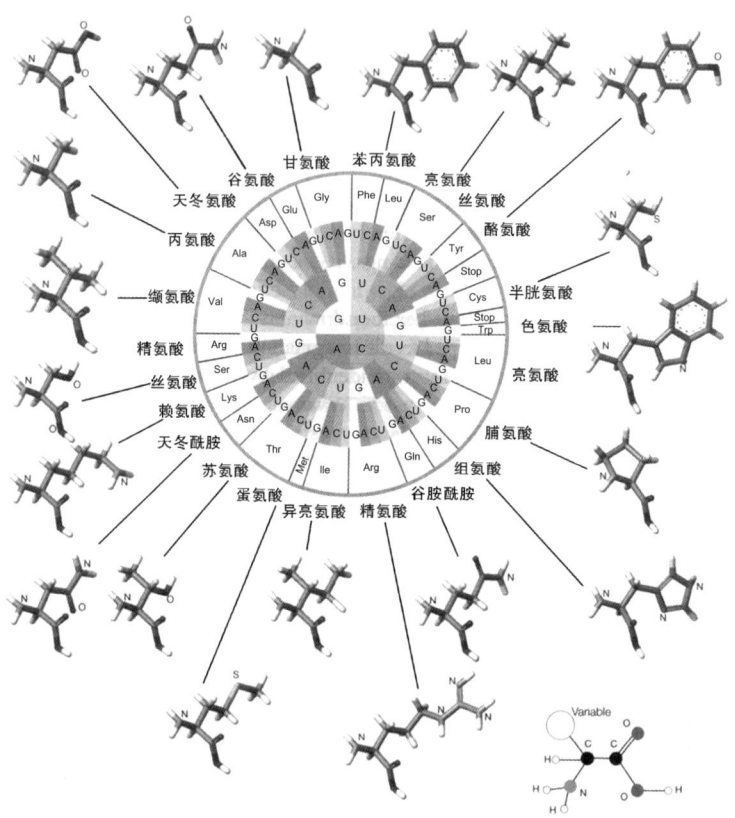

图2-11 上图展示的是遗传密码和由三联体密码子翻译出的氨基酸的结构。从
图中圆盘的中心处向外读,UAC密码子代表的是酪氨酸(英文简写为Tyr)。注意:U
代表的是尿嘧啶(uracil),其结构见图2-12。图中显示了所有氨基酸分子的空间结构。
注意观察有些氨基酸不止在一个位置出现,这说明了密码子是高度过剩的,尤其反
映在其第3个"字母"上。比如ACG、ACU、ACT和ACA都是苏氨酸(Thr)的密码子

70

遗传密码如何在细胞内的细胞器中进行翻译是我们必须了解的,
也是我们必须跨过的第3道障碍。最基本的问题就是DNA被束缚在
细胞核内,而蛋白质的合成却发生在细胞质内(与细胞核之间由核膜
阻隔)。DNA分子太大以至于不能穿过细胞核膜而进入细胞质中,所

以这里的疑问就是：DNA携带的遗传信息是怎样到达其发挥作用（翻译出蛋白质）的场所（细胞质）的？

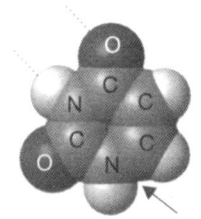

Uracil, U

图2-12

71　　　现在，我们来看核糖核酸（RNA），它其实是原始版本的DNA（即远古以前RNA曾充当生物体的遗传物质，但随着进化的发展，DNA逐渐取代了它的地位）。RNA链与DNA单链的结构类似，也包含一个糖——磷酸骨架，且碱基连在这个骨架上。但不同的是，RNA中的糖是核糖，而不是脱氧核糖（因此，RNA中的R代表核糖 [Ribose]，而不是DNA中的 [Deoxyribose]），即糖环中那个氧原子并未失去。其次，RNA中用尿嘧啶（用U表示）取代了与其分子结构类似的胸腺嘧啶（用T表示，存在于DNA中）。目前仍没有完全弄懂RNA和DNA组成上的这种差别产生的原因，很可能是由于RNA所形成的氢键的强度与DNA中的氢键存在着一些细微的差别所致。另外一个主要差别就是RNA只含有一条链。据推测，RNA是最原始的遗传物质，但是在进化早期的某个阶段，它的这项功能逐渐被更稳定的DNA所替代。一些实验证明，某些RNA还充当着酶的角色，而这个证据直接支持了上述推测。RNA执行酶的功能这一现象有助于解决有关生命起源的一个难题，即鸡（遗传物质执行功能所必需的酶）生蛋（能够编码产生酶的遗传物质）还是蛋生鸡的问题。

　　RNA主要分为两类，即信使RNA（mRNA）和转运 *RNA*（tRNA）。我们首先来研究信使RNA，因为它能够将储存在DNA中的遗传信息从细胞核内携带到细胞质中。为了获得遗传信息，mRNA要进行合成，而这个合成过程与DNA复制过程很相似：DNA首先进行解链，从而将其中一条链暴露出来，然后在RNA聚合酶的催化下，以这条链为模板进行信使RNA的合成。这个过程中只用到一条DNA链，但这并不是说只会用到整个染色体上（染色体上有多个DNA分子）的同一条链，且这种合成的方向总是固定不变的（就像我们不能将贝多芬名曲逆乐谱演奏一样）。mRNA合成的速度相当快：脊椎动物细胞中RNA聚合酶1秒钟能合成30个碱基，因此7个小时就可以将整个细胞内的DNA上的遗传信息复制到信使RNA中。大约每100万个新复制的碱基中就有一个是错误的，但是不要紧，因为负责校正阅读（即复制过程）的酶监督着这一过程，并将大多数错误及时修正，从而可以使错误率降低到一百亿分之一。当合成进程到达"终止"密码子的时候，mRNA就会停止合成，并与DNA链分开，然后通过细胞核上的核孔，最终携带着它珍贵的遗传信息进入到细胞质内。而细胞质中的核糖体则在一 ⁷²旁等候调遣（图2-13）。这些乖巧的细胞器是由蛋白质和RNA聚合而成的小体，一般情况下它包括两个相对独立的部分，而当mRNA携

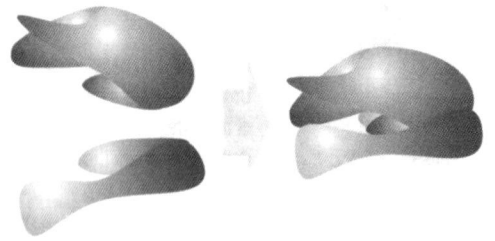

图2-13　核糖体包含大小不同的两个单元（也叫亚基），当转录发生时，原来处于分离状态的这两个单元就会组合起来。其中每个单元都是一个小型加工厂。较大的单元一般含有两种核糖体RNA（rRNA），分别包含约2900和120个碱基，以及含有32种不同且多数情况下为单拷贝的蛋白质（每种蛋白质只有一个）。较小的单元含有一条长为1540个碱基的RNA分子，且包含有21种单拷贝的蛋白质

带着从DNA上转录而来的遗传信息进入到细胞质这个"染缸"中时，
核糖体的两个原先分离的部分就组合起来以发挥功能。接下来就该转
运RNA登场了，转运RNA通过转运氨基酸而直接参与了蛋白质的构
建。图2-14以不同的方式展示了转运RNA分子的结构和形状。其中
有两个重要的组成部分：其一是转运RNA上的反密码环，它是识别信
使RNA分子中的密码子并与之接合（通过氢键）的基团。例如，如果
信使RNA中的密码子是CGU（编码精氨酸），那么其互补的反密码子
就是GCA，二者之间形成氢键，并像维克罗（商品名）搭扣那样"粘"
在一起。其二是位于tRNA链末端的氨基酸结合位点（也叫氨基酸臂），
它也是一个类似维克罗搭扣样的部分，它含有一段只能结合一个氨基
酸分子（这里以精氨酸为例）的核苷酸序列。

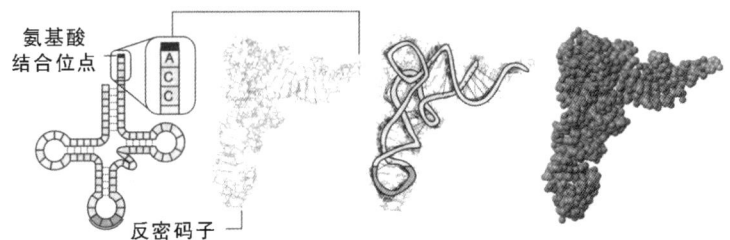

图2-14　转运RNA分子的组成和结构。生物分子是如此复杂以至于我们不得不
借助多种方式来描述它，以突出它的特点。第1幅图显示的是转运RNA分子的一般形
状以及其中碱基（用方框表示）所处位置的示意图。其中的反密码子（位于图中最底
部）用来识别信使RNA上的密码子，位于图中最顶部的是氨基酸结合位点（氨基酸
臂）。第2幅示意图显示了真正的转运RNA分子（酵母苯丙氨酸转运RNA）中存在的
化学键。为了更方便观看，第3幅图描述了覆盖在线状结构上的转运RNA分子的骨
架结构。最后，第4幅图描述了转移RNA分子的所有原子并由其构成的空间填充的
模型形状，但是其中的细节难以确定（只有通过其他分子才得以推导出来）

73　　　现在我们来看当核糖体像"钳子"一样把mRNA链的一部分夹
住以后，细胞质中到底会发生什么事。核糖体在mRNA的第一个密
码子处稍作一下停顿，然后各种各样的tRNA分子纷纷过来"碰运

气"，但是由于其上的反密码子与mRNA上的密码子不互补而被拒之门外（图2-15）。之后终于来了一个携带的反密码子能够与mRNA上的密码子（此例中为GUU）互补的tRNA分子，且其氨基酸臂上连有一个缬氨酸。上述这种互补配对使得核糖体顺着mRNA链移到下一个密码子的位置（此例中为AGC）。与此同时，一个携带有能够与AGC互补配对的反密码子并且结合有一个丝氨酸的tRNA分子及时出现，反密码子与密码子进行互补配对，并使得丝氨酸与缬氨酸相互靠近，然后由一种酶将缬氨酸从其tRNA分子上解脱下来并与丝氨酸

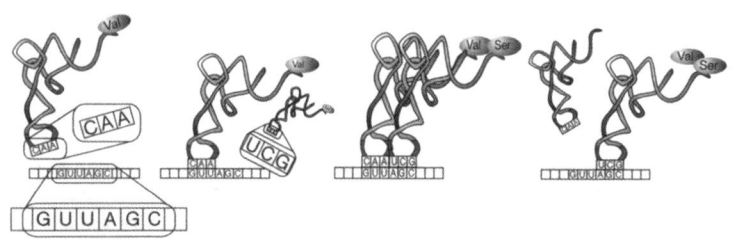

图2-15　蛋白质的合成是在mRNA的指导下（mRNA相当于磁带上的一串字母）并在tRNA的参与下进行的。这个过程是在核糖体（图中并未表示出来）中发生的。装载着缬氨酸并带有CCA反密码子的tRNA"着陆"在mRNA上的GUU密码子上。随后，另一个装载着丝氨酸并带有UCG反密码子的tRNA经过一番"游荡"后与mRNA上的AGC密码子进行互补配对。然后在酶的作用下，缬氨酸和丝氨酸结合起来产生一个二肽Val-Ser（分别为缬氨酸和丝氨酸的英文名称简写），完成使命的带有CCA反密码子的tRNA游离下来，并去寻找另一个缬氨酸，而核糖体则移动到下一个密码子位点并等候合适的（即与该密码子互补的反密码子）tRNA分子送来氨基酸。以这种方式，蛋白质链按照mRNA指定的方向进行组装。

连接起来，因此这就形成了一个二肽，即缬氨酸 —— 丝氨酸（准确地讲是"缬氨酰丝氨酸"）。而那个完成使命的tRNA分子（即脱去缬氨酸的那个tRNA）又重新回到细胞质中去寻找另一个缬氨酸。现在核糖体又滑向了mRNA上的下一个密码子，又开始重复上述过程。因此，蛋白质链在逐渐地延伸着，从而使得原先存在于核内DNA上的遗传

信息最终转译成了有功能的蛋白质。这就是生命得以延续的基础。

下面我们将总结一下上述所有过程。这些过程可以表述为遗传的*中心法则*，即遗传信息的流向是 DNA→RNA→蛋白质。只有在极少数情况下遗传信息的流动方向是由 RNA 到 DNA 的（我们将在后面讨论）。而遗传信息不可能由蛋白质流向 DNA 这个结论，则进一步证明了拉马克的所谓获得性状（即蛋白质执行功能）是可遗传的猜想是不正确的。

74　　因此，理解 DNA 结构的重要性在现在看来就显而易见了。但是我们还得接触许多零散的东西，虽然说是"零散"的东西，但实际上它们却是现今科学研究的重点与热点，并且永无止境。

首先是它与进化的联系，这一主题的分子基础我们在第 1 章中已经作了探讨。我们知道，DNA 的复制和转录并非完美无缺：核苷酸和氨基酸分子在不停地"摸索"，以期加入各自对应的长链（如 DNA，mRNA 和蛋白质）的过程也会出错。这些分子根据其要加入的长链的形状和所带电荷作出相应的反应，尽管其尽其所能去"契合"整个长链，但是在有些情况下还是会进入错误的位置，并且不能在错误发生前及时收住脚步。DNA 也许会在复制过程中发生错误，mRNA 在翻译过程中也可能发生错误，tRNA 分子也有可能结合到错误的密码子上，或者即便其结合到了正确的密码子上，但是它也可能会携带一个错误的氨基酸。但是纵观上面讨论的各种可能性就会发现，除了第一种可能性，即 DNA 复制发生错误，其他几种都是暂时现象，他们只会影响一个细胞，而不是整个个体。DNA 复制发生错误即意味着突变的发生，往往称之为体细胞突变，它会影响整个机体的正常功能。因为在有机体发育早期发生的一个错误将会被不停地复制再复制，并会充斥整个机体。而在减数分裂发生即形成配子的过程中，突变的DNA将会随着种系的延续进入到下一代中，这种类型的突变叫作生殖细胞突变。

DNA复制很明显是一个存在着危险的过程，因为总有出错的机会。但是我们应该有起码的自信去认为这个过程还是比较稳定的，不然的话（即突变频繁发生），我们也就不会立于天地之间了。当然，随着时间的推移，总有一天我们（物种）会离开这个世界。至于DNA为什么能够"长寿"，其中一个原因就是我们机体中的每一个细胞中都有一个精密的监控和修复系统，它能够识别突变的基因并及时将其修正；另一个原因就是DNA包含大量的垃圾片断，这些区域称为内含子，它们不编码任何遗传信息（即不"表达"），充其量只不过来凑凑热闹而已[1]。DNA中的重要部分，即真正编码遗传信息的区域称为外显子。如果突变发生在内含子中，那么对机体将不产生任何影响，因为内含子中的碱基序列并不表达产生蛋白质。人体内大多数DNA序列都是内含子，因为在大自然所谓的精巧与经济但实际上却是可悲的法则中，它并没有费心去把这些毫无用处的"垃圾"DNA清除掉，反而却不厌其烦地将其"拖"到一代又一代中。这种现象很令人不可思议，因为这意味着大量宝贵的资源——能量，将会消耗在垃圾DNA的复制过程中。或许这些垃圾DNA即内含子具有我们尚未认识的功能，或许它们的存在是保证遗传信息顺利延续下去的最优方案，因为内含子从不暴露于那种因活动频繁而带来的危险中。它们也许就是纯粹的、

1.但随着研究的深入，科学家发现内含子其实并不完全是毫无用处的"垃圾"。——译者注

永恒的、但不表达的信息，除了无目的地存在以外，没有其他任何想法。这种无目的的 DNA 是极其成功的，因为如果按照是否编码蛋白质来说的话，我们携带的 DNA 中有 98％ 就是这种垃圾 DNA，只有剩余的 2％ 是有用的。

　　我们很容易就联想到了 DNA 中的许多种类的突变。碱基替换就是指 DNA 序列中一个碱基被另一个碱基所替代。有些碱基替换是"沉默"的，意即含有突变碱基的密码子与原来的密码子编码的是同一种氨基酸，因此最终合成的蛋白质功能并不受影响。但是其他类型的碱基替换则有可能会改变遗传信息，而且这种改变所产生的负面效应的严重程度，将取决于突变的氨基酸与正常情况下（没有发生突变）的氨基酸在分子结构方面的差异程度。插入突变或缺失突变分别指的是原来的 DNA 序列中插入或缺失完整的碱基对。这两种突变将会扰乱 DNA 上遗传信息的正确解读，比如一段序列 … ATGGTCT … 应该读为 …（ATG）（GTC）（T …，如果这段序列中的第二个 T 缺失的话，那么将会读为 …（ATG）（GCT）（…，由此翻译而成的蛋白质可能会面目全非，并且没有功能。但是反过来说，也许这种突变也可能会对生物的进化产生积极意义（另一种方式的进化），比如会增强猎豹爪子的锋利程度，或者增强鹿类的嗅觉敏感性。

　　突变可以自发产生，也可以经诱导产生。自发突变往往是以一个恒定的频率发生，并且构成了生物圈内部那个以恒定速度运行的分子遗传钟。对于一个给定的基因来说，其突变发生的频率大体是恒定的，因此通过考察比较两个物种中存在差异的氨基酸的数量，就可以推断出它们是何时从一个共同的祖先分化开来的。我们在第 1 章中就了解了这样的信息，我们也注意到进化（趋势）是可预知的，因为没有哪个事例表明这种氨基酸的差异信息是与物种出现的先后顺序相冲突的。通过赋予分子遗传钟以时间刻度，可以使得生物世系的遗传图谱（就像图1-2中的世系片断）具有明确的时间性。另外，突变也可由环境因素诱导发生，比如生物体暴露于核辐射或紫外线照射，摄入化学品和有毒的含氧物质，比如超氧化物（其中一个氧原子带有单电子）的氧化作用等，这也是我们利用氧气并争取长寿所必须付出的代价。

尽管中心法则确定遗传信息是由DNA流向RNA，再流向蛋白质的，但是我们也发现了一些与这个中心法则相悖的事例，比如逆转录病毒。逆转录病毒含有一条单链RNA分子，它借助宿主细胞（即这种病毒在其中寄生的细胞）中的双链DNA分子进行自我复制。例如能够导致艾滋病的人类免疫缺陷病毒（HIV）就是一种逆转录病毒。它能够破坏人体免疫系统，相当于为细菌感染机体打开了方便之门。HIV是在1983年由法国巴黎的巴斯德研究所的卢克·蒙塔尼埃、美国国立肿瘤研究院的罗伯特·伽罗以及加州大学旧金山分校的杰·兰维首次分离出来的。HIV结合到人体内的一种白细胞——T淋巴细胞上（即HIV的宿主细胞），并将其自身的RNA和逆转录酶转移进T细胞内部。在这里，HIV的RNA分子移动到T淋巴细胞染色体上的DNA分子附近，随后在逆转录酶的催化作用下，以RNA分子为模板合成了一条与之互补的DNA链（RNA-DNA杂合双链）。之后这个杂合双链解开，又以其中新生的DNA链为模板合成了与之互补的新DNA链。至此，原来的单链RNA分子就"变"出了一个双链DNA分子。随后，这个病毒DNA分子整合进入宿主细胞的DNA中，并且借宿主DNA转录之便，病毒DNA分子也顺势转录出了自己的mRNA。接下来病毒mRNA将会被翻译成蛋白质，以构建出更多的病毒分子颗粒（这个过程也称为病毒的扩增）。随后这些病毒颗粒在宿主细胞中成长起来，并形成细胞壁来保护自己。这个过程会把淋巴细胞表面的膜溶解掉，并进而导致其死亡，因此降低了机体对感染的免疫耐受性。有的观点认为，逆转录病毒是多种癌症（包括在人类中发现的一些癌症）的诱发因素。

限制性内切酶是多种细菌都可产生的一类酶，它能够识别DNA分子中特定的碱基序列，并且在特定的位点进行切割而将原来完整的DNA分子切成片段。此过程中形成的片段能够被另一种称为连接酶的酶类拼接起来。宿主细胞内还存在一种叫作载体的微观生命，它们的DNA能够独立于宿主DNA而进行自我复制（注意与病毒不同），其中常见的载体就是质粒，它是一类在细菌中发现的环状DNA分子。含有插入的外源DNA片段（即非自身的）的载体分子叫作重组DNA。载体分子能够构建出一个特定序列的DNA片段的大量拷贝，原来的DNA经过扩增后会产生大量的DNA克隆。由此产生的菌落（细菌的集群）中可能会有目标物质的产生，就像通过基因工程来生产胰岛素一样，或者在基因治疗中，可以将这种重组DNA片段重新插入到原来的有机体中。

用于改造DNA的新方法包括如下几种：直接的显微注射法是将包含外源基因的遗传材料，经由一个带有精细尖端的毛细管，注射进受体细胞内。受体细胞将会"照料"这种注射进入其中的外源基因，并且启动一个机制，"亲切地"将外源基因带入宿主细胞的细胞核内，并将其整合到宿主细胞的DNA中。另一种则通过在宿主细胞膜上穿孔而使外来的基因进入到宿主细胞，并整合到宿主的DNA中。这种方法分为化学穿孔法和电穿孔法。前者是将宿主细胞孵育在含有特定化学物质的溶液中，而在细胞膜上进行打孔的方法；后者是将宿主细胞置于弱电流环境下而在细胞膜上打孔的方法。如果你认为以上的方法过于精密繁杂的话，那么你可以诉诸于生物弹道学，这种方法是将表面吸附有遗传物质（外源基因）的金属颗粒直接射入宿主细胞中，从而使得外源基因有机会整合进宿主的DNA中。说到这里，我又回忆起了系列电影《印第安纳·琼斯》（又译《夺宝奇兵》）中的一个场景：在其对手完成一组令人惊叹的精彩的传统剑术"表演"后，琼斯轻巧地射杀了他。

　　说到枪杀，相关DNA理论的另一个主要应用就是法医学鉴定，一般采取DNA图谱分析方法，或者更准确地讲，就是DNA指纹鉴定。真正的指纹鉴定法是由曾在东京工作的苏格兰医师亨利·福尔兹于1880年首次提出的。当时用这种方法作为一种鉴别嫌疑犯的手段，随后利用这种鉴定的结果，作为赦免无罪的嫌疑犯和鉴别当地曾进行盗窃的罪犯证据。一百多年过去了，伴随着莱瑟斯特大学的阿莱克·杰里菲斯于1984年发明的"DNA指纹鉴定法"，我们用于鉴别某个人的手段已经发生了质的变化，检测对象也从他（她）的指尖（即指纹）深入到了他（她）身体内部的每个细胞中。在这里，我们需要了解这个技术所具有的两个特征：其一就是微量DNA需先进行扩增；其二就是真正的指纹鉴定过程。DNA图谱分析技术（即指纹鉴定法）在法医学鉴定，亲子（尤其是父子）关系确认以及生物进化的研究方面是如此重要，以至于在过去20年间有着极其巨大的发展，并且针对不同的情况又有许多改进。在这里我们将概述一下最典型的鉴定方法。

卡瑞·穆里斯（1944—　　）是聚合酶链式反应（PCR）技术的发明者。他曾说道，在1983年的某个晚上，当他伴着月光驾车行驶在加利福尼亚山岭之间时，灵感突然跃入了他的脑海，并促成了这项伟大技术的诞生。若干年后，凭借这一创造性成果，穆里斯最终获得了诺贝尔奖。聚合酶是一种能够催化解链（即DNA双链解开，成为两条单链）后的单链DNA进行复制的酶，它也可用于体外实验。为了能够发挥作用，聚合酶需要丰富的核苷酸碱基作为底物（即作用对象），除此之外，还需要有两个引物。引物就是指包含大约20个碱基的DNA短序列，它的作用就是"引发"DNA复制。扩增步骤如下：首先，通过加热使得DNA两条链分开（即DNA的"熔化"），随后降温（即"退火"）过程使得引物结合（根据碱基互补原则）到DNA链的合适部位。在这个过程中，引物左冲右撞直到正好找到与其碱基互补的位置并结合上去，并作为DNA链复制区与非复制区（即与引物相结合的DNA序列）的分界点。最后，温度冉一次升高直到聚合酶能够发挥高效作用，这时与DNA模板链互补的链就开始合成了（即"延伸"）。纵观上述过程我们可以发现，其中的聚合酶必须能够经受得住"熔化"阶段高温的考验，因此它不是一般的聚合酶，而是从生活在高温温泉的细菌中，比如嗜热水生菌中提取出来的。一个循环过程（即"熔化"—"退火"—"延伸"过程）大约需要3分钟。然后这种循环过程不断重复，大约经过30或40轮这样的循环就会扩增出介于两个引物之间的海量的DNA拷贝（图2-16）。这意味着即便是极其微量的DNA样品也能够通过扩增而达到可以用于检测的量。

DNA图谱分析法本身利用的是人类基因的多态性，即个体之间DNA分子序列存在一些明显的差异。例如，我们前面提到过的垃圾

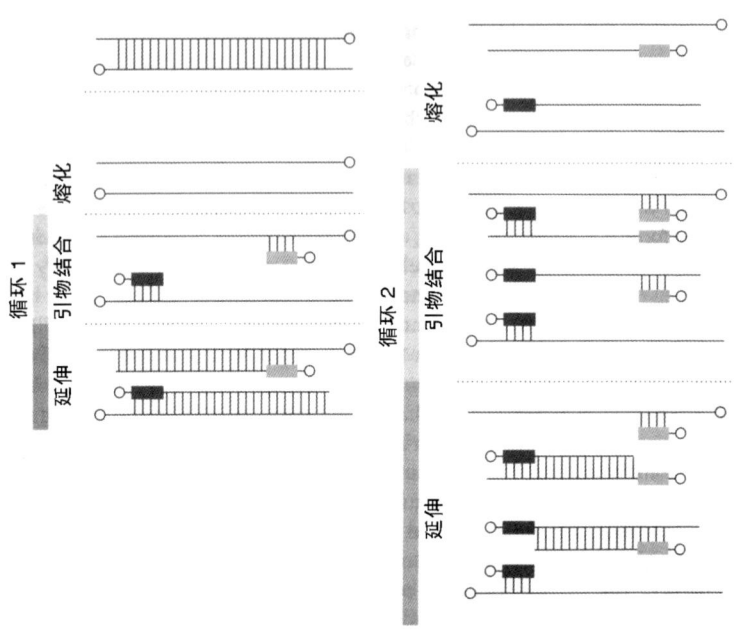

图2-16 这些图片展示了PCR反应发生的过程。左边最上面的图代表了一个目标DNA双螺旋链。其下面3幅图（从上到下）则分别代表了PCR反应的3个步骤。第1步，DNA双链解开成为两条单链；第2步，两个引物分别结合到这两条单链上；第3步，在DNA聚合酶的催化下，分别以上述两条单链为模板合成各自的互补链。然后新复制形成的DNA双链又发生解链，引物又结合上去，后在聚合酶催化下又形成了新的互补链，如此不断地循环往复。这样在多次循环以后，两个引物之间的DNA区域，即目标区域将会扩增出大量的克隆

DNA（内含子）可能就包含着大段的"不知所云"（即不编码遗传信息）的DNA序列，它们是在减数分裂过程中积累起来的。这里我们将聚焦于数目可变的随机重复序列（VNTR），比如像下面这个在不同个体DNA中的相同区域中存在的数目可变的重复序列⋯CGATCGATCGATCGAT⋯。

　　由于这种随机重复序列位于内含子区域，因此它们不会表达。也 79

正因为这样，人们常常忽视了它们的存在，而将更多的目光投向了外显子。因为外显子的变异常常会伴随着明显的外部特征的变化，比如棕色眼睛和蓝色眼睛（后者是由于缺乏棕色色素导致的）。

现在假设我们利用PCR技术扩增了DNA分子中的一段在个体之间有高度多态性（即个体之间差异较大）的序列，限制性内切酶如AluI在四处搜索直到遇到特定序列AGCT，并紧紧附着其上，然后在该序列处对DNA分子进行切割；或者我们也可以用另一种限制性内切酶如EcoRI，这种内切酶将会识别并结合到特定序列GAATTC上，并在此处对DNA分子进行切割。利用这些内切酶可以将扩增的DNA分子切割成许多大小不同的片段，而片段的大小则取决于个体DNA中随机重复序列的多少。然后利用电泳技术使切割得到的大小片段在电场作用下，在凝胶上进行迁移。由于小片段、较大片段更容易在凝胶上迁移，因此上述大小片段将会分离开来，并形成外观类似于条形码的一系列条带（图2-17）。这种条带的样式是样品中随机重复序列多寡的真实写照，因此它也是个体独有的特征。

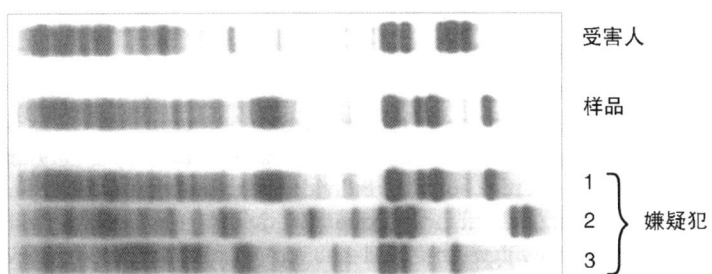

图2-17　上图展示的是受害人（Victim）样品（Specimen）和3个嫌疑犯（Suspect）的DNA指纹图谱比较。其清楚地反映出1号嫌疑犯是真正的罪犯，因为他的DNA指纹图谱与样品的最接近

通过利用DNA指纹识别技术，强奸犯被绳之以法，无罪者被平反昭雪，沙皇之"女"被鉴别出来，假安娜斯塔西娅的骗局（她自称是沙皇的女儿）被揭穿，生物进化关系得以明确，强盗因为一根头发而无法逃脱法网，儿童也与其家庭破镜重圆（不只是在将整个家庭残暴地割裂开来进行人员重新分配的阿根廷），以及那些声称不知情的私生子的父亲在DNA指纹识别技术的确凿证据面前，也不得不承担起抚养的责任。因此，很少有微观（例如生物分子）研究的进步（青霉素的发现与避孕药的发明与之具有同等地位）能够对社会产生如此巨大的影响，但是DNA指纹识别技术做到了。

20世纪最雄心勃勃的科学项目之一就是人类基因组计划，即对人类全部基因组碱基进行测序。当然，这项极其艰巨的任务在本质上是不可能完成的，因为我们每个人之间的基因组是不同的（除了同卵双生的双胞胎）。但是，由于个体之间DNA中的外显子的差异往往是恒定的，因此一个"典型基因组"就浮出水面了：个体之间大约每1000个碱基中才会有一个碱基是不同的，人体内大约有30亿个碱基，因此个体之间大约有300万个碱基是不同的，且许多是无关紧要的。也许在不久的将来，我们每个人都能够读出自己的基因组序列，并将其提交给自己的医生（还有自己投保的保险公司）以帮助他们为你制定个性化诊疗方案。而且婴儿从出生之日起，他/她的基因组序列就被测定了，基因组中的遗传信息就像刻在了DVD上一样会伴其一生。

了解了人类基因组是多么庞大，我们就可以更好地理解测序工作的艰巨性了。人类基因组大约包含30亿个碱基。如果一本书有100万字的话，那么你的基因组就相当于一个藏书量达3000册的图书馆。假设你是一个绝顶聪明的化学家，能够利用常规的实验技术通过一系列化学反应手段和产物鉴别方法，以每小时一个碱基的速率进行人类全基因组碱基（30亿个）测序，那么完成全部测序将需要34000年。如果你有志于在10年内，而不是34000年完成这项工作，那就意味着你的效率必须提高3400倍，即必须能够达到一秒钟测一个碱基的速率，而且必须一周工作7天，一天工作24小时。为了保证测序的正确性，你还得把你的工作重复几次。一般来说，重复10次以后就可以确定你的测序工作基本完成，这也意味着你的测序速率降到了每10秒钟一个碱基。

但令人惊奇的是，人类基因组测序工作却有效地完成了。就像生物学史上的前两次关键步骤——孟德尔对遗传学的量化，以及沃森和克里克提出的DNA双螺旋模型——那样，在人类基因组计划提出和实施的过程中，也充满了争夺优先发现权和各种道德规范之间的冲突。这里我们就不再赘述这种基因组"战争"了（其争论的焦点就是人类基因组测序与伦理道德的关系）。因为这个问题早已被人类基因组测序的一些主要倡导者，如扮演重要角色的克雷格·文特尔（1946— ）和无私的生物学家约翰·萨尔斯顿（1942— ）详尽地探讨过了，更不用说其他一些主要的人类基因组计划负责人，如弗兰克·柯林斯和埃里克·兰德尔。这种争论有损人类历史上成就的巅峰。这种基因组"战争"引发的各个阵营之间的敌对情绪在不久以后将会像普法战争一样被人们遗忘，但是我们将会铭记这一科学史上的飞跃，而不去管得来的过程。

81　　人类基因组测序的程式就是确定人体细胞中每条染色体上的每

条DNA链上的碱基序列。DNA测序法是建立在弗雷德里克·桑格尔的工作基础之上的。桑格尔在成功测定出一个重要蛋白质的序列后，就把注意力转向了DNA测序，并于1977年成功地对一种含5375个碱基的病毒ΦX174的基因组进行了全序列测定。桑格尔的测序方法如下：首先，他以一条DNA单链为模板，在DNA聚合酶的催化下合成该模板的互补片段，并且该互补片段的最末端碱基带有放射性标记（即碱基分子中的某个原子被它的放射性同位素所代替）。为了达到这一目的，在一个反应体系中加入了DNA聚合酶、4种脱氧核苷酸以及其中一种脱氧核苷酸修饰形式——双脱氧核苷酸。当双脱氧核苷酸掺入到互补链中后，它会在其掺入的位置上中止DNA链的复制，从而产生一个DNA片段。然后，在其他条件不变的情况下，他用其他3种脱氧核苷酸相对应的修饰形式，即双脱氧核苷酸重复上述程序。由于互补链合成的中止位置（对应于模板链）不同，就会产生出一系列长度各不相同的DNA片段。之后通过电泳实验，这些大小不同的片段就会在凝胶上拖移，随后用X光底片对电泳凝胶进行放射自显影曝光就会显现出一系列DNA片段的电泳条带，因此我们就可以测出该DNA的碱基序列。DNA自动测序仪对桑格尔的上述手动测序方法做了一些改进，它通过运用不同颜色的荧光标记的引物而使不同的碱基显现出不同颜色，就像A（腺嘌呤）显示红色，C（胞嘧啶）显示绿色等，因此DNA序列就可以自动测定。

接下来要做的就是按照上述测定程序进行流水线作业，这样一来我们就可以一小时测定数千个碱基。这里有两种基本方法：一种是借助已知序列的DNA条带按顺序进行测序；另一种叫作"鸟枪法"，就是将整段DNA随机打成无数小片段，然后分别对其进行测序，最后再进行拼接得到完整的结果。对于后一种方法来说，其最大的挑战就是把那些混杂的小片段测序结果重新拼凑起来，而超级计算机在重新拼凑过程中扮演了核心角色。一般来说，前一种方法更准确一些，但后一种方法更快速。但在实际操作中，这两种方法也互相渗透，互相吸收对方的优点。

人类基因组测序草图于2001年首次公布，也就是大约在DNA双螺旋结构发现50年后，大约在孟德尔的工作被重新认识暨遗传学诞生100年后。人类基因组测序完成产生的后果是不可估量的，无论其产生的是正面影响还是负面影响。就像所有伟大的科学进步一样，其带来的新知识既有可能是快乐的"天使"，也有可能取悦"魔鬼"。但是，最坏的结果就是，我们将解救人类的"处方"贴在穿行于星际空间的宇宙飞船上，以期寻找适合人类居住的另一个星球，这样人类至少还有一些短暂的机会去重新塑造自己，即便我们的体貌特征与现在大相径庭。最好的结果就是，凭借着我们对人类基因组序列的深入了解，我们能够在目前生存的地球上，认识到我们与他人之间的亲密关系，并且不再把我们的激情浪费在因个体之间少数基因的差异而引发的鸡毛蒜皮的争执上。

第 3 章
能　量
计量的普遍化

伟大的思想

能量是守恒的

能量是永远不会消失的。

—— 威廉 · 布莱克

无论是无机地球孕育而生的脉动着的生物圈，还是现在正维持 [83]
并延续着生物圈的分子活动，所有这一切如何不依赖来自太阳的能
量！但是这种被称为"能量"的东西究竟是什么？这个词也许会从每
个人嘴里突然冒出来，而科学家也许视它为将宇宙约束在一个可以理
解的生命整体中的一种物质，但是，能量到底是什么呢？

诗人们，早在能量这个词进入科学家的视野之前，就以其独特的
手法，阐释了能量的概念。菲利普 · 锡德尼在其 1581 年写就的《诗辩》
中就已经注意到了"作家的力量或能量（Energie，希腊人的叫法）"。
锡德尼所思所想的都是充满"能量"的激情表达（他是伊丽莎白时代
的著名诗人），然而导致其死亡的，是飞向他的充满"能量"的步枪子
弹（锡德尼在一场战争中阵亡）。希腊人称能量为 Ἐἐργεια，按字面意
思翻译过来就是"在做功"，从这里我们可以感受到这个具有说服力
的词语的语源学痕迹。在当今时代，能量（能源）与现代社会的联系
是如此紧密，以至于人们自信地认为他们对于能量的实质已经了然于

胸了。他们知道能量的得来需要付出代价，能量对于现代社会具有非常重要的意义，能量的匮乏对于未来的发展终究是一种隐忧。

能量仍然是一个文学词汇，但是在自然科学领域，它呈现出新的、丰富的内涵，且表意准确。但是这种把一个领域的词汇引入另一个领域却并不总是像"能量"一词的引用那么成功。能量这一词汇最初进入科学领域可以追溯到1807年，当时英国物理学家托马斯·杨（1773—1829）（托马斯·杨当时是英国皇家学院空间科学系自然哲学教授，随后他用当时各种令人佩服的高超的方法破解了古埃及罗塞塔石碑上的象形文字）在其著作中写道："能量这个词可以表示成物体的质量与其速度平方的乘积，这是非常恰当的。"[1] 就像许多科学先驱一样，托马斯·杨声称的"非常恰当"之理论其实是半生不熟的，我们还需对他的理论做一些补充。这样一来，我们就可以更好地理解现代科学中能量的内涵以及能量守恒的重要性。

为了更好地把握能量的本质，我们需要了解其两个非常重要的特征，它们与物理事件（比如运动等）和物理过程相关。其一就是空间中物体运动的特性；其二就是热量的本质。对于空间中物体运动的描述本来早在17世纪末就已经完成，但科学家却花费了相当长的时间与热量较劲，并最终在19世纪中叶攻克了热量的本质这一难题。一旦运动和热量的本质被渗透，科学家们就真正掌握了物理事件的本质，至少当时的科学家们是这样认为的。

---

1. 托马斯·杨在做英国伦敦皇家学院自然哲学教授期间（1801—1803）的讲义，后来在1807年以《自然哲学和机械学讲义》结集出版。

古希腊哲学家们曾经略微触及了（但事实上离本质相去甚远）物体的运动本质，并总结出一些"理论"，因此而蛊惑世界长达2000余年：他们的"摇椅式"思问方式可能更适合于研究算术和伦理学，而不是物理学。其主要代表人物——亚里士多德（公元前384—前322年）猜测，箭之所以能在空气中飞行，是由于空气中的气流漩涡在推动它的缘故。因此，他认为如果飞行的箭进入了真空，会立即停下来。而科学往往是这样，通过颠覆既定认知而得以澄清事物的本质。我们现在知道箭可以飞行的原因与亚里士多德推测的正好相反：飞行的箭受到空气的摩擦阻力会逐渐减速，根本不是什么子虚乌有的"气流漩涡"推动它。在愚昧的时代，人们往往会发现运动的物体依赖推动力的大量事例，如为了使吱吱作响的木车不停下来，牛要紧紧拉拽住车子。因此，如果按照相反方向去考虑则往往被人嗤之以鼻，因为那就成了把牛拴在木车的后面而使运动的小车停止！但是碰到像飞行中的箭或石头这种事例时，人们的常规认识可就捉襟见肘了，因为它们可没有"牛"来拉拽。但是由于亚里士多德想象力丰富的大脑"看见"了空气中的漩涡推动着箭飞行，于是，人们也逐渐接受了他的这一理论。

在对物理事件和物体运动本质的认识上，亚里士多德产生过更多常识性的错觉（感觉）。[1]如果单从经验出发的话，亚里士多德的感觉是非常合理的。且由于他具有孜孜不倦地追问自然和寻求现象背后的答案的精神而广受人们尊敬。然而，亚里士多德得出的许多结论都是

---

[1]. 毫无疑问，2000年后本书的读者也会发现我们的不足之处，并感到我们现在的某些理论也是离奇的"错觉"，就像我们以现在的角度审视亚里士多德一样。但是至少我们目前的理论要比亚里士多德的猜想更有力，且层次更深。

彻底错误的，而且他的观点在现在看来总是缺乏说服力且完全无法进行量化表达。例如，他认为宇宙是一个大球体，地球（土圈）位于该球体中心处，地球外依次包裹着水圈、气圈和火圈组成的"同心圆"（其中包含土、水、气、火4种元素），上述"同心圆"又被包在了天空这个巨大的水晶球里面。按照他的这个模型，上述4种元素都会自动各得其所，因此经过最初的向上抛扔后，泥土元素将会回归大地，炽热的火焰将会升腾着寻找自己的栖身之所。但是以现在的观点来看，我们就会轻而易举地挑出上述模型的诸多破绽。但不可思议的是，这个模型竟然占据人们的头脑长达2000余年，这也许是由于当时的人们容易囿于权威的说教，而不是根据自己的观察思考得出答案，抑或由于他们缺乏将好奇心和付诸实践的勇气，而这是挑战权威的必要前提。

　　伽利略的主要贡献在于他扔掉了那个叫作"权威"的障眼物，真正用自己的眼睛去观察事物，他根据实验证明了亚里士多德对于物理事件的结论是错误的。伽利略断定物体不需要外力作用就可以保持其运动状态。他设计的实验如下：让小球从一个斜坡（材料为木板）滚下，然后再上到第二个斜坡（木板）。他发现无论第二个斜坡的坡度如何，小球都会上到同样的高度。伽利略随后得出结论：如果第二个斜坡是完全水平的话，那么小球将会一直滚下去，因为它永远不会达到原来的高度。[1]运用斜坡这一实验设计堪称天才之举，因为它减慢了物体的运动过程——不再是下落的物体——这使得物体的运动能够被量化且准确地研究，并使得原来的"印象"被"观察"所取代。

1.但是它又倾向于向这个目标迈进，因此就会一直滚下去。——译者注

　　伽利略的这一结论是科学史上的一个重要转折点，它强调了我们在序言中提到的对物理事件进行抽象化和理想化所具有的力量，所谓理想化就是指屏蔽一切掩盖物理事件本质的外部影响因素（假设其不存在）。当然，伽利略从没有明确地论证小球会永不停止地运动下去，事实上在这类实验中，小球迟早会以亚里士多德式的方式停下来。然而，伽利略却划清了小球运动的本质和其外在的影响因素两者之间的界限。外在影响因素包括摩擦力和空气阻力：通过减小这两种阻力 ⁸⁶（比如可以将小球和其运动介质的表面打磨得更光滑一些）。就可以更接近理想状态，因此运动的本质就更容易暴露出来。按照亚里士多德所感受到的生活，牛在泥浆中迈着沉重的步伐拖拉沉重的车，这些外部影响因素将会彻底掩盖小车运动的本质。

　　伽利略将科学理性化的火炬传递给了牛顿。如果按照旧历算的话，伊萨克·牛顿（1642 — 1727）[1]正好生于伽利略去世的那年（图3-1），因此有浪漫主义倾向的轮回学家们则认定这是一个特殊灵魂的投胎转世。与伽利略不一样，据说，牛顿是一个不讨人喜欢的坏脾气的家伙，但是不可否认的是，牛顿是有史以来最伟大的科学家之一。几乎是凭借一己之力，他把数学引入了物理学，并由此打开了通向现代数量物理科学的大门。不仅如此，牛顿还有其他重大成就：他创立了新的数学方法并把物理学和数学结合起来，他发表于1687年的《原理》[2]是对科学认识的理性化背后，人类智慧的强大力量的里程碑式的总结。

　　欧几里得的5个公理，为几何学的创立奠定了重要的理论基础，

---

1. 想全面了解牛顿的生平，请访问http：//www.newton.cam.ac.uk/newton.html。
2. 也叫《自然哲学的数学原理》。

我们将在第9章中进一步探讨。这5个公理总结了空间的结构状态，通过这些公理我们知道了自己所处的位置。牛顿的3个定律则总结了物体在空间中的运动方式，通过这3个定律我们知道了我们将要去向何方。

图3-1 牛顿暨现代物理学于1642年圣诞节就诞生在这间屋子里，图中的摆设并非原初的真品

牛顿三大定律简化的表达方式如下：

1. 一切物体将保持匀速直线运动状态或静止的状态，直到有外力迫使它改变这种状态为止。

2. 物体的加速度与其所受到的外力成正比。

3. 两个物体之间的作用力与反作用力总是大小相等，方向相反，并总是在一条直线上。

上述3个"简单"的定律触发了整个经典力学大厦的拔地而起，比如对物体运动的描述，对微观粒子、球体、行星乃至当今的人造卫星和宇宙飞船的运动轨迹的预测和认识都是建立在牛顿三大定律的基础上的。

牛顿第一定律事实上是伽利略的反亚里士多德理论的重申，也称为惯性定律。牛顿第二定律是公认的三大定律中内涵最丰富的，因为它能够指导我们计算出在外力作用下，物体在给定空间中的运动轨迹。当物体受到与其运动方向相同的外力作用时，它的速度会变快；而当其受到与运动方向相反的外力作用时，它的速度就会变慢。如果物体受到侧向外力时（与运动方向不在一条直线上），它将会改变运动方向并最终沿着外力的方向运动。牛顿第二定律的数学公式表达如下：

$$力 = 质量 \times 加速度（F = m \times a）$$

其中质量（更具体讲是惯性质量）反映的是物体对外力作用的敏感程度（即是否容易受外力而改变原来的状态）。对于一个给定的作用于物体的外力来说，当物体质量较小时，其加速度就较大，而当物体质量较大时，其加速度就较小。换句话说，惯性质量越大的物体就越不容易被外力改变其原来的状态（运动或静止状态），反之亦然。明眼人往往会从上述公式中看出该定律的同义重复性，因为它既用物体所受的外力来定义其质量，又用物体质量来定义其所受的外力。

因为加速度是表征物体运动速度变化快慢的物理量，因此你会发现牛顿第二定律暗含着你可以计算出在给定外力作用下一个物体的运动轨迹这层意思，物体所受外力的大小可以因地而异、因时而异。"暗含"用在这里相当贴切，因为计算物体的运动轨迹确实是一项极其细致的工作，其更类似于发掘工作而非单纯的代数计算。此外，这种计算所面对的既可能是简单的情况，也可能是多外力作用下的复杂情况。如物体在两个恒星附近的运动，或绕着太阳运动时需将行星之间的相互作用考虑在内的情况，不过对于复杂情况我们可以借助计算机研究物体的运动轨迹（图3-2）。简言之，我们可以把牛顿第二定律理解为，如果我们知道在一个给定的时间，一个粒子或一群粒子在哪里出现的话，那么理论上我们也能够预测到下一个时段它会在哪里出现以及奔向何方。对于物体运动轨迹的准确预测是经典力学的众多闪光点之一。

牛顿第三定律看似简单，其实不然。乍一看，它似乎暗示了如果用球棒给球施加一个力（击球）的话，那么球也对球棒产生一个大小相等但方向相反的作用力。事实上我们在击球或踢球时也真切地感觉到了球对球棒或脚的反弹力。但是牛顿第三定律真正重要的地方在于它暗含着"守恒"思想。现在，我们就可以明确地说"守恒"是本章所要讨论的东西，因此我们即将进入进一步的探索阶段。不过我们首先应该对其中涉及的概念进行一番阐释。

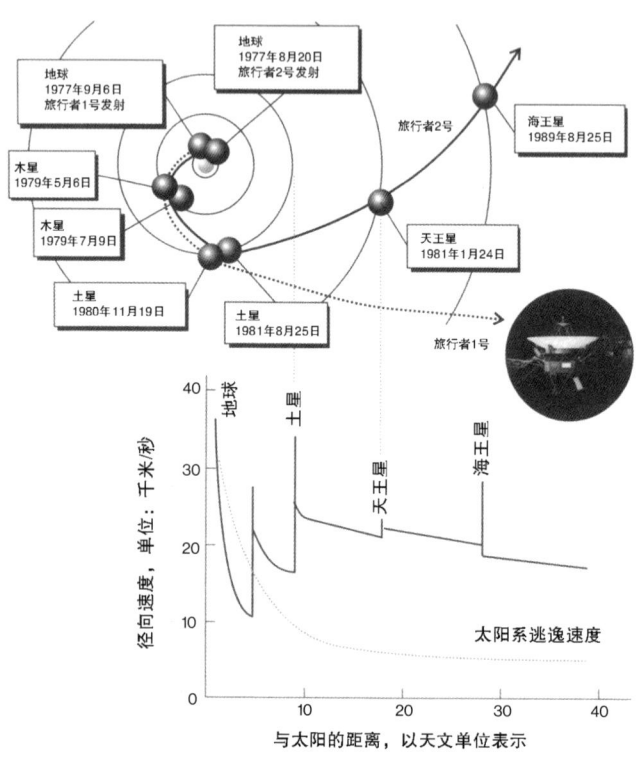

图3-2　运用牛顿力学定律我们可以计算出宇宙飞船的运行轨道。不过这种计算是相当复杂的，因为宇宙飞船会受到一些行星对其产生的引力作用。上面的图显示的是旅行者1号和2号的运行轨迹，二者都是于1977年开始星际旅行并且现在仍在服役。旅行者1号是目前在宇宙空间中运行的距离地球最远的人造天体，它正以3.6AU/年（1AU，即1个天文单位，它相当于地球绕太阳运行轨道的平均半径大小，大概是1.5亿千米）的速度飞离太阳系并与太阳系行星轨道平面成35°角。旅行者2号也正以3.3AU/年的速度飞离太阳系，并与太阳系行星轨道平面成48°角，且与旅行者1号飞行方向相反。下面那幅图显示的是当宇宙飞船掠过每个行星时所获得的推进速度。这种引力协助（行星对掠过它的飞行器的引力作用）的推进过程使得宇宙飞船可以达到足够大的速度以脱离太阳系而直奔目标飞去

　　守恒定律陈述的就是"没有什么发生变化"。这似乎是科学中最乏味的一种陈述。但实际上，守恒定律是科学定律中最深奥的也是最

重要的一种类型，因为它阐释了空间和时间的对称性。牛顿第三定律所暗含的特定守恒定律就是*线动量守恒定律*（特指直线运动，其简称为动量守恒定律）。在经典力学中，一个物体的线动量可以简单表示成如下公式：

$$线动量 = 质量 \times 速度$$

这个公式表明，快速运动的炮弹的动量大，而运动速度相对较慢的乒乓球的动量小。线动量的大小表征了一个运动的物体对别的物体能够产生多大的"冲击力"，当然我们知道上述炮弹的冲击力与乒乓球的冲击力有着天壤之别。线动量守恒定律表明，在没有一切外力作用的情况下，研究系统中所有物体的总动量保持不变。例如，当两个台球发生相互碰撞后，其总的线动量在碰撞前后保持不变。在我们能够理解这个定律的表述之前，我们首先需要阐释一下"线动量"的重要性。

动量是一个矢量，即与方向相关的物理量。这就意味着两个质量相同、速度相同但运动方向相反的物体其各自所具有的动量是不同的。例如，两个完全相同的台球以相同的速度相向而行时，它们的动量大小相等但方向相反，因此总的动量为零。当这两个台球相撞时，它们马上会达到静止状态，这时每个台球的线动量变为零，因此碰撞后的总动量也为零。从这个例子中我们可以看到，尽管研究系统中的每个物体的动量都发生了变化，但是系统的总动量却是"守恒"的。这个结论是完全普适的：无论研究系统中的各个物体各自原初线动量（物体相互作用之前）大小如何，所有这些动量（方向与大小可以不同）的总和与物体相互作用以后的总动量总是相同（包括大小和方向）的

（图3-3）。台球这项娱乐所体现的就是动量守恒的原则：子球之间的 ⁹⁰
相互碰撞以及母球与子球的碰撞都遵守动量守恒定律，并且导致球在
台面上会产生不同的运动轨迹，而这有赖于球与球之间的碰撞角度。

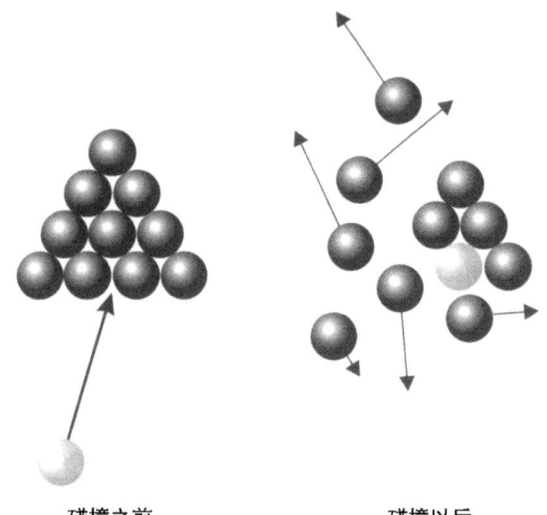

碰撞之前　　　　　　　　　　　　　碰撞以后

图3-3　物体间的碰撞以及一般的相互作用过程都遵守动量守恒定律，即作用
前的总动量与作用后的总动量总是相等。这里我们看到的是一个球与一组球之间发
生的碰撞。图中的白球（母球）碰撞前的动量，用右边图中的具有一定长度的箭头表
示。当发生碰撞时，白球的原初动量转移给了6个"红"球（深色的），它们各自获得
的动量分别用一定长度的箭头表示，见右边的图。如果将这些箭头在不改变其指向
的情况下进行首尾相连，那么你将会发现，最后得到的箭头的指向与长度与左边白
球中的箭头相同

　　现在我们可以推而广之，并将视线从台球屋转移到宇宙中。有趣
的是，由于动量在任何过程中都是守恒的，因此可以推测宇宙中的总
动量肯定是一个固定的量。举例来说，当你驾车行驶的时候，尽管加
速的时候车的动量增大，在拐弯的时候车的动量的方向会改变，因此
从表面上看宇宙的总动量发生了改变，但实际上另外一个地方的动量
也可能在发生改变，并可能和你驾驶的车的动量正好相互抵消，因此

宇宙中的总动量其实是不变的。在你驾车的过程中,你(车)可能对地球产生了微弱的推力作用:如果车的运动方向与地球转动同向,那么地球的运动速度会加快;而当车的运动方向与地球运动反向的话,那么地球的运动速度就会减慢。但是由于地球的质量与车的质量相比是如此巨大,因此车对地球产生的效应简直是微乎其微,以至根本无法察觉。但是不可否认的是,这种效应是确实存在的。

我曾经说过守恒定律是时间或空间对称性的必然结果,或是一扇窥视空间或时间对称性的天窗。这里我们主要强调的是空间本身,因此空间对称性是导致动量守恒原则的终极因素。空间对称性,即空间的形状,它究竟意味着什么?在上述例子中,它所要说明的就是空间并非是凹凸不平的。如果你在空荡荡的太空中作直线运动时,你会发现太空总是一个模样:无论哪里都是平坦且没有变化的。动量守恒就说明了空间并非凹凸不平这一结论,而牛顿第三定律就是一种"高层次"的表述该结论的方法。

91　　牛顿第三定律还可以引出另外一个结果,即另外一个守恒定律,这使我们从另一个角度理解了空间的形状。上一节中我们讨论了线动量,即物体作直线运动时所具有的动量。除了线动量之外,还存在着角动量,即物体作圆周(曲线)运动时所具有的动量。例如,一个高速旋转的很重的飞轮具有较大的角动量,而缓慢旋转的自行车轮与之相比就具有较小的动量。

如果一个物体具有扭矩即旋转力的话,那么它就有能力将其产生的角动量传递给另外一个物体,而后一个物体对前一个物体的扭矩的反应性（敏感性）将不仅取决于它自身的质量大小，而且也取决于其质量的分布方式。例如，当一个轮子的质量主要集中于其边缘部分时，它将很难被驱动并加速；而当同样大小的质量集中在轮轴附近时，轮子就比较容易受外力驱动了。这就是为什么蒸汽机上的飞轮的质量集中在轮子边缘的原因（图3-4），因为这种质量分布方式有利于抑制轮子角速度的剧烈变化的发生，而将质量放在轮轴附近将收效甚微甚至是徒劳无功的。

图3-4 飞轮的大部分质量都集中于其轮缘。这种质量分布方式使得需要很大的扭矩（扭曲力）才能改变其角动量。注意图中所示的蒸汽驱动的发动机模型，其飞轮的作用是协助活塞保持其稳定的运动

如果所研究的系统没有处在外界扭矩的作用下，那么角动量将是守恒的。假设两个旋转着的台球在一瞬间相撞，那么其中一个的角动量可能就会传递给另一个，即将其一部分旋转速度传给了另一个。但

92　是，碰撞前后系统中的总角动量是没有发生变化的：角动量是守恒的。这个结论也是普适的：相互作用的一组物体，其所具有的总角动量既不能被创造，也不能被毁灭。即便旋转的台球由于其与台面的摩擦力的存在而使其旋转速度逐渐减慢，但是这个过程中角动量并没有失去：台球减少的角动量将会转移给地球，因此地球的转速会有些许增大（如果台球旋转的方向与地球旋转方向相同的话）或有些许减小（二者旋转方向相反）。如果你在北半球的螺旋道路上驾车行驶时，你将会加快地球的旋转速度，而当你停止行驶时就会减慢地球的旋转速度；相反，当你在南半球以同样方式驾车行驶时，地球转速会减慢，而当你停止行驶时，地球转速却增大。总的来说，宇宙总角动量总是表现为零，就像整个宇宙中没有旋转运动发生一样。这就是宇宙一贯的表现方式，因为角动量并不能够被产生，它只能从一个地方转移到另一个地方。

那么角动量守恒到底能够告诉我们哪些有关空间形状的事实呢？因为角动量是物体的旋转运动的特征量，因此我们可以猜测到它的守恒性能够为我们提供有关空间形状的一些证据。实际上，角动量守恒揭示出的是，如果我们围绕一个特定点作圆周运动的话，那么我们就会发现空间并不是凹凸不平的，而是均一的。线动量守恒和角动量守恒均源于宇宙空间的均一性，所不同的是，前者适用于直线运动，而后者适用于圆周运动。更专业地讲，线动量守恒告诉我们的是空间的各处相似性，而角动量守恒告诉我们的是空间的各向同性。牛顿第三定律告诉我们：无论我们身在何方，去向何处，空间总是均一的（只要满足不受外部施加的力或扭矩的影响这个前提条件）。总之，牛顿第三定律所提供的可考证的方法意味着我们有关宇宙本质的各种

"摇椅"式猜想都可以通过实验进行验证，这是个不错的事情。

你可能会发现，"能量"一词还没有在我们上述的讨论中正式露过面。牛顿当初并没有使用过"能量"这个词，而直到他去世100多年后，"能量"才由托马斯·杨提出。尽管牛顿的力学公式如此优雅，且极具创造性，但其本质上仍是"农家小院"式的（或者，更准确地说，是"溜冰场"式），其"力"的概念还具有一些文学色彩。实际上，我们每个人都准确地知道什么是"力"，因为我们都会经常感受到力 [93]的存在。从牛顿将"力"作为他的经典力学的核心部分，我们可以看出物理学尚未从"农家小院"中走出来。而从伽利略的研究工作中我们可以看出，科学进步的"长征"总是伴随着科学研究由具体到抽象的转变，因为只有这样，我们所研究的对象（的本质）才不至于集中在具体的某个事物上，而是推而广之到更大的范围和更深的层次。这就好比有好多套衣服，而只有一个模特一样：如果我们知道这个模特的骨架（体形）的话，显然我们会比单纯观看衣服的式样大小，更能了解这个人的外部特征。"能量"的引入标志着物理学中的抽象思想已经萌芽，并随后将其光芒洒遍了全世界。

的确，这一划时代的创举，在半个世纪后传遍了全世界。比如19世纪初，能量还仅仅是一个文学词汇，而到19世纪中叶的时候，它终于被物理学"捕获"了。其最终被接受的时间有证可考：1846年的时候，威廉·汤姆森（1824—1907，1892年成为开尔文爵士）仍旧写道"物理学是研究力的科学"，但是在1851年他又宣称"能量是第一法则"。这种转变经历了两个阶段：第一阶段就是对单个物体运动的研究（包括对行星的研究），第二个阶段就是对蒸汽机内部精密机械的组合运动的研究。

在19世纪知识开化年代里,一系列思想的爆发最终促使对物体(质点)能量的研究冲破黑暗,迎来黎明。首先发端的是托马斯·杨,前面我们已提到,他提出了能量的量化公式:能量=物体质量×速度²。这种运动的能量被看作是物体活力的量度,并可以用来衡量一组物体中发生相互作用的可能性(活力)。但不幸的是,一个炮弹的"活力"越大,它的杀伤力和破坏性就越大,从而导致人的活力变小。

但是,托马斯·杨提出的能量公式并不完全准确。尽管有其可取之处,比如他考虑到了当一个运动的物体与另外一个物体相撞时,前一个物体会对后一个物体施加力的影响(能量),并且他也依稀认识到了,一个给定质量的物体,如果它的速度加倍的话,其施加的力的影响将会增加4倍。但是上述公式中的常数因子却是错误的。他的这一错误在1820年被发现,当时人们已经认识到了功(我们将在以后讨论),并将它与牛顿第二定律联合起来推导出了能量的公式:能量=1/2×物体质量×速度²。这一能量起初被称为实际能量,稍后又改称动能并一直沿用到现在。即

$$动能 = 1/2 \times 物体质量 \times 速度^2$$

94 从这个公式我们可以得出,一个质量大且速度快的物体所具有的动能就大,而一个质量小且速度慢的物体所具有的动能就小。一个下落的物体随着其速度越来越快,其动能就越来越大。与线动量不同的是,物体所具有的动能是与其运动方向无关的:一个以特定速度进行水平

运动的球，无论其运动方向如何，它的动能都是相同的，但是它的线动量却随其运动方向的不同而不同。

上面我们提到的"功"，是能量研究中的一个非常重要的物理量，因此需要进行一番阐释。我们首先应该理解物理学中"功"的含义，因为它和我们日常生活中所理解的功是不同的。在物理学中，当物体在反作用力的阻碍下移动了一段距离，我们就称之为"做功"。物体移动得越远所做的功就越大；反作用力越大，移动同样距离所要做的功就越多。在克服地球引力（在这里相当于反作用力，因为它与物体的移动方向相反）的情况下，把一个很重的物体抬到高处将需要做大量功；而将一张纸从桌上拿起也要做功，但是只需很少的功就可以。与地球相比，在月球上将同样的物体抬到同样高度要省很多功，因为月球的引力要比地球小得多。

在克服地球引力的情况下将一个铁块移动到高处的这个过程，实际上要比你想象的更有趣，从中我们可以了解许多物理学奥秘。首先，让我们假设在一个光滑的无摩擦的表面（比如一大片溜冰场）推动铁块。只要我们不停地推它，铁块就会不断加速。最后，当我们不再推它时，铁块的动能已经从零增加到了一个具体的值，并且就以那个恒定的速度在冰上滑行，渐行渐远。在这个过程中，我们对铁块所做的功已经转化成了它的动能。（动能 = 1/2 × 物体质量 × 速度^{2}公式中的常数因子1/2用来表示这两个量，即所做的功和物体所获得的动能是相等的）。现在我们可以将上述例子进行推广，使铁块以恒定速度通过伽利略式（即无摩擦的）桌面，并撞向一个能够将它的水平运动转化为另一个物体抬升运动的装置（图3-5）。此过程中铁块的动能，转化成了抬升第二个物体所需的功，并且这个功的大小正好与我们先前推动铁块所做的功相同。

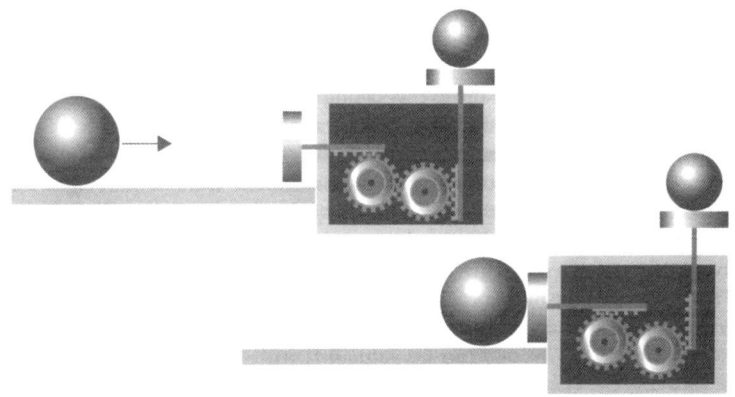

图3-5　运动的物体能够用来做功，因此它对应着一种能量形式，即动能。在图中所示的装置中，左边的球以一定速度撞向活塞，随后活塞的运动（具有能量）又传递给了齿轮组，并最终将右边的球抬升到了高处。这个过程中将右边的球抬升到高处所做的功（与右边的球的质量和抬升的高度成比例）则与左边的球的动能是相等的

从上述实验中我们可以总结出如下定义：能量就是做功的能力。这就是能量的全部意义。无论何时当你看到能量一词出现在技术层面而非文学层面时，那么它的意思就是"做功的能力"。储备的能量越大（比如很重的物体以很快的速度运动），原则上所能做的功就越多 —— 即可以将一个很重的物体抬升到很高的位置。相反，当一个物体所拥有的能量较小时（例如很轻的物体以很慢的速度运动），它所能做的功就较少 —— 只能将一个很轻的物体抬升到不太高的位置。当物体运动速度加倍时，它所能做的功将是原来速度的4倍。

现在，我们更进一步来探讨上述问题。假设我们先将一个重物提

升到一个特定的高度，并且在这个重物上拴有一组滑轮以提升其他
重物（图3-6）。当把第一个重物放开时，它的下落会使第二个重物 96
上升。这就是说第一个重物做功了。因此，对于第一个重物来说，尽
管起初并没有运动，但它还是有做功的能力，这说明它是有能量的。

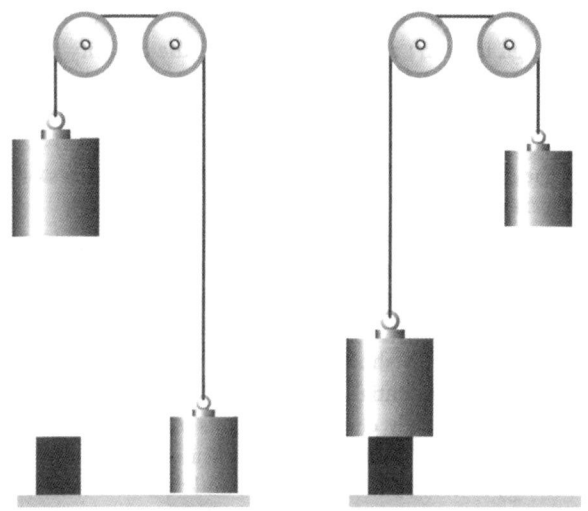

图3-6 即便处于静止的物体也可能由于其所处的位置而具有能量：这种形式
的能量被称为势能。左图中，那个较大的重物将要落下。右图中，它已经落到下面
的平台上，较小的重物被提升上去。在此过程中，较大的重物做了功，因此，起初它
肯定是具有能量的，而这个能量就是势能

这种由于处在特定的位置而拥有的能量称为势能。这一名称是由苏格
兰工程师威廉·马克奎恩·兰金（1820—1872）于1853年创造的，兰
金是能量学的创立者之一。[1]

---

1. 两位能量学尤其是热力学的鼻祖都有以他们名字命名的温度度量系统。比如开尔文温度（摄氏
温度）就是为纪念威廉·汤姆森（即开尔文）而产生的，其中的绝对零度，即可以达到的最低
温度是-273℃；另外为纪念兰金的贡献，人们也创造了兰金温度（华氏温度），它的绝对零度
是-460℉。

　　到目前为止，我们只接触了两种形式的能量 —— 动能（依靠运动来做功的能力）和势能（依靠所处的位置来做功的能力）。尽管你可能经常会碰到诸如"电能"、"化学能"和"核能"之类的词汇，但实际上上述各种名称仅仅是人们为了更方便地指代特定领域中的"能量"而创造出来的，它们本质上还是属于动能或势能，或是这两种能量的组合。例如，"电能"本质上就是正负电荷之间形成的电势能；化学能稍微复杂一些，但是究其本质，它也无非是化学分子中电子的势能，以及电子在分子内部运动时产生的动能；核能本质上也是一种由原子核中的亚原子粒子运动和相互作用而产生的动能。不过，动能和势能虽然是能量存在的普遍形式，但却并不能涵盖全部，如电磁辐射能（例如太阳辐射到地球上能够给人类以光和热、能够驱动光合作用并生产食物的光能）就并不属于这两种能量形式。不过只要是考虑物体中储存的能量的话，那么它必定包含动能和势能。而现在我们已经对"能量"的各个方面都有所了解了。

　　虽然我们对能量有了初步了解，但是这并不等同于我们已经窥见了能量的全貌。实际上，当你继续阅读本章内容或其他章节时你就会发现，我们其实一直都在对能量的内涵进行拓展和完善。能量问题也值得我们去深入研究，因为它对于探索宇宙和宇宙中一切事物来说是一个核心问题。事实上，科学的两大基础之一就是能量学，另外一个是因果律，即前一个事件对后一个事件的影响。因果律的本质就是使得宇宙保持运行的一系列具有相关性和连贯性的指令链条，我们需要将这个链条解开，以达到对"内因"的理解。而能量本质上就是保障宇宙体系正常运行的警惕的守护者，从而使因果律进行合理运作。由此可以看出，能量是宇宙金融中真正流通的"货币"。

现在我们来对能量的内涵进行揭示。势能是潜在的能量，因为它能够转化为"活力"——真实能量即动能。举例来说，假设我们把用来吊重物（处于高处）的绳索剪断，那么重物就会在下落（假设我们是在地球上做这个实验，即处在地球的引力场中）的过程中不停地加速。在其落地之前的一瞬间，重物的速度达到最大，即拥有最大的动能，与此同时它的重力势能则变为零。[1]这说明势能具有做功的能力。通过使用一个设计合理的装置，我们就可以捕捉到能量转化的细节，比如使坠落的重物击中杠杆的一端，利用这种冲击力使得处于杠杆另一端的重物被抛起（类似于跷跷板）。这个实验与过去露天市场里的杂耍游戏"测验你的力量"非常相似，它是通过用锤子敲打杠杆，从而试图使杠杆另一端的物体能够碰到悬挂在高处的铃铛（图3-7）。实际上，这种杂耍游戏已经包含了本章想要讲述的中心内容：势能和动能是可以自由地相互转化的。

我们所做的实验还暗含着总能量——即第一个重物所具有的动能和势能总和——是恒定的这一思想。因此，我们最终触及了能量守恒定律，即能量既不能被创造，也不能被消灭，总能量是守恒的。能量守恒定律可以用牛顿第二定律来证明，因此这样说来牛顿第二定律就是能量守恒的一种表达方式，就像牛顿第三定律是动量守恒的表述一样。

前面我们讨论的两个守恒定律（线动量和角动量守恒定律）都与对称性有关，并且告诉了我们一些关于空间形状的信息。那么现在跃 98

1.按照惯例，如果物体无限接近地球的表面，那么该物体的重力势能就认为是零。

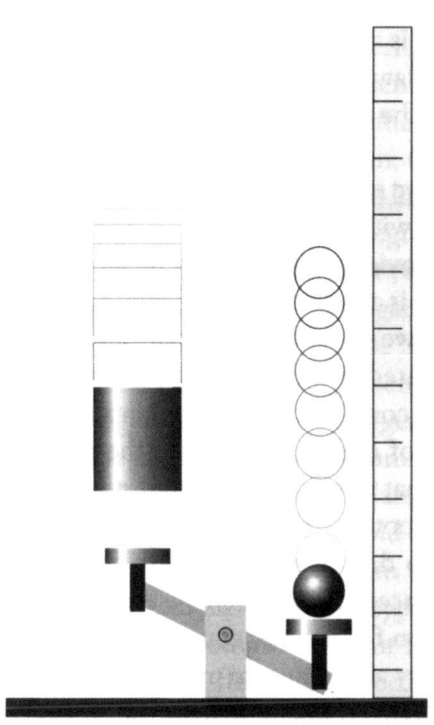

图3-7　在杂耍游戏"测验你的力量"的这个抽象图示中，左边下落的重物的动能促使右边的球向上运动，即下落物体（比如棒槌）的动能转化成了右边球的上升运动的动能和势能

入我们头脑中的一个显而易见的问题就是：能量守恒是否是对称性（包括空间和时间）的必然结果；如果是的话，那将意味着什么。第 9 章将讲到，我们不能只考虑空间，而应该考虑时空，即应当把时间置于与空间同等重要的位置。或许我们应该能够理解，既然动量守恒源于空间的形状，那么能量守恒就源于时间的形状。事实上，能量的守恒性源于时间并不是凹凸不平的这种性质：时间平滑地从过去延伸到未来，期间既没有压缩的部分，也没有拉伸的部分。守恒定律与时空

对称性之间的关系是如此深奥：即便牛顿三大运动定律失效，守恒定律仍然成立，比如在狭义相对论中和量子力学中。

因为牛顿第二定律能有效地表达能量守恒定律，所以我们可以得出，第二定律是时间平滑性的直接结果，就像牛顿第三定律是空间平滑性的直接结果一样。这种解释现在被大多数科学家认可，他们认为这种解释要比威廉·汤姆森和与他同时代的科学家所热烈推崇的能量守恒源自上帝那种解释更具说服力。威廉·汤姆森和与他同时代的科学家认为，上帝将能量作为一份大礼赐予整个世界，因此能量是神圣的，它既不会因为人为干预而增加，也不会因为人类的活动而减少。

1867年，随着威廉·汤姆森和泰特的权威著作《自然哲学论述》发表，标志着这种根据物体的动能、势能和能量守恒来对物体的运动本质进行分析的方法，已经作为物理学的流通符号建立起来了。当时的人们已经意识到了能量思想有助于物理学各个分支的统一，因此，博学多才的德国科学家赫曼·冯·赫尔姆兹（1821—1894）在1847年就已经用能量概念将力学、光学、电学和磁学进行了融会贯通。虽然已经取得了许多骄人的成就，但是仍有一块难啃的骨头晾在那里，即热量的难题，而它时刻都在威胁着刚刚建成的能量学大厦之基础。

热在很长一段时间里对人们来说，都是一个不解之谜，但是随 [99] 着蒸汽机（也叫"热机"）的发明和发展及其在国民经济中作用的不断提升，以及在战争和贸易中扮演着越来越重要的角色，凡此种种迹象都凸现出了"热"的高效能，这使它日益成为物理学研究的焦点。但是摆在面前的问题不仅仅是人们对热的本质一无所知，还有就是

"热"似乎总是游离在当时的物理学大门之外。

　　热曾经长时间被许多人认为是一种叫作"卡路里"（即 caloric，这个词来源于拉丁文中表示"热"的单词——calor）的可流动物质，且是被早期研究者们所钟爱的其中一种"不可捉摸的"无质量的流体。卡路里不仅不可捉摸（即不能够通过称重来检测它的存在），而且从其无处不在（它能渗透到任何地方，甚至是两个紧密结合在一起的粒子之间）这层意义来说，它又是十分"微妙"的。以现在的观点来看，我们可能会对以前的种种错误认识（如对卡路里的上述认识）报以窃笑，但是实际上直到现在也并非每个人都能理解"热"的真正内涵，因为卡路里这个词仍然在我们的日常生活中频频出现，比如当我们谈及"热"从热物体"流向"冷物体时，上述措辞背后就有卡路里的影子。

　　"卡路里"这个词在 1798 年经由本杰明·汤普森，即伦福德伯爵（1753—1814）废弃，从此不再在物理学中使用。汤普森是集科学家、发明家、政治家、花花公子、军人、伪君子、慈善家、改革家和特工人员等角色于一身的传奇人物。他出生于美国的马塞诸塞州，于 1776 年逃到英国，并在 1799 年组建成立了皇家研究院。随后他游历到了巴伐利亚，在那里他被任命为国防大臣、警备大臣、议院长官、国事顾问以及神圣罗马帝国的伯爵。他的伯爵头衔是以他的第一个妻子的出生地——新罕布什尔州的伦福德城的名字来命名的。[1] 卡路里之所以退出历史舞台，是因为汤普森在慕尼黑兵工厂督导炮管的钻孔工作时无

---

1. 在拉瓦锡夫人的丈夫安托万（第 5 章）去世后，汤普森后来与拉瓦锡夫人结婚，但是这段婚姻并不成功。

意观察到,当钻孔机运转时,浸于水中的炮管发热,水也随之持续沸腾,他记录道:

> 橡木箱中的18.77磅(8.52千克)重的水刚开始的温度是60℉(15.5℃),钻孔机经过两个半小时的运转后,水就沸腾了。

从这个实验以及其他相关实验中,汤普森得出的结论就是:"热"能够源源不断地产生且不会枯竭。如果真是这样的话,那么热就必须通过摩擦来产生,因此,它就应该被看作钻孔机钻头中微观粒子运动的结果,而不是钻孔机中潜藏的"流体"作用的结果。

虽然对热有所认识,但要将热以量化的形式整合到物理学中,确定出它的原子本质并最终将其纳入能量守恒定律的范畴,仍有相当长的路要走。我们已经知道,正是由于蒸汽机在现代工业中处于核心地位的这种状况才推动了科学家对热运动本质的探索,而促成我们现在所获得的对热运动本质的理解,则与英国北部(主要集中在格拉斯哥和曼彻斯特)的深谙制造业的科学家的贡献是分不开的。

科学取得进展的其中一个标志就是基本常量的消除,这也是反复贯穿本书的一个主题。这是我们第一次瞥见功和热的关系中所涉及的因素以及对二者关系的解析。在19世纪(必须承认的是,在世界上某些地方同样的用法在21世纪也十分流行),功和热各自有一套度量单位,如功的单位是尔格(ergs,这里对其不做详细介绍),而热的单位则是卡路里(calories)。这种用不同的单位来度量功和热的方法掩盖了一个事实，那就是功和热本质上是相通的，并且可以相互转化。在 19 世纪，科学家们曾付出许多努力试图去找到"热的力学等价物"，即从一定量的热中所获得的功，他们最终卓有成效地得出了卡路里（热的单位）和尔格（功的单位）之间的换算关系。这个成就是科学进步中具有实质意义的一章，也是能量守恒定律成立的实验基础中的一部分。但是，以我们现在的观点来看，上述努力是在浪费时间。请不要误解我的意思，我所说的是：虽然这种努力在现在看来是在"浪费时间"，但这种"浪费"却是不可或缺的过程。之所以说它不可或缺，是因为它使我们认识到热也是一种能量形式，理论上吸收多少热就会做多少功，反之亦然。之所以说它是在"浪费"时间，则是因为功和热实际上是同一种物质，即能量的两种表现形式，我们完全可以在同一种单位制下对上述两者进行度量，而无需进行单位转换。

在功和热二者关系的探索中最值得一提的关键人物就是詹姆斯·焦耳（1818 — 1889）。焦耳出生在英国曼彻斯特，其父是富有的啤酒商，所以焦耳在大部分有生之年都有足够的资金用于实验探索，直到 1875 年左右这些资金告罄。在其著名的热功当量实验中，他使一个重物缓慢匀速下降并带动轮轴转动，从而使翼轮搅拌容器中的水，使水温升高，由温度计测出搅拌前后水的温差而算出热量（图 3-8）。从这个实验中焦耳得出了功可以转化为热这个结论。通过比较使水温升高到同样温度所需做的功的量和所需的热量值，焦耳终于完成了对热和功二者换算关系的度量。尽管在现在看来焦耳所度量的是"无用"的量（因为热和功本质上就是同一种东西），但是我们却不能吝惜对他的赞誉，因为正是他带领我们认识了热功当量（二者的换算关系），并告诉我们他花费了大量时间苦苦寻觅的、对热量的度量方式

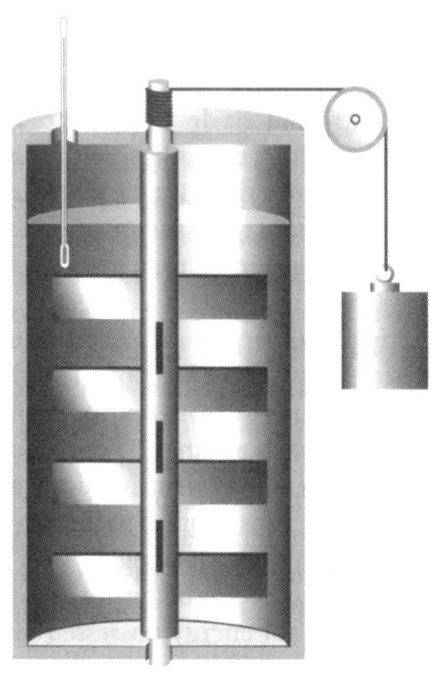

图3-8　上图是焦耳进行热功当量实验时所用装置图。重物落下时会带动放置在水中的翼轮转动。此过程中所做的功可以根据重物落下的距离而计算得出。同时用温度计对水温进行检测，期间水温的升高（温度差）可以用来计算达到同样水温所需的热量值

其实毫无用处可言。为纪念焦耳所做的贡献，人们将功、热以及能量单位都定为焦耳（J）。[1]焦耳实际上是一个很小的能量单位，因为人类心脏的每次搏动大约就可做1焦耳的功。因此按照每天搏动10万次进行计算的话，你的心脏就做了大约10万焦耳的功，从而将血液由心脏泵到全身，因此你需要消耗大量食物以供应心脏搏动所需的能量（去

101

1.1焦耳相当于1牛顿的力使物体在力的方向上移动1米所做的功。

想想一生中你的心脏要跳动多少下）。

焦耳和他同时代的科学家们所做的工作毫无疑问已经得出了热和功都是能量（只不过形式不同）这个结论，因此如果将两者考虑进来的话，那么能量依旧是不会亏损的（即仍是守恒的）。不只是在牛顿力学所研究的组成物体的一系列质点 —— 这种简单情况中能量是守恒的，就是以热来做功的隆隆作响的笨重的蒸汽机 —— 这种复杂情况也遵循着能量守恒定律。

能量守恒定律在宇宙中的普遍适用性自然地就把制造永动机这种可能性完全排除了。所谓"永动机"，就是指一个不消耗燃料但是却可以一直做功的机器。这意味着这种机器能够创造能量（与能量守恒定律相悖）。直到现在，还有人打着能够创造能量的永动机和其他形式的超自然机器的幌子到处招摇撞骗，但是对这些机器进行一番去伪存真的分析后却发现，这些完全就是骗人的东西。我们对能量的守恒性是如此的确信无疑，以至于科学家们（以及专利局）已经不再将这种推翻能量守恒的企图（制造永动机）放在眼里，而继续研究永动机在现在看来纯粹是徒劳无功的。

尽管功和热同属能量的两种表现形式（且可以相互转化），但是这两者之间还是有所不同，而运用我们的常识即可轻易辨别。只有对热和功的分子层次差异的认识发展到一定程度，才能全面理解热和功的本质，以及它们是如何体现能量的这个问题。科学就是这样，当对事物的认识上升到一个台阶后才猛然发现，原来这种事物并不存在（抽象化），这里也是一样。实际上，根本没有所谓的"热"，也不存在所谓的"功"！虽然看似在日常生活中我们都被这两种事物包围，但实际上它们更多地出现在人们的言谈中，而不是真真切切地呈现在人们眼前（具体，实在的东西）。这到底是怎么回事呢？让我们接下来再对其进行一番探索。

首先，我要强调的是，热和功都不是能量的存在形式。为什么这么说呢？这不是与我们前面所阐述的内容相悖吗？其实不然。因为严格地说，热和功并不是能量的"存在"形式（静态），而是能量"转移"（或传递）的方式（动态），即能量通过热和功的形式从一个地方转移到另一个地方。例如，发动机里并不会储存所谓的"功"，自然也不会因为释放这个"功"而使车行驶一段距离或提起一个重物。同样的道理（尽管它与我们日常谈话中涉及的含义有很大不同，甚至相反），即便我们已经知道某个物体是热的，但实际上这个物体中并未储存所谓的"热"（物理学含义）。热是能量转移的一种方式：它只能是"传递中"的能量，而不是被某个物体所"拥有"的能量。说到这里你或许会发现，如果我要给你灌输物理学中"热"的真正内涵以帮助你澄清已往的日常认识，你首先得摒弃日常谈话中关于"热"的通俗和不准确的理解。在物理学发展历程中，为打造一个专业术语，科学家们往往选取一个已经存在的且为大众所熟悉的单词，之后经过剔除其表面的"血肉"（外延），最终留下其最本质的"骨架"（内涵）。一般来说，科学家们对词汇进行修饰的目的是既不使词汇显得与日常生活格格不入，又不使其失去诗人们所注重的华丽色彩，但是无论怎样，科学家都十分清楚他们所谈论的词语的内涵。

至少在理论上，功能够以提升重物的形式（或者更一般地说，在抗拒外力作用的情况下使物体移动一段距离）转移能量。但实际上，在事件（比如提升重物，即做功）发生前的发动机（对物体做功）里并没有"功"的储存；同样在事件结束后的已经发生位置移动的物体（接受发动机对其所做的功）内部也没有"功"的储存。在事件发生前的发动机里真正存在的是这个抽象实体 —— 能量，而发生位置移动后的物体则获得了额外的能量 —— 也许它的动能增加了，或者也许它的势能增加了。在上述过程中，能量从发动机转移到物体是通过做功而实现：功是能量转移的动因，而不是转移的实体（即功不能转移）。不能忽略本段开头的那个含糊的词语 —— "在理论上"，在本例中，它意味着从发动机（或其他机器）所释放出来的能量能够以多种做功方式体现，而不只是提升重物。例如，功可以驱动发电机从而使电流通过电加热器，结果是水被加热，而不是重物被提升。然而，我们确实可以运用能量去提升重物，即释放能量用来做功。

103　　　热是具有温度差的物体进行能量转移的方式，在此过程中能量从高温物体流向低温物体。实际上，在热传递（能量转移）发生之前，高温物体（释放能量）并没有储存任何"热"；而在热传递结束后，低温物体（接受能量）中也没有储存有任何"热"。在热传递之前，真正存在于高温物体中的是"能量"；而低温物体由于得到了来自高温物体的"热"而获得了更多的能量 —— 例如水蒸发或冰融化。能量能够以热传递的方式从高温物体转移到低温物体：热是能量转移的一种动因，而并不是转移的实体。

　　当我们在分子层次上考察能量转移过程（功和热）时，一切就会变得十分明朗。假设我们可以看到发动机外部的原子运动。为了具体形象一些，我们将目标锁定在扩散的燃料气体（在汽车发动机中）或蒸汽气流（在蒸汽发动机中）所推动的活塞上，并深入其内部进行探索。如果我们能够看到活塞中的原子的话，我们就会发现随着活塞的运动其中所有原子都顺着同一个方向移动（图3-9）。也就是说，那

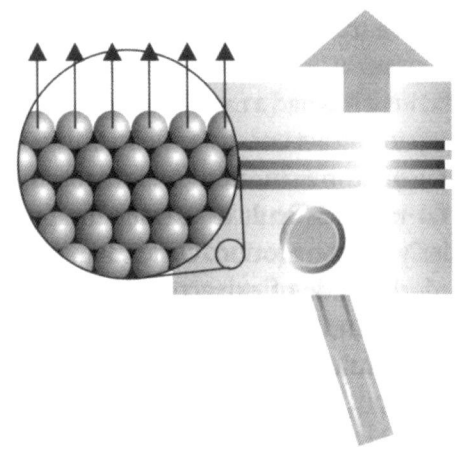

图3-9　在做功过程中，伴随着原子统一的、同向的运动，能量也随之转移。在向上运动的活塞放大的模式图中，我们可以看到其中的原子是怎样进行步调一致的运动的。这些原子随后将这种运动（能量）传给了在活塞上停靠或与活塞连接的物体，并最终带动该物体进行运动（对这个物体做功），比如提升重物

些肉眼可见的运动（如活塞运动）实际上就是物体内部数不清的原子统一运动的结果。再来看另外一个例子，蒸汽涡轮是没有活塞的，取而代之的是蒸汽的推动力驱动涡轮叶片进行转动，从而做功。如果我们能够看见叶片上的原子的话，就会发现随着叶片的转动，其中的所有原子都顺着同一个方向做圆周运动。同样的，当用导线将电池的正负两极连接起来时，就会有电流从导线上流过。如果可以看见导线中的电子的话，我们就会发现所有电子的运动方向也都是相同的。类似

地，我们也可以利用电流来做功，例如电动机的利用。总之，无论在什么情况下，功总是与原子（或电子）的统一运动联系在一起，这就是功的本质：它是能量的转移过程，且在此过程中能够驱动周围环境中的原子进行有规则的运动。

104   那么热的本质又是什么呢？我们再一次透过想象中的显微镜来观看原子的运动。现在这里并没有活塞或涡轮叶片在运动，我们所研究的高温物体中没有可以运动的部分，取而代之的是，能量通过一个"传导壁"进行转移。现在周围环境中的原子没有"净"运动，但是我们却发现它们在进行着随机的微动（图3-10）。当能量从高温物

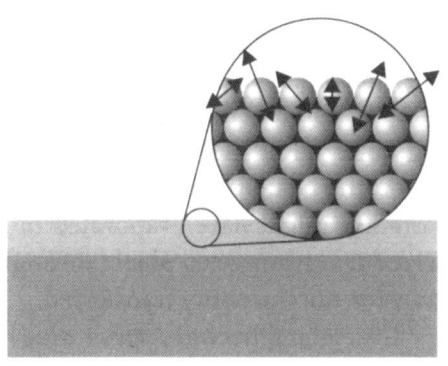

图3-10   当能量以热的形式进行传递时，其原子的运动是杂乱无章的。我们能够想象到高温物体（热源）和传导壁（图中的水平板）中的原子在其位置上进行着随机摆动且互相碰撞。这种碰撞将能量传递到了周围环境中，而环境中的原子同时也获得了这种热运动能量

体散失到周围环境中时，环境中的原子就会发生更剧烈的摆动（获得能量），随后这些原子又将获得的一部分能量传递给邻近的原子，而邻近原子又将其一部分能量传给与其邻近的原子，依此类推。简言之，能量以热的形式进行传递的过程，本质上就是驱动周围环境中的原子

进行随机（而不是像功所驱动的原子进行统一运动那样）运动的过程。

原子的随机运动叫作热运动。热运动与热是不同的。热是能量的一种传递方式，我们不可以说"热被转移了"，除了在某种情况下，比如我们确实理解了一种方便的说法：能量能够以热的形式被转移。实际上，把热看作是一个动词（动态过程）也许要比把它当作一个名词更好一些。热也并不是热能，其实并不存在"热能"这种东西，尽管这个词被广泛使用（宇宙中只存在动能、势能和光辐射能，而热能就包含在前两者中）。热也不是热量能，并不存在这种所谓的"热量能"，除了在一种简便的说法中所提到的热运动的能量。[1]

对功和热二者的本质在原子层面进行区分，对人类文明的进程有着十分深远的影响。以热的形式来提取能量是十分容易的，它只需使原子进行随机的热运动即可。正是因为这样，人类早早就达到了这个目标。而要以功的形式来提炼能量就复杂多了，因为这需要使原子进行有规则的运动。不同于有机体内部的精密机制，能够达到这个目标的机器直到18世纪才制造出来，并且经历了数个世纪的改进才达到较高的效率（图3-11）。

现在我们已经了解了热是怎样被最终整合到物理学中的，且知道了能量守恒是怎样实现的。这就是说，既然我们已经认识到能量能够以热或功的形式被转移，那么我们就可以得出这样一个结论：无论是

105

---

1. 当然我可能有些咬文嚼字了。应该承认的是，所有名词——猫、狗、热、热能、化学能——都是用来指代事物极其方便的词汇。但是在这里，我之所以要反复强调，就是想把你的日常思维转化成物理学思维。

图3-11　图中展示的是用来以功的形式提炼能量的一个由多个部分组合而成的复杂的机器。以功的形式提炼能量要比以热的形式提炼能量更困难，因此出现相应的机器也要更晚一些

在动力学领域中，即研究单个物体的运动以及动能和势能的相互转化，还是在热力学领域中，即研究热和功的相互转化，能量都是守恒的。能量的的确确是宇宙"经济"流通的通用"货币"，没有任何事件能创造或毁灭能量。因此，能量是衡量宇宙中事件是否会发生的一个制约条件，因为一个事件的发生是以不改变宇宙的总能量为前提的。这个

结论曾使汤姆森和克拉克·麦克斯韦感到十分欣慰，因为他们之所以对能量守恒怀着极大的热情，很大程度上是由于他们坚信上帝在创造世界之时就赐予宇宙以其精心选择后的总量一定的能量，而人类要设法应付的就是按照万能的上帝的旨意行事。

或许汤姆森和麦克斯韦也想到了一个问题，那就是：宇宙中到底有多少能量。因为这是衡量上帝的慷慨程度的一个数量指标。他们很可能认为这个量是无穷大的，因为任何事物都无法（没有资格）对上帝的慷慨作出一个界定。而且从情理上讲，人们也不会接受"上帝是吝啬的"这个念头。由于能量是守恒的，因此如果我们能够拥有现存的全部能量的话，那么这个总能量就与宇宙最初形成时，上帝慷慨赐予我们的总能量相等。那么宇宙中现在到底有多少能量呢？说实话我们现在也并不知晓。但是，我们却掌握了一条线索，它对我们探索宇宙总能量具有一定的指导意义。

我们首先需要克服的是我们的偏见，这是科学探索的前提。看起来宇宙中确实有相当多的能量，因为你只需想想地球上的火山喷发、飓风肆虐和恒星闪耀，就可以得出宇宙确实被赐予了大量能量这个结论。实际上，宇宙中的能量远比我们看到的更多，因为（我们将在第9章中进行详细讨论）物体的质量与其能量是成正比的，因此质量是能量的一个反映（根据 $E=mc^2$，即能量 = 质量 × 光速^2）。如果我们把目前可见的宇宙范围内所有星系中的所有恒星的质量都相加的话，那么所得到的质量将十分巨大，因此所具有的总能量也将无比巨大。但是，科学与现实生活一样，都需要进行慎重且周全的考虑，因为除了质量以外，另外一个因素也会对能量总量造成影响，那就是物体之间的引力作用。物体间的引力会降低相互作用物体的总能量。且引力越大，总能量就越小，因此我们可以将引力作用看作一个负效应（从对总能量的贡献来看）。[1]由于引力作用对于宇宙总能量的贡献为负，因此当我们将所有星系之间，以及星系内部的恒星之间的引力作用都加起来的话，那么原先只按照质量相加所得到的总能量就会大大削减。

那么这种能量能够完全削减掉吗？起先看来似乎是这样。我们可以通过考察宇宙的膨胀（我们将在第8章中详细讨论）速度来断定宇宙中的"净"总能量（正效应与负效应之间的差值）。如果引力作用这个负效应因素（对宇宙能量的贡献，下同）超过质量这个正效应因素的话，那么宇宙的最终命运将是膨胀速度会逐渐减慢，随后这个过程将会逆转。而按照大坍缩理论，宇宙最终会发生自身塌陷。这就好比使一个具有很小动能的球逃离地球束缚一样，其最终结果只能是地球的引力将该球又重新拉回到地面（图3-12）。不过，大坍缩理论目前越来越受到人们的置疑。而反过来说，如果引力作用比较微弱的话，那么宇宙将一直膨胀下去。这就像一个具有巨大动能的球能够逃脱引力的束缚，在星系之间一直奔腾下去，直至到达无限远的地方。这种宇宙膨胀理论具有一定的合理性，因为目前的观察还没有发现该理论与实际情况的相悖之处。

107　　如果质量和引力作用二者对能量的正负效应相等的话，那么宇宙也将一直膨胀下去，但是随着宇宙越来越大，它的膨胀速度也会越来

1. 例如，太阳和地球之间的引力作用对宇宙总能量的贡献就体现为一个巨大的负效应，其值为 - 5.3 × 10^{33} J，即总能量将减少同样的量，因此，即便是在引力本身并不显著的情况下，引力势能也是远远不能忽略的。

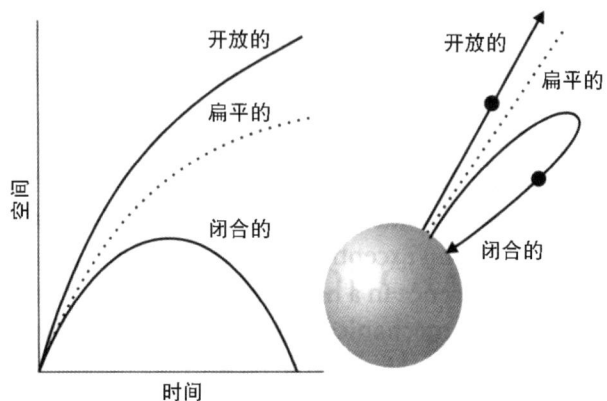

图3-12　右图展示的是当我们将球从地面抛出去时球可能的运动路径。如果我们轻柔地将其抛出（小于球在地球上的逃逸速度），那么球将会重新落回地面。如果用很大劲（大于球在地球上的逃逸速度），那么它将会逃到无限远处，并且接近无限远处时还保持运动状态。虚线路径表示的是当我们恰好以物体的逃逸速度将其抛出时所发生的情况：球会发生逃逸，但是在其接近无限远处时，其速度就会降为零。虚线是物体逃逸和被捕获的分界线。左图表示的是上述具体事例体现的思想是怎样推广到整个宇宙中的。如果引力较强的话（假设宇宙中有大量物质），那么宇宙在未来的某个时间会发生坍缩（就像抛出去的球最终又回去一样）。如果引力较弱的话（假设宇宙中没有很多物质存在），那么宇宙将会不停地膨胀下去（就像抛出去的球一直奔向无限远处）。如果引力和外向的运动正好达到平衡的话，那么宇宙也将不停地膨胀下去，只是最终会趋于静止状态（就像正好以逃逸速度抛出去的球一样）

越慢，并且我们可以料想到，在一个相当漫长的未来岁月里，宇宙将会在不停的膨胀和坍缩中来回切换。这就像正好把球以逃逸速度扔出去，虽然此球有足够的动能逃脱引力束缚，但是当它接近无穷远处时，它就会变为静止状态[1]。由于这个球是静止的，那么它的动能就为零；又由于它与地球相距无限远而不受地球引力作用，因此它的势能也为零。由于能量是守恒的，因此尽管这个球的动能和势能处在不停的变

1. 地球上任何物体的逃逸速度都是11km/s。

化中，但是它的总能量在整个过程中肯定是为零的。尽管宇宙中存在着诸多复杂因素，其引发的额外效应也能够导致宇宙的膨胀过程加快（参看第8章）。但是总的来说，宇宙中的总能量非常接近于零。实际上总能量就应该为零。如果能够证明这个猜想正确的话，那么这就意味着上帝在创造世界并赐予宇宙能量时确实是有些吝啬。

108　　　我们之所以觉得宇宙中存在着大量能量，大概因我们所看到的都是能量的一种具体表现形式（比如物质和恒星的发光发热），但我们却忽略了能量的另一种形式（引力）。正是能量这两种形式的差异才使其表现出活力四射的一面（我们所看到的），但这并不是总能量。

　　　每个硬币都有正反两面。即便是能量守恒定律这种极其普适的定律，也有涵盖不到的领域，比如量子力学（第7章）的某些理论就使我们在经典力学中积累的自信备受打击。量子力学中诸多奇特现象之一就是，只有能量在永恒存在的情况下，它才能够被赋予一个特定值。根据量子力学理论，短暂存在的质点并不会拥有一个固定的能量值，因而在片刻时间内宇宙的能量并不能被赋予一个固定值，因此它不遵守能量守恒定律。不过，这对于梦想制造一个在片刻时间内运行的永动机的人来说倒是一个好消息！

第4章
熵
变化发生的源泉

伟大的思想
所有的变化都是无意的能
量塌陷以及物质趋于混乱
的结果

109

不了解热力学第二定律犹如从未读过莎士比亚的任何一部著作一样。[1]

——C. P. 斯诺

可能绝大多数人都不会去追问"世间的林林总总的事情为什么会发生？"（即产生了"变化"）这种问题。一般说来，深奥的问题常常会被人们错误地认为是幼稚的。但正是在对这些看似幼稚、实则深奥的问题的探索中，宇宙的本性才暴露在我们面前。而上述问题"宇宙中事件为什么会发生？"就属于此类，因为我们将会看到，正是在对此类问题的不懈追问中，我们才最终获得了对这个问题的全面理解。在此基础上，我们才能够比较彻底地理解日常生活中的再简单不过的事情，比如热咖啡为什么会变冷这一现象等；另外，我们将至少能够部分地理解日常生活中最复杂的事情，比如出生、成长和死亡。

我们上述关于事情发生（即变化）的起因问题属于热力学的研究范畴，热力学研究的就是能量的转化问题，尤其是热功的相互转化。

---

1. 节选自《两种文化》。

但是热力学理论的建立并不是轻而易举的，因为正是它的发源——对蒸汽机效率的探究过程——阻碍了人们对它的理解和接受。人们往往想当然地认为蒸汽机只不过是一个外形笨重的家伙，而并不会想到它能够翻开科学史上崭新的一页，更不要说依靠它来建立一个有趣的理论了。蒸汽机代表着工业化厚重的历史分量，不过进一步展开来的话，它还象征着伴随工业化而来的一系列压迫和社会负担（图4-1）。蒸汽机代表的是不洁而非纯净，是城市化而非乡村化，是笨重而非精巧。那么这种隆隆作响，散发腾腾热气的庞然大物又是怎样帮助我们理解遍及这个奇妙世界且构成精致网络的一系列事件的呢？

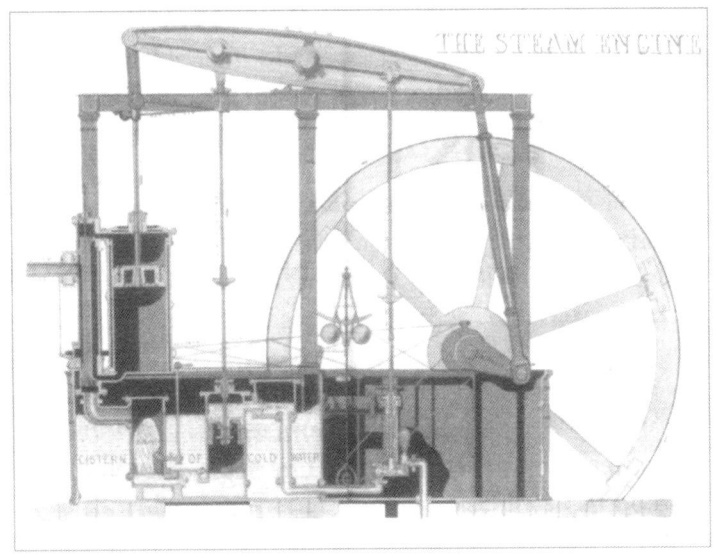

图4-1 蒸汽机看起来就像一个笨重的大家伙，但事实上它却揭示了宇宙运行的规律（事件的变化）。就像本章所要阐述的，我们将会看到，当用一种合理的抽象方式进行表达时，世间万事万物，无论在我们内部还是外部的事件的变化，实际上都可以看作是由"蒸汽机"来驱动的

我们已经知道,科学只有在达到更深的抽象性层次后才能更进一步地阐明事情的本质。在本例中(蒸汽机)也一样。当我们揭开蒸汽机厚厚的铁皮,将其抽象性暴露出来时,我们就会获得对所有变化发生的动因的理解。这就是说,假如我们只把目标锁定在蒸汽机的实质,即其抽象的核心内容上,而忽略其他一切外在影响(干扰)因素 —— 比如蒸汽、排气管、油滴及其工作时发出的隆隆响声等 —— 我们将会发现一个在其他一切事件中都适用的理论。科学就是这样的:它往往先从一个具体事件中提取精髓,提炼出伟大的思想,然后再将这种"具体"推广到"一般",并发现整个自然界的一般规律。从众多不同事件中提炼出隐藏在其中的同样的思想,这就意味着我们已经获取了对整个世界的一般性和普遍性的认识。借助诗人之眼,我们看到的是事件的肤浅的表面,但这并不是说该事件不具备激情和使人奋发向上的资质;而借助科学家之眼,我们却透过了事件的表面看到了它的本质。在本章中,我们将逐层剥开事件的表面现象,去发现它们的内部实质。

在19世纪,科学家们已经初步窥见了这一"内理",即蒸汽机原 [111] 理几乎涵盖了宇宙中一切变化发生的驱动因素,而在20世纪初这种认识已趋于成熟。但是热力学理论仍存在一个问题:它带有浓重的维多利亚时代的色彩。在那个年代里,热力学往往被人们当作研究过去发生的事件的学科,且除了工程师以外,没有人会认为它与我们对当今世界的理解有任何关系。但即便有这种误解,热力学理论事实上已经根深蒂固了,且它的枝叶已经延伸到了现代社会的各个角落。按现今方式理解,热力学理论是学科相关性最强的理论之一。

为了有身临其境之感，我将和读者朋友们一起去探寻一下热力学在 19 世纪的发展史，并且将 4 位已故的科学家和盘托出。这 4 位科学家 —— 萨迪·卡诺、威廉·汤姆森（开尔文）、鲁道夫·克劳休斯和路德维希·玻尔兹曼 —— 在提取蒸汽机工作本质的过程中作出了相当大的贡献。我们将循着"熵"这一伟大思想萌芽的路径，借助上述 4 位科学家的眼睛并先从他们的视角去审视热力学原理，之后我们将以现在的观点对其进行重新审视。毫无疑问，"熵"将成为我们这一章中讨论的核心内容。

在 19 世纪早期，蒸汽机是财富的象征。随后我们将会看到，蒸汽机（原理）同样也是大千世界中一切"变化"的缩影，但是我们还是先来谈谈其对于财富的象征意义。英国是当时世界上最早进入工业革命的国家，蒸汽机的普及率也是最高的。无论在矿山，还是在纺织厂，到处都是隆隆作响的蒸汽机在拼命地工作，甚至为了更方便地使用，工程师们给笨重的蒸汽机加装了轮子，使其"触角"延伸到了各行各业中。蒸汽机的大规模使用使得英国经济飞速发展，并成为当时世界上最强大的国家。蒸汽机对当时英国社会的影响可比肩计算机对当今社会的影响。但另一方面，英国的强大招致了英吉利海峡对岸的法国的担忧和嫉妒，因为当时法国的蒸汽机普及率和效率都较英国低很多，这直接影响了采矿效率。因此对于法国的工程师们来说，当务之急就是提高蒸汽机的效率，从而提高采矿效率。在这里，我们不禁要问：水是最好的热功转化的介质吗？可以用空气来充当这种媒介吗？高压比低压更有利于提高蒸汽机效率吗？温度有何作用？运用理性进行缜密思考的法国人能够后来居上，在这项已经成为英国人的"游戏"中（蒸汽机）击败英国吗？

最终，一缕阳光穿透笼罩在问题答案上的层层雾霭，带给了法国人以希望，萨迪·卡诺终于在1796年诞生。之所以说"终于"，是因为卡诺的坚持不懈的父母之前还生过两个孩子，但是这两个都叫作"萨迪"的孩子早早就夭亡了。他们的第3个孩子，也就是萨迪·卡诺终于成功地活了下来，并且在世时间较前两个要稍长一些，直到其36岁时因感染霍乱去世。尽管萨迪·卡诺的在世时间也很短暂，但是其不到40年的有生岁月，却足以使他因其卓越的科学贡献而青史留名。

卡诺对于蒸汽机原理的认识在现在看来基本是错误的，但是他所[112]确定的蒸汽机的本质这一成就所具有的强大思想力量却足以照耀古今，即便他的认识还存在着根本性错误。卡诺遵循的是当时流行的观点（至少在其思想最初形成的时候是这样的，尽管他的这种认识在后来发生了转变）——我们在第3章中遇到过的——热是一种流体，即卡路里，它从一个热源（高温物体）流动到一个冷体（低温物体，即接受热的物质），在此过程中，发动机得以运转，这就像水轮被流动的水推动一样。除此之外，卡诺还认为热作为一种流体在其从热源流动到冷体的时候，是既不能被创造又不能被毁灭的。尽管他的模型是建立在错误认识的基础上的，但是卡诺却得出了一个令人十分诧异的结果：一个理想蒸汽机（即忽略摩擦和能量流失等外部影响因素）的效率只决定于热源和冷体（接受热）各自的温度，且它不受压力和工作介质本身性质的制约。[1]因此，为了达到最大效率，理论上应使热源的温度越高越好，而使冷体的温度越低越好，因为对理想热机来说，

---

1. 理想热机的效率就等于所做的功与之前提供的热（用于做功）二者的比值，假设理想热机是在$T_{热源}$和$T_{冷体}$两者的温差下工作，上述T是指热力学温标（即绝对温标，也叫开尔文温标）指示下的温度值，那么该热机的效率就等于$1 - T_{冷体} / T_{热源}$。

其他所有的参量（影响效率的因素）是忽略不计的。

　　卡诺的这一违反直觉的结论在当时的工程师们看来是极其荒谬的，而卡诺在1824年所著的《论火的动力和能产生这种动力的机器》也没有受到太多关注，并逐渐被人们遗忘。但幸运的是，他的思想并没有被抛进故纸堆中，其仅有的一丝线索却维持着这种思想的持续脉动，穿越历史的时空并最终引起了威廉·汤姆森（1824 — 1907，即拉各斯的开尔文爵士）的注意。为方便起见，我们接下来就称其为开尔文。就像我们在第3章中所讨论的那样，开尔文和焦耳两人共同为推翻热的卡路里学说立下了汗马功劳，并且已经知道了热是能量转移的一种方式。而当时整个世界也开始认识到了能量具有守恒性，而热并无守恒性。热和功则由于同属能量的两个方面（能量的两种转移形式），因而可以进行相互转化。之前的"卡路里在发动机中进行流动"的思想也已经让位于"能量在进行流动"这一新思想，而且人们也已经不再把发动机当作能量的制造厂，而是将其当作热功转化过程中，能量进行转移的一个媒介。上述理论一般称为热机原理，而热机就是指能够将热转化为功的机器，包括蒸汽机、蒸汽涡轮、喷气发动机以及内燃机等。

　　开尔文被卡诺的"火的动力"所激励，他随后又对蒸汽机的效率问题进行了深刻反思，并对卡诺的工作进行了量化处理。卡诺当初运用了一些简单的算术方法发展出了他的上述思想，但他并没有运用数学所特有的严谨性，以一种更现代和更引人注目的词语对其思想进行表述。

为了更好地理解开尔文所做的贡献，可以设想我们面前就摆放 [113] 着一台典型的19世纪的蒸汽机。对发动机进行初步检查后我们很可能会得出汽缸中的活塞是其中最核心的部件这一结论，因为活塞一方面接受流入的能量，一方面又通过其往复运动来对外做功（图4-2）。或者我们也可能会认为热源是重要的部件，因为它为蒸汽机的最终做

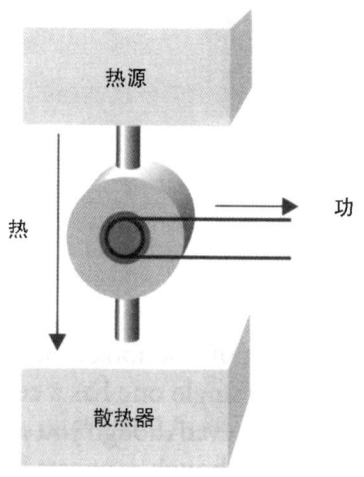

图4-2　上图是阐述蒸汽机（更一般地说是热机）工作原理的示意图。其中有一个用来提供能量的热源（温度较高），还有一个用来将热转化为功的部件（在真正的蒸汽机中，它就是指汽缸中的活塞），还有一个散发"多余"热量的散热器

功提供原初的能量。然而，开尔文却提出了一个看起来非常奇怪的思想：尽管这两个部件非常重要，而且需要精心的设计和制造，但是对蒸汽机来说，它最核心的部分是冷体 —— 这里就是指蒸汽机所处的外部环境，因为多余的热会散发到其中。按照这个观点，发动机的最核心部分并不是摆放在那里的真实部件，也不需要设计和制造，它只不过是蒸汽机所处的周围环境而已。而科学的发展往往就是这样，通过推翻人们头脑中已有的常识，运用新的观点、新的角度来阐明事物，

从而推动自身不断进步。关于这一点，匈牙利生化学家阿尔伯特·山特捷尔吉（1893—1986）形容得恰如其分：科学研究就是看别人所看，但想别人未想的过程。

114 开尔文思想上的转变使得他提高了对冷体在自然界（事物运行）的普遍法则中所处的核心地位的认识：所有的可工作热机都必须有一个散热器[1]（图4-3）。当然这并不是开尔文的原话，[2] 但这句话却道出了开尔文原话的实质内容。如果你见过蒸汽机的话，你就会发现每台

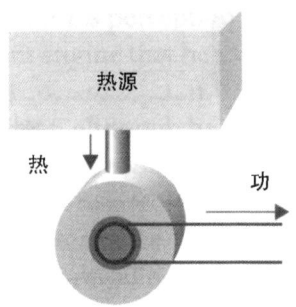

图4-3　热力学第二定律的开尔文表述中声称，类似于上图所示的热机是无法工作的，因为每个可以工作的热机必须包含一个能够散发"多余"热量的散热器

蒸汽机都有一个散热器。如果将它移走的话，那么无论热源里储存有多少能量，而且即便与热源相连的是润滑相当好（几乎无摩擦）的活塞，发动机都不会运转。因此，散热器确实是必需的：将其移走的话，发动机必将停滞。实际上，这一原理对于其他任何种类的将热转化为

---

1. 即相当于冷体，以下同。——译者注
2. 为了更准确起见，我们将他的原话再现：不可能从单一热源吸取热量，使之完全变为有用功而不引起任何变化。

功的发动机都适用，包括驱动汽车行驶的内燃机和驱动飞机飞行的喷气发动机。在这些比蒸汽机更复杂的发动机类型中要确定其散热器，显然要相对困难一些，但是通过仔细分析其能量的流动路径，我们就会发现它的存在。以内燃机为例，我们可以确定排气阀和排气支管就是内燃机的散热器。更进一步地进行拓展，我们就可以想象在每种类型的热机中都"潜藏"着蒸汽机，因为无论哪种热机都会有一个类似于蒸汽机中的散热器的装置，即用来散发多余热量的那个必需的部件。那么比内燃机更精巧也更复杂的活生生的有机体，是否也是建立在这种抽象原理（蒸汽机工作原理）基础之上呢？由此，热力学理论这一洪流开始喷薄而出了。

所有"可工作的热机都有一个散热器"是热力学第二定律的一种表述方式。实际上正式的表述远没有这样简洁，但是这种简洁却正中要害。眼下它只是一个典型的经验定律，即最直接的经验总结。其实这种表述方式还可以再进行一番抽象化处理以使其更严谨，但是不可否认的是，这种经验性的表述方式却是当初一些迫不及待的研究者的首选。按这种方式进行表述，使得热力学第二定律的通用性似乎有些受限，但它却是对地球上所有热机结构（即必须包含散热器）的一个总结。其实不止是地球上的热机是这样，即便外星人有热机的话，那么他们的热机也与我们的大同小异。说了那么多，直到现在我们谈论的还是热机这一具体事物，而并没有让热力学第二定律涵盖生命、宇宙和一切事物。不过不要着急：继续来看故事。

大约同时，在1850年的时候，德国物理学家鲁道夫·克劳休斯（1822—1888）也在勤奋地探索着之后成为当时科研热点的被称为

115　"热"的问题，并且发表了《论热的原动力》一文。他同样注意到了自然的这一普遍特征，且作为一个受人尊敬的科学家，他有足够的声望去发表一些可能被某些人嗤之以鼻的对现象的论述：热不能从低温物体流向高温物体（图4-4）。[1] 尽管被某些人嗤之以鼻，但克劳修斯并不是"傻子"，在这篇以及后续的论文中，他将这种思想发展到了

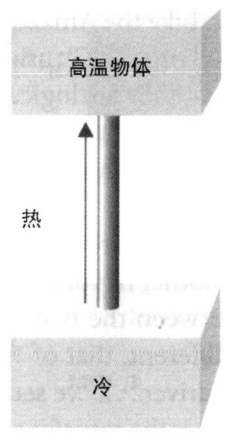

图4-4　热力学第二定律的克劳修斯表述中声称，类似于上图所示的热机是无法工作的，因为如果没有外部干预的话，能量是不可能以热的形式从低温物体转移到高温物体的

具有更大说服力的量化原理的高度。但是在这里，我们将仍旧坚持热力学第二定律的经验形式，并按照日常生活经验去理解它。为了做到这一点，我们首先需要注意的是，克劳休斯的表述并非意味着热不能从低温物体传到高温物体，因为毕竟我们已经在冰箱等制冷电器中实现了这个目标。冰箱将热从其中"抽"出来，并释放到温度更高的

---

1. 就像之前述及的开尔文对热力学第二定律的描述一样，我们在这里还需解释一下，克劳斯的表述大致如下：能量不可能从低温物体转移到高温物体而不产生其他影响。

周围环境中。但上述制冷过程的关键点是，为了达到制冷的目的，我们首先得对冰箱做功：冰箱必须有电供给才得以维持正常的制冷工作。而克劳休斯的表述则仅限于那种没有外部干预的过程，即不经外部驱动就可自发进行的过程。简言之，克劳休斯的表述只是针对于"自然的"或"自发的"变化过程，即不需要外部机构驱动就可发生的变化。因此，高温物体冷却到与周围环境温度相同的过程就是自发过程；而与环境温度相同的物体加热到高于所处环境温度的过程就是非自发过程，因为它必须在受到外部驱动（有外部因素对其做功）的情况下才能发生（例如，必须对物体中的加热器进行通电才能使物体的温度升高）。从科学的角度来讲，"自发"并不包含着"快速"之意：浓柏油从转桶中缓慢流下是自发的，即便其流速极其缓慢。"自发"在科学中仅仅意味着"自然发生的"，而非"快速的"。

热力学就像"概念"体系中的亚马孙河，亦即热力学也像亚马孙[116]河一样包含有无数支流，而开尔文流派和克劳修斯流派就是同源的两个支流。实际上，这两种思想在逻辑上是等价的，因为如果热能够从低温物体自发流向高温物体的话，那么这就意味着发动机可以在没有散热器存在的情况下工作；而如果发动机能够在没有散热器存在的情况下工作的话，那么这也意味着热可以从低温物体自发流向高温物体。

为了说明开尔文表述和克劳修斯表述确实是等价的，我们不妨用一个假想的无散热器的发动机去带动另一个无散热器的发动机进行工作（图4-5），这两台发动机唯一的区别就是它们的"能量源"的温度是不同的。假设前一个发动机的温度比后一个（被带动的）发动机

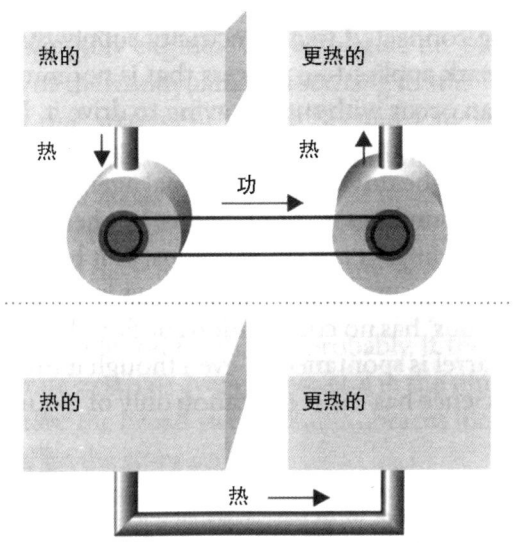

图4-5 这个装置（上面的图示）说明了如果开尔文表述是错误的话，那么克劳修斯表述也是错误的。图中左边的发动机带动右边的发动机进行工作，它将功转化为热并将其存放在"更热"（右边）的热源中。因此，这个过程的"净效应"就是热从低温热源转移到了高温热源，而这违背了克劳修斯表述

的温度要低。从示意图中我们可以看到，所有这一系列预先设置的条件所产生的"净效应"将使能量从低温热源转移到高温热源，而这恰恰违背了热力学第二定律的克劳修斯表述。因此，如果开尔文表述是错误的，那么克劳修斯表述也就是错误的。现在我们再来看看相反的情况，即如果克劳修斯表述是错误的，那么开尔文的表述也将是错误的这一命题。为了证明这一点，我们引入可以将"多余"的热散失掉的散热器。接下来我们允许那些"多余"的热再返回到热源中，而这与克劳修斯的观点相悖（图4-6）。所有这一系列预先设置的条件所产生的"净效应"将是热源提供的热将全部转化为功，即热不会损失，

因而散热器就形同虚设了。这个结论与开尔文表述恰恰相反。因此我们可以得出结论，因为开尔文表述和克劳修斯表述能够互相证伪，因此这就说明这两者在逻辑上是等价的：它们是热力学第二定律的两种等价的表述。

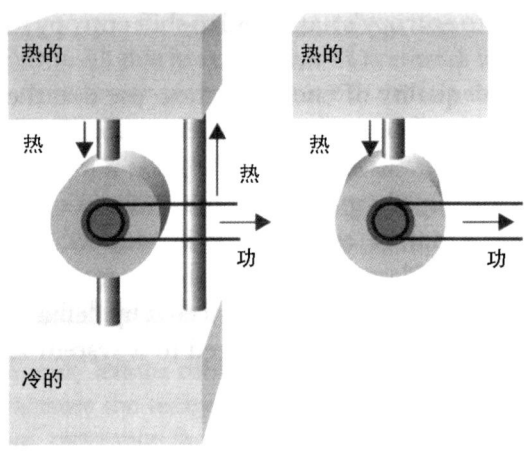

图4-6　这个装置说明了如果克劳修斯表述是错误的话，那么开尔文表述也是错误的。图中左边的发动机在做功，并将一部分热存放在散热器里。但是，这里还有一个能够将废弃的热再重新传回热源的部件。因此，上述整个过程的"净效应"（右图）就指出了散热器并不是必需的这一结论，而这违背了开尔文表述

对一个定律来说，其拥有两个不同的表述似乎不太符合经济原则。[117]其实我们应该想到，开尔文表述和克劳修斯表述分属于热力学第二定律的一个更抽象表述的两个不同方面。为揭开这个更抽象、更隐晦的表述，我们首先应该认识到蒸汽机原理（热功转化）在宇宙中的普遍性。我们在前面已经数次提到过，且在本章中也着重指出过：趋于抽象化是科学力量的精髓，因为抽象化拓展了科学探索的范围，并增强了人类对事物表面现象背后的本质的把握能力。

在第3章中，我们已经讨论过了能量的概念是怎样成为物理学中最重要的"流通货币"的。当时我们关心的是能量的"量"，我们发现，当能量的守恒性被确定以后，人们对各种物理现象的认识就趋于理性化了。热力学第一定律也认为宇宙中的能量总量是不变的，因此能量也是守恒的。但在本章中我们不去探讨热力学第一定律。第3章中我们讨论的重点是能量的"量"的问题，而接下来我们要讨论的重点则是能量"品质"的（或能量的有序与无序）问题。这个问题与图书馆中书的摆放形式有些类似。就以图书馆为例，假设这里有两个藏有同样多册书的图书馆，其中一个图书馆中的书摆放得井井有条，而另一个则摆放得杂乱无章，因此这也意味着这两个图书馆所提供的服务的质量也必定有所不同。与之类似，能量也有"品质"的差别，而这也会影响到能量的功效。物体中储存的能量的"品质"是用一个难以捉摸的物理量 —— 熵 —— 来量度的。尽管说它难以捉摸，但是在接下来的阐述中我们会发现，熵实际上是一个比能量更容易为人们所掌握的概念。我们之所以觉得熵不可捉摸，大概因为能量一词在日常生活中老挂在我们嘴边，而熵则常常躲在角落里很少抛头露面。因此我们可能会觉得能量就如同老朋友一样亲切，而熵则像一头恐龙一样令人生疏。本章的一个目标就是要驱散笼罩在"熵"这个名词上的令人生畏的阴影，并使其在日常谈论中占据一席之地，使人们逐渐接受它。

118　　　　一般来说，熵值越低，能量的品质就越高。因此从这个意义上讲，熵就是能量品质的量度。就像整齐有序的图书馆所提供的服务质量要比混乱不堪的图书馆所提供的更高一样，如果能量是以一种精致有序的方式储存在物体内部，那么它的品质就较高，而该物体的熵值就较低；相反，如果能量是以一种混乱不堪的方式储存在物体内部，那么它的品质就较低，而该物体的熵值就较高。1856年，在发展他的热力学第二定律的表述的过程中，克劳修斯引入了熵的概念，并对其进行了量化表达。但这个公式只局限于能量以热的形式进行转移时发生的熵变化这种情况。[1]他明确写道：

$$熵的变化 = \frac{以热的形式转移的能量值}{能量转移时的环境温度}$$

因此，如果在室温下以热的形式进行能量转移（转移到所研究的系统中），那么按照如上公式计算出的系统的熵就会增加（请注意，上述公式里分母中所用的温度是绝对温度，即T）。当你坐在那里读这句话的时候，你其实正在产生热并将其传到你所处的环境中，因此这就意味着你所处环境中的熵增加了。[2]如果转移的能量总量不变而转移温度降低的话，那么熵的变化会更大。另一方面，如果所研究的系统的能量以热的形式转移出去，那么这就意味着该系统能量变化将为负值，因此按照上述公式计算出来的"熵的变化"就是负值。这就是说，当物体自身的能量以热的形式散失后，它的熵就会变小，就像热咖啡变凉这种情况。需要强调的是，上述给出的熵的变化公式仅限于能量以热的形式进行转移的情况，而不是以功的形式进行转移。功本身并不增大或减小熵值。

在我即将拉开大幕告诉你熵的本质之前，我们先来看一下熵的概

---

1. 在第3章中我们讨论过，热传递利用的是物体之间的温度差，它是能量转移的一种方式。对物体进行加热将加剧其内部微观粒子的热运动。
2. 在能量转移方面，你就相当于一个100瓦的灯泡，这也就是说，你1秒钟大约要释放100焦耳能量（食物转化而来）。如果你所处的环境温度是20℃（相当于293K），那么你所引起的环境熵增速率大约是0.3焦耳／（开尔文·秒）。

念是否确实已经将开尔文表述和克劳修斯表述统一起来了。实际上克劳修斯就曾指出，上述两个表述可以统一为另一个表述，即"熵是永远不会减少的"。[1]我们首先来看开尔文表述。如果按照熵的变化进行表达的话，其相当于"只有在浪费掉一些能量的情况下，发动机才能工作"。假设我们已经发明了一个能够利用所有热而无需散热器的发动机，那么克劳修斯就会这么说：

119

> 当热从热源移开后，该热源的熵就会降低。而所有的热都会被用来做功，因此能量（热的形式）就会以功的形式转移到环境中。但是由于功不会改变熵的大小，因此整个过程的"净效应"就是热源的熵值降低，而这与上述表述，即"熵是永远不会减少的"相矛盾。因此，没有散热器的发动机是无法工作的，就像开尔文所指出的那样。

现在，我们再来看克劳修斯的原初表述，即"热不能自发从低温物体传到高温物体"。假设现实中存在相反情况，即热能够自发从低温物体传到高温物体，就像放在烤炉中的一杯水能够结冰一样。那么克劳修斯就会这样说：

> 能量以热的形式从低温物体（如上述杯中的水）中散失后，该物体的熵值就会降低。因为水的温度本身较低，并且在上述熵的变化公式中温度是出现在分母中的，因此水本身的熵就会降低很多。而同样多的能量（由低温物

---

1. 更正式的表述是：对孤立系统来说，在任何自发变化过程中其熵都是增加的。

体传入）进入高温物体（如上述烤炉）后，其熵值就会增加。但是由于其原来温度就较高，因此这种熵增加的幅度必定没有上述低温物体熵减少的幅度大，因此整个过程中的"净效应"就是熵的减少。而这与上述表述，即"熵是永远不会减少的"相矛盾，因此这就意味着热不能自发地从低温物体传到高温物体，就像我原初的表述那样。

从上面的阐述我们可以看出，由于克劳修斯引入了熵的概念并使热力学第二定律表述更具抽象性，这样才使得开尔文表述和克劳修斯表述这两个看似关系不大的经验定律最终统一起来。在这里，用熵表述的热力学第二定律就像一个旋转的立方体，它时而为我们展示其长方形的一面，象征着开尔文表述；时而又为我们展示其六边形的一面，象征着克劳修斯表述。克劳修斯的表述"熵是永远不会减少的"，既是对经验现象的简明扼要的总结，又是对热力学第二定律的更复杂也更抽象的表述。克劳休斯在其著名表述中对热力学第一和第二定律共同做了简明扼要的总结：

Der Energie der Welt ist konstant; die Entropy der Welt strebt einem Maximum zu.（德语）

这就是说，能量是守恒的，宇宙中的熵总是增加的并趋于最大值。

当热力学第二定律首次以熵的概念进行表达时曾遭到了强烈反对，因为它触痛了那个年代敏感的神经：接受"宇宙中能量是守恒的"可能要容易一些（因为人们认为能量是上帝赐予的礼物，而人类本身并不能通过干预而增加或减少能量），而熵从何而来？它怎么还会自然增加？是谁把熵"倾倒"在宇宙中，并引发了自发变化过程？针对这些问题，人们付出极大努力试图找到（热力学第二定律的）反例，但却徒劳无功。实际上，至今人们也没有找到热力学第二定律涵盖范围之外的特例。热力学第二定律常被用来预测某个简单的物理过程是否是自发过程，比如高温物体的温度降到与环境温度相同的过程就是自发过程（而其逆过程是非自发的），气体扩散进入一个更大的空间的过程也是自发过程（而其逆过程即压缩过程则是非自发的）。同样，热力学第二定律还可以用于预测化学反应的方向，比如是否可以用碳去还原铁矿石（用于炼铁），或者是否可以用电解方法取而代之（比如炼铝）。热力学第二定律还贯穿于生命活动中诸多生化反应所构成的错综复杂的网络中。因此，可以说热力学第二定律简直达到了"无孔不入"的地步，其所到之处，没有哪个事件能证明它是错误的。总之，它坚如磐石，具有普遍和永久的正确性。

　　但是热力学第二定律的真正含义究竟是什么呢？这种被称为"熵"的物质到底是什么，以及"熵是不能减少的"究竟是什么意思？熵在物理学中的重要性何在？ 我们怎样才能将熵的概念内化成我们自己所熟悉的事物？热力学第二定律简洁地总结了暗含在开尔文表述和克劳修斯表述中的宇宙的运行方式，并且为我们提供了一套判别一个过程是否为自发过程的方法。但是对于理解事物的变化过程来说，这仅仅是入门阶段，而远非大彻大悟。因此，我们需先经过叩门、开门阶段，并最终从物理学角度认识到事物变化的方向性（趋势）问题。换句话说，就是熵变化背后的"指使者"是什么，而热力学第二定律的深层内核又是什么。

现在我们即将要叩开的这扇门，将会为我们展示事物变化的分子（微观）基础。当我们深入这个世界的内部时，我们就会发现，固体是由一层一层排列起来的原子、分子或离子（带电的原子）所构成，而每一个这种微观粒子在其相对固定的位置周围做着轻微的振动；液体是由相互轻微碰撞的分子所组成，而且这种相互碰撞不仅发生在流动状态中，也发生在静止状态中；气体则是由不停飞行着的且相互碰撞的分子所组成，这些分子的运动速度较快，范围也较大，且看起来是随机的。综上所述，微观世界是我们理解熵的本质的物理基础，在这里，我们可以看到事物的变化是怎样与熵增加相伴而行的。

在这个问题上，患有近视的奥地利物理学家路德维希·玻尔兹曼（1844—1906）却比和他同时代的科学家们更有远见，因此玻尔兹曼常常需要面对的是他们因对自己观点的不解和反对而拉长的脸。玻尔兹曼提出，熵是混乱程度的量度：混乱程度越高，熵值就越大。固体物质中的分子比液体物质中的分子排列有序程度更高。因此对同一种物质来说，其固态的熵值要比其融（熔）化成液态时的熵值要低。而气体分子由于其运动活性更高，因此气体要比液体混乱程度更高。对同一种物质来说，其气态时的熵值要高于其液态时的熵值。

伴随加热过程的往往是物体熵值和物理状态的变化。因此，当我们加热固体的时候，在其熔化成液态之前，随着温度的升高，其内部的分子进行着越来越剧烈的振动，因此我们可以得出结论：随着这种无序的热运动程度的提高，物质的熵值也增大了。当加热液体的时候其熵值也会增大，因为随着温度的升高，液体分子热运动加剧，即意味着液体分子的混乱程度提高了。同样，当我们对气体进行加热时，气体分子的扩散运动会加剧，其运动速度变得更大，扩散范围更广，因此气体的混乱程度较之液体会更高。综上所述，无论物体处于何种物理状态，对其加热都会使其熵值增加。另一种情况，当气体经过扩散进入到一个更大的空间时，尽管在此过程中我们可以保持该空间中温度不变，但是气体的混乱程度仍然会提高，即其熵值也会不可避免地增大。因为尽管气体分子的运动速度不变（因为空间温度不变），但是其运动范围却会增大（因为空间变大了）。当能量以热的形式从高温物体逃逸到周围环境中时，其中的分子由于获得能量而热运动加剧，因而就意味着周围环境中的熵值也增大了。简言之，熵增加是物体内部分子热运动加剧，即物体热混乱度增加的结果；另一方面，熵增加也是位置混乱度增加的结果。如前所述，当物体（如气体）分子的运动范围增加后，即使空间温度不变，该物体熵值也会增大。

　　无论在什么地方，当物体混乱度增加时，其熵值也必然增加（图4-7），这就是为什么说熵是一个简单概念的原因。我们所要记住的一点的就是：熵是系统混乱程度的量度。在大多数简单事件中，我们只需思考片刻就能判定某个变化中的熵是增加了还是减少了。最棘手的一点 —— 实际上并不是真的棘手，只不过是为了准确起见而在热力学系统中多考虑一些因素罢了 —— 为了运用克劳休斯的熵理论来判定事物是否发生了变化，我们需要按照总熵的变化进行考虑。所谓总熵的变化，就是指我们所研究的系统（物体）和系统以外的宇宙（周围环境）二者总共的熵的变化（而不是单纯研究某一个的熵变化）。实际上后者要比其看上去简单得多，因为对于系统外的宇宙来说，如果能量是以热的形式进入其内部（由所研究的系统释放而来），那么其熵就会增加；而如果它将能量以热的形式转移到我们研究的

图4-7　上面3幅图从左到右其熵值依次增大。最左边那幅图代表的是固体物质中整齐排列的分子，它具有较低的熵值。中间那幅图代表的是液体中较之固体中排列不太整齐的分子，它具有较固体更高的熵值。最右边那幅图代表的是气体中极其混乱的分子排布方式（"gas"［气体］和"chaos"［混乱］这两个单词来源于同一词根），其分子不停地做着随机运动，因此气体的熵值是最高的

系统中时，其自身的熵就会减少。这就是我们需要记住的全部思想。

　　现在我们已经初步明白了一个要点：熵是不会随着宇宙中新加入一些物质而增加的。熵增加所反映的是研究对象的混乱度的增加，也就是能量品质的下降。实际上，宇宙中并没有外源的熵，熵增加仅仅是宇宙自身既有的能量和物质的混乱程度的上升。这样一来，我们就会发现熵的概念实际上比能量的概念掌握起来要容易得多，因为我们很难给能量下一个具体的定义，我们常常只能诉诸于能量的效应，即"做功的能力"；或（第9章中将讨论到）它是弯曲的时空的一个方面，或能量就是弯曲本身。但是老实地说，上述定义中没有一个看起来具体到能够让你轻松掌握的地步。但熵则不一样，它比较容易掌握，我¹²²

们所要思考的就是能量和物质分布方式的混乱性，且我们能够完全定性地掌握熵的概念。在这一问题上（从微观角度理解熵），由于当时的科学家们不能够理解玻尔兹曼深邃思想的内涵，因此他备受冷落，从而加速了他的离世（图4-8）。

图4-8 玻尔兹曼墓碑上的碑文中写着一个将热力学概念与原子和分子的运动联系起来的核心等式。该等式为：熵（系统宏观态）＝某一常数 × 原子可能的排布种类（系统微观态数目）的对数。因此，当物质中原子排布种类增加时（就像一种物质从固体变成液体又变成气体），该物质的熵也相应增加。这个公式使我们从之前的定性描述过渡到了定量计算的阶段

这种建立在分子基础上的对熵的理解，似乎与克劳休斯的熵变化公式中的熵没有任何关系，但是我们可以使这两者统一起来，并来看看混乱度是怎样成为克劳休斯的熵定义的基础的。我喜欢用一个

比喻——在熙熙攘攘的大街上或在安安静静的图书馆中打喷嚏的例子——来揭示二者之间的联系。在这里，喷嚏就相当于能量的混乱输入，就像能量以热的形式转移。我们知道，喷嚏声越大，其引起的混乱（干扰）就越大，无论在大街上还是在图书馆。这就是克劳修斯熵变化公式中"以热的形式进行转移的能量值"作为分子的根本原因，因为以热的形式转移的能量值越大，接受能量的物体中分子混乱度就越大，因而物体的整体熵值就越大。同样，"能量转移过程中的介质（即能量在其中转移的媒介）温度值"出现在克劳休斯熵变化公式中的分母位置上也与上述比喻相契合。它意味着，对于同样多的能量来说，介质温度越低，其熵增加就越多。例如，我们可以将一个安静的图书馆比作一个内部分子热运动不太剧烈的低温物体，而将一个突如其来的喷嚏比作传入的能量，我们当然会想到喷嚏肯定会在图书馆里造成极大的干扰，这对应着熵值的急剧增加；同样，我们可以将一条熙熙攘攘的大街比作一个内部分子热运动本来就比较剧烈的高温物体，当然打一个与上述同样分贝的喷嚏（能量）不会对大街造成太大的干扰，因此熵值增加较少。

因此我们现在就会发现热力学第二定律真正想要表达的核心思想是什么了。"对任何自发变化过程来说，其熵值永远不会减小"，这一表述就如同说"物体中分子的排布并不会自己趋于有序化"。随机排布的分子——就像随意漂浮的尘埃一样——是不会自发地靠拢，而后逐渐趋于有序化并形成自由女神像的。同样地，气体是不会自发聚集在容器中的某个角落的。那些四处分散的能量——就像在桌面上方流动的空气，其中有正在进行随机振动的无数原子存在——是不会自发流向一个小区域中，使一个生鸡蛋变熟的。通过对上述思想

124 不断的揣摩，我们再来研究一下这个问题：为什么说自发变化是指向熵增加方向的"路标"？其中潜藏的一个关键思想就是：局部的、有序的物质和能量总是趋于分散，原子在不停地随机相互碰撞中迁移向新的环境，而能量则在原子的相互碰撞中不停地传递下去。一般来说，变化总是向着更大的混乱度方向进行，使特定区域的物质和能量更加无序（位置混乱度或热运动混乱度增大）。这样一来，有序的终究会变成无序的，能量的品质终究要降低，而能量最终也将趋于分散。所以，不管你喜不喜欢，总之，这个世界将会变得越来越糟糕。

世界将会变得越来越糟糕，也就是说它会不自觉地走向衰败——能量"品质"的衰败是热力学第二定律所包含的一个伟大的思想。这一伟大思想使我们懂得了那些每天发生在我们身边的变化，实际上都是能量"品质"衰败的外部反映。热力学第二定律告诉我们，在能量和物质趋于混乱的过程中，宇宙进行的无休止的衰败是一切变化发生的根源。

你可能会对上述悲观黯淡的观点持怀疑态度，并且百思不得其解，因为如果宇宙的命运注定是走向衰败的话，那么又怎么会出现精致的建筑、聪明的人类和高尚的思想和行为呢？但是不管怎样，上述黯淡的观点确实在维多利亚时代制造了一些恐慌，因为当时的人们倾向于将人类 [尤其是居住在非热带地区的被维多利亚时代的人们，认为是居于"上面"半个地球（北半球）的浅色人种] 势不可挡的进步看作是荣耀和动力之源，他们疑惑道：如果统治者和被统治者都不可避免地被无情地抛向绝望的衰败的话，那么正义的国家又怎么有理由戴上文明的桂冠呢？我们所取得的无数辉煌成果又怎么会与走向贺加斯

（英国画家）式衰败的宇宙命运相一致呢？毫无疑问，尽管热力学第二定律可能对以蒸汽机原理为代表的物理事件（无机物质）的变化作了精巧的总结，但是它并未总结人类（有机体）的活动——或者简单点，蟑螂的活动。

为了解决这个矛盾，我们首先需要明确的是：任何变化都不是孤立的，变化是互相联系的诸多事件所形成的网络。尽管衰败（退化）可能会在某个局部地区发生，但是此处的衰败却可能会造成别的地方的繁荣。说到这里我想起了一个中世纪的时钟，就像捷克首都布拉格的天文时钟（图4-9）那样，经由一个下落物体而驱动一连串精巧事件的进行。当上述物体下落时，其与空气之间的摩擦作用将它的一部分能量以热的形式转移到周围环境中，这就意味着能量发生了分散，熵值也增加了，即混乱度增大。但是对上述时钟来说，由于物体的下落运动通过一系列复杂的传动装置与钟表中的各种指示时间的装置模型（如月亮、太阳、行星以及耶稣的12个门徒）联系在一起，因此该物体的下落所产生的后果却是使我们感觉到了一种有序的且复杂的——是有意为之——表现方式（准确报时），而不是混乱的表现方式。如果我们故意忽略时钟内部运行的装置的话，我们或许可以得 125 出上述有序的事件，即耶稣的12个门徒有次序的行动是自然发生的这一结论。但是只要稍有知识的人都知道正是自然下落的物体驱动着钟表的运行。

上述布拉格的时钟正是热力学第二定律产生作用的象征。尽管我们周围每天都在发生着各种各样有序的事情，比如翻开书页，树木的成长，思想的形成等混乱度明显降低的事件，但是如果没有外部力

图4-9 这是布拉格机械钟的照片。这个钟是热力学第二定律产生作用的象征，因为尽管我们所看到的只是有序事情的发生（钟表走动），但实际上这种有序背后所隐藏的却是，下落的物体在驱动钟表有序运行过程中所引发的其他地方的更大程度的混乱。或者说，某地发生的有序事件是以其他地方产生更大程度的混乱无序为代价的。如果将食物比作钟表中下落的物体，将我们体内的酶比作驱动钟表运转的传动装置的话，那么我们的行为就相当于钟表装置中耶稣12个门徒模型的活动。但这并不是说我们没有自主性（即不像钟表那样的机械的，一切始于原初安排的活动），但是如果将这种自主性考虑进来的话，那将会引发更长久的争论

量驱动的话，这种具有"建设性"意义的事情是根本无法完成的。然而，这种驱动力量在促成"建设性"事情的同时，却会在另外一个地方制造更大程度的混乱。因此，整个过程中的"净效应"——在"建设性"事件发生过程中的因混乱度降低而产生的熵的变化，和在"消耗性"事件发生过程中的因混乱度升高而产生的熵的变化，二者的总和——就是熵的"净增加"，即混乱度的"净增大"。因此无论何时何

地，当我们看到有序的事物出现时，我们必须擦亮眼睛，去发现另外一个地方因此而产生的更大的混乱。确实，我们所看到的有序事物只不过是局部有序性的反映，事实上，整个宇宙总是趋于混乱无序的。

是的，在这里我们又与在第1章中所探索的生命的发展产生了联系，例如，男性长有乳头就是热力学第二定律作用的直接结果。实际上，热力学第二定律所暗含的无休止的能量品质下降（即熵增加）就是驱动目前生物圈中所有成员（或其远古时期的祖先）产生的源泉和动力。因此可以这样说，所有生物都是在宇宙走向更高程度的混乱过程中由无机物质逐步进化而来的。一切变化（事件的发生）皆源于一种无目的的宇宙衰败倾向，但是各种相互联系的变化所产生的结果往往是出现令人喜悦、令人称奇的一些美好事物。比如装点环境的美丽草木，为人类前进提供动力的燃料以及智慧高度发达的人类等。但这种变化有时又是盲目的，例如男性长有乳头就是动物在共同起源过程中，以及热力学第二定律所驱动的自然进化过程中所具备的一系列"特点"——进化缺乏远见，且不考虑长期效应地盲目利用手头资源——所导致的必然结果。

前面我们讲到，某地发生的有序事件是以其他地方出现更大程度的混乱无序为代价的，这个"其他地方"既可以远在天边，又可以近在咫尺，它也可能就在我们身体内部。我们身体内部的"钟表机构"就是一系列生物化学反应，但与真正的钟表不同的是，其"传动装置"是由蛋白质而不是由铁组装而成的。但是这两者的工作原理却是类似的，而且我们体内的这些生化过程能够"模拟"蒸汽机的工作方式。因此，让我们在熵概念的指引下再一次来研究蒸汽机的工作原理。

126

相信我们将会进一步理解蒸汽机（以及一切发动机）的本质，即它的抽象本质，以及理解为什么散热器对于蒸汽机运转来说，是如此重要。

　　我们可以认为蒸汽机或任何热机的工作都包含如下两个步骤（图4-10）。第一步就是从热源中将能量以热的形式提取出来。热源由于丧失了能量，因此它的熵值降低，热源中原子的热运动与能量丧失

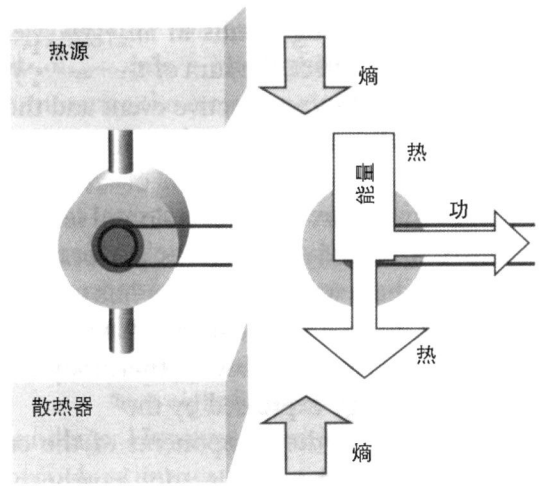

图4-10　该图是对蒸汽机（或任何热机）工作原理的热力学分析。能量以热的形式从热源离开，因此热源的熵值会降低。其中一部分热转化为功，功对熵值并无影响；而另一部分热将进入散热器，因此会使散热器的熵值增加。假设散热器的温度低于热源的温度，那么这个过程中的总熵就会增加，即便进入散热器的能量（热）要少于原来从热源所提取的能量，而这两个能量之间的差额将被用来对外做功

之前相比有所减弱。第二步就是从热源中提取的能量（热）经过蒸汽机机械装置进行传递，从而将热转化为功（通过蒸汽机中的汽缸和活塞），"多余"的热则进入散热器。如果从热源中提取的全部的热都进

入散热器（即不做功），那么散热器的熵值就会大大增加。但是，由于 127
散热器（低温物体）的温度低于热源（高温物体），因此这个过程中的
散热器的熵增加幅度要大于热源的熵减少幅度（回忆一下我们前面提
到过的"安静的图书馆"那个比喻）。总的来说，上述过程中的"净效
应"就是熵增加。因此，这就意味着热从热源到散热器的流动是自发
的过程。

现在来看极其重要的一点，到目前为止，我们的蒸汽机还没有开
始做功。如果我们简单地将热源与散热器直接连接在一起的话，我们
也会得到上述结果（熵增加的净效应，即自发过程）。但是，即使不
是这种极端情况，即便在使从热源中提取的能量的一部分（不是全
部）转化为功，而其余的能量进入散热器的情况下，整个过程也是自
发的。如果我们从热源中以热的形式将能量提取出来，那么热源本身
的熵就会减少，就像我们前面提到过的那样。但是，通过将较少的一
部分热释放到散热器中，散热器的熵增加效应将会补偿热源的熵减
少效应。例如，如果散热器的温度是热源温度的一半的话（使用绝对
温标），那么只要将从热源提取的总能量的一半分配给散热器，那么
我们就会得到一个熵增加的补偿效应，而且我们还可以用另一半能量
来做有用功。如此一来，发动机就会自发地进行工作 —— 这就是说，
它是有用的，切实可行的机器 —— 因为整个过程中的总熵是增加的，
即便我们只将一部分能量转化为有用功，而其他能量则进入散热器。

现在我们已经知道了散热器的真正价值所在，只有将从热源中提
取的总能量的一部分释放到散热器，才有可能使得整个过程产生熵
增加效应（即过程是自发的）。从热源提取能量的过程使热源的熵减

少，而能量以功的形式转移到周围环境中并不改变环境的熵值，因此如果事件终止在这一点的话，该过程的净效应就是熵减少。为使发动机能够自发运转（如果发动机不能够自发运转，即需要外部驱动的话，那将一无是处），显然我们需要在某个地方产生一些熵，并保证该处的熵增加效应能够补偿上述的熵减少效应，并使总的熵效应是增加的。这就该散热器大显身手了，它起着诸如前面提到过的"安静的图书馆"的作用，即很少量的能量释放进其中就可以引发较大的熵增加效应。因此它的重要性就不言而喻了。如果发动机要运转的话，那么必须要有"废弃"的热以及接收它的容器，当然这个容器就非散热器莫属了。散热器是发动机的可行性之源，因为没有它就不会有熵增加。[1]

蒸汽机反映了一个事实，那就是：为了能够做功 —— 即产生建设
128 性的成果，必须要有能量的损耗或散失。只是单纯地从热源提取能量并不能够保证其对外做功，你需要将一些"多余的"能量"丢"进散热器（所谓散热器，其实可以简单到用周围环境来代替，而不必要非得是物理实体，即发动机的一个组成部分），以使发动机工作。因此，当我们找到建设性的成果时，必然能发现伴随它的是更大的毁坏性。

现在，我们以世界上正在发生的一些变化为例，并去探索这些"建设性"事件是怎样脱胎于"毁坏性"的。我们首先来看一下外部的世界。拿建造房屋来说，就以砌墙为例，它需要事先做功以使建筑材料被运到合适位置。而为了做功，我们需要用到发动机（除了热机外，还包括人力、畜力这种由食物提供动力的"肌肉发动机"），且为了使

---

1. 为使发动机运转我们必须要将一部分能量废弃掉，至于废弃多少则取决于散热器和热源二者原初温度（即能量未发生转移时）的比值，由此我们可以推导出卡诺热机效率表达式。

发动机工作，必须要通过将一部分能量散失到环境中来产生熵。因此，这种用于运送重物的发动机，就是通过将一部分能量耗散到环境中来对外做功的。即便上述提升机是电能驱动的也是一样的道理，它的能量耗散发生在为发动机提供电能的位于远处的发电站中。因此，世界上所有人工建筑，从宏伟的金字塔到不起眼的小屋，都是随着能量的耗散而产生的。

通过研究那些用来提高热源温度的化学反应，我们可以更深入地了解能量耗散的方式。我们主要以传统的蒸汽机为例来进行探讨。就能量的耗散过程来说，尽管内燃机的工作原理与蒸汽机的大同小异，但是内燃机的内部机构却稍显复杂，为不使读者卷入这些细节的纠缠中，我们仍旧拿蒸汽机来说事。蒸汽机其实是"外燃机"，它是在活塞外部使水加热的，因此这一过程掌握起来要相对容易一些。

假设用石油作为蒸汽机的燃料。石油是多种碳氢化合物（只包含碳原子和氢原子）的混合物，就像图4-11所示的16个碳原子组成的长链状分子。这种分子是石油燃料中典型的分子，它与在肉类中存在的脂肪分子关系很密切。脂肪分子一方面起着润滑肌肉纤维的作用；另一方面，它又是一个隔离层（防止热量散失或物质的随意进出）和能量储备库。我们所吃的食物（如肉类）与柴油机燃料之间的关系（分子组成的相似性）原来是如此紧密，但仔细想想却又有些骇人。

当燃料燃烧的时候，如图4-11所示的分子就与空气中的氧分子发生化学反应。在氧分子的冲击下，长碳链发生断裂，原来与碳原子结合的氢原子脱离了碳原子，碳原子与氧结合生成二氧化碳分子，而氢原子与氧结合则生成水分子。在此过程中产生了大量的热，因为新生成的分子中原子之间的化学键要强于原来长链分子（燃料）中原子

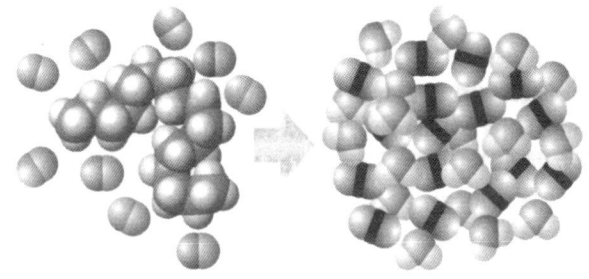

图4-11 十六烷分子（上图中分子簇的中间部分）是燃料和食物脂肪中碳氢化合物分子的代表。它包含一条由16个碳原子（深色球体）组成的长链，16个碳原子上总共连接有34个氢原子（稍小的灰色球体）。可以想象该长链分子平时也不会老老实实呆着，而是不停地在有限的空间内进行扭动甚至翻滚。而当它燃烧的时候，在氧分子的攻击下，该长链分子的化学键发生断裂，其16个碳原子都分散开来，并被氧化成16个二氧化碳分子（CO_2），而34个氢原子则被氧化成17个水分子（H_2O）（见右图）。此过程中的"位置混乱度"（即生成的气体分子的扩散范围）将会大大提高。再者，热量会释放到周围环境中，因为新生成的分子中原子之间的化学键要强于原来长链分子（燃料）中原子之间的化学键。总之，燃烧过程总会伴随着巨大的熵增加

之间的化学键，因此当原来的弱化学键被新的强化学键所取代时（原子倾向于形成能量学上更有利，即更稳定的排布方式），能量就会被释放出来。那么碳氢化合物为什么会燃烧呢？因为燃烧过程是混乱度提高，即熵增加的过程（自发过程）。其中主要有两个因素对此过程中的熵增加效应作出了贡献，其一就是能量的释放，其散发到周围环境中并增加了环境中的熵；其二就是物质的耗散，在燃烧过程中，碳氢化合物长链中原子之间的化学键发生断裂，使得单个原子释放出来并与氧结合形成气态分子（如上述生成的二氧化碳和水蒸气）。该燃烧过程将热力学第二定律的内容描述得淋漓尽致。

　　我们假设能量的释放是在燃烧室里点火的瞬间完成的。燃烧室（高温区）与将要加热的水箱（低温区）之间隔着一道铁壁（可以传热）。点火时，火焰中剧烈运动的原子象征着高温态，而水分子温和的运动则象征着低温态。从前面的章节我们已经得知，当热从高温物体流向低温物体时，宇宙中的熵会增加，因此能量从燃烧室转移到水箱的过程就是一个熵增加的自发过程。

　　现在水箱中的水已经变热了，理论上水温将会一直升高，直到与火焰温度相同。但实际上水温不可能达到与火焰温度相同的地步，因为随着水温的升高，在某一时刻水将会沸腾。为什么会出现这种情况呢？这是因为当水温升高到一定值，即水的"沸点"时，水就会自发地由液态变为气态。

　　为更好地理解水为什么会沸腾这个问题，我们首先得研究此过程 130 中所发生的熵的变化。在这里我们将会探索沸腾现象的一个有趣的特征，一个不同于以往的热力学新观点。我们首先应该注意到在水由液态转变成气态的过程中，有两个相互矛盾的因素影响着熵的变化。一方面，水变成蒸汽的过程中伴随着熵的大大增加。这种熵增加效应表明，水由液态蒸发成气态是一个自发过程。但是，水的蒸发却是需要能量的，因为必须克服液态水分子之间的相互作用力，才能使水分子成为"闲散"的分子（分子之间作用力减小，距离增大），即为变成气体分子而打下基础。因此，水的蒸发必须要有能量的输入。然而，另一方面，这种能量的输入将会降低周围环境的熵，因为能量是由环境"外流"进入水中的。当温度较低时，由这种能量"外流"所引发的周围环境中的熵的减少效应是相当显著的（又是"安静的图书馆"的例子），尽管水因得到由环境所传入的能量而蒸发（或更一般的情况，即温度升高但并未达到蒸发的程度）时，其熵值会增加，但是这个过程中的总熵（水和其周围环境总共的熵）却是减少的。因此，这就是说，在低温时水（或其他液体）的蒸发是非自发的。但是，当环境温度升高时，由于能量"外流"所引发的环境自身的熵的减少将越来越不显著（想想"熙熙攘攘的大街"）；而如果环境温度足够高时，水和其周围环境两者总熵的变化，将变为正数（即总熵将增加）。此时，水会自发地由液态变为气态，即水有沸腾的趋势。这就是我们前面提到过的有趣的特征。我们发现周围环境温度升高所产生的效应，就是尽量使它自身的熵值减少、幅度降低，以使水和周围环境总熵趋于增加。这就是说，为了使水蒸发，我们需要通过提高环境的温度来降低其熵减的负效应。

讨论到现在，热力学第二定律已经 3 次出现在我们的视野中：在控制燃料燃烧的过程中，在控制点火产生的热由燃烧室传到水箱的过程中，以及在水蒸发的过程中。现在它又第 4 次出现了：能量经由发动机转移出来，其中的一部分将被用来做功。前面我们已经处理过该问题了，因此这里就不再继续探究了。这里所讨论的重点就是：发动机运转的每一个步骤，从内部燃料的燃烧到产生的外部效应，本质上就是因物质和能量趋于耗散这个天然特性而产生的。因此，整个世界就是被"因能量塌缩而陷入混乱"这个普遍趋势所推动向前发展的。我们自身，所有人造物，以及我们的所有成就，实际上都是在这种无目的地、自发地趋于更大混乱的过程中应运而生的。

新陈代谢维持着我们机体的正常运行，它为我们创造活动奠定了稳固的基础。我们需要先从外界摄取能量，然后经过身体内部一系列精密的新陈代谢过程而将外界能量转化成自身的能量，并作用于周围环境。在能量传递过程中——比如即便是写字或进行其他一些小活动——都足以使环境中的熵增加，从而使世界的混乱度略有提高。人类的进食活动要比热机的燃料补给过程更复杂，因为不同于燃料单纯为发动机提供动力这个过程，在进食活动中，我们需要摄入许多营养物质用来修补自身缺陷并促成身体的成长。但是，就食物作为能量来源这一点而言，它就相当于我们身体内部的蒸汽机热源的燃料，我们自身的消化系统通过将摄入的一部分食物转化为废物，而驱动我们身体内部各种生理活动的进行。

我们身体内部的发动机——这种说法至少点出了这种物质的抽象本质——分布在所有的细胞中，并且呈现出成千上万种不同的形式。在这里，我们只探讨这种生物蒸汽机中的一种形式。细胞中广泛存在的一种能量分子是三磷酸腺苷（ATP，图4-12）。从图4-12中我们可以看出，该分子包含一个稍大的有机分子基团和一个稍小的磷酸

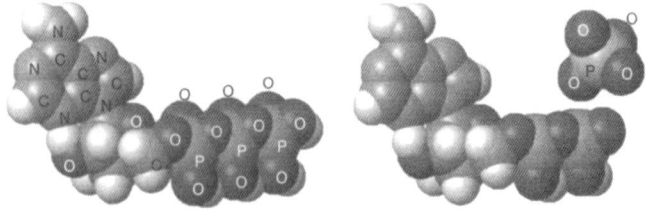

图4-12　三磷酸腺苷（ATP，左图）和二磷酸腺苷（ADP，右图）分别相当于我们身体内部"想象的"蒸汽机的"热源"和"散热器"。为使一个磷酸基团连接到ADP上而重新形成ATP，我们需要将上述反应与一个更强劲的"生物发动机"相耦联（为的是产生更多熵）。这就是说，我们需要进食，而我们的食物的形成则需要消耗太阳能（辐射能）

基团（磷原子被几个氧原子所包围），它起作用的关键部分就是这个磷酸基团。这个分子的作用就像蒸汽机中的热源一样。当它在细胞中酶的"召唤"下被激活后，它就会把分子末端的磷酸基团脱下，从而成为二磷酸腺苷（ADP），并释放出能量。此过程中释放出的能量将会提供给细胞，以使其中的生理活动得以正常进行，比如合成蛋白质或支持神经细胞进行信号传递。实际上，细胞中的这些生化反应的不竭动力，都来源于这种使混乱度增加的物质和能量的耗散过程。因此，无论是蛋白质的合成，还是我们思想的形成，它们都与身体内部这种蒸汽机类似物的支持（提供能量）是分不开的。

为使细胞（和个体）能够实现可持续发展，一个磷酸基团——当然不一定是从原来的ATP分子上脱下的那个——必须连接到ADP分子上以重新产生ATP分子。这里可以通过将ADP分子与磷酸基团的重连接反应与一个比ATP分子动力更强劲的生物蒸汽机分子进行耦联而实现ATP的重新合成。这就是我们为什么要吃饭的原因。我们摄入的食物就相当于蒸汽机所消耗的燃料，只有这样才能驱动由ADP到ATP重合的反应，反过来ATP分解为ADP和磷酸基团的过程中又会释放出能量，用于个体的生长和活动。

摄入的食物经过一系列代谢反应而锻造成为更有力的"生物发动机"，该发动机能够使物质和能量更有效地进行耗散。实际上，在所有这些发动机中，终极的发动机是太阳，因为太阳的能量经耗散而进入到我们的地球环境中，并驱动了光合作用（即由二氧化碳和水合成碳水化合物即糖类的一系列反应）的进行。因此，归根结底，我们所有的活动和思想都是由太阳内部的核反应释放的能量所驱动。也许古人对太阳的强烈的崇拜情结是对的，因为在他们看来，太阳赋予了生命。然而，他们却不知道太阳也是宇宙衰败的驱动力。

我们在第2章中所讨论的生命的分子基础实际上也源于热力学第二定律。生命是一个过程，在此过程中，各种分子不安分地运动着（传递能量），形状也发生着变化。随后这些分子可能会碰巧被"安插"在一个适合它的环境中，从而使其在释放能量后逐渐趋于稳定。生物繁殖的分子基础所彰显的就是分子（物质）和能量的无意识活动。生命之所以能够开始，概因分子的来回"踉跄"给了自然选择以宝贵的机会，而正是分子的这种无意识且无目的的运动构建了我们所说的"活生生"的生命活动网络。归根结底，生命的本质就是分子的这种无目的运动。

说到这里，一个问题很可能会跃入我们的头脑中，那就是：物质和能量的耗散是否会一直进行下去，直到永远。或者宇宙的混乱度是否会变到无限大，以至于熵将不会再继续增加，且宇宙中的事件是否会因此而终结。

这种由于熵将不再增加（即封顶）而引发的宇宙中一切事件的不可避免的终结趋势的猜想，被称为宇宙的热寂学说。按照这一学说，在某一时刻，由于宇宙的混乱度不会再增加，任何事情都不会发生了。这里需要澄清一点：如果宇宙的运行趋势符合热寂学说的话，那么这并不意味着时间将会终止。事件也会继续发生 —— 原子之间还会发生碰撞 —— 但是将不会有"净"变化产生。所有蒸汽机 —— 无论是具体的还是抽象的（如前面提到的生物蒸汽机）—— 都将会趋于静止，因为熵将不会产生。而另外一些人则持比较乐观的看法，他们认为，如果宇宙开始收缩，那么熵将减少，因为用于容纳物质和能量的空间将越来越有限。因此，宇宙中的事件将会发生逆转，各种事件将背离开尔文定律和克劳休斯定律，新事物将会喷薄而出，伴随而来的是一个新生的宇宙中熵的再次增加。

133　　接下来，我们要尝试着对所有涉及其中的纷繁芜杂的问题进行一番梳理。首先，我们姑且接受这个流行的观点（我们将在第8章中详细讨论），即宇宙不会自己孤立起来，并逐渐收缩（大坍缩）成一点。因此在实践中，我们根本不用为时间在某种意义上是否会发生倒流（伴随而来的是事件的逆转，即原来自然发生的事情会变成不自然发生的，反之亦然）这种问题而烦恼。但是科学家们往往喜欢刨根问底，况且我们也应该将宇宙的热力学意义上的走向问题，与宇宙本身的命运问题，两者区分开来。换句话说，假如我们（即宇宙学家）对于宇宙的远期命运及宇宙终究衰亡的猜测是错误的，那么，那时又将发生什么事情呢？难道自然的会变成不自然的，非自发过程会变成自发过程吗？

　　想象力一贯丰富且具有高度洞悉能力的英国数学家罗杰·彭罗斯（1931— ）曾深入地研究过宇宙的坍缩问题，并声称引力可能在熵变化中也起着一定作用。换句话说，混乱也可以源于时空的具体构造形式，而不仅仅源于时空内部物体的凌乱排布。彭罗斯接受了宇宙的初始时刻，即大爆炸的"奇点"理论（所谓"奇点"，就是指时空中的一点，在该点，重力使物质的密度无穷大，体积无穷小，空间和时间被极度扭曲），但是他又认为宇宙的最终时刻，即大坍缩的"奇点"是一个远比大爆炸的"奇点"复杂的结构（图4-13）。因此，尽管在宇宙的最终时刻，在可见的宇宙中的所有物质和能量，可能会坍缩成一点，并因此而拥有极低的熵值，但由于物质和能量所处的时空的结构是如

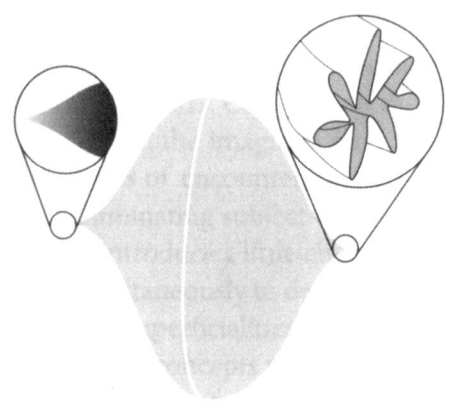

图4-13　即便我们是朝着大坍缩方向迈进的，我们也不能够指望随着宇宙的收缩其熵值会减少。可以想象引力可能在熵变化中也起着一定作用，这也意味着宇宙最终的奇点（右图）要远比宇宙初始的奇点（左图）的结构复杂，因此即便宇宙正在收缩，但是其中的熵仍然会一直增加下去

此复杂，以至于宇宙的最终时刻的混乱程度要高于宇宙的初始形成时刻。因此，宇宙中的熵将会不停地增加直到永远，即便这种永恒又将我们带回原来的奇点。

　　或许事情将会发展成这样：宇宙的命运很可能是它将永远膨胀下去，并趋于无限大。在这种模式中，宇宙永远有足够的空间供能量 134 和物质进行耗散。即便所有物质都衰变为辐射，但随着其所占空间的增加，这种放射性物质的熵也将逐渐增加。但是，真正的问题是，如果所有物质都衰变成为辐射波，且这种辐射的波长将趋于无穷大，那么这就意味着在遥远的未来，这里存在的就仅仅是一个死寂的扁平的

宇宙，而其中没有任何能量，因此乍一看好像宇宙中的熵将会变为零。但是到目前为止，在宇宙层面上的有关长度和时间的物理学仍然是一个未知的领域。或许有这种可能，即在巨大的空间中，能量密度波动的发散就足以保证总熵是十分巨大的。当然这也是一个没有定论的问题。

引力和熵总是结伴而行的。乍看之下，似乎广义相对论，即爱因斯坦关于引力的理论（见第9章）与热力学第二定律之间，除了引力作用对熵变化的贡献问题以外没有其他联系。其实不然，当我们从熵的角度开始思考时空的结构方式时，一个值得注意的现象就会出现。1995年，特德·雅各布森[1]发表论文指出，如果我们将热进入到某个区域过程中产生的熵变化的克劳修斯表达式，与"熵和该区域的表面存在联系"的理论（实际上，这两者是成比例的，参看黑洞理论）结合起来理解的话，那么时空的局部结构就像爱因斯坦的广义相对论方程所认为的那样会发生扭曲。换句话说，在非常精妙的数学意义上，热力学第二定律本身已经暗含了爱因斯坦的广义相对论方程！

因此，除了具体的蒸汽机外，抽象的蒸汽机可能不仅仅存在于我们身体内部，事实上它无处不在。

---

1. 这篇文献可以在http：/xxx.lanl.gov以及子目录gr-qc中找到。

第5章
原　子
物质的产生

伟大的思想
物质由原子组成

我将揭示创造世间万物的原子的奥秘……

——卢克莱修[1]

我们已经知道生物圈的出现中涌现的外部变化，还有分子结构上 [135] 的基因改变的内部机制。我们已经知道什么是没有改变的，那就是能量；我们也知道事物为什么会发生改变，那是因为熵。现在我们要更加详尽地研究这种改变的物质基础，所以我们将会从大象过渡到基本粒子。

科学所揭示的物质本质是什么，所有一切有形的物质是由什么东西组成的？我们将分下面两个步骤来揭示这两个极其重大问题的答案。第一步，也就是这一章的主题，我们将研究这究竟是个什么样的问题；对此，当时的人们的理解还很肤浅，他们仅仅停留在对原子的描述上，而原子也仅仅是化学家的谈资。我们将会了解为什么不同的原子有不同的属性（称之为它们的化学性质）。不要认为这是有关于化学的章节而心生厌恶之情。化学是连接真实的物质世界和奇妙的原

---

1. 公元前99 — 前55年，罗马哲学家、诗人。—— 译者注

子世界的桥梁，尽管有些人在学校里经常对这个科目产生厌恶和抵触心理，不过，即便偶尔拮取（比如本章内容）而非仔细咀嚼这些知识，它也会深深地吸引并启迪你。我旨在介绍一点化学，在你与周围的世界打开一扇窗的同时让你深切体会它所带来的快乐。然后，在接下来的章节，我们将脱离对原子的肤浅理解进而深入挖掘我们所谓的物质概念这一口水井。接着我们将会进一步了解甚至能让古希腊人信服的物质的真实形态是什么。

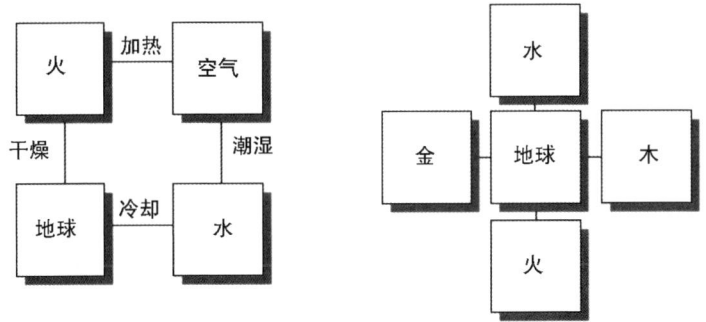

图5-1　两种早期的元素周期表。左图是古希腊人假定的所有物质的4种最基本元素，以及这些元素赋予它们所形成的物质的性质。右图为中国人的看法，来自于老子（公元前600年）所创立的道家思想，老子认为这5种元素的出现是阴（雌性的、负的、冷的、黑暗的方面）和阳（雄性的、正的、热的、光明的方面）相争的结果

古希腊人对物质做了大量的思考，并且对它的本质提出了许多不同的假设，而且它们之中至少有一种观念看起来是正确的。也有一些猜想则是完全错误的，但是也展现了值得称赞的求索精神。例如，被现在普遍认可的哲学之父 —— 米利都的泰勒斯（公元前500年），在山顶上找到了贝壳化石，因此他在临死前贸然断定：万物都是由水生

成的。1000年后，在《古兰经》里也发现了这种说法：[1]

> 我们知道万物生存都靠水，这有什么可怀疑的呢？

在某些人看来，这个观点的出处非凡，以至于到今天余威尚存。尽管如此，希腊人继续他们的求索，并开始意识到一种单一的物质不足以构成这个丰富多彩的世界。因此艾菲索斯的赫拉克利特（公元前540—前475年）扩充了泰勒斯的理论，他认为需要有一种变化机制，并将火加入其中。很快地，西西里的恩培多克勒（公元前492—前432年）考虑到固体物质很难由水、空气和火组成，因此更进一步将土也加入进来，并且还认为世间一切物质都可以由空气、土、水和火组合而成（图5-1）。恩培多克勒将世界简化为4种元素，亚里士多 137 德对此理论（公元前384—前322年）了如指掌，亚里士多德辩驳道，历经沧桑变化的我们所生活的地，上世界与永恒不变的天体是不同的，恩培多克勒的元素论只适用于前者，而不适用于后者。在永恒而美丽的天体里，亚里士多德认为还有另一种基本元素，一种称为精华（quintessence）的第五元素。

这些猜想在今天看来当然都是错的，其中的任何一种元素都不是最基本的，除了他们假设的、实验根本无法检验的、不明存在的天堂里的第五元素。但是这种认为复杂事物是由简单事物组合而成的观念和思维方式有着极其深远的意义，而这也是现代科学的核心思想。

1.《古兰经》21：30。

存在基本元素的假设——即使这些元素是错误的，引出了本章的一个核心问题：物质是连续的还是分立的？换句话说，元素是可以无穷无尽地分割成更小块，还是分立的组分，总有一天我们无法再做进一步的分割，比如说原子？在缺少实验数据的自由思想的年代，希腊人的猜想能力得到了空前的发展，这两种物质观点都有它们的支持者。这两种观点之一，即原子观点，在今天看来是正确的，但这并不足以使我们对它的提倡者们表示敬意，因为他们的支持只是建立在天马行空的猜想和哲学思辨的基础上的，而这两种方式都不足以作为探索真理的可靠的科学方法。

提出这个猜想的幸运者，我们可以追溯到米利都的留基伯（公元前 450 — 前 420 年），他把物质想象成一粒粒的，也就像我们最终切割后的原子。留基伯认为，只有分割是有限的，物质才可以永存，否则任何东西最后都会被分割得什么都不剩下。但是他的原子观与我们今天正统的原子观相去甚远。他还认为原子有许多不同的形状和大小，不同的原子有着不同的本质。这个观点非常精彩，并由他的学生——哲学家阿布德拉的德谟克利特（有"哈哈大笑的哲学家"之称）将这种猜想的东西命名为原子，意为不可分割。德谟克利特继续发展了这种观点，他认为有组成牛奶的原子、组成煤的原子、组成骨头的原子、组成水的原子等，他的想象力没有受到实验的束缚，因此他还认为有组成视线、声音和灵魂的原子，他所认为的灵魂的原子很有趣，很适合灵魂，那些白色的东西很光滑很圆，就像对颜色本身的诠释。

138 　　这些思想是伊壁鸠鲁学派信仰体系的一部分。萨摩斯的伊壁鸠鲁（公元前 341 — 前 270 年）的追随者们，用这些理论来攻击别的假说。

因为在伊壁鸠鲁的理论中所有的一切，甚至包括上帝都是由原子组成的，都要遵从自然定律 —— 在伊壁鸠鲁的眼里，神具有令人神往的公正。他们是一些比较完美的组合，他们是满足与高傲的化身，并不愿意被那些短见肤浅的人类所打扰。伊壁鸠鲁的世界观很巧妙地将快乐论[1]和原子理论联系在一起，将感知看成是知识的根源，将感知看成是被感知事物所发出的精致的原子层面上的图景在灵魂层面上形成的印象，这种结构和感知的原子观被专制并以神为尊的罗马教廷所接受，并且由提图斯·卢克莱修·卡鲁斯（公元前95—前55年）写成一首六音步道德教育史诗而发行并广为传播。提图斯·卢克莱修·卡鲁斯所写的《物质的本质》（*De rerum natura*）被认为是第一本关于物理化学的教科书，这本书曾一度失传，直到15世纪才再次被发现，在它再次被发现之后，它激励了更多现代的思想，让原子论推陈出新。

柏拉图和他的学生亚里士多德强烈反对原子论，他们的权威使得他们错误的世界观统治了整个中世纪，使得伊壁鸠鲁的物质论和无神论观点受到了极大的抑制。在亚里士多德看来，原子论纯属凭空捏造，因此 —— 与他自己发明的观点相比 —— 应该遭到鄙视和嘲讽，前者根本无法解释真实世界丰富多样的感官经验。在他看来，原子运动所需要的真空同样是胡编乱造，他认为物质在真空中不可能维持运动状态，因为真空缺乏推动力，没有推动力物质不可能运动（见第3章）。

由于亚里士多德的学术权威，他的这种世界观禁锢了人们的思想两千多年。他们拼命维护着那些炼丹术士的误导，所做的努力毫无成

---

1. 一种哲学观点，认为只有令人快乐或带来快乐结果的东西才是在本质上好的伦理信条。——译者注

效，而亚里士多德关于运动的观点使整个物理学窒息。然而，在 17 世纪，人们终于意识到了亚里士多德的脱离实际的物理观是空洞无物的，这也使得人们逐渐了解到他的脱离实际的化学同样虚无缥缈。虽然我们今天已经摆脱了他的思想禁锢，几个世纪的科学变迁也使我们远离了他荒谬的思想，我们可以因此嘲笑亚里士多德，但我们不应该认为伊壁鸠鲁就是值得称赞的，他的原子观和亚里士多德的原子观一样，只是凭空想象出来的，所有早期的原子观的基础都是纯粹的猜想，所有这些只是哲学的思辨，而不是科学。

139　　　科学家花了比了解物质运动更长的时间来探索物质的本质。触手可及的物质的性质比物质在空间中的运动性质更让人难以琢磨，尽管物理学家不费吹灰之力就可以用数字将物质在时空中的位置和它的动力学性质相联系，但是弄清楚物质本身与数学的联系还有一段很长的路。事实上，人们一般认为与这些性质相联系的数字属于化学的内容。难道关于物质本质的了解只能永远停留在臆测和猜想上吗？

　　　天平的出现是关键（图 5-2），在安东尼·罗朗·拉瓦锡（1743—1794）的手里，化学天平成为破解物质之谜的一把利器。拉瓦锡被普遍认为是现代化学之父，人们认为他具备"从会计师到天才的精神力量"。通过仔细、周全的调整，天平可以用来做物质计数，从而将化学反应量化。特别是它还可以用来称量物质反应之后的质量。这样我们可以从数据中产生实验样本，正如我们所见，实验样本是科学的生命之源和理论萌芽。

　　　不同元素组合在一起形成物质是长在道尔顿原子假说这一理论

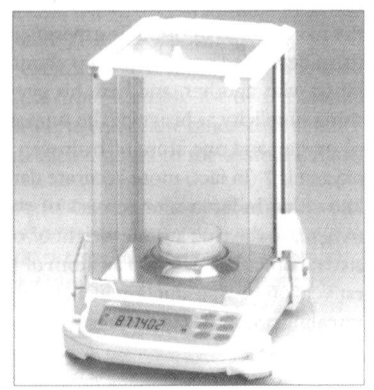

图5-2　左边是一架经典的化学天平，它和拉瓦锡用来做将物质量化并因此将
化学引入物理科学的研究的天平是一样的，右边是与之对应的现代天平

橡树之上的果实。约翰·道尔顿是一个严守清规戒律的贵格会教徒，在12岁时就已成为一名教师；患色盲症的他还是一个对气象有过深入观察的人，除了每个星期四晚上的保龄球运动外他就再也没有别的消遣。也许正是这些球所产生的潜意识促使他在1803年12月皇家学会的一次演讲中提出了他的原子假说，并于1807年发表了这一观点。[140]他的原子假说认为物质都是由原子组成的，这些原子既不能凭空制造也不会凭空消失，某种元素的所有原子都是完全一样的，所以化学反应只是原子简单地改变它的结合伙伴。他的观点的关键在于他认为每个原子都有自己的特征质量，而所谓的化学平衡就是当原子改变它的结合伙伴时引起的可观测的质量改变。这就是科学哲学家们所说的转导，一个微观的概念与一个宏观的可观测性质联系了起来。大部分的现代物理和化学都是传导作用的精心推演，将可观测的东西用想象的东西来解释，特别是用上亿倍小的尺度上的东西解释人类尺度上的测量结果。

人们认为道尔顿的原子理论到此为止了, 但是他实际上走得更远。他认为不同元素的原子被不同数量的热质所包围, 这种热质是一种假想的 (现在已被否定的) 无法精确估量的热流体。他还认为, 气体元素的原子周围的热质层是最厚的, 所以才能托起它自由运动, 固体元素原子周围的热质层最薄, 所以只能静止不动。这种思想有些稍微偏离他的原子假说的核心部分, 并且已经逐渐被人们淡忘了。[1]

通过使用天平, 道尔顿可以编写一张他的原子质量表单, 并将这些原子的质量与氢原子 (最轻的物质, 质量看作单位1) 的质量相比。他把这个相对的原子质量叫作原子量, 这个名字一直沿用至今。他的实验是很粗糙的, 他的原子量的计算都是基于一种物质与另一种物质结合所需要的原子数相等的假设, 所以他的猜想经常出错 (图5-3)。比如说, 按照他简单的指导思想, 他认为水是由一个氢原子和一个氧原子构成, 并推出氧的原子量是7 (实际上根据他的推理, 更精确数据应该是8), 而我们知道实际上水是由两个氢原子和一个氧原子构成的, 所以氧原子量应该是16, 也就是说一个氧原子有一个氢原子的16倍重。尽管如此, 这是用实验观测手段揭示不可见物质性质, 也是转导这种光辉思想的最早形式。

不同于希腊人对物质的原子性质的思考, 道尔顿的原子观是一种科学理论。这不是空洞的或是纯粹的沉思, 而是基于实验观测并与理性思考相联系的。但是并不是任何人都认同原子是物质实际存在的特

---

1. 非常有趣的是, 道尔顿原子假说的大部分都是错误的, 至少在学究派眼中, 热质是不存在的。我们是可以制造并销毁原子 (但不是在化学反应中) 的。而且并不是某种元素的所有原子都有精确相同的质量 (同位素的质量稍微有些不同)。但是他的假说的中心思想是正确的, 并且是值得关注的。

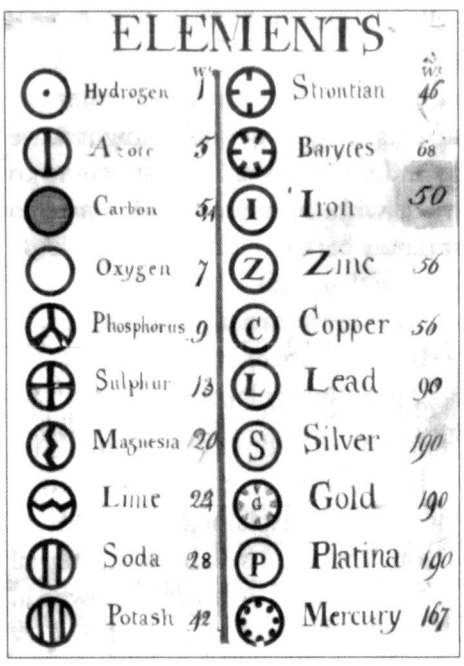

图5-3 道尔顿的原子假说出现于19世纪最初几年，他在许多场合就此做过演讲。这是他在1835年10月19日给曼彻斯特力学学院的人做报告时所用的表格的一部分摹本。这种表示元素的难看的印刷样式的符号已经被一种更加简单的拼字表示法代替，这曾让道尔顿很恼火

141

征，很多年以来科学家们一直认为原子只是个不错的假设，用它来处理关于质量的计算时很方便，但它并不是真实存在的。不过，当意大利化学家和革命家斯坦尼斯劳·康尼查罗（1826—1910）出版了一张记录已知元素的原子的精确原子量的表后，大部分的反对声音销声匿迹了，但即使在19世纪末，一些顽固派还是不愿意接受原子学家关于 142 原子真实存在的观点。不过现代的观测技术已经让道尔顿和他的后继者们的观点无可辩驳，现在我们可以亲眼看到原子是一团团分立的物

质（图5-4），它们的存在已经毋庸置疑。某些社会科学家们可能挥舞着他们过度悲观的结构主义旗帜，说什么用以获得这些图像的装置更有社会意义，但我想科学家对此了解更多。

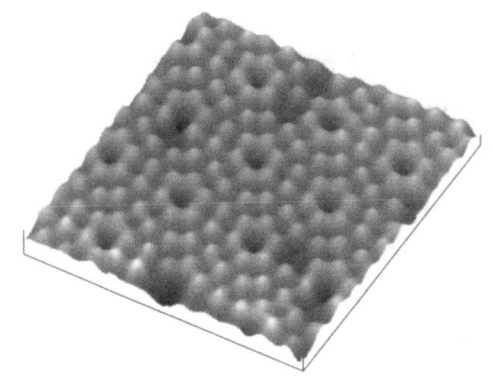

图5-4　道尔顿从元素相互结合后的质量规律推出了原子的存在。现在我们可以"看到"它们，它们的存在不容置疑。这种用以获得一小块硅表面的硅原子图像的仪器叫作扫描隧道显微镜。它几乎可以沿着物质表面的原子逐个扫描，然后计算机再将探测器送来的信号转化为原子尺度分辨率的图像

那么，什么是原子？它们长什么样子？它们又是由什么组成的呢？道尔顿和希腊人一样认为原子是物质的最小组成单位，原子不可能再分，没有比原子更小的组成单元。但是如果事实如此，我们将很难解释元素如此丰富的性质，因为有许多的性质只是因为组分的数量不同引起的。J. J. 汤姆生首次提出原子还有内部结构，他在1897年证明了可以从原子中打出电子来。1917年4月30日，他在皇家学会发表了他的发现。电子是最早被发现的比原子次一级的粒子，它比原子更小。汤姆生在剑桥卡文迪许实验室的工作表明所有物质的组成是一样的，因此原子实际上还有内部结构。

那个时期（19世纪的最末期），对于原子中的电子如何排列存在很多的困惑。有人猜想一个原子里可能有成千上万的电子。但是，由于我们不知道有哪种带正电的粒子可以与带负电的电子中和，这种猜想无助于认识原子结构。这个问题直到新西兰的欧内斯特·卢瑟福（1871—1937）1910年在曼彻斯特大学的工作中发现了原子核的存在才得以解决。原子核是一种位于原子中心的带正电荷的物质，它比原子的尺寸小很多，但是原子几乎所有的质量都集中在它上面。[1]

这里有必要对目前为止所提到的各种实体尺度和质量作一个感性认识。典型的原子直径是30亿分之一米（3×10^{-9}米，3纳米）。所以，一百万个这种原子排成一排只有3毫米长，与这样一笔"一"的长度差不多，你可以想象这些原子的尺寸有多小。为了更便于理解，我们将这样的3毫米长放大成3千米长，那么每个原子的直径就相当于3毫米，像一粒鱼卵的大小。

由于这种尺度你还是可以理解的，所以原子的尺寸还算大，因为它的里面还装了很多东西。我们之所以认为原子很小，只是因为我们自己的尺寸很大罢了，我们也不得不这么大，因为我们的身体里也有太多东西要装。如果你从现在开始将原子想得很大，等会儿就不会那么惊讶了。在我们的想象中，使原子膨胀到直径一米那么大将有助于我们的理解。

原子核同样很大，因为它里面也装了不少东西。大部分人认为它

---

1. 卢瑟福最早使用"原子核"这个名称是在1912年。

是非常非常小的,这种想法对于理解原子的本质毫无帮助,因为这会阻碍对它结构的想象。不过有些科学家认为想象有阻碍是件好事,将宏观图像直接类比套用到像原子甚至原子核这么小的微观实体上是很危险的,因为许多熟悉的宏观概念并不能简单地类推到这么小的尺度上(在第 7 章我们将会领会量子理论对这种观念所带来的冲击)。不管怎么样,我们现在还是来想象一下原子核的半径。实验表明原子核的半径是原子的万分之一。所以如果我们将原子想象成一个直径一米的球,那么它的核就是一个直径 0.1 毫米的小斑点。所以,对于我们这些巨型生物而言,原子核确实很小,即使对于一个原子尺寸的东西来说,它们看起来也还是那么小。但对于一个想要研究原子核结构的原子物理学家而言,原子核还是相当大的。

正如我们所说,原子核还是很大的,因为它里面也装了很多东西。那些抵消围绕原子核旋转的电子所带负电荷的正电粒子就在原子核里面;而且它集中了原子的大部分质量,而电子只贡献原子总质量的0.1%。所以当你拿一个重物时,其实拿的是它的原子核,如果将你身体里所有的原子核都抽离出来,你可能只剩 20 克。还有一个一般人不大知道的关于原子核的性质是许多原子核都在绕它的中心轴旋转,当然也有一些不旋转。氢和氮的原子核就是旋转的,而碳和氧的原子核则不旋转。原子核旋转与否由它的内禀性质所决定,是不能改变的,就像它与生俱来带有电荷一样,因此每一个氢原子核都注定要以不变的速率永远旋转下去。

144 到 20 世纪初,电子已经不再是唯一被发现的亚原子粒子。从知道第一个亚原子粒子到找到其他亚原子粒子,一晃便是一个多世纪。

所有原子中结构最简单的氢原子核里就包含着这样的亚原子粒子，我们叫它质子。这种粒子是物质呈现酸性的原因，所以当你在尝很酸的柠檬汁时，你的舌头实际上是被这种质子给扎了。很遗憾，对于人的舌头为什么能灵敏地检测出至少一种基本粒子的问题我们在这里不能展开探讨了。质子是一种很重的粒子，质量是电子的2000倍，带有与电子等量但相反的电荷。

　　氢原子由一个原子核和一个伴随它的电子组成：原子核带的正电荷和电子带的负电荷相互抵消。下一个最简单的元素：氦的原子核里有两个质子，所以它有两个电子。[1]质子的个数叫作元素的原子序数。所以氢的原子序数是1，氦的原子序数是2，依此类推。因为原子是呈电中性的，所以原子中电子的个数也等于原子序数，这样才能使正负电荷相互抵消。

　　由于意识到元素的原子核可以用数字描述，那么这个数字就可以用原子核的组成来解释，也就是说最后我们应该可以得到一张元素表。现在，遗漏的元素就可以通过它们的原子序数是否被验证而发现，而两个连续原子序数的元素中间有其他元素存在的猜想也可以被排除了。原子序数通过实验来决定的技术由亨利·莫斯莱（1887—1915）在他被征召入伍前不久前开始发展的，不料他在加利波里的战役中竟中弹身亡。在同一场战役中，战争快结束时同样中弹身亡的威尔弗雷德·欧文[2]生前写道：

---

1. 除氢原子以外的所有其他原子核都有另外一种亚原子粒子，这就是中子，它与质子非常相似，但是不带正电荷。质子和中子共同贡献了原子核的质量，因此它们也占了物质质量的绝大部分。
2. 英国著名诗人。节选自诗歌《陌生的相遇》。——译者注

> 鲁莽让人难分真伪，
>
> 智慧让人明辨是非。

是的，唯独智慧才能让人世事洞明，从而吹散暧昧模糊。现在我们已经知道了元素的清单，知道原子核的各种存在形式，还知道每个原子里面的电子数。

145　　但是围绕原子核的电子究竟如何排列仍然是一个问题。这一阶段只知道原子里面大部分空间几乎是空的，它的所有质量如我们所知几乎全部集中在原子核，而围绕中心直径将近1万倍大的空间里只有几个电子（对于碳是6个）。这就是说尽管我们看起来是那么牢固，但我们的整个身体几乎是空的，实际上毫不夸张地说，我们就像一个空壳子，用一个几乎空荡荡的大脑思考，用衣服遮着空空如也的身体，吃着空空的食物，坐着空空的凳子，站在空空的地上，想象一下空洞的原子，想象一下你站在一个地球大小的原子上，瞭望清晰的闪烁的星空。环绕着你的空间的空荡与你身体里面原子的空泛是没有什么两样的。

原子核外的空区决定了一个元素的性质。而原子核只是一个带正电的旁观者，指挥着周围的电子如何绕着它转动，它是一个控制中心，而束缚在空区之中的电子才是化学反应的参与者。

科学家们不禁将这种电子围绕原子核的旋转与行星围绕恒星的旋转（就像地球围绕太阳旋转）进行类比，我不得不说这种联想非常有用。原子的土卫模型是由日本物理学家长冈丰太郎（1865—1950）

在1940年提出的，几年后卢瑟福发现原子核时采用了这个自然的模型。现在的行星模型指的是行星绕着中央的恒星转动，而不是丰太郎当初提出的围绕土星旋转的环。当尼尔斯·玻尔在1912年用早期的量子理论来描述围绕氢原子核转动的单个电子，并且极其成功地量化计算了原子的光谱时，这个模型又重新引起了人们的重视。当玻尔的计算结果和实验精确吻合时，别人只能羡慕和思量他的思想究竟有多么深邃。

尽管行星模型和玻尔的聪明才智好像得到了计算的极大支持，但今天看来却是错误的。这对我们的科学和人生有两点启发：一是没有严密的思考，我们从熟悉的宏观直接类推到未知的微观世界是不可靠的，事实的下面危险重重；二是即使量化的计算符合得非常好，也有可能在某些特殊情况下阻碍真理的探索。此例中，阻碍人们清醒判断的在于美丽——我们将在下一章中对此进行探讨，但现在这个词的使用只是让你们觉得好奇和难以琢磨——单电子原子的电荷吸引的性质之美。

现在你必须抛弃你的意识和潜意识中关于行星围绕中心核旋转 [146] 的图景，因为它是完全错误的。对于原子它是一个失败的模型，它只是一个科学猜想，一个已失去生命力而被摒弃的模型。它错误的根源在于人们意识到电子并不是我们所熟悉的粒子，它还有着与生俱来的波动特性。我们将在第7章中了解到这种双重特性是量子理论的核心思想。它放弃了轨道的概念，这里的轨道是指像行星一样的电子围绕像恒星一样的原子核转动的轨道，这意味着用粒子和轨道的图景来描述电子的运动是完全不合适的。

在第 7 章我们将看到埃尔温·薛定谔（1887 — 1961）怎样用他的方程的解来告诉我们电子的行为。现在我们所要知道的只是这个方程与原子的一些关系。现在对氢原子而言，什么才是正确的结构呢（我们稍后还会了解其他原子的结构），应用薛定谔方程最先地给出这个问题的结果。[1]在他 1926 年连续发表的 4 篇经典的论文中（他把这些论文叫作"迟来的爱的产物"，因为写这些文章时他正与一位小姐在度假），薛定谔得到了他的方程的氢原子（周围只有一个电子）的解，并发现尽管他的假设和玻尔完全不同，却得出和玻尔几年前一样的能量表达式。

要理解薛定谔的计算结果，我们要明白他的方程的解只是预言了在空间中某一点发现电子的概率，而没有像经典物理那样，给出任意时刻电子的确切位置。这些解叫作原子轨道，这沿用了行星模型中的名字，但与经典物理的概念是不同的。

图 5-5 是氢原子最低能级的原子轨道形状的示意图。原子的电子轨道还是容易看出来的。这个示意图是用阴影的密度来表示在该区域发现电子的概率。如你所见，这团云在离原子核中心最近处最密，因此电子可以看成在靠近原子核的地方聚集，最大概率的地方在原子核的位置上，就像围绕果酱罐的蜜蜂们。如果你想象原子不同的位置都有一个空心球，那么你会发现电子出现频率最高的空心球就在原子核中心处。这种概率云是球对称的（没有取向），所以我们可以同样将轨道表示成囊括的云最多的球面。尽管如此，你不应该认为轨道

1. 一个偶然的不相关的家谱中指出埃尔温的祖母埃米丽·鲍威尔有一半的英国血统，她的家族来自雷明顿斯巴。

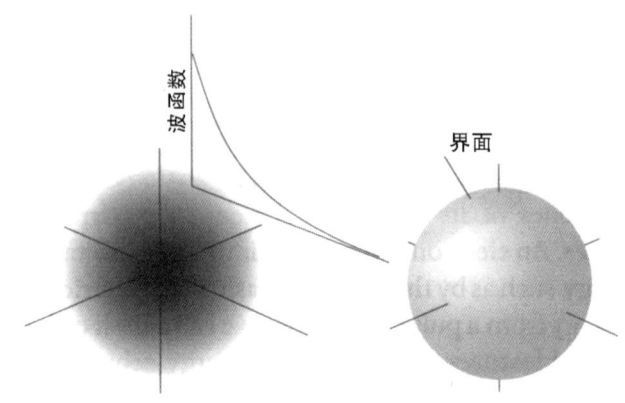

图5-5　这里是氢原子最低能量的s轨道的不同表示方式。左图用阴影的密度表示在每一点发现电子的概率。旁边的小图表示这种概率是如何随着到原子核的距离而指数衰减。右图表示的是"边界表面"，在边界之内找到一个电子的概率是90%

有一个绝对的截止边界，如图所示，在一个特定位置发现电子的概率只是永远趋近于零，原则上讲是不会达到零的，除非我们与原子的距离无穷大。从这方面理解，所有的原子都是无穷大的，这与我们所认为的原子很微小的观念形成强烈对比。当然，实际上，在距离一个原子很远的地方（几万亿分之一米之外）找到一个电子的概率已经可以忽略了。最好是将氢原子中电子的活动区域看成是非常靠近原子核（一百万亿分之一米的范围内，100 pm）。最低能量的轨道为球形，叫作s轨道。这很容易理解，也很好记忆，s就是指spherical（球形的），但是实际上它是由于这一轨道与氢原子光谱中的锐线系有关而得名。

有一个性质当我们了解到了更多的量子理论之后将会更清楚，但现阶段我们只需要了解电子轨道是球对称的表明围绕原子核运动的电子的角动量为零。我们在第3章中已经接触过角动量，从那里我们知道它与通常的线性动量很相似，但是角动量是用来描述圆周运动而非直线运动。现阶段我们所需要知道的只是：原子轨道的形状，和沿着环绕原子核时阴影密度如何地迅速变化可以告之角动量信息。对于s轨道，以原子核为中心，任意圆周上，阴影密度都是常数，所以我们 148 可以得出结论：电子围绕原子核的角动量为零。这个细微的技术要点看上去可能不足挂齿，但在不久之后，我们将会看到藏在它下面的壮美世界。

当薛定谔解他的氢原子的方程时，他发现有许多其他的原子轨道，每一个对应于比基态更高一些的能量。这就好比是球的振动，比基频更高的谐频对应的是更高的能态。一个电子只要有足够的能量也可以跃迁到这些轨道上面，比如说电弧放电的闪电或从光子脉冲吸收能量（我们叫闪光）。

我们需要了解高能级轨道的许多性质。首先，存在一套s轨道，所有这些轨道都是球形的但是距离原子核的半径不同，它们组成了以原子核为中心的一组同心球层，就像以原子核为中心的俄罗斯娃娃[1]。在任何一个s轨道上的电子都是没有角动量的，所以可以在原子核中心找到它。再说一次，别为其学究式的细节迷惑，城市和许多工业区的建设与此类似。

也有一些解是非球对称的，在这样的电子概率云里，电子集中在

---

1. 一种俄罗斯特色手工艺品，它由一层套一层的木制彩绘娃娃组成。——译者注

原子核周围的不同区域而不是单一的围绕着原子核，我们需要注意到三种如图5-6所示的轨道形式，概率轨道集中在两块区域的叫p轨道，有4个区域的叫d轨道，有6个区域的叫f轨道。[1]因为阴影的密度表示

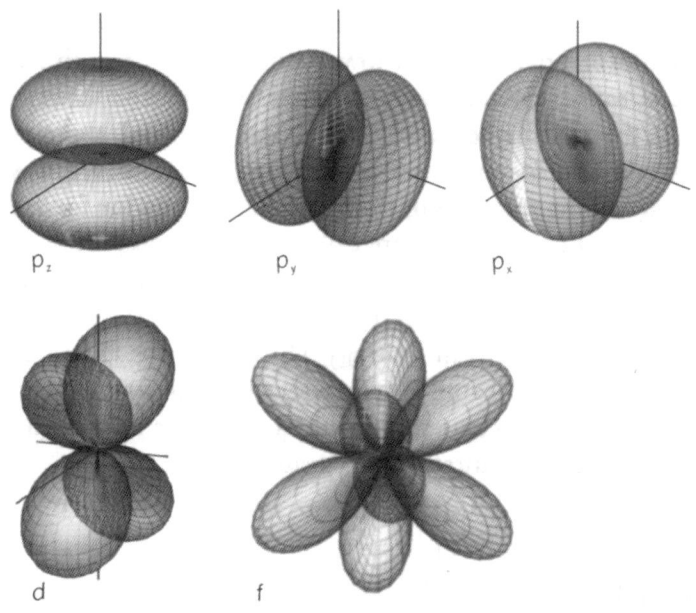

图5-6　p轨道的电子密度（用边界表面来表示）是双叶分布的，d轨道是四叶分布的，f轨道是六叶分布的。因为轨道的起伏逐渐变大（对应于波长更短的波卷曲成一个球），它们对应的电子角动量也在增加。这些轨道之中没有一个可以存在原子核中心找到电子的可能性，随着角动量的增加，电子逐渐远离原子核

149

当电子围绕原子核转动时在某个位置找到电子的概率，p轨道、d轨道、f轨道对应于它们所描述的非零角动量电子能态，d轨道对应于比p轨

1. 这些轨道名称的来源几乎被人们遗忘，现在人们认为这来自与之毫不相关的光谱性质，伴随这些轨道上的电子运动产生的谱线是主线系（principal），有形状的则是漫线系（diffuse），其他不明原因的划分为基线系（fundamental）。

道高的角动量，而更加复杂的f轨道对应的角动量更高，这种角动量可以产生一种类似离心力的作用将电子从原子核拉开。又是一个看似细微实则像花朵绽放般展现出巨大作用的地方，由于考虑这种离心力的影响，处于任何这种轨道上的电子都不可能出现在它所处的原子核上。

150　我们现在需要提前了解薛定谔所找到的他的解的两个性质（请恕我提前提及，但很快我们将会发现这是很合适的）：第一个性质是如图5-7所示的能量图案，我们可以看到随着能量的增加，轨道越来越多，就好像一个球，如果拍打得越厉害就越会产生更多形状和频率的谐振波，在最低能级只有一个如图5-5所示的s轨道，在高一能级上有1个s轨道和3个p轨道，更高的一个能级上有1个s轨道、3个p轨道和5个d轨道，依此类推。形成这样的轨道结构并没有什么奇特之处，这只不过是薛定谔方程氢原子解的形式。这些分组出现的能级叫作壳层，因为或多或少轨道都是属于电子概率的同心球层分布，就像是一层层的洋葱皮。最重要的是（没错！）在同一层里的所有轨道都具有相同的能量。这是一个非常独特的性质，由此可以得出电子和原子核之间电相互作用的同样"优美"的性质。在玻尔概念上错误但量化上精确的结果中也可得出这一性质。

现在我将带你从氢原子开始逐一了解这一系列原子的结构。我们知道我们所讨论的元素的顺序，因为我们知道每个元素的原子序数从而可以知道它们的电子数。例如，如果一种元素的原子序数是15（磷元素），那么原子核就带有15个单位正电荷，为了达到电中性，每个原子必须有15个电子。简言之，其中的基本思想是这些原子的电子可以用与薛定谔在氢原子中发现的轨道和能量类似的方法来描述。但是，由于这种原子结构，我们将会发现许多特别之处。

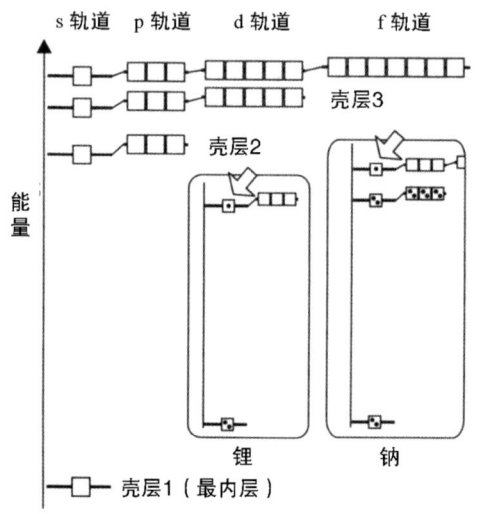

图5-7　一个典型原子的能级示意图。对于氢原子，它只有一个电子，给定壳层的所有轨道的能量都是完全相同的。对于非氢原子的其他原子（如图所示），每个壳层包含能量逐渐升高的轨道。在这些情况下，p轨道最先出现在第二个壳层中，d轨道出现在第三个壳层，f轨道出现在第四个壳层。还有比我们图中所示的能量更高的壳层。每个小方框代表一个最多可以被两个电子占据的轨道。嵌入的两张图是将锂（最外层有一个电子）和钠（最外层有一个电子）的电子结构作类比

　　原子序数为2的元素是氦，它有两个正电荷和两个电子。[1]能量最低的排列可以用两个电子处在同一个s轨道来描述，如同氢原子的基态。我们称这种情况为两个电子占据同一个s轨道。因为原子核所带的电荷比氢要多，因此两个电子离核更近，但是两个电子也会相互排

1.一个氦原子核由两个质子和两个中子组成，因此原子量是4。一小部分原子核只有一个中子，因此它的原子量是3。有相同的原子序数但是不同的中子数的原子叫作元素的同位素。

斥（同性电荷相互排斥），这会产生一些阻力，结果氦原子会比氢原子更紧密一些，但还不至于非常紧密。

　　下一个元素，原子序数为 3，是锂元素，原子核带 3 个正电荷，被 151 3 个电子包围。现在神奇的事情发生了，这三个电子不可能简单地全部占据最低能量的 s 轨道。我需要提及一个在我们前面的讨论中完全未涉及的电子性质，那就是一个电子有三个与生俱来的基本性质：质量、电荷和自旋。正如我们先前所了解的，大部分原子核都有自旋，宇宙中的每一个电子同样也有这种性质。为了达到我们的目的，我们可以将自旋看作是经典的自旋运动，就像一颗行星绕它的自转轴转动。尽管如此，我们应该意识到这个自旋是纯粹的量子力学方面的性质，并不是真正意义上的经典自旋，比如说一个电子就需要转两圈才能回到原来的初始状态！

　　自旋的第二个量子性质与我们现在所讨论的内容关系更为密切，用经典语言来说就是一个电子有一个固定的旋转速度，并以这个速度顺时针或逆时针转动，不存在别的旋转速度和旋转方向。[1]

　　第三个自旋的量子性质是（无法用经典语言描述）不相容原理。由奥地利物理学家沃尔夫冈·泡利在 1924 年提出，表述如下：

　　　　两个自旋相同的电子不可能占据同一轨道，如果两个

---

1. 如果它们的旋转方向相同，你身体内所有电子的角动量总和可以使一个乒乓球每分钟转上一圈。实际上，一半的电子顺时针转动，另一半的电子逆时针转动，所以你身上的电子不会产生净余角动量。

电子在同一轨道上，则自旋必须是两个方向成对出现的。

这里的"成对"是指其中的一个电子顺时针旋转，另一个电子逆时针旋转。这个性质是了解元素化学性质的关键。也是了解为什么内部如此空旷的原子可以组成如此坚固的宏观物质的关键。因为一个原子的电子不可能在另一个原子的电子区域出现。所以尽管电子可以在我们称之为"原子"的区域中任何的地方出现，但是另一个原子不能进入这个区域。因此，我们人体以及我们区别于其他一切物质的性质都是源于电子的自旋。没有电子自旋，所有的物质，所有这个世界的人、山、海洋、森林，所有的一切都会塌缩成一团无可名状的东西。电子自旋是存在可区分个体的根源。

现在我们继续完成锂的故事。我们想象将锂的三个电子先后放入，并将它们放在相应轨道上使总能量最低。考虑到要满足不相容原理，最先的两个电子占据了第一个s轨道，现在这个轨道上有两个电子，已经占据满了。第三个电子不得不占据下一层的另一个s轨道或p轨道。根据前面所讲，这4个轨道都有相同的能量。究竟要占据哪一个轨道呢？ 152

其实这4个轨道的能量并不相同。我们已经提到过氢原子的原子核与电子之间谜一般"美丽"的电相互作用性质。当原子中出现更多的电子时，这种"美丽"（这里我们是指一种非常特殊的对称）就消失了，s轨道和p轨道的能量不再相同。实际上p轨道比同一层上的s轨道的能量稍高一些。这种不同产生的原因可以追溯到s轨道上的电子可以在原子核中心出现，而不可能在中心找到p轨道上的电子这个事实。简言之，第二个s轨道上的电子可以穿过第一个s轨道的两个电子占据的区域，并且受到带三个正电荷的锂原子核全部的吸引力。考虑到角动量所产生的离心力的影响，一个在p轨道上的电子不能贯穿和离原子核很近，因此不能受到原子核全部的吸引力，结果，它的轨道能量偏高（图5-7）。

知道了能量的差别，现在我们可以得出结论，一个锂原子有两个电子占据第一层的s轨道，另一个电子占据高一能级s轨道。我们可以将这些电子看成是组成了两个物理的同心球壳，一个比较靠近原子核形成一个球核，另一个像坚果壳一样包围里面的球核。

下一个元素（原子序数为4）是铍。它有4个围绕原子核的电子，比锂多一个电子。因此，可以将下一个s轨道填满。第5个元素硼，原子序数为5，有5个电子，第2个s轨道已满，所以第5个电子将进入这一层的p轨道。对于接下来的5个元素，情况类似，因为这一层有3个p轨道，所以这些轨道可以容纳6个电子，因此碳元素（6个电子）有一个类似氦一样的原子核，另有两个电子占据最外层的s轨道和两个电子占据最外层的p轨道。通常两个电子会分别处于不同的p轨道，因为这样所受到的电子之间的斥力较小。氮元素（7个电子）又另多一个p轨道，氧元素（8个电子）、氟元素（9个电子）、氖元素（10个电子）也有类似的排列。

到此为止，这一层的p轨道都已填满，那么下一个元素（纳，11个电子）多余的一个电子必须要占据一个能量更高的原子轨道，也就是另一个s轨道。钠的结构有点像锂，内部有一个填满电子的核，最外层的s轨道上有一个单独的电子。

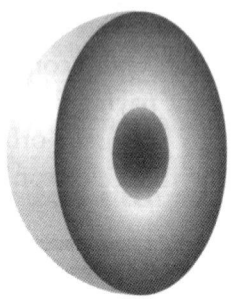

图5-8　一个锂原子结构的示意图。中间的致密核中有两个电子，还有一个电子在外围的壳层中

尽管我在此只是简要概述，但是在我们的旅途中，这是一处非凡的地方。我们已经知道一个锂原子的结构是一个充满的球壳，我们还需要知道氦气是一种不活跃的、单原子气体（即气体是由自由运动的单个原子所构成）。8个元素之后的氖是另一种惰性单原子气体，每一个氖原子有一个充满电子的球壳。在氦之后我们认识了锂，一种非常活跃的金属，它的原子结构是一个充满电子的核和一个最外层的单独电子。现在从锂开始，我们跨越8个元素来看钠，另一种非常活跃的金属出现了，钠的结构有点像锂，在最外层有一个单独的电子。我们已经开始接触到关于元素的周期的问题，意识到这些物质的性质并不是无规可循的，而是由一组组化学性质和电子结构相似的元素构成的。

为了理解这个发现的意义，我们现在沿着历史和文化的发展轨迹来看。我们需要重新返回19世纪，从外部世界来看元素和原子结构，以19世纪更浅显的、经验的眼光来看。

在19世纪中叶，人们大约已经知道了60种元素，有些是很早以前就知道的，但当时并没有意识到是元素。例如，铁、碳、铜在远古时代就已经知道了。从现代的观点来看，它们是真实的元素而不是古希腊人的臆测。罗伯特·玻义耳（1627—1691）在《怀疑的化学家》（1661）一书中所定义的元素是：

154

　　某种最简单和最原始的或者说纯粹的物质；它们不能由其他的物质组合而成，而化合物质是可以分解成这些基本物质的混合体。

安东尼·拉瓦锡给出了一个言简意赅的定义，所谓元素是指：

　　所有我们无法用所知的任何方式分解的物质。

拉瓦锡的定义使我们明白，我们需要用更艰巨的努力去分解这些所谓的元素，并将这些物质排成一张元素的表格。拉瓦锡根据上面的定义在他的元素表中列出了33种元素，其中有8种元素采用了更先进的分解技术后已经被排除，还有两种元素（光与热质）则完全是错误的概念。现代对元素的定义建立在对化学的不断摸索和总结之上，可以比较直观地表达如下：

　　所谓元素是一种完全由原子序数相同的原子组成的物质。

元素发现的现代史始于德国汉堡商人海宁·波兰特1669年磷的

发现，这也是几个世纪以来发现的第一个新元素。他发现磷的过程一点也激不起他的邻居们的爱戴之情和小说家们大篇幅描写的欲望。他搜集了50桶人的尿液，并让它们自行蒸发、腐臭，再加热得到一种糊状的残留物，并让这种残留物自行发酵，所得的黑色残留物再用沙子加热，最后将所得的蒸汽集到蒸馏瓶里。[1]这种蒸汽瓶里的神奇物质可以在空气中发光，因此被认为是一种可以抵御疾病的工具，或者至少可以用来赚钱。在波兰特的发现程序中，使用的是一种最早的分离混合物的方法——加热。有时候是加热和别的物质结合起来，例如通过加热和碳的使用，可以将矿石中的铁置换出来；有时候仅仅通过加热就可以得到某种元素，例如存在争议的氧的发现，正是通过水银氧化物的加热分解而得到的。

在工业革命之前，烈火高温是很难达到的，一种比较独特的方式是用一个聚焦能力很强的透镜汇聚太阳的能量。筛选元素的新工具在伏打电池和电流得到应用之后出现。汉弗里·戴维（1778—1829）开 155 始将电极连在当时皇家学院里能找到的一切东西上，并在1807年10月的一个星期里用电解法熔化了钾盐（硝酸钾）得到了钾元素，熔化了苏打（碳酸钠）得到了钠元素。汉弗里的哥哥乔·戴维说，汉弗里在发现这些元素时"手舞足蹈、兴高采烈"。总之，这一个星期的时间里，汉弗里发现了6种新元素（钾、钠、钙、镁、锶和钡）。由于电的发现，出现了寻找新元素的高潮。到1818年，发现的元素增加到了49种。瑞典的化学家琼斯·柏兹里亚斯（1779—1848）发现了三种新元素（铈、硒和钍），并且摒弃了自道尔顿以来炼金术士们所使用的非

---

1. 当时有一种说法认为尿液和沙子中有黄金，波兰特的方法基本上只能说是炼金术士们的炼丹方法，他当时的目的只是为了提炼出黄金。

常难看的元素表示符号，引进了我们今天仍在使用的更实用的字母符号表示方法，比如 Ce 就是铈（Cerium）、Se 就是硒（Selenium）、Th 就是钍（Thorium）。道尔顿认为这是对他所在的这个领域的权威的不尊重，并在与一个同事争论他所使用的元素符号时因愤怒而第一次中风——他中风过两次。

如果没有足够的图片是很难了解拼图的全貌的。关于物质性质的第一个图像在 1820 年开始出现，这时大概已经有了一半的拼图图片。这个拼图有两个方面，一方面是元素性质，即它们化学性质的相似与不同，另一方面是测量到的元素原子的一些量化的信息，比如元素的原子量。耶拿大学的约翰·多培赖纳（1780—1849）（一个车夫的儿子，没有接受正规的教育但观察力敏锐，最终成为了一个大学的教授）发现元素有些性质很特别。他的这一发现使得这个两维的拼图变得和谐起来。他注意到某三个一组的化学性质相似的元素的原子序数的关系：其中一个元素的原子序数是另外两个元素原子序数的平均，例如，氯、溴、碘这三个化学性质相近的元素，它们的原子量分别是 35、80 和 127（35 和 127 的平均是 81）。多培赖纳发现了三个这样的组合，使人们联想到这些元素可能因为某种原因而组成了一幅内容丰富的画卷。

对元素规律的寻找就此拉开序幕。我并不想借对历史的详细描述来讲所有元素性质的认识过程，我更关心的是最后的结果，但这其中有两个重要贡献还是要提一下。英意后裔约翰·钮兰兹（1837—1898）像当年的康尼查罗一样，受强烈的爱国情绪激发，23 岁时远赴西西里与加里波第的红衣军团作战；他年轻时的生活非常放荡不羁，但他在回到英国之后发现了这张拼图的另一块。他注意到尽管多培赖纳只提到了零散的三组合，但有一个更系统化的图像，至少对于较轻的元素是如此的，那就是当轻的元素按原子序数的增加排列时，有着类似性质的元素会每隔8个元素出现一次（当时氦、氖和氩气体还没有被发现），但他的思考方向不正确，他将这种规律与音乐的音调想到了一起，并把它叫作他的"八度音程定律"。这个类比联想使他受到很大的打压，并被人们认为是毫无根据、异想天开，甚至有人建议他尝试一下按字母顺序或其他一些怪诞的标准排列一下这些元素。

但从现在看来，他是正确的。早期元素的性质确实是像音阶一样重复，但是这与音乐没有任何关联。正如我们所知，元素的原子结构有着周期性的重复，当内层轨道填满，电子就会占据新的轨道，但是这个理论在19世纪早期原子概念尚处于萌芽阶段，当电子还未被发现的时期是很难被人们所接受的。

第二个性质是季米特里·伊万诺维奇·门捷列夫（1834—1907）发现的。门捷列夫是家里的11、14或17个孩子中最小的（像多培赖纳的三重数），他是一个马贩的儿子，他的母亲以异于常人的毅力支持着她聪明、早熟的幺子。在门捷列夫坐下来写他的介绍普通化学的讲义《化学原理》的时候，已知的元素已经有61种，他的问题就是如何用一个逻辑的、简单易懂的组织方法让他的读者们明白。

下面是关于门捷列夫在冥思苦想了好几天或许是几个星期之后，

得出这个逻辑体系的有趣的轶事。在1869年2月17日，[1]他终于因为过于劳累而睡着了，并在梦里看见有一张桌子，所有元素都按要求排列得好好的，他一醒过来就立刻将它们写在一张纸上（如图5-9）。另一个可以接受的趣闻是门捷列夫喜欢玩一种单人纸牌，在一次长途

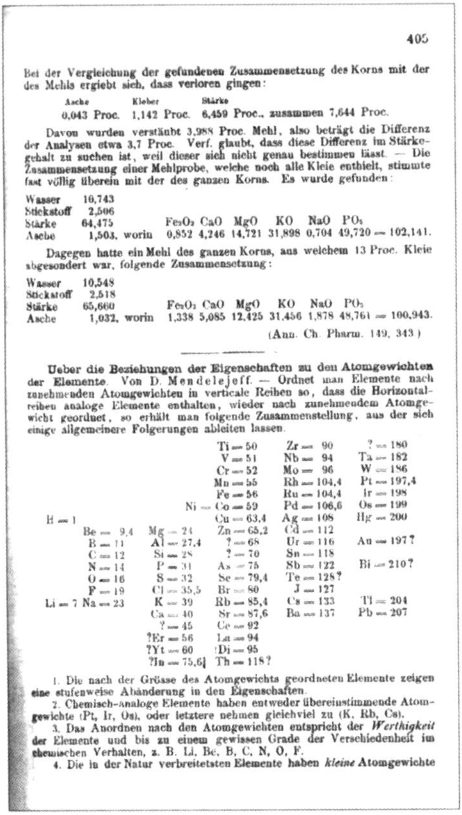

405

Bei der Vergleichung der gefundenen Zusammensetzung des Korns mit der des Mehls ergiebt sich, dass verloren gingen:

Asche	Kleber	Stärke	
0,043 Proc.	1,142 Proc.	6,459 Proc.,	zusammen 7,644 Proc.

Davon wurden verstäubt 3,988 Proc. Mehl, also beträgt die Differenz der Analysen etwa 3,7 Proc. Verf. glaubt, dass diese Differenz im Stärkegehalt zu suchen ist, weil dieser sich nicht genau bestimmen lässt. — Die Zusammensetzung einer Mehlprobe, welche noch alle Kleie enthielt, stimmte fast völlig überein mit der des ganzen Korns. Es wurde gefunden:

			Fe_2O_3	CaO	MgO	KO	NaO	PO_5	
Wasser	10,743								
Stickstoff	2,506								
Stärke	64,475								
Asche	1,503,	worin	0,852	4,246	14,721	31,898	0,704	49,720	= 102,141.

Dagegen hatte ein Mehl des ganzen Korns, aus welchem 13 Proc. Kleie abgesondert war, folgende Zusammensetzung:

			Fe_2O_3	CaO	MgO	KO	NaO	PO_5	
Wasser	10,548								
Stickstoff	2,518								
Stärke	65,660								
Asche	1,032,	worin	1,338	5,085	12,425	31,456	1,878	48,761	= 100,943.

(Ann. Ch. Pharm. 149, 343.)

Ueber die Beziehungen der Eigenschaften zu den Atomgewichten der Elemente. Von D. Mendelejeff. — Ordnet man Elemente nach zunehmenden Atomgewichten in verticale Reihen so, dass die Horizontalreihen analoge Elemente enthalten, wieder nach zunehmendem Atomgewicht geordnet, so erhält man folgende Zusammenstellung, aus der sich einige allgemeinere Folgerungen ableiten lassen.

			Ti = 50	Zr = 90	? = 180
			V = 51	Nb = 94	Ta = 182
			Cr = 52	Mo = 96	W = 186
			Mn = 55	Rh = 104,4	Pt = 197,4
			Fe = 56	Ru = 104,4	Ir = 198
			Ni = Co = 59	Pd = 106,6	Os = 199
H = 1			Cu = 63,4	Ag = 108	Hg = 200
	Be = 9,4	Mg = 24	Zn = 65,2	Cd = 112	
	B = 11	Al = 27,4	? = 68	Ur = 116	Au = 197?
	C = 12	Si = 28	? = 70	Sn = 118	
	N = 14	P = 31	As = 75	Sb = 122	Bi = 210?
	O = 16	S = 32	Se = 79,4	Te = 128?	
	F = 19	Cl = 35,5	Br = 80	J = 127	
Li = 7	Na = 23	K = 39	Rb = 85,4	Cs = 133	Tl = 204
		Ca = 40	Sr = 87,6	Ba = 137	Pb = 207
		? = 45	Ce = 92		
		?Er = 56	La = 94		
		?Yt = 60	Di = 95		
		?In = 75,6	Th = 118?		

1. Die nach der Grösse des Atomgewichts geordneten Elemente zeigen eine stufenweise Abänderung in den Eigenschaften.
2. Chemisch-analoge Elemente haben entweder übereinstimmende Atomgewichte (Pt, Ir, Os), oder letztere nehmen gleichviel zu (K, Rb, Cs).
3. Das Anordnen nach den Atomgewichten entspricht der *Werthigkeit* der Elemente und bis zu einem gewissen Grade der Verschiedenheit im chemischen Verhalten, z. B. Li, Be, B, C, N, O, F.
4. Die in der Natur verbreitetsten Elemente haben *kleine* Atomgewichte

157

图5-9　1869年《化学学报》上的一页，在这里门捷列夫提出了最早的元素周期表

1. 儒略历纪年。相当于标准纪年的1890年3月1日。

旅行中，他将所有元素写在一张张的纸牌上并用它们来帮助组织元素。人们经常认为这种想象的力量和精确记住梦的内容的故事是真的，然而事实并不是这样：真实情况与这两个有趣的故事完全相反。没有什么梦，即使是看起来还可信的纸牌故事也不过是一种渲染而非事实真相。

不管真相究竟如何，确实是门捷列夫向世界展示了一张他的周期表，使得元素可以用一种系谱的形式结合在一起。他用原子量为元素排序，并在8个、8个和18个元素之后开始重复。他开始到处宣讲他的这张表（这一般可以视为化学家的洞察力，但在别人看来却是有牵强附会的感觉）。也就是说，用原子量为元素排出的序列与化学性质相似性并不是处处都符合。于是门捷列夫忽略了这个顺序，做出了自己的选择。现在我们知道这个排列方法是有效的，不过原子量并不是组织元素的最好标准，最好的标准是按原子序数排列。现在我们已经 158 完全了解了原子量和原子序数并不是完全一一对应的，它们之间还是有差别的。但在这种情况之下的阻碍却变成了好事，正是因为门捷列夫坚信他的表格可以在已知性质的相邻元素中插入新元素，并预言新元素的性质。他因此预言了一种叫作铝和另一种叫作硅的元素的存在和它们的性质，还有随后法国人发现的镓和德国人发现的锗。[1]但他也犯了一些错误，预言了一些不存在的元素，但与他的贡献相比，这些错误是可以忽略的。

---

1. 在国际委员会对元素的命名提出明确的标准之前，元素的命名之中会有一些笑话。比如说镓（gallium）这个元素之所以叫这个名字，可能是它的发现者，法国的Francois Lecoq de Boisbaudran为了让他祖国的人民为此感到自豪，但是拉丁语中gallus一词的意思是公鸡，结果他自己倒变得小肚鸡肠了。

现在我们已经知道了110种元素，并且表格中已无空格，到此原子序数从1到110中间已没有遗漏了。不时会有一些报告说发现的元素有114种，但是原子序数为113的元素始终没有被发现。但这已经没有什么实际意义了，学院派们已经结束了元素周期表，再为究竟有多少元素而争论已经意义不大了。

现在的元素周期表的形式如图5-10所示，它不过是将门捷列夫的周期表旋转了90度，但是它的大致形状还是可以看得出来的。每一列叫作一族，每一行叫作一个周期。钮兰兹的八度音程在第2行和第3行还是可以看得出来的，多培赖纳的三重数则已经散到了各处。

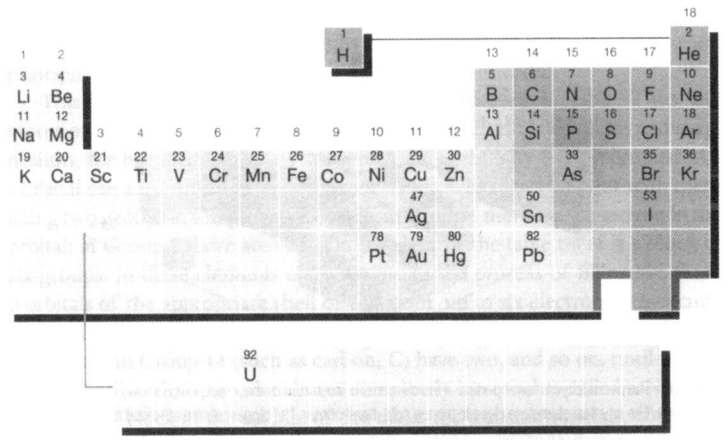

图5-10　现代元素周期表的形式。我只在图中标出了很少一部分元素，这些我认为都是大家非常熟悉的或者是一族元素开始的几个（K是钾，Na是钠，Fe是铁，Pb是铅，Sn是锡：化学家们有时会用元素的拉丁文缩写）。用数字标注的竖列叫作族，横行叫作周期。氢放在整张表格的开头（这种排列有些特别，但我认为是很聪明的做法），它不属于任何一族。灰白色的部分是金属，黑灰色的是非金属，中度灰色的部分是类金属，这些元素的性质徘徊在金属与非金属之间。表下方的两排元素实际上应该插入如图铀（U）所示的位置，但是这样会非常难看。这个表格正随着新元素的发现逐渐增长

同一族里所包含的元素很相似，比如说，从上到下，形成的物质的形式在有规律地变化。同一行的元素也有从左到右的平滑变化，例如金属元素总是在一个周期的左边，非金属元素在右边，中间很长的一条元素如铁（Fe）、铂（Pt）等是过渡元素，是非常活跃的金属如钠（Na）、钙（Ca）和非常不活跃的金属如锡（Sn）、铅（Pb）等的分界。最下面两条28个元素的表格里是副族元素，本来应该放在表中的，但是这样会使表格变得很长，印刷起来不方便，这些副族元素在化学性质上很相似，并且都是最近才发现和分离出来的。实际上，在副族表里，铀（U）以后的元素都是人工合成的。

元素周期表还在不断增长，科学家们利用粒子加速器用一种原子的原子核轰击另一种原子的原子核，希望它们能够合并形成一种未知的新元素，这就是元素112的合成方法，但是这样得到的原子核很不稳定，很快就会衰变成其他原子。

我现在希望你能够开始明白为什么化学家们认为元素周期表是最重要的概念。它是对元素性质的总结，它体现了物理性质的变化，比如说密度；原子性质的变化，比如说直径；化学性质的变化，比如说它们与其他原子结合所需数目和类型（图5-11）。只用看一眼周期表我们就可以知道一种元素是金属（铁）还是非金属（硫）或者是两者之间（硅）。我们可以根据一个元素邻近的元素的性质来推断它的化学性质，并且思考这些元素沿着每一族或每一个周期的变化趋势。简言之，元素周期表是一个关于元素性质的非常简洁和有用的总结，并且它还具有预测能力。从原始的认为元素是土、空气、火和水组成的一个简单的演化正方形到元素周期表，我们已经走了很长的一段历史。

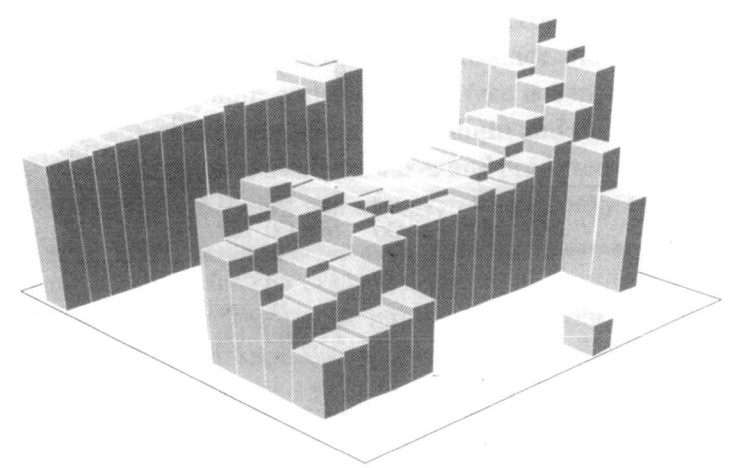

图5-11 元素性质的周期性如图所示，方块的长短代表原子的直径。最小的元素靠近右上角，最大的原子靠近左下角。分布的细节很容易理解。原子的大小是决定一种元素的物理性质（比如说密度）和化学性质（组成原子的粒子的数目）的一个非常重要的衡量标准

门捷列夫完全靠经验组成了他的表格，他对原子结构一无所知，对表格的潜在意义毫无概念。但是我们现在理解这一切，我们已经知道，元素周期表是对原子能级填充的一种有规律的描绘，如图5-7所示。

这一章的开始我们走马观花地了解了元素周期性的起源，我们发现氦和氖、锂和钠之间的相似性，并认识到它们的原子结构是类似的，氦和氖都有完全填满的壳层，锂和钠在最外层s轨道上都有一个单独的电子，这种规律是组成整张表格的基础。也就是说我们从一个原子到另一个原子，随着原子序数的增长，原子序数每增加一个，电子数也随之增加，这个附加的电子就要进入下一个可能的原子轨道。根据泡利不相容原理，不会有两个以上的电子占据同一个轨道。

　　这种顺序与元素周期表符合得很好。1族和2族元素的原子（包含钠和镁的两族元素）都是一个s轨道被占据。一个s轨道可以容纳两个电子，周期表这部分的两族元素都与此吻合。1族中只有一个电子在最外层s轨道上，2族则有两个电子，在表的右边一共有6族元素，这些元素的电子相继填充了最外层的3个p轨道，6个电子都可以占据这些轨道，13族（铍，B）有一个电子，14族（碳，C）有2个电子等，依此类推直到轨道全被占满，即到18族，18族p轨道全被占满的元素都是气体，叫作惰性气体。中间的一块是过渡金属，包含5个d轨道被占据的元素，5个d轨道可以容纳10个电子，所以中间有10族元素。副族元素是f轨道有电子占据的元素，因为每一层有7个f轨道，所以每一行中有14个这种元素。

　　现在我们已经将元素的故事从头到尾回顾了一遍。19世纪的化学家们察觉出元素之间的某种成族的联系，整个的元素关系在元素被辨认出之后由门捷列夫结束，尽管在当时他的组织只是经验性的，他并不理解为什么一种元素会和另一种元素有关，一种元素怎样和另一种元素相关。20世纪初对原子结构的了解为这一问题带来了曙光。当不同的原子被识别出来，约束电子排列方式的规律在1920年建立之后，一切很快变得清晰起来：*元素周期表是薛定谔方程的解的一种形象描述*。这个表格是物质是数学表述。两个简单的思想——原子总是先占据能量较低的轨道，不可能有两个相同的电子占据同一轨道——使得物质形式变得可以理解。化学是理解物质的关键，而处于化学核心地位的是化学讨论中的货币——原子。

第 6 章
对　称
美的量化

伟大的思想
对称限制了美、引导了理并
驱动了力

　　克吕西普认为美并不是存在于基本的元素里，而是存在于部分的
对称里。

—— 盖伦[1]

163　　　了解这个美丽世界的关键是要了解美的本身吗？古希腊著名的
雕塑家，主要活跃于公元前 450 — 前 420 年间的阿哥斯的波里克利
托斯，放弃了我们现在所了解的基本粒子的基础，在他对审美学有指
导性的《准则》（ Canon ）一文中，他写道 " 美是通过许多数字一点一
点显现出来的 "。波利克里托斯提到了对称性，人体不同部分张弛的
动力学平衡，和这些部分在不同方向上的完全协调。2500 多年以后，
我们依靠对称性方面的数学知识 —— 或数学方面的对称性知识 ——
建立起了我们自己对基本实体的理解，物质如何被分割，力之间的动
力学平衡如何使得这些物质凝聚在一起。

　　提到美，我们是指对称和尽量保持这种对称，从蒙德里安到莫
奈，美确实是这个世界的灵魂。有些美是很容易就可以捕获的，比如

1. 帕加马城的盖伦（ 公元 129 — 199 年，波利克里斯托斯著 ）。

当我们看一件令人愉悦的设计。但是也有一些隐藏得很深，没有受过正规训练是很难轻易用眼睛看出来的。从波利克里托斯以来的几千年里，我们一直都试图努力挖掘这种潜在的美，通过数学表格的方式来进行评估，然后再用数学工具深入挖掘美的真谛。正如我所强调的，科学已经得到了很大的发展，对事物有了更深的认识，概念也更加抽象，但都不能像对称的发现和以之作为一种理解事物的工具过程那么复杂精美。

我将会非常仔细地引导你从现实到抽象，并向你展示当我们运用对称时产生的力量。这条道路会将我们带到一个难以想象的边缘。

当我们对一个物体进行一种操作（我们叫对称操作）——我们却一点都看不出来哪里发生了改变，这就说明这个物体是对称的。也就是说，如果你闭上眼睛一会儿，但你再次睁开眼睛时，你无法告诉我我有没有做某种变换。想象一个单色的没有任何记号的球，闭上你的眼睛一会儿再打开，你能告诉我我是否旋转了这个球吗？我们所说的操作可能是绕着一个轴旋转或者一种镜面反射，但是我们还会碰到许多其他的对称操作，它们中的有些是简单的操作的精妙组合，比如说先沿空间移动（这叫平移），然后再通过镜子反射。你会在音乐中找到这种反射原理的应用。一个非常浅显有代表性的例子是仿"莫扎特"的两段式乐章，开始是：

结尾是：

第二部分将第一部分的倒转过来。[1]

165 有些物体比其他的物体对称性更强。一个球就是高度对称的，它是我们所见到的对称度最高的物体。想一下当你闭上眼睛时，我们有多少种方法操作一个球却让你在睁开眼睛之后无法察觉。我可以绕着通过它中心的任何一条轴转动，转动的角度可以是0度到360度中间的任何一个角度。这还不是全部，我们还可以想象有一面镜子以任何一个方向沿中心穿过球，你将不会发现我将一个半球反射到了另一个半球上。还有一种方法我可以在我的想象中实行：我可以想象将沿球中心的一条线上的每个原子放到球的另一边到中心距离相等的位置上。这种重新构造球的对称操作叫作反演。你同样无法说明我已经做了这个操作，因为球在我做这个操作前后看起来完全一模一样。

一个正方体比一个球的对称度要低。这里我也可以实行一些操作而不让你察觉。我可以将正方体沿任何三个相对的面的中心穿过的轴逆时针或顺时针转动90度或180度（图6-1）。我可以绕穿过4个相对的角的轴中的任何一个顺时针或逆时针旋转120度。我还可以在任何将正方体分成相等两块的中间插入一面镜子做反射。我可以通过正方体的中心用反演的方法重组它。我甚至还可以根本就不做任何操作，反正你也不会知道。所以，什么都不做（这叫作恒等变换）也是我们在考虑物体的对称时应该包括的一种操作。这就使得我可以去做许多

1.这段旋律最好用克歇尔编号查找，它的编号是609号。但是阿尔弗雷德·爱因斯坦也曾经给过一个Anhang（一种莫扎特的作品目录）的编号，Anh 284 dd。

你根本无法察觉的复杂的操作，所以正方体也是一种对称度很高的物体，但是它不像球体那样有无数种我们根本无法察觉的对称操作。

从某种意义上来说，任何物体都是对称的。因为我们将恒等变换也看成是一种对称操作，即使是我们认为非常不对称的物体——比如一张揉得乱七八糟的报纸——我们对它什么都不做，当我们睁开眼睛时当然还是什么改变也没有的。这也许看起来有点带欺骗性，但这没有什么好质疑的。尽管如此，引入恒等变换可以将所有的物体都纳入对称的数学理论范畴中，所以我们可以用对称理论来讨论任何物体，而不仅仅是一些我们认为对称的物体。数学就是这样的：尽可能地扩大它的某种理论的定义所能包含的情况。当然，尽管每个事物都是对称的（从上面的观点看），某些事物的对称性比其他事物要高。更对称的物体是指那些可以用更多种方法来改变这个物体，但当我们闭上的眼睛再次打开时却无法说出是否做过改变的物体。球体比正方体对称性更高，正方体比一颗棕榈树的对称性更高。正如你所见，我们现在可以按照物体的对称度来排列它们：对称的概念开始可以用数值来表达了。

对称的数学理论叫作群论，很难对它做出一个精确的定义，并给出一个统一的结构。这个理论的名字来源于我们所谈论的这种对称性操作，用数学语言来说这叫作一个群。广义的来说，一个群包括一系列的事物和组合规则，按组合规则组合任意两个事物所得到的事物仍然属于这个群。我们可以通过再次考虑正方体的对称操作来看为什么对称操作可以看作是一个群。假定我先后做两种操作，绕正方体的某条垂直的轴旋转90度，然后再绕一条对角的轴旋转120度，结果和我

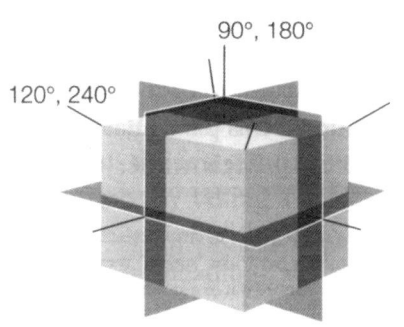

图6-1 一个正方体的一些对称操作。当我们绕垂直任何一个面的中心轴旋转90度或180度时，或者绕连接相反的两个角的轴旋转120度或240度时，正方体看起来并没有什么改变。同样当你按如图所示的任何一个面反射时，它也不会有变化。还有两种对称操作：通过正方体的中心做反演和恒等变换（什么也不做）

们绕另外一条对角轴旋转120度是一样的，也就是说两次连续的对称操作和一次对称操作是等价的。一个正方体的所有对称操作都是这样的，所以这可以构成一个群。不同形状的物体的对称操作有不同的名字。像球体这样最大的对称群叫作SO（3）群。待会儿我们还会见到其他的群，像SU（2）群和SU（3）群。[1]

群的概念比对称的概念拓展得更广，这也是为什么群论是一个非常有力的数学工具。例如，所有的正整数和负整数 …−3、−2、−1、0、1、2、3，… 作为一组事物，并以加法作为结合规则，由于任何两个整数相加仍然是一个整数，所以整数在加法规则下构成了一个群。所以，美学也是群论的一部分，我们用于讨论真实物体对称性的想法同样可

---

1. 这些群的名字一定程度上反映了这些群的某些性质，这并没有什么特别值得深究的地方，比如说O表示"正交（orthogonal）"，U表示"幺正（unitary）"，S表示这些群有一个特定的"特别（special）"之处。"3"就很好理解了，它表示这些对称操作是在我们普通的三维空间中进行的。

以用来讨论美学上的问题，反之亦然。这一章节我不打算让你记住这个特殊的规则，但是这些规则会在第10章中起重要作用。同时，要记住一个思想，一个贯穿全书的思想，那就是，简单的思想具有最普适的应用。[167]

现在让我们重新考虑对称本身。我们需要区分使事物不发生改变的对称变换群和包括了空间运动的群。前者叫作点群，后者叫作空间群。所有球体和正方体的对称操作中，中心点的位置总是不变的。如果一个物体的中心发生了移动，比如说一个球体反射到一个平面上而没有通过它的中心，我们就知道发生了一些改变，这种操作就不是对称操作。所有的对称操作中都至少有一个点是不会动的，所以单个物体的对称可以用点群来描述。

图样在空间中的扩展可以用空间群来描述。这里我们讲一个小技巧，假想有一个图样在任何方向上都无限向外扩展，想象一下由于我们无法知道在目不可及的图样边缘是什么情形。图样如果是有效的沿某一个方向无限扩展，我们叫作雕带图样，因为它们体现了典型的雕带图样的对称性质。经典的建筑学关于雕带的正规定义是：上横梁中在框椽和额板之间简易或有装饰的水平部位。一个不正式的定义是，任何的水平饰带其中的图样沿着它的延伸方有规则地重复。到此，昏昏欲睡的群论睁开了它的一只眼睛使我们可以看到它的第一缕深邃的思想视线：雕带仅仅只有五种可能的变化。所有已经建好的和还没有建好的雕带都可以划分到这五种变化中的一种。当然，组成的图案可以是不一样的——弓箭、宝石、山羊、任何的字体——但是让这些图案在它们的空间中有组织地周期性地重复（埃尔金大理石雕排除在外, 因为它不是可重复的) 仅限于 5 种不同的簇中。

这是我们首次可以从这让人眩晕的理论里看出群论还是可以理解的。在有了很大的思维飞跃之后 (对此, 我会在你打开这一章节之后一步一步引导你, 但是要事先了解我们将要讲什么是有必要的), 我们也许可以开始接受对称限制了空间中可能出现的图案的种类, 也有可能是时空对称性限制了元素粒子类型的数目 —— 无论它意味着什么。对称限制了美。

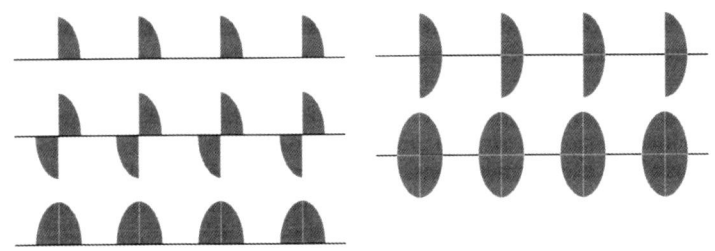

　　　　　　　图6-2　这些形状代表了在一维空间中所允许的 5 种不同的雕带图样。可以有许多不同的设计, 因为图中的 4 个象限内的图样可以被任何图案替代, 但是这五种图样代表了所有可能的规则的雕带

从希腊的庙宇到平民住房都体现了建筑的发展, 将那些经典的上横梁和雕带进行一定的缩小, 就得到了我们今天的墙纸。图样在墙纸上沿两维方向延展, 这些不同变化的图样上可以有不同的图案 (比如条纹、玫瑰、孔雀), 或者室内装饰和墙纸制造商的样板书中那样的颜色组合。群论揭示了一个让人吃惊的真相: 墙纸的图样只有 17 种可能的变化。

我们还可以说得更精确一点。一个网格, 我们是指用来代表孔雀或别的什么表示品味的图案的点的排列。这些墙纸图样就是这些图案和网格的结合。因此，改变网格上的点可以使这些孔雀都垂直起来或者正好垂直并且倒转过来。对这种区别有了认识之后，群论告诉我们：只有5种类型的网格和17种可能的网和图像的组合方式（图6-3）。仔细观察你所到过的屋子里的墙纸、院子里铺的瓷砖、屋顶上盖的瓦，甚至你的领带的图案（有规则的）设计会是一个很有趣的练习。你能以此训练你辨识网格（这个比较简单）和整个图样（这个更需要更多技巧，因为这些图案一般都设计得很精美）的能力。你绝对找不到不属于这17种组合之外的图样，群论可以看作是整个世界墙纸设计的准则。

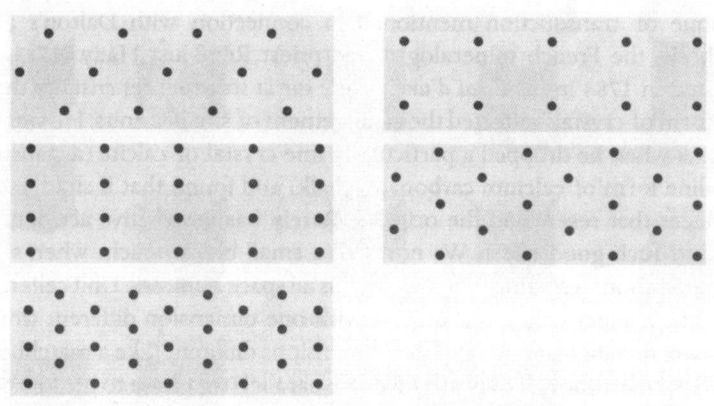

图6-3 这些图样表明两维墙纸的5种不同的可能布局。想象力可以使每一点变成一种真实的设计，但是即使如此，也只有17种可能的结果

现在考虑一个三维的图样覆盖了整个的空间。我们每天碰到的事物里都包含所有最简单图样中的一种，比如说整齐排在盒子里的方糖（也许对称度降低了些，因为堆起来的并不是完全的正方体），或整齐码成一堆的火柴盒子（图6-4）。这里我们会发现我们可以根据自己

所了解的细节描述不同的对称，没有任何特征的火柴盒可以摆成一种对称结构，但是如果考虑盒子的设计，也许还有盒子里火柴的摆放方向，也许会使摆放的对称度降低。

图6-4　三维空间的两种堆积方式。上图给出立方体元胞（"方糖"立方体）堆积在一起。下图给出矩形元胞（"火柴盒"）的堆积。以这种方式，在给定周期结构的条件下，一共有7种形状。晶胞自身可能包含影响整体对称的东西，我们给出两个火柴盒的内部，它揭示相互交替的盒子在不同的方向上是可以吻合的

那么有多少种不同的三维图样呢？这里我们根据我们检验的三维图案提出不同的对称性。在一个与道尔顿的原子假说相关的转换方法里提到过一个早期例子中，法国矿物学家阿维（1743 — 1822）在他1784年的著作《晶体结构理论和分析》一书中指出晶体的外部结构反映了它微观尺度上物质的排列。在他无意间摔了一块方解石（一种碳酸钙的透明晶体，粉笔）并发现它们散成了和原来形状一样的小块时，

他从中受到启发并得出了这一结论。很少有这种无意间的意外可以得到好的结果。现在我们管这些不需要转动就可以堆积在一起的小块叫元胞。元胞也许是正方体（像方糖）、有一边与其他两边不一样的长方体、三边都不一样的长方体（像火柴盒），或者是相对的面是平行的斜方体（这样才可以保证元胞可以无空隙地堆叠起来），它们与它们的邻近的晶胞都不垂直。结果会得到像这样的元胞只有7种基本形状。

正如我们通过图纸上图像所在的位置标出点来确定了墙纸有5种可能的网格排列，我们也可以将同样的方法应用到元胞上。在一个三维空间中的点阵排列叫作布拉维格子，由法国登山家、冒险家、物理学家奥古斯特·布拉维（1811—1863）于1850年第一次提出。结果表明只有14种可能的排列形式（图6-5）。[1] 无论你所看到的物体以何种有规则的方式在空间中堆积起来，比如说盒子里面的罐装罐头、盘子里层叠起来的鸡蛋或摆卖的苹果，它们都是这14种排列方式中的一种。

正如我们可以通过将一个图案用网格上的点的不同组合方式来描述，并由此得到17种基本墙纸类型（垂直的孔雀、交替变换的孔雀等），同样我们也可以将布拉维格子上的点与一个图案（比如说火柴盒上设计的图案，或者火柴盒排列的方式）联系起来。仔细检查这些图样，可以发现仅有230种可能的排列。我觉得"仅有"用在这里不太合适，但是这个数目确实是有限并可以精确确定的：它不是228或229，而是230。这些排列叫作空间群。所有可能的三维的、有规律的填充空间的设计都对应这230个空间群。堆积所有一样的、没有任

1. 有一个网站，你可以旋转元胞并从不同的视角来看它们：http://www.minweb.co.uk/bravais/bravais.html。

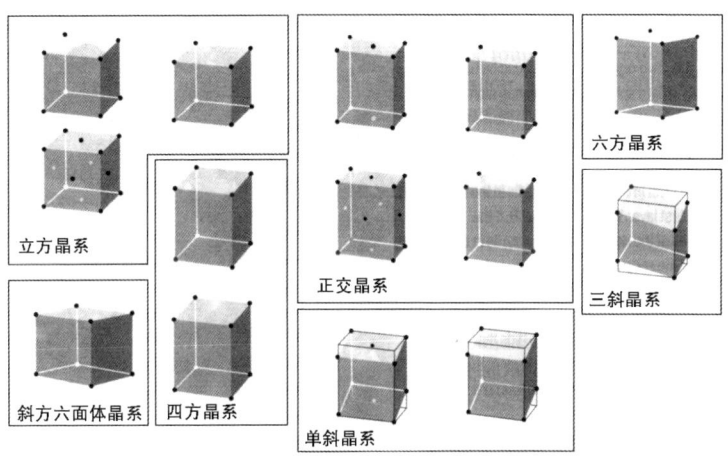

立方晶系

斜方六面体晶系　四方晶系

正交晶系

单斜晶系

六方晶系

三斜晶系

图6-5　这种三维的类似墙纸的网格就是布拉维格子。三维空间中有14种布拉维格子。我们可以有许多不同的方法将一个实体与每一个点联系起来，但是这种组合不超过230种可能

何装饰的火柴盒，并且里面的火柴摆放全都朝着一个方向的对应一种空间群，排列相同的火柴盒但是里面的火柴摆放的方向相互交错的对应于另一种空间群。

水果贩摆放水果的方式在无意间模仿了自然界中原子排列成给定晶体的方式，在这里对称和空间群成了对这些事物进行研究和分类的重要工具。首先，我们看到一个水果贩将形状相同的球形物体摆放成了一个近似的平面。一个金属元素的单晶体也有这样平坦的表面，比如锌或铜就有这样的表面。现在还不是时候详细了解原子和分子是如何按照基于对称的要求而得到的这230种可能排列之一进行排列，但是这里是一个小小的尝试。

如果我们将原子想象成一个刚体小球，就像滚珠一样，我们可以想象将这些原子紧密地叠成一层，每个球周围有6个相邻的球包围（这是包围一个球体最大的球的数目）。在第一层的每个空隙中放进一个原子就构成了第二层（图6-6）。第三层可以用两种方法来排列。第一种是将原子放在第一层的原子相对应的位置，第二种是将小球放

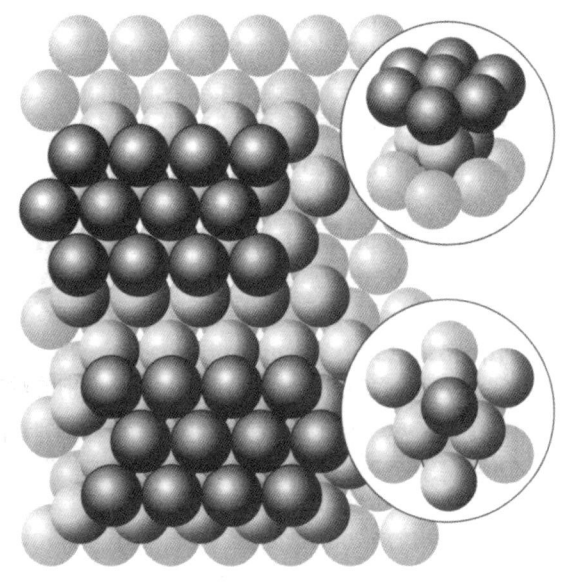

图6-6　以硬质球堆积表示的两种规则结构，硬质球代表原子，它们尽可能的紧密排列。在最底层（浅灰色），每个球与六个球相邻，我们称之为A层。在中间层（普灰），球处于第一层的凹处，称之为B层。如果再上一层的球（深灰色）位于B层的凹处，那它也恰好位于A层的正上方。这样便给出了ABA结构，于是我们得到了六边形结构（上部分）。如果B层上面的球并且完全在A层上方，那么我们便得到ABC结构，它具有立体对称

在与第一层的空隙相对应的位置。如果我们用A，B，C，… 来标示不 [172] 同的层，那么第一种排列就是ABABAB … 式，第二种是ABCABC … 式。如果你仔细观察第一种球的排列，你应该可以找到一种六边形排

列，一种六边形的元胞。在第二种排列中，你应该可以找到一种立方体排列（这有点难发现，因为这些是斜立方体）。所以这两种不同的原子排列方法使得晶体有不同的对称。一些六方元胞结构的金属有钴、镁、锌，一些立方元胞结构的金属有银、铜和铁。

元胞的对称影响固体的动力学、光学和电学方面的性质。例如，金属的坚硬度就依赖于滑移面（物体受到压力比如锤击时，原子结构层间可以相互滑移的平面）。但你细心观察如图6-6的原子的层或元胞，会发现六方体只能形成一组滑移面（它平行于如图所示的平面），而立方体在不同的方向上总共有8组滑移面。结果，六方体结构的金属（比如锌）容易碎裂，而立方体结构的金属（比如铜和铁）则有好的柔韧性——它们可以相对容易地被弯曲、压扁、拉丝和打造成不同的形状。电工业上主要应用了铜的延展性，运输和建筑业上则主要应用了铁的柔韧性。

正如我们在其他章节所见，将我们的思维扩展到高维来思考问题是很有趣和有用的。这种扩展，比如当我们扩展到四维时空考虑问题时，能有效揭露事物本质。当我们想在更高维空间中寻找图样的种类时，问题出现了。数学家们已经研究过这个问题。四维空间中只有4783种空间群，那么那些生活在五维空间中的人们（那些需要用四维墙纸来装饰他们的超立方体房间的人们）将会发现他们与我们这些生活在三维空间的人们相比，有更多不同种类和花样的墙纸可供使用。

并不是所有的对称都是显而易见的，正因为如此，让我们来慢慢欣赏抽象的美。从现在开始，讨论将不可避免地变得更加抽象，概念也会更难以直观想象；但是我们将会慢慢地认真处理这些难懂的东西，你将会很高兴地发现你是可以理解它们的。这里我们将会看见对称不再只是一种分类方法，而会变得非常强大，因为它是规律的起源。对称引导了理。

我们已经见过一个引导的例子，对称的控制力。我们看到在第3章中的能量守恒就是时间均匀性产生的结果。时间是平滑的，没有起伏的 —— 更专业地说，时间具有平移不变性 —— 也就说明了能量是守恒的。我们同样看到线动量的守恒是空间平滑性产生的结果 —— 在没有外力的作用下空间具有平移不变性 —— 而且角动量守恒是空间各向同性的结果 —— 在没有扭动作用下，空间具有旋转不变性。时空缺少起伏是它们具有对称性的一个方面，所以我们可以看到这些威力无穷的守恒定律都是来源于对称。埃米·诺特（1882 —— 1935），世界上迄今为止最杰出和有影响力的女数学家，她建立了一个非常重要的理论，也就是我们现在所知的诺特理论，该理论指出哪里有对称存在，哪里通常就会伴随出现与之对应的守恒律。

有些对称是隐藏在直接观测里的，但是仍然会产生一些效应。从这点上看，我所让你做的所有的只是注意巧合并猜想它们是不是由对称引起的。对称潜藏于外在的现象之下的说法完全等价于粒子不同组合的能量：如果两种组合由一种对称操作联系起来，那么这两种组合的能量就是一样的。在第5章我们碰到过一个恰好满足这个条件的 [174] 例子，在一个氢原子的内部，一个电子在它占据s轨道时与它占据同壳层的3个p轨道中的一个时，能量是完全相等的。一个s轨道是圆的，一个p轨道有两个瓣，所以我们可以很容易想象一个p轨道转入另一个 p 轨道，但是一个 p 轨道转入一个 s 轨道却难以想象。那时我提到过势能——原子核所产生的电场中电子位置改变所产生的能量，也叫作库仑势能——是非常美的，现在我可以解释我说的是什么意思了。

库仑势能是球对称的。所以我们将电子放在距原子核一个给定的距离的任何位置——南极、北极、赤道或这之间的任意位置——它的势能总是一样的。势能只随到原子核的距离的变化而变化，但是对于给定距离，它与角度没有关系。这种球对称告诉我们原子的对称变换包括绕任意轴旋转任意角度，就像是一个球的对称操作。所以，3 个 p 轨道也可以通过球对称操作相互转换，所以它们的能量是一样的。尽管如此，我们还是不能将一个 s 轨道转成 p 轨道。

现在我们还要了解一个特别的事实：库仑势能是非常有意思的，因为它的旋转对称不仅仅是在如我们所见的三维空间里的，而是可以延伸到四维空间。高一维的对称表明可能有一种在四维空间中的旋转使得一个三维的 s 轨道可以转变成一个 p 轨道。如果真的如此，那么我们可以将不同类型的轨道通过旋转相互转化，而它们将具有相同的能量。

我认为让你想象四维空间有点勉为其难（至少要等我们看到第 9 章），所以现在我对你们不做要求。我将会用一个类比来取代这种想象。假设平面上有一个静止的球，这个平面代表我们生活的三维世界，球代表我们只能看到其投影的四维世界。假定我们将球的北半部分涂成黑色，南半部分涂成白色。我们可以从北极点画一条线，并通过球的表面将它投影到平面上。这个花色球的投影像个环（图 6-7）。现

在将球旋转90度到图中第二部分所示的位置，新的投影将平面分成
了两部分，一半黑，一半白。球的另一种位置如图第三部分所示，投
影是相同的但是是朝不同的方向转了90度。我们这些生活在平面上
的人们发现第二种和第三种投影极有可能是由于旋转所产生内在联
系，所以我们一点都不奇怪这些p轨道的能量是相同的。但是我们发
现一些非常困惑的事，它们能够转换成第一种形状，圆形，所以我们
看不出来一个s轨道和这两个p轨道的能量是相同的。三维空间中的
观测者则没有这样的困扰：那里的观测者把我们这些平坦图案都可以
看成是一个球通过一个简单旋转产生的投影。同样的道理可以应用到
氢原子的轨道上，我们看到毫无联系的轨道能量相等是由藏在第四维
空间中的对称引起的。

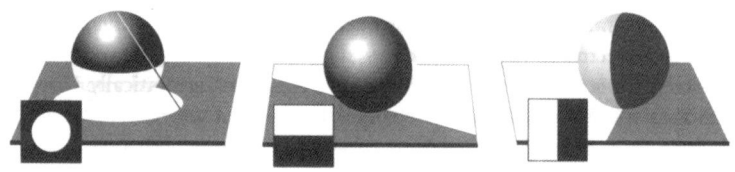

图6-7　升高一个维度可能使s轨道转到p轨道的示意图。轨道由两维空间中的
图样表示。如果我们认为这些图样就是一个在三维空间中的球的二维投影，那么我
们就可以看到旋转这个球所产生的二维投影的变化。库仑势是四维对称的，并且允
许做这种旋转

　　这里还有另外一种非常有用的思考方式，也很凑效。一个电子的
s轨道能量并不是精确等于一个电子的p轨道的能量。科学家们知道
其中的原因：在电子的自旋和轨道运动之间有一种非常弱的磁相互作
用，这会使能量稍微偏离。这是对称破缺的一个例子，尽管背景中有
一个对称联系，但是另一种弱的相互作用使得不同态的能量有所不同。
另一种理解对称破缺产生的效应的方法是记住根据爱因斯坦的狭义
相对论，能量与质量是等价的（$E=mc^2$，第9章），所以我们可以将s轨

道和 p 轨道的能量的不同理解成质量的不同。换言之，质量的不同源于对称破缺的相互作用。这种情况下的能量差别是很小的，所以对称破缺所造成的质量差别也是非常小的，只有 1×10^{-37} 克。总之，这个看起来可以忽略的细微差别将会带来非常重要的影响。

这种中心对称的库仑势能是我们能够想象得到的最奇特美丽的一种势能，当原子中出现第二个电子时这种美妙之处就消失了。如我们在第 5 章所见，一个氢原子的能级是所有其他原子能级很好的一级近似。由于电子之间的相互排斥所产生的能量改变（比如说，这种改变使得电子中 s 轨道的能量比它的 p 轨道的能量要稍微低一些），自然出现了元素周期表的结构。尽管如此，还可以用一个更有经验的、以对称为基础的方法来理解周期表的意义。

作为一级近似，我们可以将所有元素的原子结构表示成严格的类氢原子的原子轨道占据方式。因为任何一个壳层之中的轨道能量是相同的，这种近似将会使我们得到一个非常有趣的周期表，因为同一壳层中 s 轨道和 p 轨道（还有 d 轨道和 f 轨道）的能量都是相同的；所以我们得到的周期表没有任何结构，因此好像没有什么理由使得元素呈现不同的化学性质。如果你愿意，你可以将这一组表格（竖排的）看成没有任何区别，可以一个一个地全部叠起来。尽管如此，电子确实是因为存在相互作用力而打破了库仑能在四维空间中潜在的对称，一个给定壳层的 s 轨道和 p 轨道的能量并不相同。一旦我们接受这种对称破缺，周期表就变成了我们所知道的形式（图 6-8）。因此周期表所描述的化学性质就可以看成是每个原子中所有电子之间的相互作用打破库仑能在四维空间中的潜在对称后的一种描述。从这个观点来看，化学的根源就是描述对称和对称破缺，库仑势失去完美对称而赋予不同化学元素自己的个性。而门捷列夫对对称知之甚少，不知道隐藏的对称，对于对称破缺更是一无所知。我希望如果他知道这一切的话，会被这种库仑势能的对称被打破导致他的元素周期表出现的思想所沉迷。

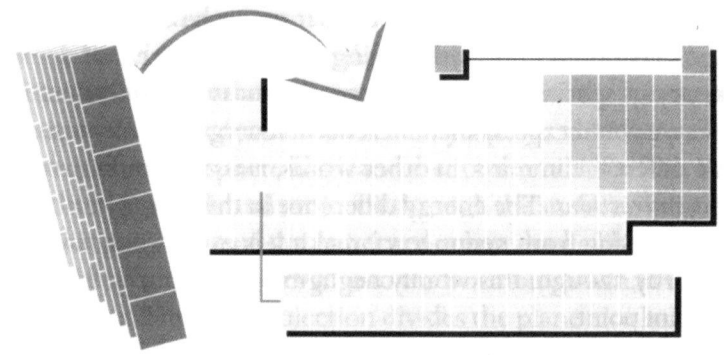

图6-8　这是对元素周期表的结构的一个很有趣的描述。如果我们忽略电子之间的相互作用，每个电子都受到原子核的高度对称的库仑势的作用，那么元素周期表就没有任何结构出现（周期还是存在的）：如图中左边堆叠在一起的情况表示。一旦我们接受对称破缺（也就是考虑到电子之间的相互斥力），这些像折扇一样的表格就打开成我们熟悉的元素周期表的样子

　　还有更多性质与对称有关。我们同样在第5章看到由于泡利不相177容原理，电子不能全部挤在同一个轨道上，也就是说一个轨道最多不能容纳超过两个电子，而且如果两个电子占据的是同一个轨道，那么它们的自旋必须是成对的（一个顺时针旋转，另一个逆时针旋转）。这个原理同样源于对称，所以元素周期表的形式、原子成团的事实、我们看到自己与我们周围事物的区别，这所有的一切都是源于对称。正如我们接下来看到的，隐藏在泡利原理下的对称是一种相当微妙的对称，但并不是难以捉摸的。

因为根据量子理论，我们不可能跟踪电子的运动轨迹，宇宙中的任何电子和其他的电子都是不可区分的。[1] 因为这种不可区分性，如果我们将一个原子中的两个电子对调，这个原子的所有性质应该都还是一样的。换言之，电子表现出了置换对称。

在这一点上我需要将轨道这个概念扩展一下，并希望在第7章可以在一两个方面进行更加深入的讨论；如果这里的讨论让你难以理解，那就等看完第7章的前半部分再回来看这里。我们已经知道轨道告诉我们的是一个原子中电子在某一个位置出现的概率。轨道是某个波函数（是描述一个粒子——不仅仅是指原子中的电子——在任何一种情况下的薛定谔方程的解）的特殊形式。从现在开始我们将采用这个更广义的概念。我们需要知道的第二点是，在任何一点找到一个粒子的概率（现在为止我们都是用阴影的密度来表示的）是那一点的波函数的值的平方。[2] 这个解释表明了波函数和它的负值有相同的物理含义（因为它们的平方是相等的）。这就使得当两个电子相互置换的时候它们波函数的正负号发生改变成为可能；这一点我们一般不会注意，但事实却是如此。泡利发现只有当任何两个电子相互交换时原子的波函数改变正负号，他才可能解释原子中辐射发射的一些细节问题。我们说波函数在电子的相互交换下一定是反对称（即正负号发生改变）。泡利不相容原理，不再是说明两个电子不能占据同一原子轨道，而是源自更深层的要求；所以，原子的结构、它们组成的物体和我们本身的组成都是源于对称。对称充实了物。

---

1. 理查德·费曼和约翰·惠勒的一次电话中曾经半开玩笑地说所有电子看起来一样的原因是因为宇宙中只有一种原子，我们之所以会认为有许多不同的电子，实际上是因为我们从不同的角度看正在旋转的电子。如果事实如此，那将会是非常精简的宇宙。
2. 波函数和概率的解释问题在第7章会详细讨论。

现在我们要准备攻克另一个抽象难关，从现在开始我希望你能做好思想准备。到这里为止，我们所讨论的几乎所有问题都与发生在空间里的对称操作相关。但是生命比空间的内涵更多。从这点来看，我们应该将我们的注意力集中到粒子内部的对称，那种与我们如何将一个粒子嵌入空间中固定一点有关的对称，就像展示橱中的蝴蝶标本，它并不能在空间中随意地飞舞、反射、转动或反转。

这种对称中有一些（它们可能是接近对称但有一些破缺的）是很容易想象的。我们从我们在第5章中所见到的原子核的两种组分——质子和中子，合起来叫作核子——开始。这两种粒子几乎是一样的：它们有相似的质量（中子稍微重一些，因此能量也稍微高一些），其自旋性质都为我们所知。它们之间本质的不同在于质子是带电荷的，而中子不带电荷。如果我们现在忽略质量上的差异，这两个粒子就像一对双胞胎。也就是说，在它们之间有某种对称存在。粒子物理学家们把这种对称叫作同位旋（因为它的性质与自旋本身很相似）。顺时针同位旋对应与"开"电荷（质子）；逆时针同位旋对应与"关"电荷（中子）。这两种粒子确实是一样的：一种（质子）是顺时针同位旋的核子，一种是逆时针同位旋的核子。将一个质子变成一个中子，我们所要做的就是将它的同位旋反转。

对于一级近似，核子的性质与它的同位旋方向是无关的。尽管如此，顺时针同位旋和逆时针同位旋之间的对称并不是完美的，其他的相互作用稍微破坏了这种对称，比如说核子的电磁场相互作用。对于顺时针同位旋和逆时针同位旋，电磁场相互作用的能量是不同的。结果，核子的这两种态的质量就有了稍微的不同，使得核子的逆时针同位旋的态（中子）比顺时针同位旋的态（质子）要稍微重一些。

179　　　同位旋的发现过程（由海森伯发现）有点像两个多世纪前多培赖纳发现元素之间的三重数的情形（见第 5 章）。多培赖纳发现了整个图案的一些碎片，这个图案由门捷列夫及时发现，并且看上去是对弱相互作用导致潜在对称破缺的一种描述。是否所有元素的原子都与对称有关呢，它们质量的差异都是由对称破缺引起的吗？是否存在元素粒子的周期表呢，这张表是源于对称和它的部分缺失吗？

　　　我们需要回顾一下前面所讲到的问题。门捷列夫可以编制他的周期表是因为那时他已经知道了所有元素中的大部分信息。同样的，我们需要进入粒子领域去了解里面的情况。多培赖纳不可能用他手头上仅有的这么一点数据就做出超出三组合的更大发现；我们也只有在我们拥有了足以展示更丰富图案的数据之后，才能取得超越同位旋的更大的进步。

　　　粒子物理学家们在大刀阔斧地进行破坏。为了未来文明的利益，他们取了一小块物质，用它猛烈地撞击另一块，将它们弄得粉碎，只剩下因碰撞并合而成的物质。正如你怀疑的，撞击得越剧烈 —— 所得到的物质更基本 —— 碎片就越小。粒子加速器就是用来将粒子撕裂成别的粒子的机器，它让古希腊人美梦成真；利用它们，我们希望能够将粒子分割到物质的尽头。

　　　你可能会开始警惕一个问题。碎裂得到的物质与撞击的激烈程度有关。也许我们永远都无法确定我们已经到达了切割的尽头，因为更进一步的切割可以通过建造一个更大型的加速器来实现（从这点上看，粒子大小意义重大，因为更加剧烈的碰撞意味着更大的发现）。确实，当这一章接近尾声时，我们将会发现要想挑战我们对极限世界的认识，我们就必须建造一个横跨整个宇宙、吸收和消耗整个世界所产生的所有能源的加速器。

对此谨记于心，我们可能还停留在两个多世纪前道尔顿聚集他的足够能量 —— 微弱的化学能 —— 以认识原子，并在不影响原子内部活动的前提下，以其各自的特性为基础建立一种理论的阶段。就像珠穆朗玛峰的攀登者，科学会在他向更深层探索的旅途中的不同的歇息处出现暂停，却不会在向未知靠近的过程中突然加速。对于维多利亚时期的科学而言，原子已经足以作为理论基础了；我们的基本粒子将对于我们的科学而言也是足以作为理论基础的。换句话说，在现阶段（并不是指本章结束），让我们先接受已知的粒子范围就是真正的粒子范围，或者说至少是一个足够的基本范围。现在让我们来见识一下我们充满破坏力的狩猎者们从1897年原子第一次被撕开，到1919年原子核被围攻时，都捕获了哪些猎物。

当我们提到粒子，我们考虑的是它们的组成部分和将这些部分束缚在一起的力 —— 胶力。科学家们已经找到了一种可以解释所有相互作用的力。这样说可能有些夸张，更精确地说，他们相信宇宙中本质上只有一种作用力，这样非常省事，但是这种作用力有5种不同的表现形式。其中的三种表现形式 —— 电力、磁力和引力 —— 是我们日常生活中很熟悉的，另外两种表现形式 —— 弱作用力和强作用力 —— 我们则非常陌生。

苏格兰物理学家詹姆斯·克拉克·麦克斯韦（1831—1879）所发表的《电场的动力学理论》（1864）一书中认为，最好将电力和磁力看作是电磁作用力的两个不同方面，这是19世纪科学的重大成就之一[1]。麦克斯韦的理论工作的依据来自米歇尔·法拉第（1791—1867）的实验结果，法拉第非常聪明但不善表达，在这之前，他为物理中力所作用的区域引入了场这个概念。广泛地说，电力作用于所有的荷电粒子间，磁力作用于运动的荷电粒子间，就像电子形成的电流在附近的一卷电线里。麦克斯韦用它阐明了迄今为止困扰人类的光的本质，这是两种以前分开的力统一之后得到的重要成果之一。麦克斯韦的解释是光是一种电磁波，它在场中传播。这一假说在1888年亨利希·赫兹（1857—1894）发射并探测到了无线电波后得到了证明。这个结果也是现代通信的开端。第二个科学成果是在爱因斯坦关注并思考麦克斯韦方程组的意义后得出的相对论理论。

181　　当19世纪早期，光子 —— 一个电磁能包 —— 的概念由爱因斯坦在1905年发展（见第7章），并由美国化学家G. N. 刘易斯在1916年命名后，从这棵大树上结出了它的第三颗果实。光子是第一种被确认的传递粒子，一种在源粒子和接受粒子之间传递力的粒子，比如说在两个电子或一个电子和一个原子核之间传递力。光子是电磁场的传递粒子，将相互作用的粒子间的力带走，并以光速进行传递。

这里我们需要了解一下光子的两个性质，因为它们与接下来的内容有关。首先，光子是没有质量的，而且像电子一样，它也有永不

---

1. 一个偶然和不相关的事情是，麦克斯韦的父亲约翰出生在克拉克平原，但是却让麦克斯韦从他的祖先那里继承了柯尔库布里郡的遗产。

会停止的自旋。由于与量子力学相关的技巧上的原因，一个电子的自旋角动量是单位角动量的一半。光子的自旋则是一个单位角动量。粒子有整数倍角动量一半的（还包括质子和中子，它们也和电子一样）叫作费米子，意大利物理学家恩里科·费米（1901—1954）在他领导战争时期的曼哈顿计划核反应堆的一部分工作时，发现了这种粒子，后来即以他的名字命名。有整数倍自旋的粒子叫作玻色子。比如说充满光线或阳光的盒子，在印度物理学家萨蒂恩德拉·那什·玻色（1894—1974）研究了由大量这种粒子组成的系统的统计性质之后即以他的名字命名。现在我们已经知道所有物质的基本粒子都是费米子，而所有的传递粒子都是玻色子。因此，玻色子成团聚集在费米子周围，这是一个对物质非常深刻的描述。

任何有思想的不幸的恋人[1]都会告诉你光子是没有质量的，因为这样我们才能看见星星，一连串的证明如下所示。首先，在第3章的结尾我们提到，存活周期短的粒子能量上有更大的不确定性。其次，对于一个可能存在的给定质量的传递粒子，它必须要得到正比于其质量的能量（从$E=mc^2$可知）：重的粒子相当于拥有更多能量。一个粒子如果想要存在而不被能量守恒这个警察抓获，除非它行窃的时间足够短，从而可以在任何能量的监视下，被不确定性所包庇。结果就是一个重的粒子要想存在而不被能量守恒这个警察抓住除非它的寿命非常短暂（你可能要为它多存在一个皮秒花费掉上亿美元）。现在这个需要证明第三个关系，在它存活的时间里，传递粒子的飞行速度非常高，它所能穿行的距离正比于它存活的时间的长 ¹⁸²

---

1. 原文为 star-crossed lover，在西方恒星成十字架排列是非常不吉利的征兆。——译者注

短。[1]任何一个重的传递粒子的存活寿命都非常短，不能够穿行太远。相反的，如果想让信息传递到无穷远处，它就必须永远存活下去，而且必须不能被能量守恒警察抓住，所以它不能从质量上盗取任何能量。也就是说，它必须是无质量的。所得到的结果就是，由于电磁场的存在范围是无限的，所以光子必须是无质量的。如果光子有质量，电磁辐射将不可能传播到很远的距离，而我们将不可能看见星光；我们的恋人们也不可能是应灾星而生的。如果光子真的很重，原子将会分裂掉，因为原子的引力不足以抓牢电子。[2]

　　第三个我们熟悉的力是引力。引力作用于所有的粒子间，但是比电磁相互作用要弱很多。比如说，两个电子之间的引力相互作用比它们的电磁相互作用要弱10^{42}倍。如果引力可以抬动一个1毫克的跳蚤，那么电磁力则可以抬起100万个太阳。但是我们并没有被电磁力所压倒，反倒是可以感受到引力的作用是因为宇宙是由等量的正负电荷组成的，所以在宇宙的尺度上电磁的引力和斥力相互抵消了。而引力却是完全相加的：因为引力只有相互吸引作用，而没有排斥作用，所以不会有相互抵消的情况。宇宙中的所有粒子都有微弱的联系，我们可以感觉到它们联系在一起的强度。在局部，电磁力起主导作用：你的形态大部分由电磁力决定，实际上你之所以不会变成地上一团没有形状的淤泥，就是因为电磁力作用远远超过了引力的作用。

　　有种观点认为引力也有传递子。至少它有一个名字叫引力子，但

---

1. 力所穿行的距离与传递粒子质量的关系是：穿行距离＝普朗克常数/（质量×光速）。如果一个光子和电子一样重，那么它只能传播10^{-13}米。
2. 更精确地说，这种说法仅适用于叫作虚粒子的粒子，这种粒子传递力；任何有质量的真实粒子都可以运动很远的距离并传递信息。

是目前还没有探测到，因为它和物质的作用太微弱了。引力子也是一种没有质量的玻色子，就像光子，但是自旋是光子的两倍。引力存在于整个无限的空间表明了引力子是无质量的。任何一个聪明的水手都会告诉你引力子的自旋是2，因为有那么一点人主张将引力子的双倍的自旋与我们的大海每天两次涨潮的事实联系了起来。

现在我们来看两种我们不太熟悉的力：*强作用力* 和 *弱作用力*。可能你对它们不太熟悉，但是一个细心的人应该可能会想到强作用力的存在。证据如下：一个原子核由质子和中子堆积在一个很小的空间里。质子之间的电磁作用力是斥力（因为它们带有相同的电荷，同性相斥），所以会使原子核有很强的破裂的趋势（一些放射性的元素，比如说镭就会这样，而且就是因为这种原因）。是什么将质子囚禁在核中的？更进一步说，为什么不带电荷的中子不会放射出去？是什么使它们结合在一起的？中子不受任何的电力作用，那么它极有可能受到其他东西的吸引力。简言之，因为大部分的原子核都不会分裂并且中间都包含中子，就必须有一种比电磁力更强的作用力作用在质子之间、中子之间、中子和质子之间。进一步说，因为宇宙中的所有物质都不会塌进一个大的原子核里，这种强的相互作用力必须是十分短程的 —— 作用范围不会超过原子核的直径。

这里我必须提醒一下。质子和中子都是由夸克粒子组成的（见下文）。[1]我们所真正要考虑的不是核子之间单纯的相互作用 —— 所

---

1. 穆莱·盖尔曼在1963年给它取了这个名字，他可能仅仅只是听说了这个名字，并把它念成"阔克"，大概他从来没有看过书上的这个单词["给马克先生叫三声夸克（Three quarks for Muster Mark）"，出自乔伊斯的小说《菲尼根守灵夜》]。我觉得现在大多数人叫它夸克是为了和马克押韵。

有的吸引力和斥力叠加的总效果 —— 而是这些单个组分之间的更详细的相互作用。这两者之间也许有着本质的区别。例如，你和我即使拥抱得再紧，我们之间的电磁作用力都是接近零的，即使我们身体里的原子核之间、电子之间都有很强的斥力存在，这种强的斥力都被我们各自体内原子核和电子的强烈吸引力所抵消（图6-9）。[1]所以，如果我们将自己看成是由两种粒子组成，我们之间没有电磁力作用，表明我们的组分有非常强的长程作用力。同样的，核子之间的

100 000 000 000 000 000 000 000 000 N

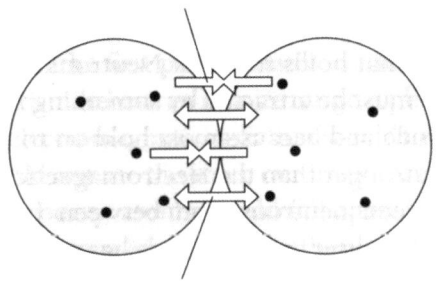

100 000 000 000 000 000 000 000 000 N

184　　　　图6-9　这是一个描述由电子（灰色背景）和核子（黑点）组成的两个电中性人体之间精细平衡的示意图。在两个这样的水球（代表两个人紧紧地拥抱在一起）里的两个电子之间的斥力是几万亿牛顿（力的单位，用N表示，1牛顿相当于作用在苹果树上一个100克的苹果上的引力）那么大。两个核子之间的斥力也是这么大。尽管如此，这两个人体内的电子和核子之间的引力也是这么大，很凑巧这对引力和斥力完全相互抵消。也就是说我们之间没有净吸引力或者排斥力

净相互作用将粒子结合在一起，与它们的组分 —— 夸克之间的作用力有很大的不同。事实确实如此，核子之间的剩余作用力是非常短程的，只在原子核直径范围内。而单个的夸克之间有真正的强作用力，

---

1. 这种拥抱使我们的电子之间所产生的斥力粗略估计是4×10^{27}牛顿，如果将这个力作用到围绕太阳运动的地球，可以使它停顿将近10秒钟。实际上这种拥抱是一种精细平衡事件。

它的作用范围是无限大的，它的传递粒子叫作胶子。这不像一般的力，当两个夸克分得越开，这种强作用力越强。待会儿我们将会更加深入地了解胶子和这个混乱世界的"强荷"。

我不期望你能想到弱相互作用或有关它的任何性质。提出弱相互作用是为了考虑某些放射性的衰变，尽管最好是从夸克方面进行考虑。这种力的净作用效果可以想象成是将一个中子拽开从中剥出一个电子，而剩下一个质子。这个电子跑到了原子核的外面，这是产生放射性辐射也就是我们所知的 β 辐射的原因。弱作用力非常短程，作用范围比原子核的直径更小。它以 W 矢量玻色子和 Z 矢量玻色子的粒子作为传播媒介，这两种粒子的质量分别是质子的 80 倍和 90 倍。

一般而言，传递粒子叫作规范粒子。这个特别冷僻的名字的来源很快就会在下文中有解释。现在可以说光子、引力子、矢量玻色子还有胶子都是规范粒子，这是我们得到的关于基本力都有共同起源这一问题的第一个线索。实际上，由麦克斯韦开始的力的统一已经将电磁相互作用和弱相互作用统一成了一种叫作电弱相互作用的力。这个统一是对称的一个方面，一旦我们更进一步了解了这个粒子公园后，我们将会再次提到它。

这个粒子公园被划分成了两个大的部分。一部分叫作"强子"，另一部分叫作"轻子"。强子是指有强相互作用的粒子。在强子的部分里，我们将只考虑夸克本身，因为其他一些属于这个部分的奇怪粒子（质子、中子和其他的许多奇异子）都是由夸克通过某种特殊的对称规律组合而成的。你也许已经听说过了这种联系方法叫"八重法"[185]

（图6-10）。八重法是一种强子的周期表，表里面的强子用对称操作的特殊的群进行分类。质子和中子在一族，所以我们可以认为它们的同位旋关系类似Dobereiner的三组合（这里是二组合），是整个分类图案的一小块。轻子则属于剩下的粒子，它们不受强力作用。

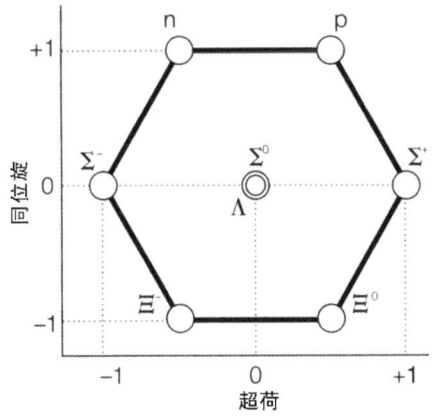

图6-10　八重法是一种用来给元素粒子分类和定位的方法，就像化学元素的周期表。这里是一张八种粒子的示意图（只有质子p和中子n，我们是熟悉的，其他的都是非常奇怪的粒子），一条轴是同位旋（文中讨论过），另一条轴叫作超荷，用来描述内部对称。通过这个方法我们可以看出这八种粒子是相互联系的。从描绘得更加精细的图中还可以看出与其他粒子的联系

　　非常奇怪的是，有些事情需要说出来解释一下，有三族强子和三族与之相关的轻子（图6-11）。这就像一个现实生活中的一个典型的家庭，三族粒子中的每族又分成两组粒子，这两组粒子是两代粒子。

186　　我们先来看轻子。有一族里有电子和电中微子，介子和它的中微子在另一族，τ介子和它的中微子构成第三族。中微子的质量非常小——比电子还要小很多——并且有可能是零质量粒子，但这一点没人能够确定。中微子不带电荷，质量很小，自旋是单位自旋的一半。

一定还有别的性质来区分这三种不同的中微子，为了有个更好的名字，人们管这种性质叫作味。因此中微子可以叫作几乎没有质量的自旋的味。介子像一种更重的电子，它和电子有一样的自旋和电荷，但是比电子重204倍，就像是一个保龄球和一个乒乓球。τ介子更重一些，相当于电子的3500倍，像一条大狗和一个乒乓球。

	第一族		第二族		第三族	
	Particle	Mass	Particle	Mass	Particle	Mass
强子	电子	0.000 54	介子	0.11	τ介子	1.9
	电子中微子	< 10^{-8}	介子中微子	<0.0003	τ介子中微子	<0.033
轻子	上夸克	0.0047	粲夸克	1.6	顶夸克	189
	下夸克	0.0074	奇异夸克	0.16	底夸克	5.2

图6-11 描述三族基本粒子的表格，每种情况都有两代轻子和强子（夸克）。质量用中子的倍数表示

这些粒子也有反粒子。反粒子 —— 反物质的组成粒子 —— 是科幻小说家们特别感兴趣的东西，因为它听起来是那么的奇特。其实它并不奇特，它只是很稀少。除了所带的电荷是相反的之外，一个反粒子与它对应的粒子的性质完全相同。例如，电子的反粒子就是带正电荷的阳电子，它与电子本身质量相同，自旋相同。一个我们将要考虑的问题是为什么我们周围的反物质这么少，为什么宇宙中的物质和反物质不是对称的。

如我们在图中所见（图6-11），6个夸克组成的强子按两代分成了三族。对于轻子，我们可以用质量来区分它们。电子和它的中微子所

对应的夸克分别叫作上夸克和下夸克，分别是8.7和13.7个电子这么重。介子和它的中微子所对应的夸克叫作粲夸克和奇异夸克，分别是电子质量的3000倍和300倍。τ介子和它的中微子所对应的夸克叫作顶夸克（之后在1995年被发现）和底夸克，分别是电子的35万和1万倍。这些不同种类的夸克就像不同种类的中微子有不同的味。大部分我们所熟悉的物质（特别是原子核中的质子和中子，还有原子中的电子）都是由第一族中的轻子和夸克组成，剩余两族仅组成其他很少见的物质形式。可以很坦白的说，第二族和第三族的存在好像是浪费，但存在总是有原因的，因为每个东西的存在都是有原因的。这个原因存在于对称里吗？我们将会看到答案也许是肯定的，只要我们将对称的概念作适当的扩展。

187　　没有一种夸克已经被单独探测到。我要对此做一个说明，使你能够欣赏另一种将一直延续到本章结束的科学观念的变迁。希腊人作为科学家，几乎是完全失败的，因为他们避开了或者说没有发明实验，他们只有纯粹的理论，没有任何的实验经验。夸克是不可能直接辨认出来的，但是确信是存在的，因为现代理论的成功需要有这种物质的存在，而且它们的存在得到了所谓的辅助实验的强有力的支持，如果返回希腊时代，这种理论是很危险的，但无疑会让那些实证主义哲学家们高兴很久。在这里，理论是非常聪明的，但是并不是有颠覆性的，因为它甚至预言了单个夸克是不可能被发现的，原因正如前面已经提到的，夸克之间的强力作用随距离的增加而增大，因此它们不可能逃离彼此的束缚。所以没有找到它们也是它们存在的证据之一。那么我们应该相信夸克存在，还是忽略它们就像我们曾经当原子只是一种记号呢？关于它们解释了很多东西，包括证实它们存在的实验结果，所以也许我们应该接受它们的存在。如果你接受这种想法和现实，那么接下来的内容你也应该是可以接受的。

上面所讲的那些都是关于物质的。三种不同族的费米子的性质是类似的，除了它们的自旋和对不同的力的参与能力特别是强力的参与能力不同之外。迄今为止我们所知道的一切都是建立在这种紧密地束缚在一起的组分之上的，而这些组分是由四种类型的规范玻色子所束缚。这个世界，归根结底，是非常简单的。

但是我们对它的描述却远没有这么简单。尽管粒子种类 —— 四种费米子（如果我们只集中考虑第一族）和一些胶子 —— 非常少，但如果我们想简单地寻找到真理，这仍然是一个庞大的数目。我们已经讲过弱相互作用的 W 和 Z 玻色子与电磁相互作用的光子是电弱相互作用的传递粒子呈现出来的不同面貌。有没有可能，所有的费米子就像所有的玻色子一样都是一个实体的不同的面貌？有没有可能归根结底，所有的费米子和玻色子都是某种单一实体的不同的面貌？现在，我们将会讲一些接近完美的简单世界的东西。

事实看上去的确如此。但是我们要了解它的含义，就要回到这一章的主题 —— 对称，并看一下对称是如何为我们更进一步的深入了解事物的本质提供框架。对称是如何能将看似不相关的事物联系在一起的，如果你想对此有一个具体印象，你应该想象一下一个正方体。从上往下看它是一个正方形。透过它的一个角看（闭上一只眼睛），它看起来像一个六边形（图6-12）。旋转一下角度正方形就变成了六边形。现在，对于一个二维的旁观者，这是一个比较特别的变换，但是如果我们有第三维，这本身就是一个极其简单的事情。当我们讨论对称操作如何将不相关的事物联系起来时这种想法是很有用的。

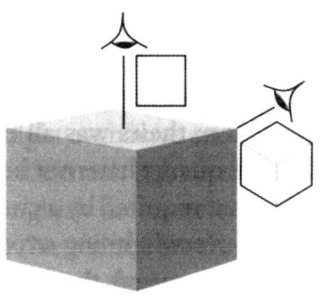

188　　　　图6-12　希望你在这一章的剩下部分里都能记住这个类比：它表明两个表面上看来不相关的二维形状（正方形和六边形）可能是从不同的角度看一个更高维空间的物体，一个正方体

　　自然界有一个非常值得注意的性质叫作规范对称。取这个晦涩难懂的名字有它的历史原因，在喜欢赶时髦的20世纪60年代，粒子物理学家们还不是很务实，在他们变得清醒之前，总是喜欢用例如奇异、璀璨这样的词来命名；在剪短长发后，在他们也不再在言语上因追逐时髦而故弄玄虚时，他们才开始用像"媒介矢量玻色子"这样的名称。规范对称就是一种我要提醒你注意的抽象的、内部的对称。尽管如此，但你深刻理解它之后会发现它的强大，因为它是一种揭示力的起源的对称。

　　为了理解规范对称，我们需要重新来看波函数，一个电子情况下的薛定谔方程和它的解。波函数有一个性质，人们可以改变其相位而不会发生任何可察觉的物理上的变化。这种对称起源于我们之前所提到的一种性质：只有某一点的波函数的值的平方才有物理意义，所以我们可以修改波函数本身而使它的平方保持不变。将波围绕它的传播方向进行旋转可能更方便来解释自由粒子的波函数相位的改变。（图

6-13）[1] 用这种方式调整相位就是一种规范变换。这也是我所提到的 [189] 一种内对称操作，因为如果在我改变相位的时候你闭上眼睛，你将不可能通过物理测量（这主要依赖于波函数的平方而不是波函数本身）来判断我有没有做过什么改变。如果我们在波函数的每一处都使波函数的改变量相同，那么薛定谔方程本身将不会发生改变，因为所有相位的移动的波都是它的解。换句话说，以相同的量进行的规范变换

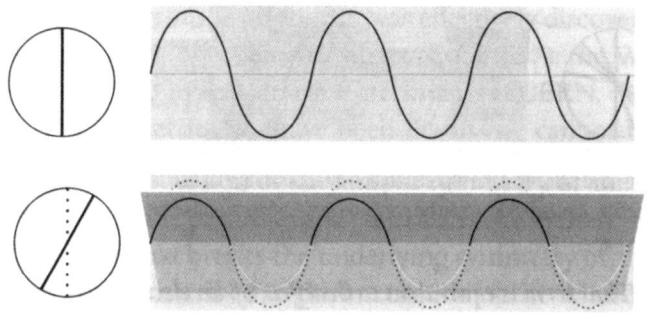

图6-13　一种规范变换的示意图。上图是一个自由粒子的波函数。下图描述了当波函数的相位在每个地方都做等量改变后波函数是如何改变的。我们已经接受了用波围绕它的传播方向旋转来表示相位的改变。这种改变并不会使波函数发生变化，所以波函数传递的信息和本地粒子相同。因此规范变换是一种系统的对称变换

是对薛定谔方程的一种对称操作。这个操作变换组成的群——将相位在0度到360度之间变换——叫作 U（1）群，1表示只有一种性质发生了变化。[2] "对称群 U（1）" 只不过是用一个很有趣的方式告诉我们，我们不需要什么过人的智慧就可以将波函数的相这个参数做任意调整。

---

1. 一般来说，相位的改变表示将波函数乘以 $e^{i\varphi}$。我应该将复杂的波函数描述成围绕它的传播方向盘旋前进，而它的相位的移动稍微超前一点。
2. 正如我们先前指出的，U 表示 "幺正（unitary）"。这种群的数学性质来源于物理上的要求，即当实施对称操作时，粒子既不能凭空创造，也不能随便破坏。

一般而言，规范变换可以给空间中的每个点不同的值，也就是说，我们可以将每一点的波函数的相改变不同的值（图6-14）。假定我们这样做之后薛定谔方程还是没有改变，我们就需要这个方程在所有属于U（1）群的对称操作下保持规范不变性，以使得空间中的每一点可以改变不同的量。现在某些值得注意的东西出现了。为了在一般意义上保证规范不变性，我们需要在方程中引进另外一项，这一项与作用在一个电子上的电磁力的效果是等价的。换言之，对于规范不变性的要求暗示了电磁作用力的存在。对称的维持需要力的存在。对称驱动了力。

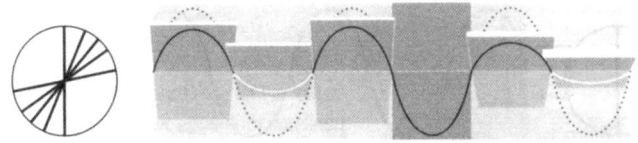

图6-14 在这幅图中，我们希望可以表达一种更普适的规范变换，在这种变换里，每一点的改变可以不同，所以每一点绕竖直方向转动的角度都可以不同（如上面的小图所示）。我们通过假定每相隔半个波长的位置相位的改变量是一样的使问题简化，实际上，这种变化是连续的。在这种规范变换下的不变性暗示了一种力的存在

我们已经知道，在隶属于一种称为U（1）群——不起作用的改变相位——的对称操作下，薛定谔方程具有规范不变性暗示了电磁力的存在。我们应该想到的问题是其他力是否也是规范不变性产生的结果。有没有足够复杂的能改变粒子波函数相位的方法，使得它们的方程保持不变，只要另外加入我们可以用力来解释的一项呢？在这方面的努力取得的成功表明所有的力都有一个共同的起源。

斯蒂芬·温伯格（1933— ）、阿布杜斯·萨拉姆（1926—1996）

和谢尔顿·格拉肖（1932—　　）在1973年已经将电磁力和弱力统一在一起，他们的工作所得到的方程现在叫作统一力的标准模型。他们所得出的对称操作的群，是电磁力中得到的U（1）群和其他考虑弱力作用的更加复杂的变换后所得到的SU（2）群的组合。实际上整个对称群都是U（1）群和SU（2）群的组合，写作U（1）×SU（2），这告诉我们这两种类型的力有同一个起源。它们是电弱相互作用的两面。这让我们想起前面的立方体类比：电磁力就像这个立方体，电磁力是从某一个方向看这个立方体所看到的正方形，弱力则是从另一个方向来看这个立方体所看到的六边形。

当电弱力被量子化后，理论的U（1）群部分产生了光子。而SU（2）群部分产生了三种粒子，也就是理论所说的"媒介矢量玻色子"，两种W粒子（带不同电荷）和一种电中性的Z粒子。所有这四种粒子的自旋都是1，并且都是规范玻色子。光子在1905年当爱因斯坦阐明 [191] 他的光电效应的时候就被发现了（第7章）；W粒子和Z粒子在1983年CERN的粒子加速器实验中被发现。

我们刚才所讨论的规范对称是不完整的，因为W粒子和Z粒子是有质量的，而且都很重，分别是一个质子80倍和90倍，而光子是没有质量的。在我们讨论原子核的同位旋对称和隐含在周期表中的对称时曾讲过，质量的不同极可能是由于粒子潜在的对称的相互作用被打破造成的。这种对称破缺归因于W粒子和Z粒子与另一种场的相互作用，这种场叫作希格斯场，就像是质子和中子的质量差异是因为它们与电磁场有不同的相互作用。描述质量如何获得的希格斯力学这一名称来自它的提出者皮特·希格斯（出生于1929），它与1964年布鲁塞尔大学的罗伯特·布劳特和弗朗西瓦·恩格勒特所提出的力学很相似。场当然是被量子化的，所以以与电磁场的相互作用实际上就是与量子化的电磁场，也就是光子的相互作用。我们可以认为在质子周围的光子比在中子周围的光子密度更大，所以会使质子的能量降低，质量也是如此。在希格斯场中的粒子也有类似的情况，因为我们可以考虑量子化的希格斯场，我们叫作希格斯粒子，因为电弱作用的介质的致密程度不同，结果导致W粒子和Z粒子有质量，而光子没有质量。

这种对称破缺解释的正确性和质量要求都与希格斯粒子是否存在有关。至今为止，还没有人发现希格斯粒子。这有两种可能的解释，一种是希格斯粒子根本不存在，这种解释粒子物理学家们很难接受，因为对称的证据所表明的电磁力和弱力可以统一是毋庸置疑的。如果这个证据是正确的，那么必有一种对称破缺的力学可以用在一些其他有质量的规范玻色子上。所以，像希格斯机制这样的东西是应该需要积极研究的，不然整套方法就成为废纸。或许，目前这种状态是情理之中的，换句话说，可能因为希格斯粒子质量太大了，以致目前的粒子加速器还没有达到将它们打出来所需要的能量。世界上的粒子物理学家们现在正在等着两个加速器升级，以此获得足够的能量寻找希格斯粒子，这两个加速器一个在欧洲粒子物理研究所（CERN），另一个在芝加哥西边的费米实验室。也许有一天它会被发现，也有可能粒子物理学家们需要修改他们最喜欢的模型之一。但我希望你能体会这种寻觅的重要性，因为到目前为止，我们对于物质认识的自信皆悬于此。

强力同样是规范对称的一种表现形式。这种情况下，我们要注意夸克具有一种非常特殊的电荷，它们可以通过交换胶子而相互作用，这就是味。每个夸克可以有这三种"强荷"中的任何一种，物理学家们习惯上将它们叫作色。这种颜色与真实的颜色绝对没有任何联系，这不过是对这种强荷的一种简洁叫法。因此，一个夸克的色荷可以是红色、绿色或蓝色的。所有已知的夸克的组合（三组合得到的质子和核子，夸克和反夸克所组成的胶子）都是白色的，它们是色荷的混合，结果都是白色的，没有多余的色荷存在，这与真实的白色一样是真实的红、绿、蓝的混合。[1]

现在我们对于规范对称有了新的认识。如果我们对称地改变夸克的颜色，挨个挨个地改变色调，这与改变波函数的相位是等价的。这种情况下，三种颜色都参与其中了，而不是一个单一的相位。不同于电磁相互作用的简单的U（1）群，以及稍微复杂的弱相互作用的稍微复杂的SU（2）群，我们必须要考虑一个更加复杂的对称操作的群，叫作SU（3）群。不过，正如我们对待其他力一样，为了使方程在更复杂的规范变换下保持不变，我们需要在方程中加入一个表征力的项。这个多加的项有着和强力完全相同的性质。更进一步说，当我们量化这种相互作用，从这个方程产生的规范玻色子，负责在不同颜色的夸克之间输运力的自旋等于1的无质量粒子正是胶子！这里，我们再一次见识到了自然的对称是多么让人敬畏——这次是更复杂和隐秘的对称——使得我们将由这种对称产生的项看成是一种力。

现在我们需要踏入让人糊涂的思维沼泽中，在这里潜伏着许多抽象的污泥，我们希望将强力和电弱力统一起来，并在接下来将强子和

---

1. 电视屏幕上的发光体是红色、绿色和蓝色的，当所有这三种颜色都被电子束照亮时，我们看到的是白色。

193　轻子统一进同一个范畴。对称再一次为我们指明了方向。我们可以怀疑是否真的有这么一个复杂的对称操作的群可以表明强力和弱电力仅仅是一个力的不同两面。如果你想要一个具体的类比，而不是旋转不同的角度看立方体变成正方形或六边形，就想象一个多面体从某些角度可以看到正方形和六边形，但是从另一些角度还可以看到八边形或别的形状，所有的形状都是某一个物体的投影。[1]

　　这种统一理论叫作GUT（大统一理论），是 *Grand Unified Theory* 的缩写。现在人们还不太确定更多的对称群的特性，只是提出了一些不同的建议。实验将会引导并帮助我们进行筛选。例如，因为夸克和轻子现在正被从两个分立的区域赶到一个区域中去，有可能夸克可以转化成电子，因此质子可能会衰变。最简单的方法是选择一个叫作 SU（5）的大群，它是强力的SU（3）群、弱力的SU（2）群和电磁力的U（1）群的组合，这种情况下质子的存活时间在10^{27}—10^{31}年之间。不过，实验表明它的寿命至少是10^{32}年。这个差别说明这种最简单选择可能不合适，现在人们正在研究更复杂的群。如果这个计划成功（科学家们对此很乐观），质子的有限生命将会如我们在第8章所讲述的一样，对宇宙的漫长的未来产生深远的影响。

　　我们的费米子家园里有轻子和强子，现在我们已经将它们放到了同一地方。还有一个玻色子家园，居住着力的传递粒子，它们将费米子束缚起来组成了质子和我们人类，还最终使得这种组合起来的费米子可以表达思想。这些力是一种力的不同方面。有没有可能有一种

1. 在一个非常不错的站点里可以旋转不同类型的多面体，并从不同的角度看它们。http：//www.georgehart.com/virtual-poly-hedra/vp.html。

更大、更复杂的对称操作的群，在某一个抽象的内部空间中 —— 一个更大更精致的多面体 —— 旋转这个实体使它某一面看起来是费米子、另一面看起来是玻色子？有些实验性的证据表明这种超对称群是真实存在的，每一种粒子 —— 电子、介子、中微子、夸克、规范玻色子、光子 —— 都是一个实体的不同的面。当然，这必然会带来更多的[194]对称破缺，因为这些粒子的质量范围很大，不过元素周期表里也有同样的问题，而且我们知道如何处理不同粒子具有不同的质量这个问题，比如说使粘在无质量粒子上希格斯粒子的数目不同。如果超对称在费米子和玻色子等价的证明上取得成功，那么力和粒子将会是与生俱来无法区分的，而且每一种事物在本质上都是一样的。对称让世界简单明了，超对称让世界一目了然。

当这个思想被不断挖掘，它表现出很强的实用性。尽管如此，这个理论同样预言了已知粒子的伴粒子。这些超对称伴粒子包括超对称电子、超对称夸克、超对称中微子、超光子、W微子、Z微子和胶子，都与它们常规的伴粒子相差半个自旋。比如说，一个超对称电子的自旋是零，超光子的自旋是1.5。问题是它们在哪里？最常见的答案已经被排除了：既不是它们不存在（因为宇宙不是超对称的），也不是因为它们太重以至于没有加速器可以制造出它们。现在还没有人知道答案，但是如果愿意欣赏美，你可能倾向于相信宇宙是非常美的，因此也是超对称的。对科学而言，信仰是指引，而非标准。

现在我们必须要面临许多尖锐的问题。当我们与这些问题擦肩而过的时候，也许你已经注意到了。其中一个问题就是为什么是物质而不是反物质占主导。另一个问题是为什么会有三族费米子。第三个问题是为什么会有这么多的基本粒子。第四个问题是为什么在我们寻求力的统一的过程中，引力是这样难以描述。所有这些问题的答案是不是都隐藏于宇宙的对称之中？宇宙是否比我们所能猜想的更加美丽？它是否是无比优美、完全对称的？

是的，而且还是超对称的，但是它毫无疑问不是完美对称的，又或者说也许应该存在等量的物质和暗物质。也有另外一些证据表明它也是有倾向的。有一些非常明显的、宏观上的倾向性。例如，大部分的人类习惯用右手的。没有人知道到底为什么会是这样，也许是因为心脏在人体偏左的地方。[1] 但是要解决这个问题，并不像将深远的目光投向于宇宙的本质。对于我们的结构较深入一些的认识存在于氨基酸中，当将它们缠绕在一起，形成盘状和片状时，就形成了主宰生命的非常重要的蛋白质（第2章）。氨基酸分子有两种形式，其中一种像是另外一种的镜像。至少在地球上仅仅只有我们的蛋白质中的氨基酸有相同的旋向性（根据一定的科学准则，它们都是左旋的），这是生命的本质。没人知道这是为什么。这可能纯粹是偶然，所有生命形式的远古共同的祖先都是左旋氨基酸，所以现在的生物也就遗传了这种旋性。尽管有人怀疑氨基酸的左旋主导与整个宇宙的倾向性有关，因为左旋氨基酸的稳定性要稍微好些，因此比它们的右旋镜像要稍微多些。没有人真正知道原因，但是如果这种旋性与某些基本因素有关，那么这是让人大受鼓舞的。解决这些问题，从而了解这些有机体

195

---

1. 人类的右手倾向（这对其他的动物并不明显）可能是有它的演化起源的，这可能是因为人类的母亲们倾向于将她们的婴儿抱在左手边，这样可以使母亲的心跳声对婴儿产生抚慰作用。人们已经通过对中世纪的人类骸骨的研究尝试图区分这种倾向性是现代文明的压力造成的，还是先天的倾向。一个较有说服力的理论认为右手偏优是因为它需要为开发大脑更高级的语言表达能力提供空间。http://www3.ncbi.nlm.nih.gov/htbin-post/Omim/dispmim？139900。

的蛋白质在宇宙中的其他地方是否就像在地球上一样有相同的旋性，将大有裨益。[1]

我们所谓的宇宙的倾向性是什么意思呢？在一个完全对称的宇宙中，在镜子中看到的事物与事物本身是毫无区别的。实际上，我们可能永远都说不清楚我们是在直接看这个宇宙还是在看宇宙的镜像。这种对称的专业术语叫作宇称守恒。但是1957年的一些实验结果表明能够将事物与它们的镜像区分开来，所以宇称是不守恒的。宇宙并不与它的反射镜像完全相同，它在空间上有所眷顾。

宇宙在空间上的倾向性导致了它在时间上也可能有倾向性。在一个时间对称的宇宙中，不管宇宙向前运行还是向后运行，自然界的定律都是一样的。因此，我们无法知道宇宙是从零点开始向前发展，还是从零点开始向后倒退。更奇特的是，在一个较小的尺度上，无论是每两个粒子碰撞形成一个新的粒子，还是产生的新粒子们碰撞还原成原先的粒子，这种逆过程是等价的。这种对称的专业术语叫作时间反演不变性。但是1964年所作的实验表明，在粒子家园里很小的一个拐角上是与时间的方向性有关的。[2] 这种倾向性与物质和反物质的不对称有很紧密的关联，这种关联出现在宇宙历史的初始时刻，我们将在 196 第8章继续这个故事。

实验表明宇宙在时间和空间上都是有倾向性的。但是这种倾向性

---

1. 对行星际旅行而言，风险就大了。如果在一个遥远的行星上，生命是由右旋氨基酸组成的，那么饥饿的地球旅行者们必须带上适合他们吃的自制的汉堡。
2. 中性的K介子的衰变，K中介子。

并不仅仅是随机的不对称，因为空间的倾向性和时间的倾向性是联系在一起的。为了了解这种联系，我们需要知道还有第三种类型的倾向性，叫作电荷共轭，即每个粒子可以被它的反粒子置换。我们可能期望宇宙中粒子和反粒子置换后与原来的宇宙是不可区分的。但实际上并不是这样。弱相互作用并不遵守电子共轭守恒，因此宇宙中的物质和反物质置换之后的宇宙和现在的宇宙是不同的。（这种不同使得我们在与这些宇宙的反物质区域靠近发生灾难性后果之前能够分辨出它们。）

有了对对称的通彻的认识后，我们可以得出如果我们同时将粒子和反粒子进行交换（记为 C），将宇宙反射到一个镜子里（记为 P），并改变时间的方向（记为 T），宇宙是对称的（据目前所知）。那么根据沃尔夫冈·泡利的理论，宇宙将是 CPT 守恒的。所以宇宙在单一变换下是有倾向性的，但是如果我们进行组合变换它将会是完全守恒的。

剩下的要解决的最大的问题是我们现在所知的所有粒子的最终本质是什么。在现在的粒子物理里，大量的努力都放在一个答案在握却可能永远都无法直接用实验来检验的理论工程里。如果我们返回这一章的前面部分，那时古希腊人想象着将物质分割并猜想着他们可以做到什么样的地步，其中一个隐含的假设是它们可能在分割成非常小的点状实体的时候结束。对于他们而言这种实体是原子；对于我们来说，我们考虑的是将无结构的轻子和夸克看作实体。但是如果这些都不是，如果切割的终点我们得到的并不是一个点而是一条线又会如何呢？这就是弦论的出发点，[1] 这种理论宣称可以解释我们所提出的诸多

---

1. 弦论也叫作超弦理论，因为它包括我们前面提到的费米子 – 玻色子的超对称破缺方面的内容。

问题。弦论是对我们这章所讲的对称理论的扩展，因为除了我们至今所考虑的刚体几何变换外，它还涉及时空的拓扑结构、延展性和布满空洞的概率。

　　在弦论里，我们认为自然界的最终物质结构单元是一种很小的 [197]弦状环，这种弦非常小，环的半径仅仅只有普朗克尺度（大约10^{-35}米，见第7章）。这种情况下，"非常"这个词名副其实。如果将一个原子核放大到地球的尺寸，弦状环将是一个不会比原来的原子核大的环。弦非常结实：它的张力可与10^{39}吨的质量相抗衡，这相当于1万亿个太阳的质量。我们现在所讲的就是这种非常小，但很紧绷的环。

　　这种紧绷的环可以振动。根据弦论，每一种不同的振动模式对应于一种基本粒子。所以，仅仅只有一种弦，但是有许多不同的振动模式对应于我们至今所知道的所有不同类型的粒子（图6-15）。我并不是指诸如在吉他上拨动不同调的弦一样来增加振动的频率，这需要较

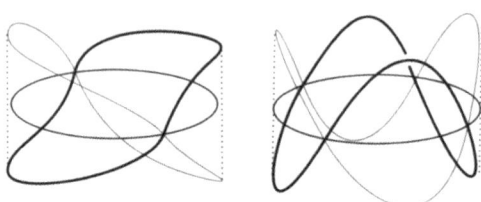

图6-15　一条弦的两种不同的振动模式，不同模式的振动零点对应于不同的基本粒子

大的能量。仅仅是激发出一阶谐频都需要较大的能量，这会导致所对应的粒子的质量远远大于基本粒子的质量——这相当于一个小细菌

的质量。[1]这里的振动叫作弦的零点振动。根据量子力学，一个振子是不可能完全静止的，而是经常会保持有一个很微弱的残余能量，也就是它的零点能。可以将弦想象成是轻微的脉动，就像人的心脏，每一个脉动的模式对应于不同的粒子。

当弦论第一次提出时，它仅仅只考虑了玻色子，因此遇到过以下困难：弦只能存在于26维空间中。当超对称引进并将费米子加入这个理论中之后这种维度的尴尬得到了一些缓解。由于超对称隐含的限制，人们发现弦仅仅只能在十维时空中存在，包括九维的空间和一维的时间。目前已经设计出了许多不同的维度组合方式，现在看来如果将维度跨扩展到十一维，许多不同的弦理论可以合并一种超理论。我们将会接受这个数目，并假定弦论就是关于在十维空间和一维时间上弦的振动的理论。最近新出现的弦理论，除十一维之外，还在更复杂的一维弦中包含一种两维的膜，这种理论叫作M理论。人们似乎已经忘了M的含义：它可能指膜（membrane），但是也可能指"一切理论之母（mother of all theories）"。

我们立刻就会想到一个问题：所有的这些维度在哪里？我们现在相信我们生活在一个四维的世界中（三维空间加一维时间），那么剩余的7个维度在哪里？人们认为它们可能卷起来了，或者说在宇宙形成初期它们没有机会展开：宇宙的原初膨胀太迅速（我们会在第8章中看到）以至于其他的7个空间维度都没来得及苏醒。有个类比被广泛使用，以便人们更容易理解这种维度紧致（压缩）的概念，我们可

1.这可能是一个普朗克质量（第8章），大概是质子质量的10^{19}倍。

以将卷起来的维度想象成是草坪上的水管。从远处看，管子就像一条一维的线，但是近看是有宽度的。

要想象压缩的一个维度，我们可以想象一个小圆圈 —— 沿着维度表示它的方向 —— 连着空间中的每一点（图6-16）。我们再也不能把这个空间中的碰撞想象成点碰撞：我们可以想象成是橡胶带沿着管子扭在一起，然后又相互弹开。实际上，每一个点都有七个这样紧致的维度，而弦用来缠绕它们，就像缠绕管子的橡胶带。这种紧致的维度被认为在每一点都有一种特殊的形状。两位数学家欧根尼奥·卡拉比和丘成桐对此做出研究之后，将其称为卡拉比-丘空间。物理学家

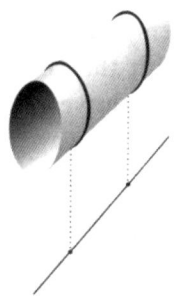

图6-16 图中所示的是一个一维的线上有两个点状的粒子，但实际上却是一个水管上有两个缠绕的弦。多余的维度被紧致化，而我们并没有意识到它们的存在，直到我们需要更深入地了解世界的本质结构。两个粒子的碰撞实际上是两个弦的碰撞

们经常会感激数学家，他们经常会非常理智地研究一些看似无用、抽象的概念，而在稍后会发现它们恰好就是物理学家们进一步研究所需要的工具。从柏拉图的观点来看（见第10章），数学家们在他们的发现被应用之前要等待很长时间，所以卡拉比和丘成桐是事先开创了这种方法而不是为了应用而发明了它。这种七维的形状就是弦论的水管，而弦就是缠绕着它，并穿过中间的洞。

199

图6-17 一个卡拉比-丘空间。它不再是如图6-16所示的一个简单的水管被看成一条线。可能在线上的每一点都是一个多维空间，本图中所示的就是其中一种情形。想象一下空间中的每一点上都附着这一个像这样（但是有更多维度）的结构

　　似乎M理论可以回答重大问题中的一个：为什么有三族粒子？这个答案看上去存在于对称中。但是这一次，是卡拉比-丘管水管的对称，并与弦所穿过的这些空间中洞的维度相关。对称是我们迄今为止所发现的最深奥的东西。如果用某种特定的方式来处理卡拉比-丘空间，可以使新空间中的偶数维洞的数目与原始空间中奇数维洞的数目相等。粒子族的数目是由穿过图样的数目也就是洞的数目来决定的。有迹象表明当前它的作用不仅限于此，粒子族的数目与时空紧致的行为密切相关，这样一来数字三就可能是有意义的。

　　另一个重要的问题是为什么只有三个没有卷曲的空间维度提供给我们一个三维的空间。弦论给出了一个答案，但是这与第8章所讲的宇宙的本质有关。

　　弦论以及更精美复杂的M理论，有让人震惊的力量，但是它也有可能不再是科学。现在回过头来，我要让你做好心理准备，科学可能

将不得不修改它的可接受标准。这与夸克有关，夸克到现在还没有被发现，并且有可能不会被发现，但是我们对夸克存在的信心与日俱增，以至于认为它的存在毋庸置疑。这种证实是通过推理，而不是直接实验。也许会有这么一个时刻，科学在经过大量谨慎的思考后会跨过它所定义的科学边界。

相对于这一章的中间部分所讨论的对称的神奇之处，M理论使我们在这条充满危险的道路上更进一步。对于M理论没有什么直接的实验验证：它是一种灿烂美好的思想，提出了怎样来解决更深层次问题的方法，但是它并没有作出单一的数值预言。它提供了考虑许多问题的方法，比如粒子族的数目，但是由于有成千上万卡拉比－丘空间，暗示它可能只能事后讨论而不能预先预言。直接的实验验证需要提供一个星系甚至宇宙尺度的装置，这似乎是我们的技术水平所永远无法达到的。它所提出的一个间接的比较合理的建议是非常有趣的，如果被证实将是非常了不起的。比如说，M理论预言了自旋为2的无质量玻色子——引力子的存在。所以引力是它能运用的，我们可以保守地相信，所有力中最让人难以捉摸的引力可以通过这个理论与其他的力统一起来。研究M理论的科学家认为M理论是正确的，因为它是那么优美。但是我先前已经说过，并且还需要再强调一下，对于科学而言，仅有对信仰的热衷是不够的。

第 7 章
量　子
认识的简化

伟大的思想

波动类粒，粒行如波

> *如果某个人宣称他完全懂得量子理论，那么他根本就不曾理解它。*
>
> ——理查德·费曼

201　　　我们已经在量子理论的边缘徘徊了很久，并且将一只脚趾踮入了它危机四伏的领地。现在我们要一头扎进去。为了感受这个非凡的理论深远的影响和意义，我们需要注意，直到19世纪末依然波归波，粒子归粒子。不过，由于这种认识过于浅薄，这种严格的区分在世纪之交便不复存在。在那个世纪末的一系列的实验中，产生了一种病毒，它侵入了经典物理。20世纪的头几十年中，这种病毒带来的疾病几乎完全摧毁了经典物理——不仅销毁了经典物理中一些极有意义的概念，比如粒子、波和轨道，而且几乎将我们所建立的对于真实世界的认识撕成碎片。

　　　　量子力学取代经典物理——牛顿及其后继者所创建的物理（见第3章）——逐渐浮现。从来没有一种有关物质的理论在哲学家中产生如此恐慌，从来没有这样一种物理学家掌握的物质理论被证明是如

202　此可靠。量子力学的预言无一例外的被观测到，没有哪一种理论被这么频繁的检验并可以达到这么高的精度。问题是，尽管我们可以纯熟

地满怀信心地应用这个理论，尽管这个理论已经被讨论了百余年，但是还没有一个人真正懂得它的意义。不仅如此，人们估计美国30%的GNP都依赖于量子力学这种或那种形式的应用。一个理论没人理解并不算坏事，如果我们理解了它，可能会使我们的生命所受到的潜在威胁增加（量子武器的发展不可避免使得死亡增加）！

　　19世纪后期物理学家们研究一个稍显深奥的与热体光辐射相关的问题时，首次发现破坏经典物理的病毒。为了明白究竟发生了什么，我们需要知道光是电磁辐射的一种形式，这意味着光是由光速[1]传播的电波和磁场组成。辐射的波长是两个波峰之间的距离，对于可见光是1毫米的五万分之一。大家都认为这非常小。的确如此，但是这还是完全可以想象的——可以想象成将1毫米划分成1000份，然后再将每一份分成两半。不同颜色的光对应于不同波长的辐射，红光的波长相对较长，蓝光的波长相对较短（图7-1）。白光是所有颜色的光的混合。波长微小的改变会产生很大的影响：光的颜色会从红色变为黄色然后变为绿色，波长从7.0毫米的万分之一减小到5.8毫米的万分之一再减小到5.3毫米的万分之一，汽车司机就是根据交通指示灯这样微小的改变来做出反应。应用于微波炉的微波辐射也是一种电磁辐射，但是它的波长是几厘米，所以很容易想象。

　　我们同样需要注意频率的概念：如果你想象自己站在某一点上，波正从这一点传播过去，那么频率就是每秒钟穿过你的波峰的数目。波长长的光频率较低，因为每秒钟只有少数几个波峰穿过；波长短

1.用 c 表示，光的速度是 2.998×10^8 米/秒，大约是每秒180万英里，或者每小时6.87亿英里。

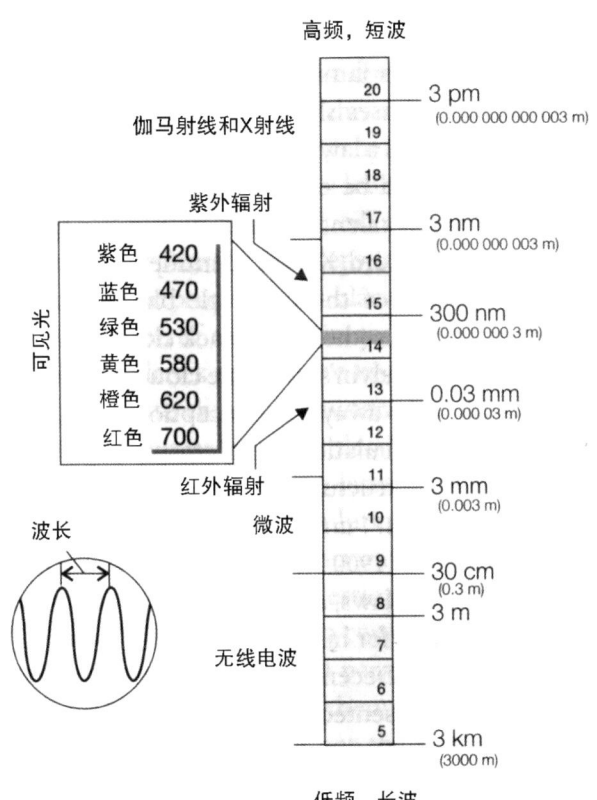

图7-1 用电磁波谱来表明不同区域的分类。光谱中的可见光波段其实是一段波长非常窄的区域，我们看到的不同颜色对应的波长（波的两个相邻波峰之间的距离，如图圆框中所示）在"可见光"方框中用纳米表示（10^{-9}米）。在灰色的竖长条中的数字是对应波长的频率，即每秒钟的振荡次数，比如说8，即表示频率为10^8Hz（每秒钟振荡1亿次）。这种分类并不是严格的，光谱并没有一个明确的上限和下限

的光频率较高，因为每秒钟会有很多波峰穿过。对于可见光，大概有 600 万亿个（6×10^{14}）个波峰穿过，因此频率是每秒钟 6×10^{14} 个循环（6×10^{14} 赫兹，Hz）。红光的频率相对较低，每秒仅只有 440 万亿个循环；蓝光相对的辐射频率较高，每秒钟有 640 万亿个循环。我们

感觉到辐射有不同颜色是因为对不同频率的光我们的眼睛会用不同的接收器。上面表示频率的实际数值对于接下来的问题作用不大，但是，了解它们的典型的数量级和电磁波谱的不同的区域则是必要的功课。

19世纪末，人们发现从一个白热物体发出来的光——也叫作"黑体辐射"的两个性质，并将它总结成物理定律。1896年，德国物理学家威瑟海姆·维恩（1864—1928）注意到黑体辐射的强度——发光体的亮度——在哪一个波段最强与温度有一个简单的关系。其实我们在日常生活中这个性质随处都有体现，因为我们知道一个物体开始加热时是红色的，当温度持续上升时就会变成白炽的。这种颜色的变化表明当发光体的温度上升时，蓝光（波长较短）的贡献比初始的红光（波长较长）的贡献越来越多，所以最大发光强度在向短波偏移。1879年，奥地利物理学家乔瑟夫·斯特藩（1835—1893）研究了白热物体另外一个我们在日常生活中非常熟悉的性质，这就是发射光的总强度随着温度的升高很快地增加，并将这种性质用公式量化地表示出来。[1]

尽管许多天赋禀异的物理学家都做过艰苦卓绝的努力，但不论是维恩定律还是斯特藩定律都不能在经典物理的框架内解释。在1900年4月27日，皇家学院的一次讲座中，开尔文爵士认为对黑体辐射的解释是出现在经典物理地平线上的两朵小乌云之一（另一朵乌云是没

---

1. 维恩定律是指绝对温度和最强辐射的波长之积为常数（$\lambda_{max}T=$constant）；斯特藩定律也叫作斯特藩–玻尔兹曼定律，是指辐射的能量的总强度与绝对温度的四次方成正比（强度$=$constant $\times T^4$）。点亮一盏灯，它的灯丝的温度从300 K（室温）增加到3000 K（它的工作温度），它的辐射强度增加了10000倍，这就是它为什么在短时间内变得这么亮的原因。

有探测到的以太的运动）。开尔文所说的两朵小乌云随后慢慢演变成
了巨大的风暴冲击着我们的整个世界观、我们的计算方法、我们解释
观测现象的思维方式和我们对于事物深层次结构的理解。

人们对黑体辐射的无能为力激怒了马克斯·普朗克（1858—1947），
于是他无意间促使了量子理论的诞生。1900年10月10日，他写出了
一个看起来可以将维恩定律和斯特藩定律结合起来的公式，并在以后
的几个星期里不断尝试建立一种理论基础来解释这个表达式。1900
年11月14日——现在公认为量子理论的诞生日，在德国物理学会之
前的一次讲座中，他给出了这个表达式的解。首先，他将辐射描述成
是由热物体中的原子和电子的振动所引起的，每一种振动的频率对应
于辐射出的某一个特定颜色的光。这是一种标准观点，与他同时期科
学家们都作了同样的假设。但这些人同时还一致假定每一种这样的振
动的能量都是连续变化的，就像一个单摆（他们认为与此类似）可以
有任何幅度的摆动。然而，普朗克提出了截然不同的观点。他认为每一
种振动仅有一些分立的能量改变，这是一种阶梯式而不是斜面式
的能量改变。他还特别提出，一个给定频率的振动能量是$h×$频率的
整数倍，这里的h是一个普适常数，现在叫作普朗克常数[1]。也就是说
他提出任何给定振动的阶梯式能量值只能是用0、1、2…$×h×$频率。

205   h如此之小，以至于大部分电磁辐射形式的能量阶梯太小而无法
用现在非常成熟的方法探测到，所以很容易理解为什么物理学家们

---

1. 作为一个谦逊和蔼的人，普朗克并没有在他发现这个常数后就傲慢地贯以自己的名字：这是别
人做的。他把这个常数叫作量子作用量。他能够通过将他的公式与观测到的黑体辐射做比较得出
这个值。现在通用的值是$6.626 × 10^{-34}$焦·秒。

一开始会认为能量的变化是连续的。比如说一个钟摆，你能看得出来它的摆动幅度一步一步变化吗?[1]尽管如此，能量的阶梯式变化是解释黑体辐射性质的唯一途径，能量的阶梯式变化（它的量子化）现在已经是既定事实。

私底下，普朗克曾向他的儿子倾诉他觉得自己的发现媲美牛顿。不管怎么说，在他的大部分余生里他做了无尽的尝试，但试图在经典物理的框架下来解释量子化的方法没有取得任何成果。这里，在对于科学方法的理解中，我们可以学到两件事。其一，革命性的思想从不断的阻碍和打击中聚集力量。不像人类致力发展的其他领域，在那里疯狂的思想总是可以得到毫无疑问的拥护和友好的接受，科学领域的疯狂思想必须要承受不断的打击，特别是当它可能会推翻已经建立的科学蓝图时。其二，老人们（包括女人，尽管对他们而言，经验的证据不可避免并非常遗憾地越来越少）并不是最好的激进科学思想的传播者，因为他们深陷于从自己所受的教育，所获得的知识之中，不能接受自己所学的知识已经过时。像许多新的思想一样，只有当老一代的人逝去，新的观念才会被接受。

无论如何，普朗克的革命性思想 —— 他的关于能量是一团团的，是颗粒状的而非连续的，看起来像沙子而不是水的疯狂思想改变了我们对现实的理解。最初，人们认为这只不过是一种数学手段。他所提出的思想的物理意义在1905年当爱因斯坦参与到这场角力，拔出他

---

1. 如果你的回答能，你就在撒谎。一个1米长的摆绳上一个100克的小锥以5厘米的幅度摆动时，就像一个挂钟的钟摆在摆动，它摆动幅度的每一步变化在竖直方向是10^{-30}厘米，这比一个原子核的直径还要小15个量级。

的数学利刃，斩杀了另一条经典物理的巨龙之后，才凸显出来。

　　为了看清楚这条巨龙，我们需要深入龙穴 —— 19世纪后期的物理学大背景。在那个时期每个人都相信光 —— 更广义地说是电磁辐206 射 —— 是波动的：它像波一样传播。但人们并不是一开始就这么认为。牛顿，还有后来的拉普拉斯，一直认为光是一连串的粒子，但19世纪不断增加的实验证据使得人们确信光是一种波。最有力的证据是衍射现象，这一现象最先由严谨的观测者莱昂纳多·达芬奇（1452 —1519）提出，并由像惠更斯、杨、菲涅尔这样权威性的物理学家用尽一切方法研究和加以量化。对光的波动理论起决定性作用的是人们成功预言了当球或者圆屏受光线照射，它们的阴影中心会出现光斑（图7-2）。1818年，奥斯汀·菲涅尔（1788 — 1827）在法国科学院赞助

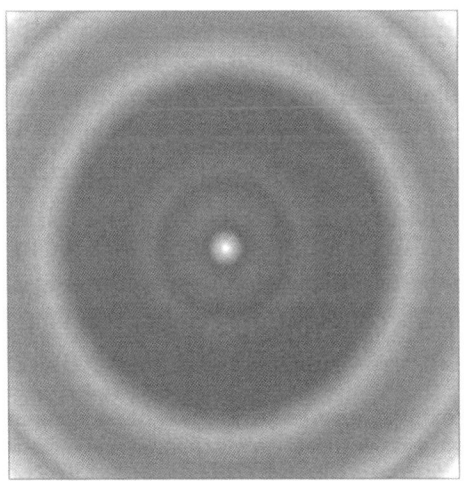

图7-2　泊松斑。根据光的波动理论预言，当一个不透明的碟子放在一盏灯前面时，在它的阴影的中心会出现一个白斑。这样的衍射现象是光具有波动本质的强有力证据

的一次竞赛中，提交了一篇关于衍射理论的论文。数学家泊松是委员会的评委之一，他对光的波动理论给予了很高的评价，并从菲涅尔的理论中推导出看似荒谬的结论 —— 在圆形障碍物后面的阴影中会出现一个光斑。而另一个委员会的评委，弗朗西斯·阿拉贡，决定寻找泊松预言的亮斑，并通过实验发现了它。结果菲涅尔赢得了竞赛，从此光的波动理论成为了可接受的看似无可争辩的理论。而我们前面所说的巨龙就是光的波动性质。

1905年，当爱因斯坦证明了光应该被看作是由粒子组成时，他开始了屠龙行动。爱因斯坦从两方面摧毁了光的波动观念。首先，他分析了在一个加热的空腔中电磁辐射的热力学性质，并表明与普朗克的观测一致，辐射必须是由粒子而不是波组成。十年之后人们把这种光的粒子叫作光子，我们将采用这一名称。

爱因斯坦的说法得到了随后的光电效应实验的支持，光电效应是 207 指当紫外辐射照射到金属表面时会将电子打出。对光电效应一系列的特殊性质，光的波动理论无能为力。尽管如此，一旦这个效应被描述成是电子和打进来的光子相互碰撞的结果，那么它们就很容易解释。这个模型使得我们可以对光电效应作非常准确的量化估计，这也是爱因斯坦获得1921年诺贝尔物理学奖时被提及的工作之一。命运和物理的一个小的突发性事件使我们现在知道如何根据电磁波理论来解释光电效应，尽管现在光电效应作为支持光子存在的一个特殊证据仍然不容置疑的出现在教科书中（包括我自己的教科书），但是实际上它是有瑕疵的。虽然如此，光子的存在是毫无疑问的，因为大量不同类型的证据都可以证明。[1]

可以想象，当人们首次提出调合的观点，即将新实验中证实的光是由粒子组成的无可辩驳的观点，和以前的实验中证实的光是由波组成的同样无可辩驳的观点进行调和，是让人难以接受的。至今这还存在一定的困难，我们稍候会谈到这一点。

到现在为止，量子病毒已经侵入了经典物理的体内并且开始扩散。爱因斯坦对量子理论的建立的第二个贡献也是在1905—1907年的爱因斯坦奇迹年中做出的。这个贡献解决了一个看似更加平常的问题，一个与物质加热时的温度升高有关的问题。这个被研究的性质叫作物质的比热容，比热容是用来量度将物体加热到给定温度所需要的热量。[2]回到1819年，那时人们不担心过少的实验证据，并相信所得到的实验结果，而同行审查体系也尚处于摇篮时期。法国科学家皮埃尔-路易斯·杜隆（1785—1838）和亚里克斯-泰雷兹·珀替（1791—1820）宣称当修正样品中的原子数目后，所有物质有相同的比热容。每一个人都相信他们，尽管这显然是不对的。50年之后，当我们取得了更多的实验数据，物理学家们开始在较低的温度来测量比热容，这就不可避免地使得杜隆和珀替的定律看起来更加缺乏说服力，特别是当温度足够低时，实验表明所有物质的比热容都趋近于零。

---

1. 还有一个相关的故事是爱因斯坦获得诺贝尔奖的工作其实是基于对光电效应的错误分析却得出了正确的结论，而不是他最重要的研究工作——相对论理论，这个理论在当时还是非常有争议的，但是后来被证实是正确的（就我们目前所知）。
2. 比如说，水的比热容是4焦每克开，也就是它的"比热"，这表明将1克的水温度升高1开尔文所需要的热量是4焦耳。

假定原子通过不断加热，它们的振动将越来越剧烈，经典物理可
以非常简单地成功地解释杜隆和珀替定律。因此要接受这个定律在低
温和许多常温条件下并不适用，让经典物理学家们有些沮丧。这个问
题直到1906年爱因斯坦对此做出非同寻常的思考后才得以解决。他
接受原子振动的观点，但是关键是他同普朗克一样将原子振动的能量
看成是阶梯式的，就像是能量的阶梯在晃动颠簸一样。在低温时，由
于没有足够的能量使得原子振动，所以比热容非常低。在高温时由于
有足够的能量使得所有的原子都振动所以比热容可以达到杜隆和珀
替所预言的经典值。爱因斯坦可以计算出温度和比热容的依赖关系，
并与观测符合得很好。几年后，他的模型被荷兰物理学家皮特·德拜
（1884—1966）所修改，但是这种修改并不影响基本思想，结果与实
验符合得非常好。

爱因斯坦的贡献至关重要，因为他把电磁辐射研究出现的概念拓
展到纯粹的原子振动的力学系统中。这个病毒已经使它的内在形式从
辐射转变成了物质。

一旦这个病毒像在辐射中一样，在物质里也生根发芽，它就开始
侵袭整个经典物理框架。从1906年开始，随时间的推移，出现了许
多重要时刻和研究成果，特别是丹麦物理学家尼尔斯·玻尔（1885—
1962）1916年单凭想象提出的但是非常成功的氢原子结构模型，后来
这被认为是最早对粒子系统采用量子概念。尽管如此，我们现在要讲
的关键时刻是1923年，这个时候病毒已经侵入到了物质的心脏并瓦
解了粒子的概念。

209　　　由于科学家们都像牛顿一样谨慎对待光是由粒子组成的观点，所以光子的引入并没有给人太大的意外，但没有一个严谨的科学家 —— 除了少数富有魄力的人和古希腊时期思辨学者们 —— 认为物质也是波动的。19 世纪 20 年代出现社会震荡的时期，实际上也是这一观念的出现和萌芽时期。这个观点的提出者是路易·德布罗意（1892 — 1987），他世袭了路易十四家族的爵位。

　　德布罗意的这个革命性的观点来自于他将光的传播和粒子的传播进行类比。他的证论非常繁琐，但我们可以只看他的核心思想而不必弄得那么复杂。几何光学的核心思想是光线沿直线传播，遇到镜子发生反射，遇到透镜发生折射，在光源和目标之间传播的路径对应于最短时间。这种表述叫作最短时间原理，1657 年法国的地方行政官兼业余运动员而且是非常杰出的数学家皮埃尔·费马（1601 — 1665）提出这一原理，作为对亚历山大利亚城的希罗在公元前 125 年左右写的《反射光学》一书的概括总结。这个原理的一个更准确的名字是叫平稳时间原理，"平稳时间"这个奇怪的名词意思是指沿某条路径传播的时间或者是最小，或者在某些情况下也可能最大。我们的讨论将主要限定在最短时间路径上，但是这很容易外推到最长时间的路径上。我们立刻会困惑：光线如何会事先知道走哪一条路径可以用最短的时间？如果它一开始就走错了路，返回来重新走最短路径比继续走原来的路径不是要浪费很多时间吗？

　　光的波动理论用一种非常好的方式解决了这个问题。我们假定两点之间有任意一条路径，并想象光沿着这条路径传播（图 7-3）。那么再想象离这条路径很近的地方有另外一条路径，波同样也沿着这条

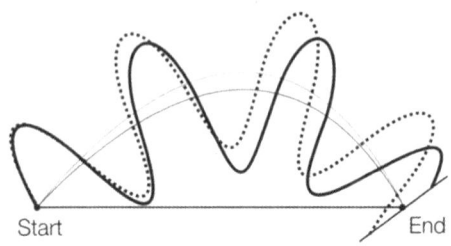

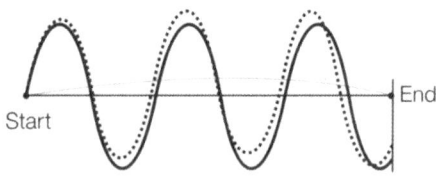

图7-3 在上图中,我们看到两个固定点之间一条弯曲的路径和它附近的另一条弯曲的路径。每条路径上我们都画了一个相同波长的波。尽管它们有相同的振幅,当它们到达另一点时的振幅有很大的不同。如果我们想象有许多的波在它邻近的不同路径上运动,在终点时这些波的振幅都会很不一样,并且作相消干涉,结果终点的振幅是零。在下图中,我们看到相同的情况发生在一条直线路径和它邻近的路径上。这种情况下,到达终点的所有波都有相似的振幅,它们并不会发生相消干涉。我们可以得出以下结论,光线可以自由地沿任意路径传播,但仅仅只有非常接近直线路径的光线才可以剩余下来

路径传播。在终点处,波的波峰和波谷由于传播的路径不一样而会相互抵消,这种相互抵消叫作相消干涉。干涉是波传播的一种特性。当你看有波浪的水面时,波浪的波谷碰上了另一个波浪的波峰时水的波动就会抵消。尽管如此,有一条路经由于和它邻近的波峰的位置相差甚微可以使波动相互增强而不是减弱,这种相互增强叫作相长干涉。这种效应同样可以在水波中看出来,当两个波峰相遇的地方水的波动就会增强。在源与终点之间能使干涉相长的路径就是非常接近于直线

的路径 —— 一般来说也是费时最少的路径。

210 现在我们进入讨论的核心部分。光线事先并不知道也不需要知道哪一条路径是最节约时间的。它会尝试所有的路径，但是只有沿非常接近直线的最省时路径传播的光线才不会相互抵消。光线的波长越短，相消和相长干涉的条件就变得越苛刻，仅仅只有在几何上成直线的路径才可以让波长无限短的光通过，这种限制使得物理上的波动光学变成了几何光学。完全自由的行为最终却形成了一个明显的规则。这是一种最佳的科学解释，当缺乏约束的狼群出现在有组织性的羊群里，混乱取代了规则，无秩序取代了秩序，控制的根基被消除。

记住这种解释，现在我们来考虑粒子。根据经典力学，粒子的路径由作用在它上面的瞬时的力决定（如第 3 章所见）。尽管如此，对于波的传播，我们可以不予考虑，而是关注整条路径。1744 年，法国数学家和天文学家皮埃尔-路易斯·莫霍·莫佩尔蒂（1698 — 1759）提出一个粒子所走的路径可用一个路径相关的他称为作用的量表示，这个量应取最小值。莫佩尔蒂得出他的最小作用量原理更多的是出于神学而非物理学的考虑，在他的《宇宙论》（1759）一书中，他认为原初动力的完美形式与任何事物都是相互矛盾的，除非它有最简单的形式并作最少的消耗。可惜的是现代的研究表明某些情况下粒子所走的其实是最大作用的路径，因为这种观点，所以一个更适合的名字是稳态作用原理。为了简单起见，我们仍然采用最小作用的路径。

211 莫佩尔蒂关于"作用"的定义很难理解，而且会根据他处理的问题的不同而变化。然而，这是一个正确思想的萌芽，而且几乎与此同时由瑞士数学家莱昂纳德·欧拉（1707—1783）在数学上用严格的形式表述出来，并最后由乔瑟夫·路易斯·拉格朗日于1760年左右给出最后的表达式。尽管这段历史错综复杂，但我们还是可以从中了解到其核心思想，是定义了一个很有用的量叫作作用量——可以想象成与"努力"有类似的含义——一个粒子的运动路径对应于最小作用量、费力最少。我们即刻就会产生一些疑问——现在对我上面的话变个说法——一个粒子是如何事先知道哪一条路径是只需要最小作用就可以通过的呢？如果它一开始就走错了路径，接着走下去比返回原点重新出发不是更经济的作用行为吗？

　　德布罗意从光学的最短时间基本定律和粒子动力学的最小作用量基本定律的类比中受到很大的启发。他发现，粒子在没有运动之前，对哪一条路径是符合最小作用原理这一判断可用与光学完全相同的方法来解决，也就是说波可以和粒子联系起来。混乱状态可以归结成一个定律：与粒子相关的波可以走起点和终点之间的任何路径，但只有走那些对应于直线的 [没有力作用的情况下，如果有力的作用（就像镜子和透镜）路径会更多] 路径才能够经历相长干涉而不会与邻近的粒子相互抵消。如果这种"物质波"的波长减小，这种相互抵消的条件会更严格。当这种波的波长无限短时，我们就可以得到一个空间中定义的几何路径。换句话说，牛顿力学将会出现，粒子将会有精确的运动轨道。

　　为了检验这种相似性，德布罗意推导出了他的物质波的波长表达式：

$$波长 = \frac{h}{动量}$$

这里的h是普朗克常数，粒子的动量是它的质量和速度的乘积（见第3章）。因此，普朗克常数（普朗克叫这个常数"量子作用量"）是从一个很深的层次上对物质动力学的描述，它触及运动的核心思想。请注意分母的动量之中包含有质量这个量，所以质量越大（球，人，行星），波长就会越短。比如说当你以每秒1米的轻快脚步走路时，你的波长只有1×10^{-35}米，所以你的运动可以用牛顿力学来处理，你不用担心自己会因为衍射而不能确定自己要到达的地方。[1] 所以物体的波长太短而没有被注意一点都不令人奇怪，这也是牛顿力学可以如此成功地应用在可见的宏观的物体上的原因。尽管如此，但当我们考虑电子时，我们进入了一个不同的世界，因为它们太轻了，所以动量变得很小，波长也就相应地变长了。一个原子中的电子的波长可以与原子的直径相比拟，牛顿力学对于它们而言不再是可以容忍的近似了。

1929年为了奖励他"发现了电子的波动本质"，德布罗意当之无愧地被授予诺贝尔奖。尽管诺贝尔奖评委会并没有对他的工作做出正确的评价，其实德布罗意所发现的粒子的波动性适用于所有的粒子，而不仅仅是电子。电子是普通粒子中最轻的一种，所以他的发现在电子上更容易得到证实；但是粒子或粒子的集合（球、人和行星）在原则上都表现出了与之相关的波动性。这种波动性的存在，由电子表现

---

1. 当你停下来的时候，你的第一个反应也许是你的波长突然变得无限长，你可能会传播到整个宇宙，这与一般的观念截然相反。但是你仅仅只是看起来停下了，实际上，你的身体在不同的方向上不停地撞击，就像在一个点上不停地震动。

出波动最显著的特点 —— 衍射的实验所证实。美国的克林顿·戴维森（1881—1958）在1972年展示了电子被镍单晶体的衍射，在阿伯丁大学工作的乔治·汤姆生（1892—1975）证明了电子在穿过一个厚胶片之后被衍射。因为他们的上述工作，这两个人分享了1937年的诺贝尔奖。从此之后，所有的分子都被证明可以衍射。这对于汤姆生家是非常有趣的，G.P. 汤姆生因为证明了电子的波动性获得了诺贝尔奖，而他的父亲 J. J. 汤姆生则因为证明了电子的粒子性而获奖。看来汤姆生家的早餐可能发生冷战了。

现在，我们正处在山雨欲来风满楼的阶段，尽管理论还没有完全成形，也没有完全弄清楚，甚至德布罗意也没有真正明白他的"物质波"的本质含义。现在所能建立的只是物质和辐射的双重性，即两者[213] 同时具有物质和波的特性。很早以前被认为是波动形式的光已经向我们展现了类似物质性质的另一面。很早就被认为是粒子形式的物质也向我们展现了它波动性的另外一面。再一次，一个正方体从某一个方向看是正方形，而另一个方向看是六边形的图景又出现在我们的脑海（图6-12）。

在1926年德布罗意物质波的实质被理解之后，这个现在已经摧毁了大部分经典物理概念的病毒达到了它最强盛的阶段。正如我们所见，现在我们逐渐清楚了叫它不断恶化的"病毒"是不合适的，因为当经典物理所蒙的尘埃被慢慢扫除之后，我们发现了一个更简单、更清晰和更容易理解的内在世界。那些对传统经典理论根深蒂固的老人们，因为无法妥协新的简单的理论，他们误导了年轻人。接下来，我希望年轻人和能够接受新思想的人知道简洁的量子力学已经给我们带来对世界新的认识。

现在我们将集中讲述两个伟大的量子理论巨人，难以捉摸的德国人沃纳·海森伯（1901—1976）和浪漫热情的奥地利科学家埃尔温·薛定谔（1887—1961）。他们得出的公式使我们可以计算粒子的动力学性质（我们将继续这样称呼），并用来替代牛顿的运动学定律。他们得到的公式分别叫作矩阵力学和波动力学，这两组公式彼此看起来完全不一样，而且所表达的哲学观也不一样。但是这两组公式很快就被证明在数学上是完全等价的，所以哲学上的争论变成了个人选择。数学的这种多样性使得它可以用形式上非常不同却完全等价的两种方式来描述物理世界，所以当我们轻视其他数学公式的时候应该做更周全的考虑，因为它可能与我们所相信的公式是完全等价的。矩阵力学和波动力学的结合现在通常叫作量子力学，从现在开始我们将采用这个名词。

这本书并不会详细地讲述量子力学或者按年代顺序让你们来逐步了解这些公式。相反的，我将会混合并比较这两种方法从而向你展示量子力学的精髓，而不是给你排山倒海地灌输细节。我将跳过它的历史背景，集中讲解内容中的重点。你必须作好将会碰到许多混乱、怪异的思想的准备，但是我将会仔细地引导你去了解它们。

量子力学中最著名和最有争议的观点是不确定原理，海森伯在 1927 年将其用公式表示出来。海森伯秉承了德布罗意关于波长和动量之间的关系的思想，证明了我们对于粒子的认识是很有限制的。例如，如果我们想要用显微镜来测量一个粒子的位置，那么我们不得不用至少一个光子来观测粒子，我们要测量更精确的位置，就需要用更短波长的光子。一般说来，无论我们测量什么东西，我们得到的具体位置都不会比我们用来做测量的辐射的波长还要精确，所以，如果采用可见光，我们不可能将任何东西精确定位到小于五万分之一毫米。采用声波——波长接近1米，我们的定位精度将不可能超过1米。这也就是为什么蝙蝠需要用非常高频的短声波的回声定位。[1] 然而，用很短的电磁波来定位粒子也要付出代价。当一个光子打在了一个粒子上，它会分一部分动量给粒子，从德布罗意的理论我们可以推出采用波长越短的光子传输的动量会越多。因此，当我们对于粒子的位置这一概念变得清晰时，我们关于动量的知识变得模糊起来。通过详细分析这个问题，海森伯得出以下著名的结论：

$$位置的不确定性 \times 动量的不确定性 < h$$

我们应该将海森伯的不确定性原理看成是实验结果，尽管我们还没有很明确的作过此处所描述的微观实验。根据海森伯给出的公式，不确定原理是我们目前关于光的认识的实验顺序的详细分析的总结。当然，实际的实验结果与我们所预言的假想实验之一所给出的结果有很大的不同，毕竟那正是科学方法中实验的重要性所在。但是，如果我们的理解是正确的，如果现在的技术能够达到实验要求，那海森伯的结论应该是正确的。

经典物理认为位置和动量是可以同时精确测定，它不能理解光子

---

1. 在搜索模式下，蝙蝠所用的声波频率是35 kHz，相当于1 cm的波长。当它定位捕食对象时，就会切换到猎捕模式的尖锐高频，频率范围在40～90 kHz，相当于8～4毫米的波长范围。

的动量，因为它对光子一无所知而且也没有注意到普朗克常数的意义。现在我们所面临的问题就是不确定原理——我们认为是对自然的本质的描述而且与经典物理截然不同——是怎样应用到对运动的数学描述中去的。在经典物理中，我们认为粒子的位置和动量随时间变化，将它们按时间展开就可以得到很精确的粒子的轨道。

215　　我们可以用以下的方法解出答案。任何一种情况我们都可以很容易地写出来，

$$位置 \times 动量 - 动量 \times 位置 = 0$$

例如，如果在某点测到的位置是2个长度单位，动量是3个动量单位，那么左边第一项可以写成2×3=6，第二项得出3×2=6，它们的差就等于零。尽管这种相消看起来很明显，但是在量子力学里却是完全错误的，我们不能保证每一项都精确等于6（或者是我们所测量到的值），所以上面的表达式中第一项和第二项的差有可能是某个普朗克常数量级的数。海森伯的伟大之处就是证明了位置和动量之间的这种不确定关系（一个可由实验证实的关于这个世界的表述）仅当表达式左边的差不是零而实际是普朗克常数h时才能够成立[1]：

$$位置 \times 动量 - 动量 \times 位置 = h$$

经典物理严格假定右边为零，这才得以建起经典物理的宏伟大厦。我

---

1. 我们已经将问题稍微简化了一下：实际上左边的精确值并不是h，而是$ih/2\pi$，这里的i是-1的平方根。

们现在知道右边是不等于零的，但是由于它的值非常小以至于经典物理里可将它看作零。右边不等于零的这个事实有非常深刻的物理含义，也是使得经典物理大厦岌岌可危的原因。

海森伯在他的同事马克斯·玻恩（1882—1970）和帕斯库尔·约当（1902—1980）的帮助下，发现了如何将"位置-动量"表达式里右边不为零的项融入量子力学中。与此同时，薛定谔发现了另一种方法。你可能会想起德布罗意曾经提出过物质波的存在可能在某种程度上与粒子有关，当考虑了干涉之后，还存在的波就沿最小作用的路径运动。这样就很容易找到波是如何摸索并发现它可以穿行的路径的规则。这些规则就是薛定谔方程的内容。[1] 这个值得赞颂的公式表明了物质波是如何一点一点变化的，而且结果是如果想要写出这个公式，我们就要用到与海森伯用来打破经典物理界限的完全相同的"位置-动量"表达式。这两组公式的关系的核心作用就是海森伯和薛定谔的方法在数学上完全等价的本质原因。

当我们解了薛定谔方程，我们就可得到物质波形状的数学表达式。我们将不再用"物质波"这个名称，它也不是德布罗意所定义的那样。现代物理中，我们把"物质波"叫作波函数（我们在第5章就已经碰到过），从现在开始我们将使用这个名称。

波函数并不是一个毫无意义的数学公式。我们可以从现在对它们

---

1. 仅作参考，这里是一个质量为 m 的粒子在一个势能为 V 的区域中运动时的薛定谔方程的形式（也许相差了几个 π 的倍数）：$h^2\psi''/m = (V-E)/\psi$，这里 E 是粒子的能量，ψ 是我们试图寻找的波函数，ψ'' 是它的曲率。

物理意义的解释回溯到提出这个见解的马克斯·玻恩时代。玻恩注意到，在经典（波动的）物理中，光的强度正比于电磁波幅度（大于零的高度）的平方，然而在量子（光子）力学中强度正比于在空间的某个区域中找到光子的概率。如果光波的幅度翻倍，它的强度就是原来的四倍（光束是原来的四倍亮），那么我们在某一个特定区域中找到光子的概率就是原来的四倍。所以他建议可以很自然地将这种关系扩展成为波函数，并可以将一个粒子在某一点的波函数的平方看成是在这个地方找到粒子的概率，即如果波函数在某个位置的振幅是另一个位置的两倍，那么在后一个位置找到粒子的可能性就是前一个位置的4倍。我们可以得出以下结论：哪里的波函数的平方较大，那么哪里找到粒子的概率就高，哪里的波函数的平方小，那么哪里找到粒子的概率就低（图7-4）。注意在这种解释中，波函数出现负值的区域——相当于水波的波谷——具有与它正值区域相同的意义，因为当我们对波函数取平方时，任何负的区域都会变成正的。

217   尽管玻恩做了解释，但波函数的概念看上去依然有点晦涩难懂。在接下来的几段中，我将试图让你对波函数有一个明晰的印象。我将会向你展示，你可以如何在大脑里来解薛定谔方程而不需要了解它的具体形式或者绝望地去解一个二阶的偏微分方程。

广义上来说，薛定谔方程是关于波函数的曲率的方程，它告诉我们波函数在什么地方弯曲得较多，在什么地方弯曲得较少。当粒子的动能最大时曲率最尖锐，当粒子的动能最小时曲率最平滑。例如，钟摆末端摆球的波函数看起来应该有点像图7-5所示：摆球在中间的时候摆动得最快，在最边缘的时候也就是方向转折点的地方摆动得最慢。

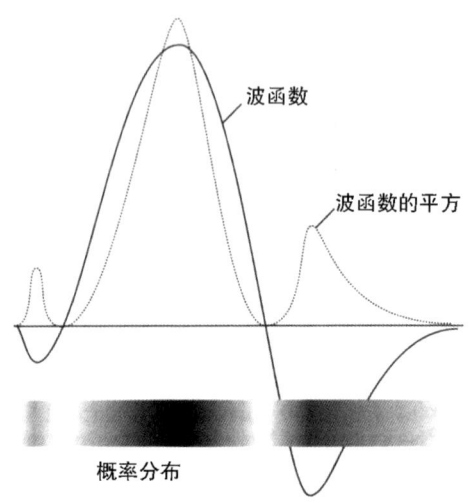

图7-4　波函数的玻恩解释。振荡的实线是一个任意的波函数：注意到它在某些地方穿过零点（这些点叫作节点），因此有正幅度和负幅度的区域。当我们对波函数取平方，我们得到的是点线，这时没有负值出现，但原来是零的地方现在还是零。根据玻恩解释，这条曲线告诉我们在空间中的每一点上找到粒子的概率。在密实的线条中，我们用阴影的密度来表明概率的大小

我们可以看到波函数在它所在范围的中点是如何弯曲得更厉害的。同样也可以看到波函数在转折点有最大的幅度：这和我们熟悉的钟摆的行为是一致的，因为这与找到它在哪一点运动得最慢是很相似的，这一点就是摆动的终点，也是方向的转换点。

现在我们来看一看其他几种典型的波函数的样子。一个自由粒子 218 的波函数是非常简单的。假定我们考虑的一个粒子是可以沿水平金属线穿进去的珠子，珠子的势能与位置无关，所以我们可以猜想波函数在任何区域都是一样的。一个运动慢的粒子有较低的动能，所以它的波函数的曲率很小（图7-6）；换句话说，一个运动缓慢的粒子的波函

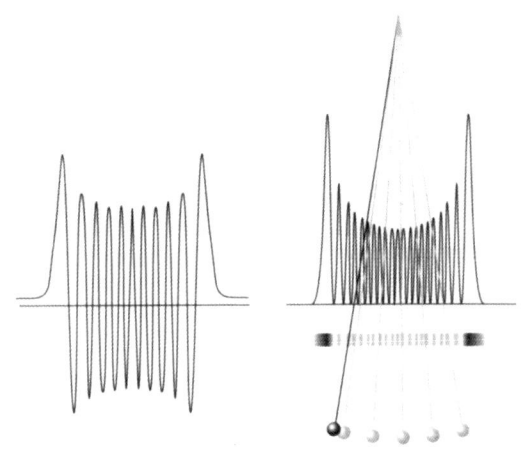

图7-5 一个典型的波函数（左图）。这是一个以很小的能量摆动的单摆的波函数。这个波函数的平方（如右图所示）告诉我们在任何位置找到摆球的概率。我们将这种描述用下方的条状阴影密度来表示

数是波长很长的均匀的波。正如德布罗意告诉我们的关系一样。一个快速运动的粒子 —— 有较大的动能 —— 波函数的曲率较大，所以它在一段较短的距离中会蜿蜒起伏很多次，因此是波长非常短的均匀的波。这也是德布罗意关系所预言的。

　　我们在哪里可以找到粒子？我们假定有一颗珠子在一条线的两端之间来回移动，我们假定这种移动是随机的。因为珠子以恒定的速度移动，根据经典物理学在线的任何位置找到珠子的概率都是均等的。而量子力学则会得出完全不同的预言。下面我们采用玻恩的方法来预言在哪里可以找到珠子：我们可以计算每一点的波函数的平方，并将结果看成是在某个位置找到珠子的概率。正如你从下图中所看到的，粒子在沿直线的一系列等间隔的位置上极有可能被找到，并且找到它

的概率并不是完全均匀分布的。

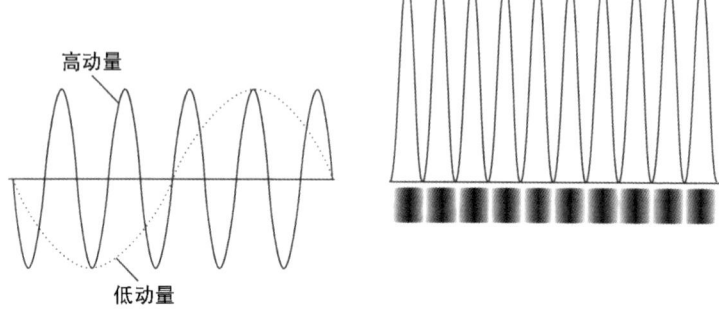

图7-6 左图是在一条水平线上运动的珠子的两个波函数，一个对应于低动量，另一个对应于高动量。右图是在线上的每一点找到沿直线快速运动的粒子的概率

现在我们来看一个自由粒子的波函数是如何与不确定原理联系起来的，也就是说我们能够精确知道动量就不能精确知道位置，反之亦然。如图所示，波函数沿着整条线分布，所以我们不能预言哪儿可以找到粒子：因为它可以出现在线上的任何位置。另一方面，我们确实精确的知道了动量，因为波有精确的波长。也就是说，我们精确的知道动量，却不能确定位置，这正是不确定原理的要求。实际上，从波长我们知道的仅仅是线动量的大小，我们并不完全知道粒子究竟是向左运动还是向右运动。但是因为粒子并不是沿着整条线完全均匀的分布，我们也并不是完全不确定它在哪里，所以除去对于动量的一点无知外（动量的方向），我们还是多少知道一点粒子大概会在哪里（特别是，不会在哪里出现）。你应该开始了解物质在哪里和以多快的速度运动之间的微妙关系。

假定我们恰好知道粒子确实在直线上的某个特定区域里。那么它的波函数就有点像图 7-7 所示，在粒子最可能出现的地方有一个尖峰。如果我们想要确定这个粒子的动量，我们就必须要确定波函数的波长。但是对于一个有很强尖峰的波函数并没有一个确定的波长，因为它不是扩展的波，而仅仅只是像一个脉冲并不会有确定的波长。那么这对于粒子的动量是什么含义呢？

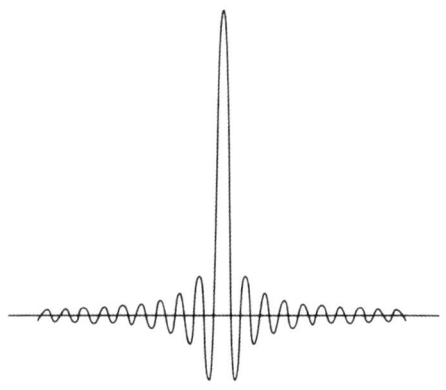

图 7-7　如前图所述，由 30 个不同波长的波函数叠加形成的波包。尽管粒子极有可能在一个空间中完全确定的区域找到，我们很难说出它的线动量是这 30 个值中的哪一个。我们将在稍后的讨论中看到这种波包的移动与经典粒子的行为类似

　　我们可以将上面讲到的这个有尖峰的波函数看成是由许多不同波长的波叠加起来的结果，每一个波对应于一个确定的动量。如图所示，这些波叠加在一起它们的峰值恰好构成了真实的波函数的尖峰，而除了尖峰之外其他地方则相互抵消了。这种波函数的叠加叫作波包。当我们要得到如图所示的粒子波函数的动量时，我们不得不说任何波长的波都可以用来形成波包。也就是说，我们有确定位置的粒子没有确定的动量，这也正是不确定原理的要求。

220　　　如果我们确切地知道一个粒子在任何时刻的位置，它的波函数

就会有非常尖锐的尖峰，而在除粒子所在位置之外其他地方幅度几乎为零。这样的尖峰也是一种波包，但是要得到非常明确的位置，我们必须假设有无数不同波长的波函数叠加在一起，因此动量有无数种可能。我们由此得出如下结论，正如不确定原理所告诉我们的，知道了一个粒子确切位置就排除了我们知道它确切动量的可能性。不确定原理是一个处于迷失状态的量子表述：你要么知道你在什么地方而不知道你要去哪里，要么知道你要去哪里但是却不知道你在什么地方。

波包的概念帮助我们在量子力学和我们已经非常了解和适应的经典力学之间搭建了一座桥梁，因为它涵盖了一切经典粒子的特性。为了了解这种联系，我们现在来想象一个穿在线上的珠子，但这次线不是水平的，而是从左向右倾斜。在经典物理里，我们预期珠子会沿线向下滑动，而且速度越来越快。那么在量子力学里应该怎么来看这个问题呢？

首先，我们要写出珠子的波函数公式，然后我们可以应用薛定谔方程所告诉我们的曲率知识来解决这个问题。因为珠子的能量是守恒的（第3章，能量守恒定律），但是它的势能从左到右开始下降，动能则沿着线从左到右开始增加。动能的增加对应于曲率的增加。我们可以猜想波的波长将会从左到右变得越来越短。对于一个可以精确定义总能量的粒子而言，这样一种波函数看起来就像图7-8所示。

接下来，我们需要知道一些波函数如何随时间变化。我们所要铭记的新的要点是波函数随着频率的振荡正比于粒子的总能量。我们可以把运动较慢的粒子（低能）的波函数看成是振动得较慢，运动得快

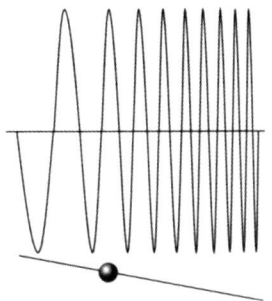

图7-8　与水平方向成一定角度的线上运动的珠子的波函数的一般形式。当珠子越向右运动，波长变得越短，这对应于经典物理中随着粒子沿着线向下滑动，它的动能不断增加

的粒子（高能）的波函数则振动得较快（图7-9）。[1]图7-8中的波函数精确地再现了这一行为，振动的速率由它的能量决定。

最后，假定我们并不确切知道珠子的能量（我们拿着绳子的手可能会抖动，空气分子也会撞击珠子）。这种情况下，波函数就并不纯粹是我们所画的那样，而是大量相似的有细微区别的波函数叠加在一起。叠加而成的波包就像图7-9所示。正如我们前面所了解的，空间中每一个独立的波函数都会随着时间振动，所以它们的形状叠加在一起就会发生变化。因为在某个时刻、某个地方波峰可能会叠加起来，但是当波峰变成波谷时波包就会有另一个形状。当我们检验这种相加时，结果会发现波包所产生的相长干涉的区域在从左向右移动。同样在最右边波长最短的地方速度也会增加。也就是说，如经典物理中我

1. 你可能会惊奇当波函数随着时间振动时，粒子会一会儿消失，一会儿出现。因为我已经将这个讨论作了简化。实际上波函数的振动是从一个实数到一个虚数，然后又返回实数，所以它的平方仍然是一样的。我不想把这个讨论弄得很复杂。

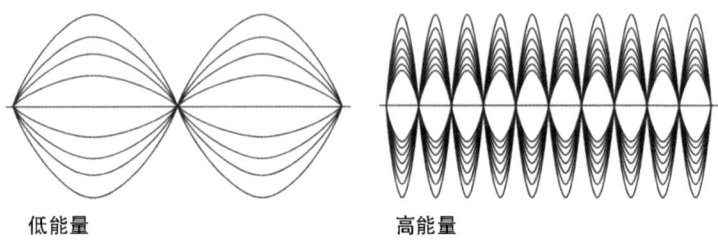

低能量　　　　　　　　　　　　　高能量

图7-9　波函数随时间变化的示意图。波函数随时间振动的快慢与它们的能量有关。我们已经在图7-6中试图说明两个波函数的振动：动能高的波函数（右图）比动能低的波函数（左图）要振动得更迅速

们所了解的，珠子从左向右逐渐加速。所以，当你看到每个物体每天做着熟悉的运动时 —— 弹起的球，天空的飞机，周围的人 —— 你可以想象一下你正在看的是一个波包，荡漾在表面现象之下的是波的叠加。

量子力学作了很多与经典物理大相径庭的预言，现在是时候来考虑这些区别了。我们假定有一根很短的水平放置的线，珠子被限制在这个仅有几厘米的范围内运动，线的两头都被夹住了，就像算盘。有一个至关重要的性质是：只有限制在两端之内的波函数才是可能出现的，就像一根小提琴的琴弦上只允许恰好能限制在两个节点之间的波振动。因为波函数的曲率决定了珠子的动能，所以总能量也确定了（因为势能是不变的），我们可以得出在这种条件下珠子只能具有某些能量值。换句话说，珠子的能量是量子化的，也就是说有着确定的值，而不是连续变化的（图7-10）。这是一个普适的结论：能量的量子化，这个论点最先由普朗克和爱因斯坦提出来，这是薛定谔方程的必然结果，也是波函数必须完全反映出粒子在空间中运动的要求。这就是能量的量子化是如何自然地从薛定谔方程和所谓的系统的"边界条件"

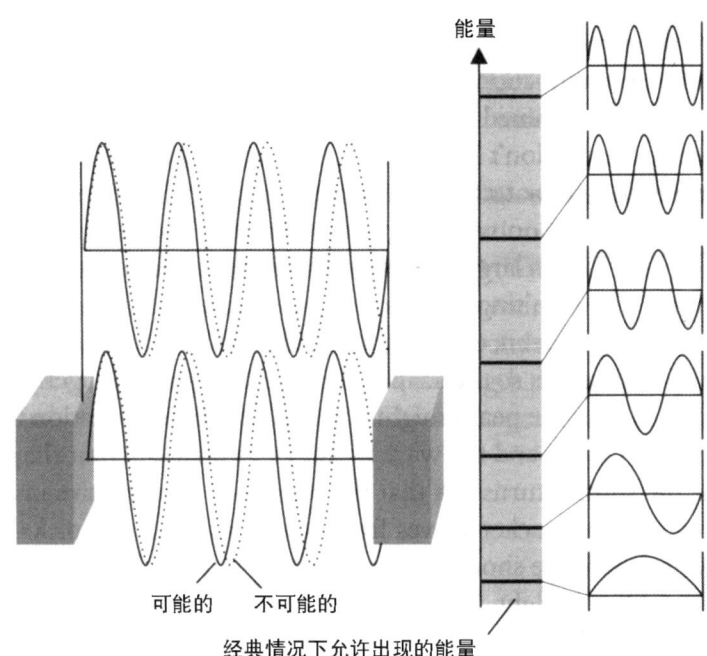

可能的　　不可能的

经典情况下允许出现的能量

图7-10 当一个粒子被束缚在空间的确定区域中，仅仅只有那些与包含粒子的容器几何尺寸吻合的波函数才能出现，与此波函数对应的粒子的能量才可能出现。在左图，是两种不同的波函数的直观表示：一种波函数刚好在这两个箱子之间，因此是可能存在的；另一种波函数（点线）不满足要求，不可能存在。由图我们看到的是不同能量产生的波函数的效果：灰色的棒是经典情况下允许出现的能量，横线是最开始六个量子化的允许出现的能级，右边是其对应的波函数

中体现出来。

223　　　量子化在单摆中以一个非常有趣的形式出现，而且是在一个非常特别的方面。首先，考虑有确定能量的摆球的位置波函数（这是一个确定的量子态）。当摆球摆到两边的时候势能会增加，为了保证能量守恒，动能会减少，经典力学里我们可以得到当摆球在两端停留时间最长的地方波函数有最大的幅度。我们已经见过一个这样的波函

数（图7-5）。而对于夹在线中间的珠子，所被允许的波函数是那些满足摆动所允许的范围内的值，从一个转折点到另一个转折点。因为所有可能的波长中只有一些满足条件，每个不同的波长对应于不同的能量，也就是说只有一些能量是被允许存在的。结果可能存在的能量值形成了一个阶梯式的分布，两个"阶梯"之间的能量差别是$h \times$频率，这里h是普朗克常数，频率（我们后面还要经常提到）是一个与摆长的平方根成反比的参数。对于一个在地球上的摆长是1米的单摆，频率大概是0.5赫兹，两个可能的能级之间的差距是非常小的，只有3×10^{-34}焦耳。这种能量差别完全无法探测到，但是这确实是存在的。[1]这些能量以及它们对应的波函数如图7-11所示。

现在，我们来看一个让人诡异的性质。假定我们将摆球推回并让它摆动起来。它将会在一定的能量范围内摆动，也许由于空气分子的影响或是支撑力的摩擦，实际上它的波函数是一个有大量如图所示的波函数叠加而成的波包。这个波包从一边到另一边波动，单摆垂直时运动得最快，摆动到两端时运动得最慢，就像一个经典的单摆。此外，它有一个特别之处，摆动的频率——单摆从一边摆到另一边的速率——与描述分立量子化能级的表达式中的频率参数完全相同。所以，当你看到一个摆动的单摆时，你看到的不仅是波包的运动，你还可从它的频率上看到对非常小的空间能级的直接描述。换言之，你在直接观看一个量子化过程。单摆是分立的量子化能级的强大的放大器，当你看一个摆长1米的单摆来回摆动时，你正是在直接观测一个3×10^{-34}焦耳的能量变化。我觉得这让人震惊。

---

1. 对于一个单摆，频率 $= (1/2\pi)\sqrt{(g/长度)}$，这里的g是自由落体的加速度（在地球的水平面上 $g = 9.81\,\mathrm{ms}^{-2}$）。

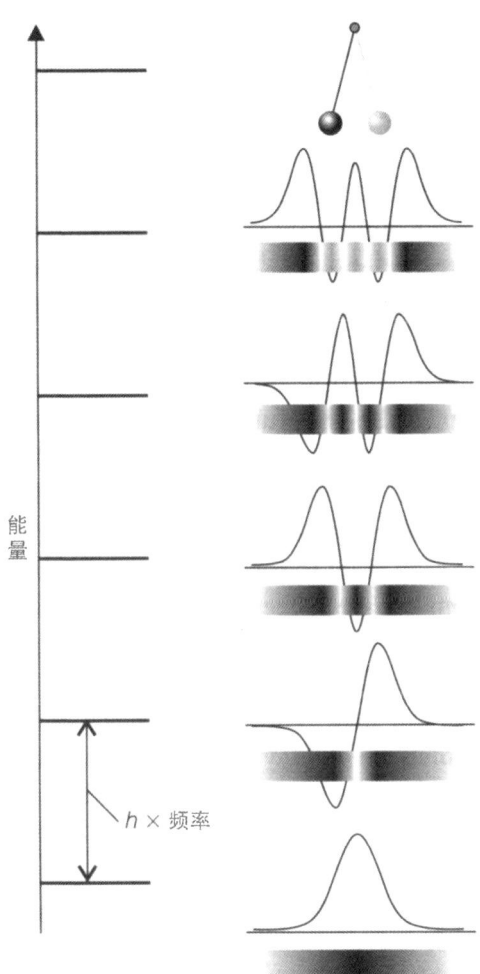

图7-11　一个单摆最低的一些能级以及它们对应的波函数。从图中你可以看到能级是等间距的，你还可以看到最低能级的波函数与我们所提到的高能级波函数的形状（图7-5）不一样，因为最低能级下（即无摆动状态），单摆最有可能在垂直方向的零偏移处找到，而不是在它的转折点。只有在高能状态我们才可以用经典观点来指导我们对波函数的思考

这段讨论带给我们的主要信息是从薛定谔方程可以很自然地得出量子化来，当我们无法知道精确的量子能级 —— 波函数叠加形成一个波包时，我们可以采用经典的方法来描述。

我已经悄悄涉及了一个名词：概率，这对于解释量子力学问题至关重要。因为在这一章下面的部分里，我们将会探究这个刁钻的词语的含义和应用范围，因为这对于我们思考这个世界的方式有很深远的意义。实际上，我想重提至今我们所讨论的问题中的某些问题，并试图从中萃取出一些哲学问题。我有些犹豫，不过还是写下了"认识论和本体论"，确切地说，这是与知识的本质和现实的基础有关的问题。这是（事物）被证明是什么的问题，但我不是一个哲学家，我也并不想给人留下印象，觉得我的评论有任何假装使用哲学技巧。所以，我决定写一些简单的问题，并不去详述，仅此而已。

我还想做一点说明。如果你想使用量子力学，这一章先前的内容是必须了解的。当然，我没有提及一些技巧和数学的细节，但是我们先前所提到的每个问题都是已经明确化和没有争议的。30％的美国经济都是基于量子力学结果的应用。当我们开始考虑量子力学所包含的一切时，它引起了我们很大的哲学兴趣，这将是这一章节下面部分的重点。如果你就此打住，那么此时你已经知道了量子力学的主要原理，原则上可以用它来做任何计算；如果你继续看下去，余下部分对你如何使用量子力学并没有什么帮助，但是你将会了解为什么人们发现它是如此让人困惑。

首先，我将要处理不确定原理并试图解释这一章的副标题：认识的简化。许多人 —— 包括从事这一行的人 —— 认为不确定原理在某方面限制了我们对于世界的理解,因为我们不可以同时知道一个粒子确切的动量和位置,我们对于一个物体的状态的了解是不全面的。在我看来,这种悲观的想法是受传统文化影响的结果。我们是在经典物理学的耳濡目染中成长起来的,我们非常熟悉日常世界,并相信世界上的事物可以用位置和动量完整地描述。比如说,为了描述一个飞行的皮球的轨道 —— 或者想象一下一脚踢向皮球的结果 —— 我们必须判断它在每一时刻的位置和动量。而量子理论特别是不确定原理却表明,这种同时描述两种参量的期望过于美好。这个世界并不像我们想象的那样简单。量子力学告诉我们,我们必须做出选择:是用有关粒子的位置来讨论这个世界,还是用有关粒子的动量来讨论这个世界,我们必须做出选择。换句话说,我们应该只能讨论球的位置,或者只能讨论它的动量。从某种意义上讲,不确定原理极大简化了我们对于世界的描述,因为它表明我们的经典期望是错误的,这个世界完全不是像经典物理描述的那样,也完全不是我们通常熟知的。

更进一步来说,不确定原理告诉我们有两种讨论这个世界的语言:位置语言和动量语言。如果我们尝试同时使用这两种语言(就像经典物理,还有那些仍然试图以此作为前提的原理),我们将会陷入一个非常混乱的泥沼中,就像我们在几个句子中混合使用英语和日语一样。海森伯自己也曾经做过这样的评价"那些认为可以通过现在预言将来的说法在前提上就是错的"。但是,错的其实是他本人。不确定性原理揭示了经典物理对我们现在的知识有一种误导性的和不可能的过分完备的要求,只用动量或只用位置就足以使现在的知识完备,这才是对不确定原理的正确理解。

1927年，尼尔斯·玻尔出于哲学上的考虑，采纳了这种对于不确定原理的表述，并将它命名为*互补原理*，这是他碰巧从威廉·詹姆斯的《心理学原理》一书中看到后借鉴的词，并在随后将互补原理作为座右铭收入了囊中。正如玻尔表述的，这个原理并没有被完全弄清楚，但是广义上说它表明可以用不同的方式来看世界，我们必须要选择一种或另一种描述方式，而且不能将它们混淆起来。玻尔在文学和社会科学方面用类似的方式不断使用这个原理，结果相对性原理被应用于完全不相关的文学方面，但是我们要坚信量子理论有更可靠的实用性。

玻尔建立并发扬了量子力学的哥本哈根阐释，互补原理是它的中心思想。哥本哈根阐释是围绕着玻尔的波函数概率解释建立起来的理论系统，互补原理可以用不确定原理量化地表示，而且，最重要的是我们对于自然可以有非常乐观的看法：现实的基本组成元素可以通过经典原理设计的实验测量得到。测量是我们唯一了解物质本质的窗口，任何没有通过这扇窗口所得出的结论都不过是形而上学的猜测，[227]并不值得真正去关注。因此，如果你的实验设备是为了检验一个"粒子"的波动性（例如，为了证明电子的衍射），那么你应该用波的语言来描述。另一方面，如果你的仪器是为了检验一个"粒子"的粒子性（例如，电子打在一个照相底片上的位置），那么你则较适合用粒子的语言来描述。没有哪一种仪器可以同时用来检验波动性和粒子性这两种性质。这基本上是海森伯的观点，因为他认为量子力学仅仅是一种联系不同观测实验的方法，并没有揭示根本的真实：对于他和其他一些严谨的哥本哈根学派的学者们，只有实验的结果才是唯一的真实。

哥本哈根阐释中我们需要注意的是测量方式。考虑到人们对量子力学的解释，测量是一个非常重要的部分，而不仅仅是为了实证主义的立场、发表更多的文章、引出更多的困惑和带来比这个理论的其他方面更多的痛苦。这对于哥本哈根阐释极其重要，因为这种阐释坚信，检验真实情况的测量仪器有非常重要的作用。但是不管人们如何解释量子力学，我们必须要将理论预言和观测结合起来，理解理论预言和观测之间的联系是至关重要和意义重大的。

从这点上说，我们已经触及了可能是最困难但也是量子力学解释的最核心的问题。我已尽量试图在保留这场讨论的精髓的前提下将问题简化。我竭尽所能处理相关细节问题，并已经尽了最大努力使问题尽可能简明。如果接下来的内容你觉得太难了，你可以直接跳到下一章，因为本书的其他地方都不需要你掌握下文的内容。

从最广义的角度上来看，测量是将量子力学的性质通过宏观的设备来输出和描述的行为。这种输出通常叫作"读取指示器"，但是这个名称也被用来指任何大尺度的系统的输出，比如说监视器屏幕上出现的数字，打印在纸上的记号，我们耳朵里听到的敲击声，或者是在盒子里面发现了一只死猫。哥本哈根阐释坚持认为一个测量仪器的运行是经典的，所以它必须根据我们测量获得的数据描述量子世界。尽管哥本哈根阐释占统治地位很多年，但如果不是由于玻尔的影响力，它并不会被如此广泛地接受。哥本哈根阐释的一个致命的缺点是它坚持认为有一种非常特别的测量装置，这种测量装置的不同之处在于它遵循量子原理。我们将在后面换个说法进行讨论。

　　假定我们有一个探测器，没有探测到电子的时候亮红灯，探测到电子的时候亮绿灯。一个电子由空间中传播的波函数来描述，并通过波函数的平方来告诉我们在空间中每一点找到电子的概率。如果我们将探测器插入我们怀疑有电子出现的地方，我们将很有可能在波函数比其他的地方大的位置看到绿灯亮，波函数的平方将告诉我们概率（例如，十次可能探测到一次），这样我们就会看到绿灯亮。

如果我们固定探测器，而在这一位置绿灯持续亮，那么我们可以肯定地知道粒子就在这个位置。而在这次探测之前的一刻，我们还只是知道那个地方粒子出现的概率。所以，从某种实际的意义上来说，波函数已经从它的发散形式塌缩成一个在探测器附近的尖锐的峰。这种用经典仪器探测到的波函数的改变结果叫作波函数的坍塌。无论我们观测者在什么时间进行观测，波函数都会坍塌到与我们观测的读取指示器（这里是控制灯的开关）对应的确定的位置。介入系统似乎会导致波函数在特定的一点坍塌，这一观点是哥本哈根阐释的核心概念和难点之一，也是联系计算和观测的一个进退两难的关键所在。它同样是量子力学否定决定论（一个现在与未来之间的因果关系链）的原因，因为没有办法进入量子力学内部，有人提出异议并预言在我们做观测之前，不管波函数是不是在某一点坍塌，我们能够计算的只有它在何处坍塌的概率。

此时，我需要引入三个量子力学的技术细节，因为它们是测量问题和测量问题解决方法的关键。我也将讨论老生常谈的*薛定谔猫问题*。在这个量子寓言中，薛定谔假想有一只猫与一个通过放射性衰变控制的放毒装置同放在不透明的箱子里面。放射性衰变是随机的，所以对一个给定的时间间隔，衰变与没有衰变的概率是相等的。相对应的，

根据量子力学,猫的状态应该是活着和死了这两种状态的混合(图7-12),我们可以写成:[1]

猫的状态=活着的状态+死去的状态

229　　这种相加类似于我们用来构建波包的波函数的叠加,唯一不同的是它不再是不同动量的态的叠加,而是猫的状态的叠加。写出这样的一个波函数并不是一件容易的事,但是我们也用不着这样做。

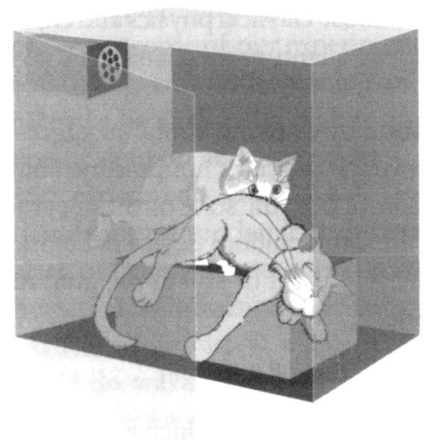

图7-12　薛定谔猫。一只活的猫被关在一个不透明的盒子里,有一个可恶的装置控制着猫的生死。在我们打开盒子之前,猫是不是处在一个活着和死去叠加的状态呢?什么时候波函数塌缩成了其中的一个状态?

---

1. 用这种方式来描述这一状态看起来似乎很幼稚,但是量子力学所得出的一系列规则告诉我们应该如何处理这种状况,如何精确地描述并得出量化的结论。不要被这种表面看来很一般的象征性的表述所欺骗。

　　叠加态的描述是量子力学所有症结的根源，特别是因为我们好像没有什么机制预言，在对猫接下来的观测中它是"死"，还是"活"。但是一旦我们打开这个盒子，我们立刻就会发现猫是死还是活。从某种意义上来说，猫的波函数总会坍塌成这两个波函数中的一个。但是猫的波函数究竟是从哪一个时刻开始坍塌的呢？是在我们打开盒子之前？我们打开盒子的时候？还是我们的意识中开始考虑猫是死是活之后的一刻？猫是从什么时候开始认为它死了呢？量子力学所做的就是确定一种规则以预言某种态被发现的概率。因此，决定论从物理学中产生出来，量子力学看起来似乎要屈从于上帝的安排。爱因斯坦曾经深刻思考过这个问题并经常重复着他的一个观点"上帝不是靠掷骰子来决定世界的"。玻尔并不理会这种观点，他提出无论如何因果关系只是一个经典的概念，是对粒子空间位置的描述的补充（这种说法有点含糊不清）。根据玻尔的观点，你要么选择经典物理并享受因果律所带来的好处，要么选择量子力学并放弃因果律。

　　为了大刀阔斧的修改薛定谔寓言，我们可以引入另一种重要情况，[230]那只猫并不是被下了毒而是中了枪。当猫在隔音的盒子中被射第一枪时，仪器的状态是猫 × 枪里的子弹。[1]开枪的概率与先前一样是随机的，所以在飞的子弹和在枪中的子弹的概率是相等的。同样的，系统的状态变成了：

$$系统的状态 = 猫 \times 枪中的子弹 + 猫 \times 在飞的子弹$$

---

1. 这个表达式可能看起来有些古怪，你怎么可以将一只猫和一颗子弹相乘呢？尽管如此，这个表达式在量子力学里有很好的定义，而且它真实含义是将猫的波函数与子弹的波函数相乘。更正式的写法是 $\psi_{cat}\psi_{bullte}$，这里的 ψ 是波函数。

随后很快的，如果子弹进入猫的身体（如果有子弹在飞这是必然的），那么猫就死了，或者子弹仍然留在枪里（如果只是它片刻之前的状态），那么猫就还活着，系统的状态就变成了：

系统的状态＝活着的猫 × 枪中的子弹＋死的猫 × 在飞的子弹

这是纠缠态的一个例子，猫和子弹的状态相互纠缠解不开。如果这是系统的真实状态，我们可能期望看到系统的这两个态之间可能会产生一些奇怪的干涉效应。这个描述到底应该如何来解释？猫的死活和子弹不同位置之间的波函数会有干涉究竟是什么意思呢？

　　我们首先来看量子力学两个不同态之间的干涉这个问题。这将会引入第三个重要的思想，*退相干*。这也许是这个讨论中最微妙的部分，我将尽量将这些概念讲述清楚。猫不是单个的孤立的粒子。它由几千亿的原子组成，它的总的波函数是与所有这些原子位置有关的一个复杂的函数。根据薛定谔方程，系统的两个可能状态随着时间演化（*活的猫 × 枪里的子弹*，还有*死的猫 × 猫身体里的子弹*），这两种状态的演化非常不同而且速度很快。在某个瞬间，死猫的波函数变得与活猫的波函数完全不同，死猫和活猫波函数的干涉完全解除。结果，系统并不会表现出量子力学的干涉效应，我们要么看到一只死猫，要么看到一只活猫，并没有所谓的两个态的叠加。

231　　但是我们将会发现哪一个状态呢？量子力学不能预言我们的实验结果吗？放弃因果律和决定论这两个科学和认知的基础和支柱，被许多人认为是一种巨大的代价，特别是当有人认为量子力学不过是一种观念和哲学思想，而不是与实验相结合的数学工具时。爱因斯坦提出了一个可能的解决方法，那就是量子力学从某种意义上说是不完善的，它有隐藏的变量，或者说粒子（包括猫）的某些性质被隐藏起来但却并不影响它们的行为。因此，那个隐藏的变量可能会告诉粒子应该出现在哪个特定的位置，而所有量子理论可以做的就是预言粒子出现的概率，却不知为何不能抓住这个控制实际结果的隐藏变量。处理这些隐藏变量并对观测的结果做出精确的预言，从而可以知道粒子的概率之外的东西，这被认为是潜藏在量子力学下面更深层次的未被发现的理论。

相信一些尚未知晓的但会产生实际影响的隐藏变量的存在，可能看起来更像是没有定论的形而上学的争论而不算科学解释。尽管如此，在1964年约翰·贝尔（1928—1990）发表的一篇非常特别的、简洁的、开创性的文章中，他指出量子力学和有隐藏变量修正的量子力学之间有一个实验上的差别，因此隐藏变量是否存在的问题立刻被完全解决。更确切地说，贝尔证明了量子力学的预言与那些有局域隐藏变量的理论有所不同。一个局域的隐藏变量的含义正如它的名字：它是可以由局域的（存在于某个地方）粒子表现出来的隐藏变量，这种限制看起来是合情合理的。贝尔理论并没有排除非局域的隐藏变量，那些变量表明在某处的粒子的行为与另一个地方的性质有关；这样得到的概率也许看起来有些奇怪，但是量子理论已经告诉了我们不要太早的否认怪异的事情。贝尔这个威力无穷的原理是理论结果，但是已经被一系列日益复杂的实验检验过。每次的实验结果都与正统量子力学符合，并且否定了有任何包含局域隐藏变量的理论。

所以，如果量子力学真的是完备的，至少对与局域的性质而言是完备的，那么我们真的不得不放弃因果律吗？对此人们已经提出了许多的修改意见。其中产生一个最激进的建议，因此也是最吸引小说家而不是科学家的建议，它有一个很难理解的名字：多世界解释。它由一个老烟鬼、凯迪拉克奖学金获得者、千万富翁、武器研究分析师休·埃弗莱特在他1957年的博士论文中以某种非常模糊的形式提出来。埃弗莱特所提出的理论很切中中心、直截了当并且无伤大雅，但是却被玻尔嗤之以鼻。这个理论的中心思想是薛定谔方程是普适的，并且在粒子与测量它的仪器相互作用时也可以控制波函数的演化。以这个思想为根基，它的不同的支持者们已经在它上面建立起了许多城堡，并认为埃弗莱特揭示了它的真正含义。[1]

这座城堡抓住了大众的想象力，因为这个理论中所有的波函数表达出来的概率都是真实存在的（所以实际上猫既是死的，又有活的），但是一旦测量发生并被察觉，宇宙就会被分裂成了无限多个平行的宇宙（一个宇宙中是活猫，另一个宇宙中是死猫）。从本质上说，是测量仪器和观测者大脑的相互作用选择了我们接下来存在的宇宙的一个分支。每一个观测者都在分裂宇宙，由于大脑要跟随不同的路径，所以会有越来越多的不断增加的平行宇宙。很难再想象出一个这么奢侈的解释，但是有些人对这个理论非常认真。这个理论并不像贝尔的理论，它看起来似乎没有办法可以检测意识是否真的会随着探测逐步演化，除了前面提到的那个实验以外。因为那个实验要求观测者自杀，而目前还未执行。

1.由于衍生出的不同理论太多，实际上有人认为叫作多话语解释似乎更贴切一些。

　　我们将埃弗莱特看起来无懈可击（除了地道的哥本哈根学者们不这么认为之外）的基本思想（薛定谔方程可以应用于宏观物体）与基于这个观点所建立的解释区分开来，所以当你询问某人想知道他们是不是在一个多世界中时，你应该非常清楚地知道你所指的究竟是多世界的哪一个方面。我认为可以很公正地说，现在大多数的物理学家已经接受了多世界解释的一个普遍的说法，那就是薛定谔方式是普适的，但是接受这个解释的人主观喜好更多一些而客观的赞同则较少。这种"普适的薛定谔观点"与哥本哈根阐释截然相反，哥本哈根学派宣称一种令人厌恶的思想，即把量子力学应用到我们称之实验仪器的大量原子组成的宏观集合体上是无效的。这种态度看起来好像是失败者的垂死挣扎，因为很难看出当系统中原子的数量不断增加时量子力学是如何逐渐地混合或者是截然转换为另外一种理论的。只有可能是宏观物体的行为与经典物理的描述近似得很好，但是我们知道那种行为其实是量子力学应用于大量原子集合时的体现。

　　让我们继续讨论"普适的薛定谔观点"，并了解一下它的含义和存在的问题。我们接受最简单的思想就是最好的：量子力学是完备的，没有什么隐藏的变量，它完全描述了任何数量的原子集合的性质。哥本哈根阐释中一个很神秘的部分——波函数的坍塌，同样是不存在的。因为一个普适的薛定谔方程将会考虑到一个波函数可能经历的所有改变，包括在测量期间所发生的明显坍塌现象。那么，在量子力学的框架里，特别是在测量的过程中，我们怎样来保证因果律和决定论呢？

　　退相干理论使我们成功地解决了活猫和死猫之间的量子力学干

涉的问题，这说明此处我们还需要这个救星。一个活的或者死的猫可以看成是一个精密的指示器。如果是这样的，我们现在可以考虑一个原始的测量装置，它由一个静止在两面墙之间的峰顶上面的小球组成，这可以使问题简化。最轻微的推动将会将小球滚进两个波谷中的一个，通过观测球滚进了哪一个波谷，我们可以分辨出球所受到的轻微的推动是向左还是向右（图 7-13）。这个装置是一个轻推放大器。实际上，那是所有测量仪器的一个本质特点：它们都是轻推放大器。如果我们愿意，我们可以将左边的波谷标注成"死猫"，右边的波谷标注成"活猫"。那么猫就是子弹位置的放大器：薛定谔猫指示器和由它简化的峰上的小球之间的转化关系，我将留给你自己去思考。

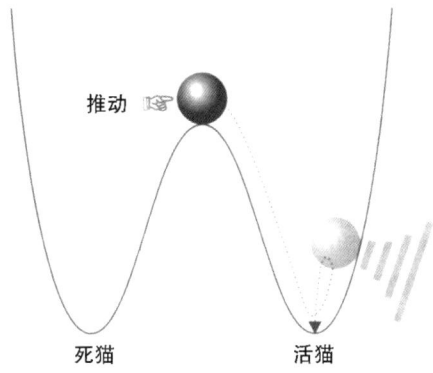

图 7-13 概括量子理论中的测量问题的"轻推放大器"。在两个低谷之间的峰上的小球处在它的"稳态"。如果给它一个向右的推动力，由于缺少摩擦力，它将会在两个低谷之间来回滚动，那么我们在左边低谷找到它的可能性与在右边低谷找到它的可能性一样大。尽管如此，如果有摩擦力存在（相当于退相干，如图中右边的棒所示），那么小球将会停在右边的低谷，我们就有了一个可靠的测量仪器

　　我们前面已经讲过的，仪器并没有什么作用，因为滚到左边谷中的球也会滚到它右边的谷中，它滚下去并翻过顶峰。除非有摩擦力可以耗散掉它的能量，这样小球就会重新滚回原来所在的谷中。所以摩

擦力可以使球滚回谷中，并使我们能够在任何我们需要的时候检查输出结果。现在因为有了摩擦力（系统与它的环境的相互作用），我们有了一个可能的测量仪器。

摩擦力与退相干相似。（再强调一次，我只试图解释数学公式而不是试图澄清每一步。）我们可以将一个滚动的小球看成是一个纯粹的薛定谔粒子，并在它的公式的控制下运动。开始时，测量仪器的状态是小球处在平衡的峰上，我们叫这个状态为设备就绪。假定仪器设计用来测量的粒子正处在一种向左运动的状态（我们将它叫粒子向左运动）和向右运动的状态（我们叫它粒子向右运动）的叠加，那么在系统状态被测量之前的状态是：

$$初始状态 = 准备就绪 \times （粒子向左运动 + 粒子向右运动）$$

当粒子撞击探测器，小球将移动到一个移动到左边低谷和移动到右边低谷的叠加状态，所以就变成了：

$$最后的状态 = 球向左 + 球向右$$

尽管如此，由于摩擦力，球与环境联系在一起，这两种状态之间会非常迅速的退相干，我们不会在这两者之间看到任何的干涉现象：小球要么滚向左侧，要么滚向右侧，这个重叠已经被分解成了两个独立的经典状态。

这里还有一个关于小球是否真的在右边的低谷或左边的低谷的

问题。我们必须要记住处在准备就绪状态的小球是被精确地放在峰的顶端，并可能会滚向任何一边。也可以说是探测器非常灵敏，并不会产生任何的偏差。现在我们要记住即使是小球也不能完全的脱离它的环境，它会受到扰动、空气分子的影响和穿过它的光子的摩擦等。当探测到粒子撞击了小球并触动它滚向其中的一边时，小球朝任何一边滚动的概率都是一样的。局域的扰动是可以朝向任何方向的，但是扰动造成的小球的移动却是沿着确定的方向。结果，叠加演变成小球最后仅仅向一边移动，并在那里很快地被退相干所俘获。

235   因此，测量仪器的本质特点并不是说它是让薛定谔方程无法成立（哥本哈根阐释的要求）的经典装置，而是说它是一个嵌入所在环境中的宏观量子力学装置。

我所讲的量子力学仅仅涉及皮毛。从这里你了解到许多量子力学知识，我将试图在下面对此做一下总结。

首先，我们不再认为波和粒子是两种独立的实体，因为每一种实体都可以从中找到另外一种实体的性质。如果我们考虑的是粒子问题，那么我们就会认为自己是在考虑它们的位置。如果我们考虑的是波动方面，那么我们就会认为我们考虑它们的波长，并由此考虑德布罗意关系和动量。不确定原理是对这个本质性质的补充，它告诉我们粒子的性质（位置）的确定与波的性质（动量）的确定是不能同时进行的。简单地说，要想确定地描述这个世界，我们必须放弃其中一个思想模型。

粒子的性质（这里我们已经承认这种东西有着变色龙般的性质）可以通过解薛定谔方程计算出来。这个方程的解包含这个粒子所有的动力学信息，比如说最有可能在哪里找到它，或者它以多快的速度运动。这些解同样解释了所有导致量子力学公式被发现的观测，比如粒子的衍射，由普朗克思考黑体辐射和爱因斯坦研究固体中的原子时发现的量子化的能级的存在。找到薛定谔方程——找到它的解，并据此预言物体的性质——可以说是非常自然的事情，而且量子力学毫无疑问是非常可靠的理论。[1]

量子力学让人觉得奇怪的地方是微观与宏观之间的结合，因为我们测量的结果似乎表明量子力学完全是一种概率理论，并且与决定论相去甚远。然而事实并不是那样。波函数完全按照薛定谔方程演化。决定论不起作用之处在于对测量结果的预言。有一个解决方法是，认为从某种意义上说量子力学是不完备的，还有一些隐藏的变量可以控制观测的真实结果，但是却隐藏在这个理论之下不可轻易察觉，但是这种理论与所做的实验不符合，因此是站不住脚的。哥本哈根阐释宣称薛定谔方程应该经历一个神秘的叫作波函数坍塌的过程。尽管如此，不可能有一个量子力学退位给经典系统的确定范围的存在。现代的观点是薛定谔方程是普适的，对于所有的观测都必须考虑环境的参与所引起的细微影响，尽管有些人完全不同意这种观点。本章一开始标题下面引用的理查德·费曼的话，依然无比正确。

236

---

1. 我们这里的描述并不完整，因为没有讲到狭义相对论。保罗·狄拉克（1902—1984）在1927年将狭义相对论和量子力学结合在一起得到了相对论量子力学。它与广义相对论的结合还在进一步研究中（见第9章）。

第8章
宇 宙
真实的纵览

伟大的思想

宇宙在不断膨胀

他授人以言语，言语创造思想，此乃宇宙之韵律。[1]

—— 雪莱

237　　　科学常以高傲著称，因为它否定自我，因此在某些人的眼中（以下是我的看法），它是探寻真实的、完整的、完美的知识的唯一途径。然而，它的一些最杰出的成就却让我们无地自容。它的成就是如此辉煌，当这些成就将人类推向这个世界的顶峰时，也陷人类于可怜的自卑的境地。这些伟大成就的狂妄之处就在于它认为自己可以解决所有问题中最大的难题：宇宙的起源。每次天文学和宇宙学革命都在不断削减人类在宇宙中的至高地位，这是人类无法逃避的和充满讽刺的耻辱。托勒密将我们放在宇宙的中心。哥白尼却将我们放到了一个美丽但是不管怎么说都只是一个围绕太阳转动的很小的行星上。从那时起，太阳的地位就开始逐渐下降到一个可能被证明是不起眼的宇宙中的一个不起眼的星系团中的一个不起眼的星系中的一个不起眼的位置上。

1.选自雪莱长诗《解放了的普罗米修斯》。

　　本章就是这么一个自取其辱的故事，在这个故事里，原本自以为中心的我们被我们自己的科学发现推离中心越来越远，变成了微不足道的存在。然而，在我们不得不承认自己无关紧要的同时，我们已经靠自己渺小的智慧掀起了宇宙神秘面纱的一角，我们已经有能力量度任何的尺寸和距离，已经辨识出了我们可能的起源，甚至已经找到了我们的宇宙可能展开的未来。尽管我们的自卑感在不断增加，但我们却无比自豪。

　　前面几章里，我们一直在不断探索微观世界，所见之物微不可 238 辨；这里我们将向茫茫苍穹寻找答案，所观之象蔚为大观。现在让我们放眼广袤的天空，去看一看我们这方小小的舞台究竟所在何处，去探寻浩瀚星空将会告诉我们什么。

　　满天的繁星没有逃脱古希腊人的注视。最早的时候，当他们抬头仰望星空，那时的夜空比现在要黑很多，他们觉得天空看见的像是一个满是孔洞的斗篷，孔洞中透出来自那光明天堂的点点微亮。当细致严谨的克尼多斯的欧多克索斯（公元前408 — 前355年）[1]将这个斗篷用27个同心的球来解释时，这种宇宙观点变得更加成熟了一些。欧多克索斯设计这些同心球是否仅仅只是作为一种计算工具现在仍有争论，但也有像亚里士多德这样的，为了得到更精确的结果，优化了他的模型并将球的数量增加到了54个。亚里士多德认为 —— 至少在那些中世纪流传的确实是他所写的书中认为 —— 除了最外层的球，所有这些球都是透明的；最外面的球是黑的并有许多小洞让光线透进来，

---

1. 关于这个富有智慧的人的传记，可参见http: //www-groups.dcs.st-and.ac.uk/~history/Mathematicians/Eudoxus.html。

而且它每天旋转一周。根据亚里士多德的观点，住在那些球里的天堂的人们由第五种元素构成，那种元素与地球上的元素完全不同。现在我们也许会嗤之以鼻，但在这场讨论的最后我们还会讲到第五元素。这些球壳几乎是遥不可及的，因为那个时候这样的高度很难测量。即使连约翰内斯·开普勒（1571 — 1630）也认为所有的星星都在一个只有几千千米厚的球壳里面。

　　当人们开始架起凸透镜和抛物面镜制成的仪器并将它们指向天空时，我们对于宇宙的认识也随之扩大。威廉·赫歇尔（1738 — 1822）爵士，他开始是一个汉诺威近卫兵中的小双簧管演奏手，但是在同为汉诺威人的乔治三世的赞助下，逐渐成长为一位著名的天文学家。在他所处的时代，宇宙被认为是一个包含着无数星星的直径6000光年[1]的磨盘状星团。当埃菲尔铁塔建好后，这个宇宙的直径也随之增加了，不是因为天文学家们可以站得离地面更远更接近天堂，[2]而是因为塔里的电梯是一个叫威廉·海勒的人修建的，这个人因此有了足够资金资助他的儿子乔治·海勒（1868 — 1938）投入他满怀激情的天文事业。小海勒是芝加哥大学叶凯士天文台的第一任台长，这个天文台以查尔斯·叶凯士的名字命名，叶凯士是芝加哥一位性格冷酷的机车业大亨，他因为挪用公款而被捕入狱，为了挽回自己的社会声望，在小海勒的游说下捐资修建了在当时以及此后很长一段时间内最大的折射望远镜（镜面直径为1米）。1904年，海勒调到了洛杉矶郊外的威尔逊山天文台。他深知增加镜面的尺寸可以聚集更多的光

---

1. 光年是一种距离单位，它是光以每秒30万千米的速度穿行一年走过的距离；大概相当1万亿千米（确切地说是 9.54×10^{11} 千米）。
2. 希腊神话中巨人们妄图去进攻天上诸神，把皮立翁山叠于奥萨山之上。而人类的伽利略用他"脆弱的玻璃片"使我们比那些无赖巨人们更接近天空。因此，伽利略的手指成为智胜莽勇的代名词。

线到望远镜，从而看到更暗的天体。最初，在父亲帮助下他在那里建了一架60英寸折射望远镜；1918年，另一名商人约翰·胡克资助他修建了一架100英寸的胡克望远镜，这架望远镜保持世界上最大望远镜的纪录30年。

1919年，海勒游说埃德温·鲍威尔·哈勃（1889—1953）加入他的工作。此时的哈勃虽然是牛津罗兹奖学金的获得者，却正因所学的法律有太多冗长的条条款款而对它感到厌倦。于是哈勃开始了他确定一些模糊的片状的恒星组合体——星云——的距离的工作，这项工作在当时已经让天文学家们困扰了很久。因为测量遥远天体的距离并不是一件容易的事情。当哈勃开始从事这项工作时，只有在哈佛学院天文台工作的亨丽爱塔·勒维特（1869—1921）提出的一种方法可供借鉴。她当时注意到了有一类经常出现在旋涡星系的旋臂上的变星——造父变星——的亮度及亮度变化周期的关系。天文学家们在地球上所测得的亮度与恒星的距离有关，恒星离我们越远亮度越暗。因此，通过观察变星亮度的变化周期我们可以判断它的绝对亮度，再通过测量它的表面亮度，我们就可以定出它的距离。哈勃得出的结果让人非常吃惊。尽管我们已经知道我们的星系——银河系的直径大概是2万5千光年，然而离我们最近的星云——仙女座星云却距离我们200万光年之远，这说明它在我们的星系之外，它是另一个星系。

很快的，我们对于宇宙的感知比我们以前所认为的要大得多，我们的自卑又开始在另一个方面延伸。我们在不得不接受自己不是所在恒星系统的中心而是被驱赶到银河系的一侧的同时，已经了解到我们的星系不过是无数星系中的一个。更多更大的自卑接踵而至。

240　　　哈勃的下一个任务就是确定其他星系远离或是靠近我们的速度，并借此来研究宇宙动力学问题。例如，类似岛屿的星系是像气体一样随机运动的，还是仅仅就这样停在天空中？其实星系在运动这一事实在 1912 年已经被在亚利桑那州洛厄尔天文台工作的维斯特·斯里弗（1875 — 1969）证实。他测量过星系因为运动所引起的颜色的变化，并在 1924 年发现在他所观测的 41 个星系中有 36 个星系正在远离我们。斯里弗此时已经用到了多普勒效应，这种效应是因为发光源的移动所造成的波长的改变：发光源面向我们运动会使波长变短，从而使得波有变蓝的趋势；发光源远离我们运动会使波长变长，从而使得波有变红的趋势。这种效应与声波的移动所产生的效应很相似，当一辆车朝我们运动时声音听起来比远离我们时要更尖锐、更高。这种效应的产生是因为源的运动会促使波峰之间的挤压或拉伸（图 8-1）。源运动的速度越快，波长的移动幅度也就越大，所以通过测量移动的量，可以得到相对的运动速度。如果波长变长了，我们叫作红移，这说明源正在远离观测者运动。大部分的星系表现出红移，也就说明它们正在远离我们运动。

241　　　哈勃走得更远。在 1923 — 1929 年期间，他得到了让人非常震惊的结论：星系的退行速度正比于星系到我们的距离，并且星系到我们的距离越远，它们的退行速度越大。这个观测结果现在可以写成一个简单的宇宙学定律：

$$退行速度 = 哈勃常数 \times 星系与我们的距离$$

给定哈勃常数，可以得到一个到我们的距离为 1000 万光年的星系正以

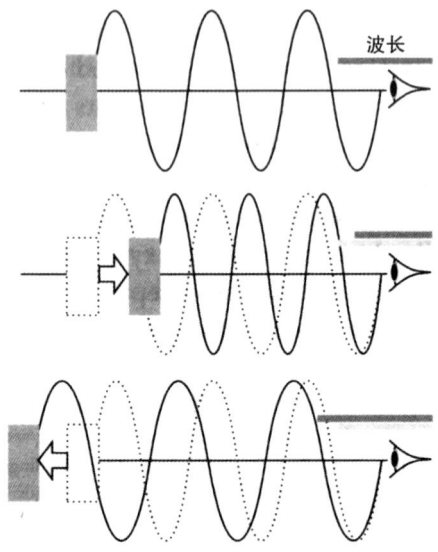

图8-1　多普勒效应是由于静止的观测者和移动的发射源之间的辐射的波长的改变。上图中静止的源发射着给定波长的辐射。中间图中，源朝观测者运动，使得波被压缩，所以观测者接受到的是波长变短或频率更高的信号（向波的蓝端移动或是声音的更高的音阶移动）。在下图，源远离观测者运动，波因为移动而被拉伸，观测者接受到的是波长变长或频率更低的信号（向波的红端移动或是声音的更低频率移动）

每秒200千米的速度远离我们，而一个到我们的距离2000万光年的星系退行速度是400千米每秒，依此类推。[1]

　　哈勃的结论是我们的宇宙正在不断膨胀，尽管哈勃在他的第一篇论文中忘了提及他的这个结论。每一个星系像是标注在一块橡胶板上的一个点。为了更好地说明这个问题，假想星系是粘在一个气球表

---

1. 哈勃常数的确定是一件非常困难的事情。哈勃自己就过度高估了这个值，从而得出了地球比宇宙的年龄还要老这样的荒谬结论。现在普遍接受的哈勃常数的值接近于 $71 \pm 7 \, \mathrm{km \, s^{-1} \, Mpc^{-1}}$，也相当于大约 $22 \, \mathrm{km \, s^{-1} \, Mly^{-1}}$（$1\mathrm{Mly}=1$兆光年），或者 $2.3 \times 10^{-15} \mathrm{s^{-1}}$。

面的足够小的硬币，当气球开始膨胀时，这些硬币虽然本身不会变大，但是它们之间的距离会变大（图8-2）。这个膨胀所暗含的意义让人

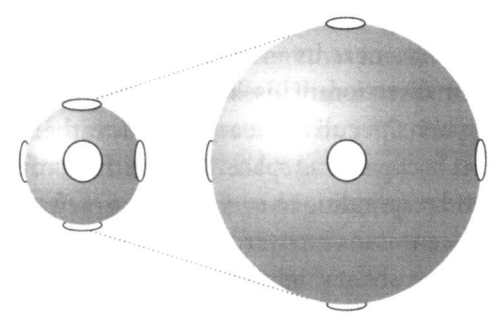

图8-2 一个用来说明我们应该如何来想象宇宙膨胀的模型。粘在球表面上的硬币代表星系。因为宇宙在膨胀 —— 用球的膨胀来表示 —— 这些星系之间的距离变远，但是星系本身并不膨胀。根据这个模型，站在任何一块硬币上的观测者都会看到其他的硬币在远离他。因此星系的整体的退行并不表示我们处在宇宙中一个特殊的位置上

恐惧，因为如果我们沿着时间回溯，那么必定有一个时刻所有的硬币是聚集在一起的，而宇宙本身是一个独立的点。也就是说，宇宙看起来像有一个起点。我在这里用到了"看起来像"这样的模糊字眼是因为宇宙中从来没什么东西是可以这么直接推断的，特别是在弯曲的时空中，我将在稍后详细解释这个结论。这一阶段，尽管我们可以通过宇宙是在膨胀的这个伟大的思想随之得出世界似乎有起始这样的结论，这确实是让人吃惊的，并由此产生了许多问题，其中一些与宇宙相关的问题我们将在本章来逐一分解。[1]

242　　　这种描述有许多问题，我们将在下面详细解释。首先，不论我们

---

1. 就在你读注解的这段时间内，大概10秒钟，两个距离100万光年的星系之间的距离增加了大概200 km。

将望远镜放在何处，我们看到的星系都是在远离我们，就像是整个宇宙在膨胀。这种说法也不尽然，因为有些离我们很近的星系 —— 仙女座是其中之一 —— 看起来好像似乎正朝着我们逼近。这种"局域的"运动叫作这个星系的本动（peculiar motion，这里的peculiar意指特殊的，而非奇异的），一种相对于建立在膨胀宇宙之上的坐标系的运动。我们可以将这种情况想象成是星系在空间中漫游并受到其他的星系的引力作用。[1]因为星系之间因引力而相互靠近的运动可能超过宇宙的膨胀，就像是两枚硬币在气球表面上滑动，尽管整个气球在膨胀，它们也是有可能撞到一起的。

第二点是这种描述中我们所观测到的膨胀看起来似乎将我们又放到了事物的中心，因为每个星系好像都是以我们为中心后退。尽管如此，这种独特性是一种假象，因为不管我们站在宇宙的什么位置，我们都会看到宇宙在远离我们运动。粘在气球上的硬币可以更形象地表明所发生的情况：不管我们站在哪一枚硬币上，我们都会发现我们邻近的硬币在远离我们。这个观测事实是"政治正确性"的概要的精华部分，[2]宇宙学原理表明不管观测者在哪里，宇宙看起来都是一样的。人类的自卑感又一次加深。

当我们开始真正的阐述之前还有一个技术性的观点。哈勃在他测量星系的退行速度时的想法并不是完全正确的。我们可以将红移解释

---

1. 大量的星系，包括我们的本星系群（这其中有银河系，仙女座星系和其他一些小星系）都在朝着一个我们已经知道的太空中的巨引力源运动，这个巨引力源是一个距离我们1.5亿光年，质量相当于5000万亿个太阳质量的区域。我们需要很长时间才能运动到那里，因为我们向它移动的速度是每秒600千米。
2. 即一个公民有义务按照宪法规定，保持一国所奉行的政治原则和立场。—— 译者注

成多普勒效应，并由此推断退行物体的速度，但这仅仅只能应用于那些离我们很近的物体。那些离我们很远的物体在到达我们之前经历一段很长的旅程；宇宙从那时起就在不断膨胀，光线的波长已经被拉伸了。对于红移的正确的解释是，它是测量光线发出的时刻和被探测到的时刻之间整个宇宙尺度的变化，这对于邻近和遥远的物体都适用。所以，如果源的波长因为某种原因移动到了红端，那么它就是在一个比现在小的宇宙时刻开始发出的。一个比较特别的事实是，当我们看比较遥远的地方时，我们所看到的是比现在小得多的早期的宇宙。

243　　　如果星系都是以一样的速度运动，我们可以用哈勃常数计算出当我们可见的整个宇宙何时为一个点。这个点我们稍后还会讲到，但是从这里开始提到会比较好。根据上面的计算，我们可以将宇宙的起始时刻放到 150 亿年前。这个标志宇宙开始的时刻我们叫作大爆炸，由英国天文学家弗莱德·霍伊尔（1915 — 2001）在他 1950 年的一个关于射电观测的计划中首次提到。霍伊尔虽然使用了这个名词，[1]但是他自己很不以为然，因为他比较支持自己的宇宙稳态理论。在这个理论中，因为宇宙在膨胀，会不断产生新的物质以确保宇宙的密度守恒。为了保持已知的宇宙膨胀速率 —— 这也为稳态理论所接受 —— 仅仅只需要每一百万年往每一立方米的空间中撒入少量的氢原子，所以要想知道是谁在制造这些粒子是不太重要的。实际上我们甚至还想过空间拉伸的力会产生新的原子，所以制造物质并不是无稽之谈；但是如果可以制造粒子，似乎就要放弃能量守恒定律，因此不管怎样都让人觉得不太舒服。

---

1. 霍伊尔说 " 大爆炸的思想在我看来并不太令人满意 …… 因为当我们观察自己所在的银河系时，并没有发现任何大爆炸曾经发生过的蛛丝马迹。

霍伊尔非常醉心于稳态理论的研究，因为它可以避免回答起点时刻发生了什么这个问题，因为这个理论中没有起点：宇宙是一直存在的，并且会不断地膨胀下去。它还可以避免提及宇宙在这个起点之前发生了什么这种更让人困惑、难以回答的问题。尽管如此，避免这些问题并不是引入别的理论的初衷；其实，这只不过是一种简化，因为理解宇宙为什么一直存在比寻找宇宙起源的机制更困难。总之，人们更愿意理解因果律的科学链，而不是猜测无尽的将来。

宇宙的稳态模型，由赫尔曼·邦迪与托马斯·戈尔德分别在他们1948年和1949年所发表的论文中独立发展，但现在已经不再被大多数科学家所接受了，就连霍伊尔自己也已经放弃这个模型。尽管如此，我们不应该嘲笑它这么早就被否定了。稍后我们将会看到现在的宇宙观已经发展成了以它为基础的一个更成熟的形式，整个宇宙爆发直到目前的状态需要的物质比稳态理论更多，后者只需要很少的氢原子出现。

实际上有大量证据支持大爆炸模型，其中让人印象最深刻的证据是宇宙微波背景辐射的存在和它的详细的性质，我们将会对此做简要的描述。现在的宇宙学家确信无疑，早期宇宙经历过一个致密和至热的阶段。通过理论和观测的非凡的结合，我们确实可以用在小尺度上获得的知识来解释超大尺度的性质，我们现在能够有一定的自信来讲述宇宙在它诞生后几秒一直到今天的故事。哈勃留给我们的天文学财富是我们可以通过观测确定宇宙的膨胀；然而，他留给我们的思想遗产意义更大，因为没有什么比意识到我们这些渺小的人类可以追踪宇宙的历史到原初时刻更让人激动。在接下来的章节中我们将会努力挖掘他的思想遗产，并将看到在从我们这些小人国的实验室中诞生的科学思想，已经可以应用到整个宇宙。

这种敏锐的思维可以从宇宙在膨胀这一事实中窥见一斑。1826 年，德国天文学家和物理学家亨利希·威廉·奥伯斯（1758—1840）不经意地看到了宇宙的膨胀，但是他当时并没有意识到这一点。他提出了一个现在叫作奥伯斯佯谬的问题，尽管这个问题在 1610 年开普勒提出了一个可能的解释后就已经被人们知晓。奥伯斯指出天空在夜晚是黑的这一事实其实是让人很困惑的。像你我这样天真的人，也许认为这个问题的答案很明显：因为太阳的东升西落。但是奥伯斯在他的文章中提醒我们，如果整个宇宙是无限和永恒的，那么不论你将视线投向什么方向，最终总会碰上一颗恒星。所以晚上的天空也应该像太阳的表面一样明亮，因为天空是能够有效地用阳光遮盖的天堂。尽管我们的太阳会落下，但是无数其他的太阳并不会如此。

这里有两点需要考虑。首先较简单的一点是，如果宇宙是在有限多年前形成的，那么奥伯斯的问题就毫无意义了，因为在非常遥远的地方的光线还没有足够的时间到达我们这里。所以，天空不再是一个充满阳光的薄板，在那些恒星离我们太远而无法为我们的夜空贡献星光的地方，这块薄板出现了空隙。

第二点更难以理解，并且由此可以推出我们目之所及的一个有限宇宙的光的强度。当我们讲距离的时候，我们其实是在沿时间回溯，因为光线需要一定的时间才能到达我们所在的地方。我们所看到的是当光线离开时那里的情况，而不是光线到达我们的眼睛时那里的情况。甚至现在你看的这一页书也不过是一段过去，因为你正在看的是十亿分之一秒（10^{-9}秒，1纳秒）之前的世界，而不是现在的这个时刻。体育观众们看到的比赛结果都是不久以前的，或者更精确一点说是几毫秒之前的，他们要在比分被记下来一毫秒之后才能看见。现在到达我们观测者的天文学尺度上的物体的光线是几十亿年之前发出的，那时宇宙的温度还非常高，整个天空都被像太阳一样强烈的光所照亮。遥望无极之外亘古之前的宇宙，我们也会像像奥伯斯一样，期待一片充满光明的天空。但是自那以后，宇宙开始膨胀，一个温度1万度（10^4K）的物体所发出的特定光的波长已经被拉伸了很多倍。它们不再是能用纳米来量度的可见光的波长，而是要用毫米来量度的不可见光的波长。这些波现在是一些更冷的物体的特征波长，这些物体的温度接近于绝对零度大约3度以上（3K）。所以虽然晚上的天空确实是被一些接近恒星表面亮度的物体照亮，但是这些恒星的光线穿过异乎久远的岁月，已经被拉伸到我们看不见的波段，因此我们可以认为天空是黑的。

在热大爆炸宇宙学模型作为一个可能的理论被建立起来的时候，科学家们对于这种解释还很困惑。以这个模型作为基础，由于充满整个空间的辐射的波长被拉伸了，这可以预言宇宙的温度随着它的膨胀而下降。结果曾经很短的波长拉长了，宇宙的能量密度也因此下降了。由此可推出温度应该与宇宙的尺度成反比，所以当宇宙膨胀到原来的两倍大时，温度应该降到原来的一半。为了发现大爆炸辐射的残迹，科学家们做过许多努力，最后是被两个博士后学生阿伦·彭齐亚斯（1933）和罗伯特·威尔逊（1936）首先发现。他们当时的工作是从一个非常大的微波天线中清理鸽子的粪便，当然，那并不是他们的本职工作，他们是射电天文学家，当时接管了一架最初用来做回波卫星的转换系统的多余的天线，这架天线后来被通信卫星取代。他们本来希望能够用它研究一些更基本的射电天文学问题，并寻找不断接收到的背景噪声的来源。在消除了所有可能的地面噪声源的影响后 —— 还包括刮掉鸽子的粪便并将它们赶到了曼哈顿，最后的噪声只能有一种解释，即来源于宇宙的辐射。他们就这样无意间发现了宇宙火球的遗迹，它明亮的辐射已经拉伸到了微波波段，而且它火力十足的电冲击波几乎已经变成了宁静的电噪声。

随后几年关于微波背景辐射的详细研究表明它完全与所预料的一样，是由一个比绝对零度约高 2.728 度的物体所发射出来的（也就是零下 270 摄氏度左右，图 8-3）。一旦确定我们是围绕着太阳运动，太阳是围绕着银河系的中心运动，我们的本星系群向着有更大吸引力的物体大规模的移动后，在任何方向上看来这种辐射都是一样的。它在十万分之一的误差范围内是各向同性的，这个性质已经将考虑到宇宙起源但是对大爆炸模型并不认同的其他理论全部否定了。现在可以毫无疑问地说，宇宙经历过一个极热极密的阶段。

246　　　　在这一点上我们可以将观测和理论相联系，并推断出宇宙的一些演化历史。我们知道（通过解爱因斯坦场方程，他的关于大质量物体产生的引力场的数学描述，见第 9 章），在给定宇宙所包含的物质数量之后，宇宙的尺度将会随着时间怎样变化。我们知道现在的膨胀速率，通过我们确定的哈勃常数，我们就可以知道宇宙的温度与它的尺度之间是如何联系的。我们是怎么知道的呢？不同波长的辐射强度与温度（参见我们在第 7 章关于黑体辐射的讨论和图 8-3）有关，并且波长随着宇宙的膨胀而拉伸，因此温度和尺度之间有某种关系。通过将温度与尺度还有尺度与时间的关系联系在一起之后，我们就可以计算出宇宙的温度是如何随着时间而改变的。

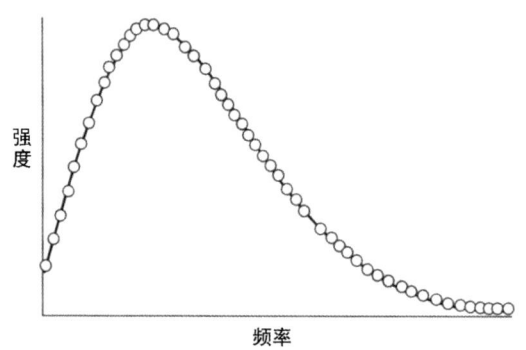

图8-3　充满真空的不同波长的辐射强度都可以测量出来，图中的点是测量得到的值，实线是对于2.728K的物体，普朗克黑体辐射定律（第7章）所预言的辐射强度

我们可以进一步考虑这种联系，因为从实验室获得的经验使我们可以知道宇宙的温度是如何变化的。我们知道宇宙的温度已经随着时间发生了改变，宇宙最先是一个熔炉，然后是烤箱，到后来则变成了冰箱。所以我们已经有了一个工具，它可以推断在宇宙诞生很短一段时间后它的性质是如何变化的。广泛地说，升高温度产生的效果就是将物质分离开来，束缚力很强的物体可以在高温下存在，而那些束缚力很弱的物体只能存在于低温状态。我们可以用厨房中的原理来类比，在厨房里烘烤和蒸煮可以帮助我们将物质分开，使它们更易于消化，产生更多的芬芳的分子；冷冻可以帮助我们防止食物因化学反应而腐坏。宇宙的温度就有点类似烹饪的功能，但是我们在宇宙这个熔炉中所烹煮的材料是物质本身。

上一段的"很短一段时间后"是一个需要解释的模棱两可的词语。当我们现在观测到的宇宙缩回到一个直径相当于*普朗克尺度*，也就是一米的 2×10^{35} 分之一时（即 1.6×10^{-35} 米，我们在第9章还会再碰到的这个基本量），我们现在的物理失去了作用。因为整个宇宙非常致密，我们需要引力的量子理论。这种理论已经出现了，但是现在我们对它还不是很有把握，因此我们将这段远古的量子时期从我们的宇宙历史中分离出来，并在稍后单独对它进行分析。我们的探索可以沿时间回溯到这团无知的迷雾出现的*普朗克时间*，这大概是在原初爆炸之后的 5.4×10^{-44} 秒，这时温度达到了普朗克温度 1.4×10^{32} K。相当于是在150亿年之前：没有任何生命的迹象，但也不是我们无法想象的遥远。但在如此短的时间内可以发生这么多的事情，这让人非常惊叹。我们不能够像乌瑟主教和他对于圣经的条分缕析那样，给出一个精确的时间，比如说上帝在公元前4004年10月23日中午，正在吃午餐，[1] 但是随着我们对宇宙动力学演化不断深入地了解，我们关于这个宇宙起源的认识的精确度不断加深，不用很久我们将有希望将精确度缩小到大概一亿年之内这样的范围。

这里我们需要强调一个更加原初的观点。有时候我们会被问到大爆炸发生在哪里。答案是非常简单而且精确（就像所有很好的答案一样）的：它发生在*所有的地方*。[2] 这个宇宙并没有因为爆炸而变成别的东西，在这个范围内用大爆炸这个名称来描述这种爆炸并不太合适。大爆炸充斥着整个空间：它无处不在，宇宙曾经并非一定要是一个点。如果假定这个宇宙永远地膨胀下去（而不会反缩回去），那么总是会

---

1. 经常被错误地引用为26日上午9点。详见 http://www.merlyn.demon.co.uk/critdate.htm。
2. 也许"破裂"这个词所描述的图景比"爆炸"这个词更恰当。

有更多的物质在所给定的区域的外面，即使是在创世之初。也就是说，如果宇宙是开放的并且永远膨胀下去，那么它将注定会是无限的。所以即使是可见的宇宙，那个正和我们有相互作用的宇宙 —— 那个在各个方向上向外扩展了150亿光年的宇宙，遥远的创世之光现在恰好传播到我们这里 —— 这些原初的光线一度紧缩在一个无限小的点中，但在这个点之外仍然有无限的区域。除非宇宙是"闭合的"，这样它将会在某个遥远的将来经历一场大反弹，这也可能是正确的，因为这[248]也可以说明整个宇宙在原初是曾经紧缩在一个点中。但越来越多与膨胀速率相关的实验证据表明这种情况不可能出现。

我们还需要了解应该如何来表示宇宙的膨胀。在下文中，我将不会再讲宇宙的尺度，因为宇宙的尺度任何时候都是无限的，我也不再讲可见宇宙的尺度，这个宇宙现在对应于一个半径为150亿光年的球，但在过去要小得多，除了它的标度。这里的"标度"是指与两点之间现在恰好分开1米的距离相关的因数。所以，当标度为100时，这两个点之间的距离将会变成100米；当标度为1亿分之一（10^{-9}）时，两个点之间的距离是1亿分之1米（10^{-9}米）。爱因斯坦场方程可以用来计算不同的宇宙学模型中，标度因子和时间的依赖关系。第一个可能的真实的解由前苏联数学家、飞行员、气球驾驶员、气象学家亚历山大·亚历山德洛维奇·弗里德曼（1888 — 1925）发现，他在1922年死于伤寒症前不久发表了这个结果。现在我们称之为弗里德曼方程（图8-4）。1925年比利时的牧师阿贝·乔治·勒梅特（1894 — 1966）也发现了同样的方程；他是第一个沿着时间回溯，并发现了他称之为"宇宙蛋"的东西，我们现在把它叫作大爆炸。

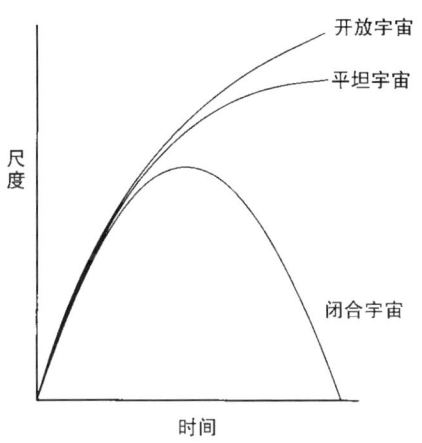

图8-4 弗里德曼宇宙的演化历史。如果宇宙的密度低于某个特定的密度，那么它将是"开放的"，并会永远膨胀下去。如果宇宙的密度高于某个特定的密度，那么它将是"闭合的"，那么在原初的膨胀之后它将会经历"大反弹"而回缩。如果宇宙的密度恰好等于它的临界密度，它也会永远地膨胀下去，但是在时间趋向于无穷时会逐渐停止。目前的测量表明宇宙不是闭合的。有新的观测证据表明宇宙是开放的，而且可能在最近进入了它的加速膨胀阶段

现在的宇宙学家们相信宇宙既不是闭合的，也不是开放的，而是"平坦的"。一个平坦的宇宙将会永远的膨胀下去，这一点上它与开放的宇宙类似，但是它的膨胀会慢慢地变慢，并最终变得无限慢就好像它的尺度接近了无限。在平坦的宇宙中，就像在开放的宇宙中一样，没有对于现在分开1米距离的两个点的最终距离是多少的限制。平坦的含义就像开放，是指宇宙将会无限延伸，因此大爆炸发生在一个无限空间中的每一个地方。当人们说到宇宙在最先开始是非常小的时候，他们的意思是 —— 他们也应该是指这个意思 —— 它的标度在最初是非常小的，两个现在分开1米距离的点在过去曾经是1米非常小的一个部分。在一个非常小的区域中挤进如此大量的物质，你可以想象它有多么致密；实际上，它比水要密10^{97}倍。并且它在一个无限的区域

249

中到处都是那么致密。这是一个无论在过去还是在将来都让人觉得非常可怕的宇宙。

　　最后一个经常会让人不明白的基本的观点是，尽管宇宙的尺度在随着时间增加而增加，但这并不意味着它所包含的物质也在随之膨胀。我们自己还有我们测量的尺子并没有随着时间膨胀，一个星系中恒星之间的距离也没有变大。有很多种方法来理解这个有时候让人很困惑的观点。最简单的方法是接受弗里德曼方程描述的膨胀是基于对整个宇宙的物质进行平均的模型这个观点，而星系最好简单地看成是代表空间中某个位置的抽象的点。因此尺度的膨胀仅仅是指这种"平均的宇宙"，但是对这个空间中细小的系统行为并不产生任何影响。另一种方法也可以得出相同的结论，这就是如果有两个点，比如说星系中的两个恒星，因为相互的引力作用而束缚在一起，那么这种作用力并不会因为宇宙的膨胀而消减，所以不管我们等多久这两个点中间的距离都是不变的。

　　纯粹主义者会用更精确的方式来考虑这个有点诡辩的问题，但是更重要的一点是弗里德曼方程所告诉我们的，两个点将会如何相互分开正表明"这两个点一开始就有相互远离的趋势"。这有点像牛顿的运动方程，它告诉我们如果知道一个球的初始运动速度，我们怎样计算它将要运动的距离。如果这个球是静止的，那么无论我们等待多长时间它都是原地不动的。同样的，如果空间中的两个点——比如你的头和你的脚后跟——在一开始并没有分开的趋势，那么不管我们等待多长时间它们都会保持原来的相对位置。我们并不会因为宇宙的膨胀而被拉伸，而只会像经典物理中一个静止的球，从一个位置移动到另一个位置。

250　　　有了这些认识之后，现在是时候来学习我们的宇宙史了。在普朗克时间时，假定所有将物质结合在一起的力（第6章中讨论到的引力、电弱力、强力）都有相同的强度，但是当宇宙冷却到低于普朗克温度时，引力从其他的两种力中脱离出来。而其他两种力继续表现得像一种力，并通过没有质量的玻色子传递。但是纪年上没有任何的变化。更精确地说，电弱力和强力保持它们的等强度的时间相当于普朗克时钟滴答100亿下，那时只到了我们所说的大爆炸后10^{-35}秒。用我们自己一成不变的时钟衡量时间会产生误导，因为我们的时钟是为了人类自己的方便而设计的，但镇上礼堂里时钟的滴答声并不适合用来讨论当宇宙还年轻、极热、极致密的时候的情况。一旦用普朗克时钟这样的自然单位来测量时间，宇宙早期的膨胀就变得非常缓慢 —— 就像是安定（一种药物）上的生物黏菌。从这种观点看，当我们这些笨重而瞌睡的巨人眨眼的瞬间，宇宙已经沧海桑田了。

　　这段看似漫长的时间（100亿个普朗克单位时间之后，我们叫作10^{-33}秒）过去之后，温度已经降到足够使强力从电弱力中分离出来，所以从现在开始，在这个从来没有这样冷的宇宙中它们将不再有任何关联。再强调一遍，宇宙中的时间开始经历一个真实的静止过程。宇宙继续膨胀，温度持续下降，但是在任何可辨别的事物在这样一个惰性的世界中产生之前，我们几乎要等待一个轮回那么久 —— 准确地说，是要等待普朗克时钟嘀嗒10^{30}次。你可能会对这样一个眨眼的瞬间感到惊奇，因为这只有十万亿分之一秒（10^{-13}秒），但是这却是事件发展慢得可怕的早期宇宙给你的一种错觉，让你觉得这么多的事情怎么能够全部在一瞬间发生。直到今天，宇宙的尺度已经膨胀到1015个巨大的普朗克尺度。当然，在随后的我们认为非常小的尺度的时期里用基本单位来测量更合适一些，因为现在的相距1米曾经仅仅只有10^{-20}米，而采用我们常用的单位并不是完全适合而且容易引起误解。这个时期温度已经降到了1亿亿度（10^{16}K），对于标量子（也许它们就是希格斯玻色子），这已经足够冷到可以让它们结合成有质量的W和Z规范玻色子的程度，从而限制它们的作用范围，并在剩下的时间里将弱力从电磁力中分离出来。宇宙现在已经冷到可以令全部的力永远都区分开来的程度。

　　但是这时还没有我们认为的物质的存在：温度仍然非常高，热运 [251] 动将一切可能存在的物质全部都打散了，并在这些力的作用下，开始融合在一起。当温度不断下降，第一种从这个火海中结晶形成的物质形式是核子（质子和中子），它们由夸克组成并被强力牢牢地束缚在一起。这种融合仅仅在温度下降到一个十万亿度这样极冷的温度（10^{13}K）时才会发生。非常冷的温度？是的，在普朗克温度尺度上，可谓酷冷了，因为这相当于是绝对零度之上10^{-19}普朗克温度。当然，用我们日常的温度单位来衡量，它还是非常热的，但是这种日常的温度单位是用来预报我们陆地上的天气的，并不是最基本的单位。

　　现在开始我将不再继续强调使用基本单位，而是采用我们这种日常的单位制，因为当宇宙演化到这一阶段采用这种单位制比用普朗克单位要方便得多。尽管如此，你必须要记住在这个日常单位制看来的一眨眼瞬间，实际上几乎是无法测量的一个非常长的时期。我们可以简单地看成在自然、基本的单位下数不清的一连串事件。一个以声速飞行的子弹来穿越一个原子核的长度似乎要花费无尽的时间，因为这相当于 10^{26} 普朗克时间。

在原初一秒钟之后，中微子退耦合，使得它们自己从物质中解放出来。它们再也不会与别的物质有相互作用了，并且从那一刻开始它们将不受任何阻碍地穿行于整个宇宙，它们在整个空间中穿梭，穿过行星时就好像它们从一个几乎完全透明的水晶球中穿过。如果我们的眼睛可以看到中微子 —— 这种几乎没有质量的喜欢旋转的粒子，那么我们将会觉得这个世界几乎空无一物，仅仅只有无处不在的幽灵的影子。

乍一想，我们也许期望中微子的天空比光子的天空要亮，因为中微子以温度的形式保留了宇宙的印记，当它们第一次退耦合后宇宙的继续膨胀并不会使它们的温度降低很多。但是实际上中微子背景温度比微波背景温度更低，大概是绝对零度之上不到 2 度的样子。[1] 温度更低的中微子天空背景是由许多不同的原因造成的，特别是电子和它的反粒子正电子间的碰撞，大大增加了光子的数目并增加了天空的亮度，因此增加了微波背景的温度。

在宇宙开始 3 分钟之后，温度已经降到了 10 亿度。它的温度如此低（只有 10^{-23} 普朗克温度）以至于在这种类似北极的条件下，核子可以结合在一起形成了氘（一种重氢，核由一个中子和一个质子结合而成）还有氦（两个质子和两个中子结合而成）。计算表明因为温度的

---

1. 中微子的背景温度被认为与光子的背景温度不同，需要在后者基础上乘以因子 $(4/11)^{1/3}$，光子的背景温度是 2.73K，由此推出中微子的背景温度是 1.95K。

继续下降，宇宙在这个时期有23%是氦元素，77%是氢元素（没有被束缚的质子），仅仅有一些稍重一点的元素（例如锂还有铍，分别有三个质子和四个质子，还有一些中子也聚集在其中以使得质子可以更紧密地结合在一起）。氦的丰度依赖于中微子的种类，并且应该不超过4种。如我们在第6章所见，已知有3种中微子的味，这与这个限制正好符合。也许更重要的是，我们看到从对非常细小的事物的研究而推断出来的结果是如何应用到如此大的尺度上 —— 在这里，是指整个宇宙的氦丰度。这种巨大的和微小的事物之间知识的相互融合更加坚定了我们对于科学的信心。

接下来的这个阶段没有什么新鲜事情发生。就算用我们的日常的单位制来衡量，宇宙的整个组成还保持着这样的结构十几万年。宇宙在这段时间内继续膨胀并冷却，但是它保持着电离状态，一大群的核子在电子的海洋中遨游。这种情况下，宇宙非常热但是并不透明，这种情况更胜于今天我们看到的太阳，因为光线在这样的介质中只能穿越很短的一段距离。由于同样的原因，太阳对于我们也不是一个玻璃球，而是不透明的。[1]一个光子从太阳的中心穿越到达它的表面需要1000万年漫长的时间。每一次它都会被吸收然后再发射，先沿着这条路径前进然后又沿着另外一条路径行走。仅仅只有当光从这片阻碍重重的沼泽中退耦合出来并且进到了空旷的空间时，它才能够以光速飞离这片区域。如果太阳的中心现在死亡了，它的光线将不能够支撑1000万年。宇宙的早期也大量地存在这种情形，光线在几乎难以透过的大量等离子气体中缓慢地穿行。

---

1. 金属也因为相同的原因而不透明。它们同样由被电子海洋包围的核子组成，与早期宇宙不同的是核子是规则排列的。

　　突然间，十几万年之后宇宙进入了一个明朗的时期，天空一扫夏日的阴霾，宇宙开始变得透明起来，光线可以自由穿行。当天空变得明朗之后并不能看到太多东西；其实是什么也看不到，因为那时星星还没有形成，但是这是我们的宇宙历史中一个非常关键的时期。因为天空变得明朗，这个像北极一样寒冷的宇宙开始降到只有一万度左右（10^4K）。在这个凝固点的情况下，电子最终能够凝聚到核子上。等离子体最终聚合成了中性原子，曾经自由但现在被俘获的电子不能够再有效地散播辐射，因此光线可以在空间中自由地穿行。

253　　电磁辐射 —— 即光 —— 从物质的束缚中脱离出来，这种物质现在的温度非常高，大概一万度，就像今天的太阳表面，包围我们的是灼人的光辉，整个就像一个大光球；开普勒的信使奥伯斯应该会很高兴，因为这正是他所说的黑夜的起源。因为宇宙一直在不断膨胀，这种光线已经被拉伸形成今天围绕我们的微波背景辐射。正如我们已经看到的，我们今天的天空仍然是火焰熊熊的炙热的火炉，但是它的温度已经降到了绝对零度以上的2.7度。宇宙背景辐射在微波波段的峰值我们是无法看见的，除非我们可以将我们的目视能力延伸到射电望远镜的波段，并且认真地倾听当它们碰到我们的探测器时很微小的波的轻触声。

　　最后宇宙中有了原子。它们并不是特别多，而且种类也不丰富。我们可以对我们今天的物质取平均并将它撒向整个宇宙，然后我们会发现在一个一立方米的区域中只能找到一个原子。在大爆炸之后的瞬间出现的元素仅有氢（大部分是它）和氦（也有很多，但比氢要少），还有相对非常少量的锂和铍。宇宙在它3分钟大的时候，还是一个令人难以想象的荒芜和原始的地方。

就这样又等待了一个10亿年。尽管如此，宇宙开始出现变得丰富多彩的潜力，而且这种潜力正在慢慢地呈现出来。为了故事的继续，我们必须要认识到一点，原初的宇宙并不是平滑的。在某些区域那些氢原子、氦原子和我们在稍后会讲到的谜一样的"暗物质"组成的原始气体，比其他的地方要密一些：它们的分布中有一些轻微的波动。随着宇宙年龄的增加，在较密区域中的气体开始在引力的作用下变得更密集，由于这些本地的小区域的形成，气体开始受到压力，然后它们的温度开始升高。在某个时候，由于它们的温度足够高，氢原子的核因为这种力又碰撞到了一起，然后一起燃烧起来，释放能量。于是核燃烧开始了，恒星开始发光，我们叫作星系的恒星的集合开始显现出生命的迹象。星系的分布并不是完全随机的，因为它们集中在波动出现的密集区域：在一个1亿光年的区域里有许多的成团结构和虚无（图8-5）。这种巨大的图样是原初宇宙中的小褶皱的放大，在几个普 254朗克尺度上的密度的变化已经延伸成了现在的巨大的结构。宇宙花费了150亿年的时间才到达这一阶段，但是用我们这些不相关的人类的时间单位来看这个相对简单的时期时，用更加基本的普朗克时钟来看是一个非常漫长的时间过程，大概不少于10^{61}普朗克时间（图8-6）。

古老的恒星由氢元素组成，但是它们通过核燃烧的过程消耗了氢而形成了新的元素。核合成，也就是元素开始形成，宇宙开始变得丰富多彩起来。在任何恒星还没有形成之前，宇宙甚早期的元素形成，叫作原初核合成。这段时间并不太长，最大的原因是因为随后增加的中子和质子不断形成核子，然后是氘（由一个中子和一个质子更强

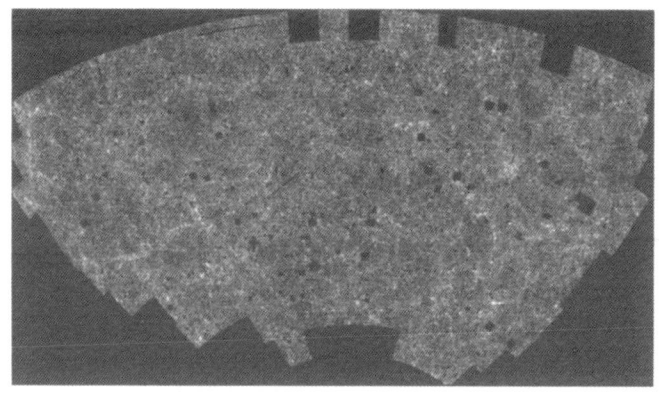

　　图8-5　从地球上看到的星系的分布。每一个点代表一个局域的星系。需要注意的是这种分布并不均匀，有非常长的星系的纤维结构和非常大的低于星系平均数目的区域。这种不均匀性是原初宇宙密度扰动被极端放大的结果

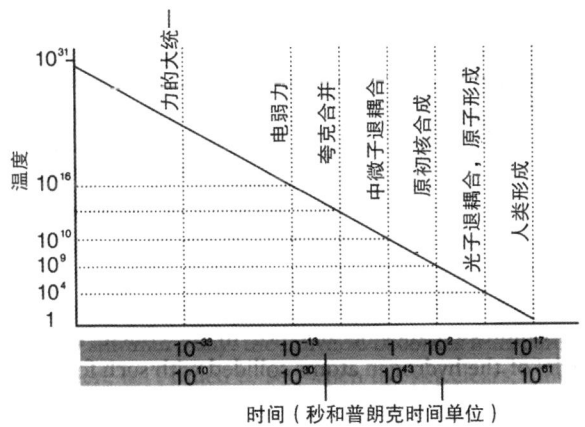

　　图8-6　宇宙不同时期的时间尺度。暴胀时期的温度依然是一个很有争议的问题，图中所示的与时间的线性相关并不是真实的情况。在力的大统一时期结束后，强力从弱力中分离出来；在电弱力时期后，弱力和电磁力分开。所标的温度是电磁场的温度，人类形成时的局域环境的温度接近300K，这时的电磁场的温度要更低

的力作用结合起来），氦（两个质子和两个中子形成的一个相对稳定

的组合）等。尽管如此，并没有5个或8个中子的稳定的核子结构，所以这一阶段有一个瓶颈并且很难通过碰撞形成更重的元素。这一阶段形成的最丰富的元素是氦，现在还仍然占到了整个宇宙元素的23%，剩下的所有的几乎是氢。这种丰富的氦可以通过大爆炸理论预言，而且试验的结果也对这个理论提供了强有力的支持。

宇宙中几乎所有的其他元素在它们问世的之前都要等待恒星的[255]形成。这里并不适合再在核子物理这一分支上作过多的说明，我只想说实际上恒星开始发光，包括太阳，就是元素开始合成的一个信号（至少，在8分钟之后它们就开始形成了）。天文学家阿瑟·斯坦尼·爱丁顿（1882—1944）是第一个认为恒星的燃烧是一种能量释放过程的人，他认为这种过程就像两个氢原子核撞击形成一个氦元素那样。

恒星是非常危险的物体，因为难以想象在天空中挂着这样一个庞大的剧烈燃烧的物质火球，并且还是不受控制的核燃烧。它们并不是得像引火物平静地燃烧，然后慢慢地熄灭，它们的燃烧过程非常激烈，并在恒星壳层很深的地方有核反应发生，它们的壳层扩张、收缩、塌缩，将脉冲的能量传到恒星最外层，并将它们释放到太空。

恒星热热闹闹的人生故事是从一团气体开始的。这团云是否会最后在引力的作用下聚集在一起与许多因素有关，包括它的密度、温度和质量。给定温度和密度的云可以形成恒星的最小质量，在天体物理学家詹姆斯·金斯（1877—1946）研究并建立了恒星的形成理论之后，叫作金斯质量。弥散的云，由于它们的密度很低，在引力的作用下是

稳定的，不能够形成恒星。尽管如此，密度大的云将会塌缩，一个典
型的由氢和氦组成的云，它的金斯质量相当于 7 个太阳的质量。当一
块云自行塌缩时，它的密度不断增大，金斯质量不断减小，它就不是
形成一个大的恒星，取而代之的是许多不同的小区域在引力的作用下
塌缩，所以云会碎裂并形成一团团的小恒星。只有太阳质量的十分之
一的原初恒星不能够达到足够的温度发生核反应而开始燃烧，因此它
们从来不发光。原初质量是太阳质量的 90 倍的恒星很不稳定：它们
会震动并分裂开。所以，所有恒星的质量在这两者之间。

　　最终形成恒星的气体 —— 大部分是氢和氦 —— 朝着一个中心自
由落体。原子在下落过程中拥挤在一起，相互碰撞并使温度上升。这
个阶段，温度随着云的塌缩而上升以至于核心发生剧烈的碰撞而形成
氦元素，氦核又撞击在一起形成更重的元素。因为大约有 20% 的恒
星比太阳重，它们的温度会上升得更高。在 2000 万度以上粒子运动
得非常快，因此质子可以成功地撞击进一个带更高电荷的核，比如说
碳、氮还有氧，并在被它们捕获的过程中释放能量。

　　大于 8 个太阳质量的恒星有着非常极端的未来。这种庞然大物的
内部温度升高得很快，大约可到 30 亿度，因此会发生"硅燃烧"。在
那里氦核可以与接近的硅核子融合并逐渐地形成更重的元素，并根据
元素周期表最后形成铁和镍元素。这两种元素有最稳定的核结构，并
且不会再通过核燃烧来释放能量。这个阶段，恒星有一个洋葱皮结构，
最后形成元素是洋葱的核，轻的元素则次第形成包围核心的壳层（图
8-7）。每一个这样的阶段完全取决于恒星的质量。对于一个是太阳
质量 20 倍的恒星，氢燃烧阶段大概持续 100 万年左右，此后在核的深

处氦开始燃烧并持续1000万年左右,然后核心的燃烧开始加快。在那里,碳燃烧只用300年就可以完成,氧只需200年,硅燃烧最后形成铁阶段则仅仅只需要一个星期。

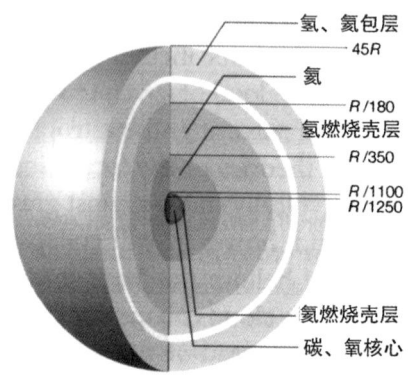

氢、氦包层
45R
氦
R/180
氢燃烧壳层
R/350
R/1100
R/1250
氦燃烧壳层
碳、氧核心

图8-7 一个典型的大于5倍太阳质量的恒星当它到达红巨星阶段并有一个碳氧核的时候的内部结构。为了可以看得更清楚一些,内壳层的半径已经相对于表面放大了(白色的带子表明尺度发生变化的界线)

核心的温度现在非常高,大概80亿度左右。在那里光子的辐射 257 非常地强烈,它们可以将铁核分裂成中子和质子,所以想要破坏核合成的成果需要几十亿年。这个阶段能量从核心转移出去,然后开始突然冷却。现在很难再维持核心的结构,于是核心开始塌缩。核的外层开始自由落体,它们的塌缩速度可以达到将近7万千米每秒。相当于在一秒之内,一个地球大的东西可以塌缩成伦敦的大小。这种不可思议的快速塌缩快到恒星外围区域的物质跟不上,所以简要地说,在恒星的外围区域就形成了一个空壳层,它包围着因塌缩而形成的很小的核。

塌缩的内核开始收缩,然后又向外反弹膨胀,同时将中微子激波通过外核送出去。激波加热了核的外部，并因为粉碎阻碍它的重元素核而损失能量，形成的外核并不是很厚。开始的20毫秒之内，激波逃逸出了恒星的外围并在核外形成一个很大的弧，并且迫使它前面的恒星物质形成巨大的球形海啸。当它到达十几亿太阳亮度的恒星光辉的表面时，就成为它所在的星系中的一颗爆发的Ⅱ型超新星（图8-8），[1]恒星物质也随之抛入空中。

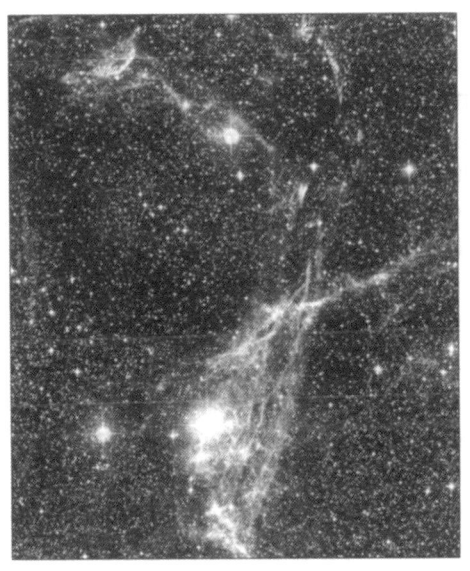

图8-8　Ⅱ型超新星的遗迹（船帆星座遗迹）。这个超新星爆发于1.1万年前，我们可以看到在恒星中形成的物质散布到星空中。船帆星座是位于银河系南部明亮的星座；人们曾经认为它是南船星座的一部分。不同类型的超新星极难分辨

258　　恒星的死亡为宇宙带来了勃勃生机。恒星的爆炸留下了一个叫作中子星的致密的核，它非常小，非常致密，是由中子组成的光滑的物

---

1. 我们将在稍后会碰见Ⅰ型超新星。

体。如果恒星的初始质量大于25个太阳质量，甚至会形成一个黑洞，一个引力非常强、连光线都无法逃脱的区域。更重要的是，可以简单地将它类比成散落的弹片，因为原初的氢元素和氦元素已经在恒星中将经过再加工，散到了星系中。这些元素可能混合进了新一代的恒星中。有些会凝聚成尘埃，尘埃聚集为石头，石头成巨岩，最后巨岩成行星。行星应该环绕着一个友好的恒星形成，就像地球是围绕太阳一样，现在到处都充满了重新组建的生命，至少在一个地方是有生命的，而且可以确定有着无数的生命存在，并且有能力来发现他自己存在的恢弘的宇宙以及他们自身的演化史（第1章）。我们从星光中诞生[1]，我们从宇宙剧烈的演变中逐渐创造出了科学、艺术和欢乐。

现在让我们回到原初的时刻。用大爆炸来解释我们的宇宙历史取得了非常大的成功，可以观测的结果与基于它的预言在数值上符合得很好，很少有人质疑这段历史的正确性。尽管如此，理论上还存在许多困难，这并不是这个原初世界的终极传说。

首先，我们已经了解，宇宙的膨胀实际上是说两个相关联的运动的点之间的距离会随着时间的推移而变大。也就是说，所有的理论都说明如果两个点现在正在移动，那么它们将会继续移动。但在这个理论中没有解释为什么这些点最先开始会运动！

其次，尽管实际上宇宙的不同部分并来不及彼此交流，宇宙依然是高度均匀的。为了理解这一点，想象有两个点到我们的距离都

---

1. 我想说"人类只是一颗星尘"。但是这句话好像已经是老生常谈，所以我将这句绝妙的话作为注脚写在这里。我想这是尼戈尔·卡尔德最先说的。

是150亿光年，并从相反的两个方向上穿过可观测宇宙，我们在中心。光线正好有时间穿越两点到达我们，但是光线没有时间从这一点到达另一点，因为它们之间的距离是300亿光年。如果我们仔细地计算，可以证明天空能够看成被分为成千上万的小碎片，每块碎片大概1K左右，这样即使是光速行进也永远没有时间交换信息。那么，为什么天空会是如此均匀，不论我们看向何处，温度几乎都是一样的（2.7K）？这个叫作视界问题，因为宇宙的每一个部分都需要能够相互通信，但是不知为什么有些区域似乎已经超过了它现在的视界，否则现在观测到的宇宙不可能看起来如此均匀，就像两块很热的铁块不可能有相同的温度除非它们之间曾经接触过。[1]

　　第三，宇宙的形状上也有一些问题非常奇怪。实际上有两个让人奇怪的地方。一个是宇宙几乎恰好有一定量的物质表明它恰好会永远膨胀下去。这个临界值通常表述为宇宙几乎刚好在它的临界密度。另一个奇怪的地方是宇宙并不是看起来正好有这个量的物质：现在所得出的宇宙中物质的量仅仅只有临界密度的1%。[2] 理论上给出了非常好的理由使我们相信观测密度和临界密度的差异随着宇宙的膨胀而增加，而到现在，距离宇宙原初时刻150亿年之后，这个差别已经扩大了很多倍。可以说，如果这个差异当宇宙是1秒钟大的时候仅仅只是一亿亿分之一（10^{-16}），那么这个差异在现在看来就很巨大了，并不仅仅是十和百之间的相差的倍数。我们回溯的时间越远，这种差别就越大。因为现在密度在任何地方都是接近临界值的，在普朗克时

---

1. 更确切地说，某一点的视界是指在宇宙现在的年龄时间内光线恰好可以到达的地方。比如说对于一个年龄为10^{-8}秒的宇宙，某一点周围的视界大概离它3米远。
2. 这个密度用参数Ω来表示，当$\Omega=1$的时候即为临界密度；$\Omega>1$，宇宙是闭合的；$\Omega<1$，宇宙是开放的。$\Omega=1$，则宇宙是平坦的；这时它的膨胀速率会在它的尺度接近无限大时慢慢趋近于零。

钟滴答一下之后，这个差别不可能大于10^{60}分之一！这些特性说明从宇宙诞生时开始以来密度正好是一直保持着那个临界值。这个可怕的条件叫作平坦性问题，它是更一般的精密匹配问题的一部分。精密匹配问题一直困扰着宇宙学家们并要求有更精密的部署以保证密度恰好在初始时刻就是临界密度，而且许多其他的参数也必须经过特定的设置，以保证可以从宇宙的初始规范中最终得到适合我们的今天的宇宙参数。

　　还有一个与此相关的问题是，我们将会惊奇地发现我们正好生活在一个临界密度非常接近它的临界值的时期。更有可能的是宇宙的密度一直并且现在仍然保持着它的临界值。[1] 如果是那样的话，那么因为现在测量到的密度比临界密度小很多，所以说明我们还没有认识到宇宙中的所有物质。星系的旋转所推导出的结论为此提供了更进一步的证据，它表明星系包含比我们通过看到的恒星统计出来的更多的不可见的物质，现在的密度的估计已经将它提升到了至少临界值的20％。什么是暗物质？它们在哪里？最简单的答案是它由年老的已经死亡的恒星组成。如果这就是暗物质的组成成分，那么在每个太阳这样尺寸的恒星周围将会存在成千上万的像木星这样的天体。当然这里我们已经看到了一些隐约的线索——至少这些物质有一个名字，这通常是证明它们存在的第一步。这样的天体称为MACHO，大质量的天体物理致密晕物质（Massive Astrophysical Compact Halo Object）。另一个人们必然会想到的解释是WIMP的存在，WIMP是指弱相互作用的大质量粒子（Weakly Interacting Massive Particle）。后者是与物质

260

---

1. 如果原初的密度就是它的临界值，那么 $\Omega-1=0$，不管将零乘上多大的倍数，$\Omega-1$ 的值始终都是零，因此总可以到 $\Omega=1$，即使现在也是这样。

作用非常微弱的一种粒子，我们只能够通过它们的引力作用或弱相互作用探测到。人们曾经认为如果中微子有质量的话，它可能是一种候选者，但是现在人们认为不可能是中微子了，因为中微子几乎可以自由地穿过星系尺寸的物体，这样会导致在更大的尺度上产生更多的结构。另一种比较怪异的候选者是一系列不同种类的S粒子中的一种，但它是还没有被发现的，目前是假想的已知粒子的一种超对称伴子（第6章）。不管答案是什么，科学家认为我们现在还没有辨识出宇宙中存在的丰度最高的物质的形式。

大爆炸的第四个问题是今天在我们周围似乎不存在任何的磁单极物质。我们对于磁棒都很熟悉，它有南极和北极。磁单极就是指只有其中的一个磁极，磁极就等价于电子的电荷。如果电和磁是一种力的两个方面，为什么磁极总是会成对的出现，而不像电单极（电子），可以找到单个的呢？在大爆炸模型中，这是由于原初混乱的压力下在时空中引入了大量的破缺 —— 刻痕、破缝、折痕，这些都严重地破坏了统一，点状的刻痕变成了磁单极。大爆炸理论预言了比普通物质更多的单极物质，但是目前一种也没有找到。

第五个问题是我们前面已经提到过的：如图8-5所示的大尺度宇宙结构，在一个上亿光年尺度上的空洞周围成团的星系。在那里我们看见的这种结构是原初宇宙的小块凹凸的极度放大，它当时的尺度和我们今天所观测的宇宙相比，比一个最细微的点还小。但是为什么最先开始会有这些凹凸不平呢，为什么它们会在那里，并及时地变成了我们今天所看到的结构？这些问题已经完全超出了大爆炸理论所能解决的范围。如果我们对这里面最大的存在的起源毫无头绪，我们不能宣称我们已经了解我们的宇宙！

这五个问题——膨胀的起源、视界问题、平坦性问题、单极物质丢失问题，还有今天的大尺度结构问题——都是非常严峻的。尽管大爆炸理论在其他的方面是如此的成功以至于很难将它放弃。实验也已经证明了宇宙的确经历过一个非常热的过去并从那以后一直在膨胀。问题的答案一定存在于那些大爆炸发生的最早时刻的事件中，在我们前面所提到的所有事件发生之前（但还是在绝对起始时刻之后）。现在比较受欢迎的理论是暴胀理论。

暴胀并不是一般的膨胀，而是非常快速的膨胀。直到现在你可能发现我几乎不用"非常"这个词，更别说"非常"了。这里我所指的膨胀是已经超过光速的膨胀。实际上我说的非常比这个速度还要快。不用担心有什么东西运动的速度比光还快，超光速膨胀的概念并不是什么特别难理解的事情，因为这是空间的尺度在膨胀。我们所考虑的并不是信号在空间中的传播。在暴胀阶段（这有许多不同的说法，每种说法都以一种思想为核心），在宇宙诞生之后 10^{-35} 秒——我们将再次回到这一时刻——某些事情发生了改变，然后开始了相互作用。此后的每个 10^{-35} 秒，宇宙都会比先前的尺度扩大一倍以上，再接下来的每一个 10^{-35} 秒，它的尺度都会翻一番，[1] 直到 10^{-32} 秒后这种暴胀扩张才会停止。这段时间里，宇宙的尺度翻了 100 番。现在用人类更容易接受的语言来解释一下。我们假定宇宙的初始尺寸是 1 厘米。翻一番是 2.7 厘米，两番是 7.4 厘米，三番是 20 厘米，十番就是 220 米，

---

1. 我这里所说的"翻番"是指 e 指数增加，即每翻一番乘以因子 $e = 2.718\cdots$。

20番倍就是4853千米，50番就是5480光年（记住这是在5×10^{-35}秒之内）。再翻两番几乎就是星系这样大的尺寸。再扩大一些就可有本星系群那么大。在100番之后，原初的宇宙已经扩大了10^{43}倍。在某些暴胀学说里，膨胀速度还要快，是以10作为倍数乘上1000亿次或者说$10^{100000000000}$次。如果这样，宇宙会膨胀得非常大，大得可怕，而这一切仅仅发生在10^{-32}秒之内！

262　　我们应该站在离这个时刻更早一些的时间来看。我已经有意用人类经常使用的单位将暴胀的故事讲述了一遍。尽管如此，从现在开始，你将会意识到用基本单位来考虑这个问题会更好。从这种更基本的观点出发，暴胀是一个非常悠闲的过程。首先，10^{-35}这个因子消去了。这样原初的周期就变成了一段非常长的时间，因为它对应于1亿个普朗克秒（3年大概相当于1亿秒，所以时间变得非常充裕，可以想象成有3年的时间那么长）。不管它是如何开始这过程，它都有足够的时间聚集它所需要的能量。然后是暴胀翻番时期，每翻一番又是另一个悠闲的1亿秒——相当于另外一个3年，这不可能是一种剧烈的过程。

现在我们来看暴胀是如何结合大爆炸模型解决问题的。视界问题已经可以解决了，因为今天所有远远大于光速可联系的点实际上原初时候都是紧密地聚集在一起，并且有足够的时间来相互传递信息。换句话说，现在我们的整个可见宇宙过去都是紧缩在一个非常小的空间中的，信息有足够的时间穿越它，从而使它均匀化。平坦性问题也解决了，因为暴胀抚平了所有的原初结构，就像是将一个表面布满褶皱的气球吹大，从而将它的表面撑平了。单极物质问题也就解决了，因为即使单极物质在原初可以出现，但它现在在我们所在的庞大的宇宙区域中已变得极少，因此还没有探测到也就不这么奇怪了。尽管单极物质在暴胀前形成并因为暴胀而消失，但是我们今天的物质都是在暴胀之后才形成的。还要强调的最后一点是，如果暴胀是真的，那么宇宙将比我们想象的要大得多，我们所看到的 —— 我们所能够看到的 —— 仅仅只是其中非常小的一部分。自卑感也随之而膨胀，变得更加强烈了。

我们还有一个问题没解决，那就是暴胀是如何开始的。由此我们还想到了新的问题：它是如何结束的？为什么暴胀在 10^{-32} 秒之后就失去作用？暴胀的思想最先由荷兰的天文学家和数学家威廉·德西特（1872 — 1934）在 1917 年提出。他意识到如果真空是有能量的，那么暴胀就可能发生。真空拥有能量并不是一个让人很难理解的问题，因为我们对于真空的定义有一定的任意性，任何空的空间应该都不能被看作是空无一物的。我们将会假定真空中充满了一种场，叫作暴胀场。一种非常基本的想象暴胀场的方法是认为宇宙连到了电池的一个电极上，这样它就会产生一个均匀的电压，比如说 12 伏。这个电压无法 263 用我们可实施的任何实验探测到，我们可以叫它伪真空。然后我们可以想象将电池的电极拔掉，宇宙也就不带电了，12 伏的伪真空变成了 0 伏的真真空。在我们看来，这两种不同的真空是一样的，但是实际上它们并不一样。

由于这种思想非常怪异，因此从广阔的背景下来理解它们是有帮助的。首先，我们注意到化学家们认为空气并不是什么值得研究的对象直到他们研究的课题取得了进展，因为看起来没有实体的东西怎么可能有化学性质呢？我们也可以用类似的思想来考虑真空。从科学的历史看来，似乎有从那些看起来少之又少的东西中发现越来越多的东西的趋向。空气已经是老生常谈了，现在不同类型的真空是物理学家们关注的焦点，并且我们可以这样推测，当他们为原初宇宙的起始时刻建立理论时，他们将不得不研究绝对虚无的真空。也许我们将会发现绝对虚无的真空也是有性质的，而且有不同的形式！[1]

　　我们所要解决的问题是在如此迅速的暴胀中真空是如何获得能量的。这个是一种积极反馈的机制。首先，我们注意到随着宇宙的膨胀越来越多的真空被制造出来，那么如果真空可以聚集能量，那么整个宇宙的能量就在不断增加。接下来，弗里德曼方程表明宇宙的膨胀速率随着它所包含的能量的增加而增加，所以膨胀速率会随着膨胀而增加。因为膨胀的速率正比于宇宙的尺度，所以宇宙的尺度随着时间指数增加。指数形式的增长非常迅速，所以只要暴胀场存在就会发生非常快速的暴胀（图8-9）。

　　尽管如此，德西特模型的问题是没有办法使暴胀停止。这种模型里暴胀将会永远进行下去，结果所有的物质和辐射将会很快被稀释到零，仅仅只剩下空荡荡的宇宙。这与我们的经验是矛盾的，所以他的暴胀模型被抛弃并被很快地遗忘了。但是在20世纪末，暴胀的概念在两个不相往来的地方得到了独立的发展。其中一个活动中心在苏联，在那里阿列克谢·斯塔罗宾斯基在1979年用广义相对论得出了一个思想的雏形，而另一个俄国人，伊雷斯特·格林勒在1965年已经提出过这一思想。越过了苏维埃的边界，阿兰·古斯正将创造磁单极的

264

---

1. 我可不是在开玩笑。如果宇宙真的是从一片虚无中诞生出来，那么可以想象总会有一天我们将要考虑事物是如何从虚无中产生的，如何无中生有。总有一天科学家们要研究绝对的虚无。

问题当作一个粒子物理的问题来考虑,并在1981年得到了类似的思想。

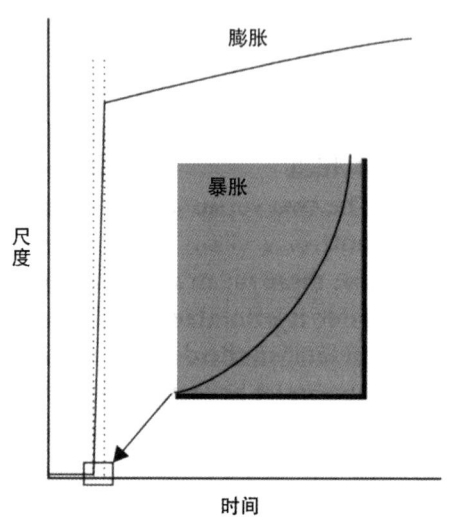

图8-9 暴胀的宇宙。在宇宙诞生很短的时间后,宇宙的尺度
开始以非常快的速度增加,每10^{-35}秒都会翻一番。暴胀时期可以
看成是尺度的指数增长时期,但是在10^{-32}秒时结束。从那时开始,
膨胀就会变得非常缓慢,对应于图8-4所示的一个阶段

早期暴胀理论的中心思想是将它看成是类似"相变"的过程,一
种状态发生改变的过程,就像是水冻结形成冰。宇宙因为暴胀而逐渐
冷却下来,可能冷却到接近绝对零度,尽管之后伪真空会塌缩变成真
真空并且释放出大量的能量,由此可以看出宇宙膨胀了多大。为了描
述这种转变,可以将伪真空看成是液态的水,一种看起来什么都没有
的透明的介质。宇宙的暴胀状态像过度冷却的水,它远远低于冰的零
点,但却还是处于液体状态。当水突然开始结冰的时候,它会释放它
最后的热量就像水分子以一种能量更低的形式 —— 冰 —— 排列。类
似的,过冷的伪真空突然开始塌缩变成了真真空,释放了暴胀场的所

有能量，使宇宙的温度增加，并使暴胀结束。从那时开始，大爆炸阶段结束，此后宇宙就以一种非常缓慢的方式膨胀。

　　这是"旧"暴胀物理图景的精华。正如你可以从名字中推测的，还有一种新的暴胀理论。旧模型的问题是释放的能量将宇宙重新加热得过高以至于更多的破缺 —— 也就是单极 —— 在暴胀结束后的时期出现，由于它们出现得太晚而至于不能被暴胀销毁。另一个问题同样随着暴胀开始和结束的速率而出现。比如说，在早期的暴胀理论中，一个宇宙在暴胀发生之前就可能会塌缩。一种"新"的暴胀理论可以解决这些问题。

　　一种前景光明的暴胀理论叫作混沌暴胀，由安德烈·林德在1982年引入，并被他和随后的科学家作了细致的研究。这种暴胀不需要暴胀场的高温相变。相反的，一个冷的宇宙可以与任意值的暴胀场一起存在（相当于我们在前面所说的任意的电压），如果场足够大，暴胀就会发生。这个场会慢慢地及时地降回所对应的真空的状态（电压慢慢地释放），暴胀会平缓地结束。随着暴胀时期的平稳结束所升高的温度比相变模型要少很多，随之产生极少的破缺 —— 也就是没有单极物质出现，但是温度还是足够高，足以产生我们可以存活的标准的大爆炸时期的初始条件。这一阶段所产生的密度扰动看起来正好与星系的分布相符合，并且对应于我们现在所观测到的宇宙背景辐射的细微扰动。尽管暴胀理论有了高度的发展，但是如果就这样定性地写出来也许就像是一个创世纪神话，其实它受到数学严格的限制，所做出的预言在我们现阶段也是完全可以用实验验证的。宇宙学家们站在一座充满想象力的科学应用的顶峰，但这种想象也是科学，因为它是可以检验的。

一个从混沌暴胀理论得出来有意思的结果是，它不但没有销毁我们叫作磁单极的点破缺，暴胀反而使它们发生膨胀，即使在它们周围的暴胀停止，这些点破缺还会继续膨胀。点破缺可以作为一个新宇宙出现的种子。当然，那将会是我们自卑感的极限，我们的宇宙是这个超宇宙中的一个：这个宇宙也许是无数宇宙中的一个。我们不仅仅是处在一个可见的（并且神奇的）宇宙中的一个无足轻重的（但是神奇的）星系中的一个靠近一颗无足轻重的（但是神奇的）恒星的一颗无足轻重的（但是神奇的）行星上，而且我们的宇宙也许还是数不清的许多宇宙中的无足轻重的一个，每一个这样的宇宙都是广袤无垠的。

这样就不需要我们的宇宙非常接近时间的起点，因为它可能是一棵大树无数枝干中的一个（图8-10）。尽管我们说我们的大爆炸发生在150亿年前，但真正的宇宙的起源可能还要往后推移很久很久。我们希望并非如此，因为那已经完全超出科学想象的疆域。 ²⁶⁶

现在我们要面临两个更大的问题。一个是为什么宇宙（指我们的宇宙，在多元宇宙中我们还是要加上这个限制词）如此不对称。另一个问题是为什么宇宙是三维的。

首先，为什么物质比反物质要多？一种可能是在我们之外的某个地方有反物质星系存在。实际上我们还没有看到任何这样的星系并不表示宇宙中别的区域就不可能存在，但是我们已经知道，还没有这样的星系存在的证据。事实上，因为星际空间全部充满了氢原子。当然，

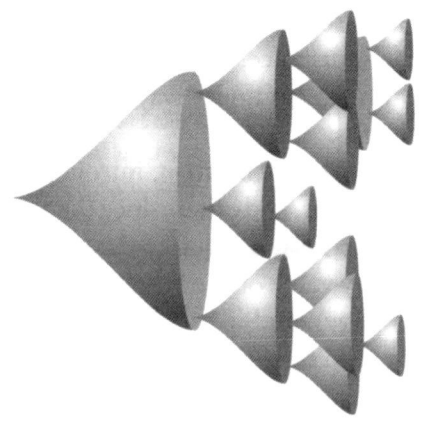

图8-10 暴胀的一种模型,一个已经存在的宇宙可以作为新宇宙的萌芽,它会迅速膨胀,就像我们的宇宙一样。这种宇宙观将整个世界的创生时刻往后推了很远,因为我们可能居住在一个并非原生的宇宙中,它可能是无数的其他宇宙衍生出来的后代。从这样的宇宙观看来,真实的原初宇宙可能诞生于非常遥远的过去,只要其他宇宙中的时间都是正的。一个可能的关于"其他的宇宙在哪里"的答案是它们就在我们周围。如果我们将时空想象成是由我们认为彼此非常靠近的点构成的话,那么可以推断其他的宇宙也是由相同的点构成,但是它们以不同的方式相互关联,所以在这个宇宙中组成一个毫米大小的正方体的点也许在另一个宇宙里可以分布在它的整个时空中

说全部有些夸大,但是大部分都是的。那么当这些反物质的星系中移动到它们中间时,我们应该可以看到正反物质湮灭所产生的很强的辐射。但是这种辐射还没有被观测到,所以看起来好像物质确实比反物质要多。更精确地说,如果在原初有等量的物质和反物质,那么它们就会全部相互湮灭,所剩下的应该都是因为湮灭所产生的光子。实际上,每10亿个光子中有一个物质粒子,所以在原初物质一定相对于反物质有少量的过剩。这是如何产生的呢?

俄罗斯物理学家安德烈·萨哈洛夫(1921—1998)在1965年提出了基本规则,但当时被人们非难,认为他的规则没有作用。他提出必

须要满足三个条件上述情况才可能发生。第一是必须有一种过程使得强子的数目不守恒，比如说强子（比如说质子）可以转化成轻子（比如说正电子）。[1] 第二是CP对称必须是可以违反的（C表示电荷共轭，P是指宇称，见第6章）。第三是这个过程必须要发生得足够缓慢使平衡状态可以避免，在某些情况下，任何可能发生的不平衡都需要被保留下来冻结在宇宙中，这样宇宙可以快速地将它们演化到它们的将来。

我们现在知道假设的大统一理论（GUTs，如第6章所讨论的）可以消除了强子和轻子之间的差别，因此只要温度足够高（在粒子之间的区别还没有被对称破缺打破时），强子和轻子是可以相互转化的。我们可以将转化想象成某种力将强子变成了轻子。这种转化是以规范玻色子的交换作为媒介，就像是任何一种力的作用。因为一个羽翼丰满的大统一理论还没有完全建立起来，我们还不知道太多关于传递力的粒子的性质，现在它们被简单地叫作X规范玻色子。尽管如此，我们知道因为X规范玻色子使得强子和轻子之间的转化成为可能，X规范玻色子可能会衰变成一个正电子和一个反下夸克。同样的，一个X规范玻色子的反粒子，反X规范玻色子可以衰变成一个电子（正电子的反粒子）和一个下夸克。如果这个衰变的速率有一点点不同，尽管原初的X规范玻色子和反X规范玻色子的数目是相等的，物质与反物质的细微的不平衡也会出现。这就是CP违反的地方，因为它可以破坏这一过程的发生速率。我们看见CP违反是打破了时间反演不变性，按照这个过程，如果沿着时间回溯与前进将是不可分的，那么这种宇宙在时间上的倾向性实际上已经被探测到了。现在人们相信物质多过

---

1. 我们在第6章中已经知道强子是指那些彼此受到强相互作用力的粒子，而轻子不会有这种相互作用力。强子包括夸克和由夸克组成的粒子；轻子包括电子和中微子。

反物质是宇宙的具有倾向性的表现。为什么宇宙是不平衡的，没有人知道。也许只有我们的宇宙是不平衡的，整个的多元宇宙 —— 如果有的话 —— 也许完全是对称的。

剩下的问题是为什么空间是三维的？第一个看似正确的可能的解释开始于弦论的出现。在这一章里，除了在注脚中隐约提到过弦论外，我们几乎对它缄口不提，主要是因为它仍然存在许多疑问。尽管如此，一些证据表明，弦论与宇宙出现的甚早期阶段有关联 —— 如果它是物质正确的基本理论，这种关联是必然的 —— 而且宇宙的最初时刻并不是大量粒子的涌现而是大量弦的涌现，是类似意大利面条的弦爆发而不是类似粗粒小麦粉的粒子爆发。比如说，我们已经了解到由于在宇宙甚早期温度极高，在对称被打破之前，所有的力其实是同一种力。这样讲并不是太正确，因为如果作很仔细的计算我们会得出引力、强力和电弱力在甚早期宇宙时、在普朗克时钟开始敲第一秒的时候，强度并不是完全一致的（图 8-11）。尽管如此，在开始应用弦论的时候，这种细小的差别被忽略了，这些力的强度在它们诞生之初被看成是完全相等的。

我们已经知道弦论一个非常有趣的方面是它提出宇宙是十维的（包括时间就是 11 维），其中的六维卷曲进卡拉比-丘空间，这些弦就从这些空间中的多维的洞里穿过。我们可以想象弦以某种方式弯曲，而反弦以另外一个相反的方式弯曲。当弦和反弦相遇，它们就会湮灭，所以我们可以通过弦和反弦描述一个十维空间。在它们没有相遇的地方，弦会使空间不能展开，就像真正的线缠绕着一卷纸。

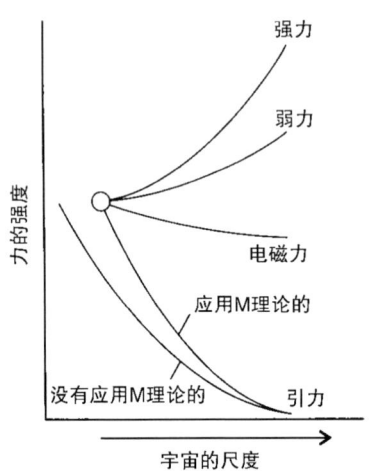

图8-11　在第6章我们已经看到当我们接近大爆炸的瞬间（还有那时的温度）时所有的基本力的强度会趋近同一个值。这实际上并不是完全正确，在很短的一段时间内它们之间还是有细微的差别。但是这种差别在引入弦论后似乎消失了

　　现在我们需要深入了解事实。在一维空间中，就像在一根算盘杆 [269] 子上，一个点和它对应的反物质也就是另一个点必定会相遇然后湮灭，除非它们有完全相同的速度并沿着同一个方向运动。在二维空间中，就像在一张撞球桌上，两个点相遇的机会就小了很多（图8-12）。现在我们来考虑弦和反弦的相遇，得出的结果是只要维度不大于三维它们极有可能会相遇。这表明——在这个阶段它只是一个让人感兴趣的提议——可以将弦和反弦看成在这个缠绕起来的三维空间中极有可能相遇并湮灭，释放出对应的维度，使得它们可以展开（图8-13）。也就是说，这三维空间得以展开，但在剩下的维度还没来得及展开前，宇宙就已经进入了下一个阶段，也许就是暴胀阶段，使得这剩下的六个维度永远卷曲起来。

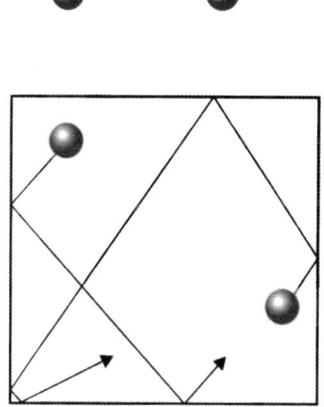

图8-12　两个被限制在一维空间中的点 —— 就像穿在一根线上的两个珠子
（如上图所示）—— 只要它们运动的速度不是完全一样它们一定会相遇。在二维空间
中，就像撞球桌上的撞球（如下图所示），这种相遇的机会会大大地减少

270　　　我们已经讲了许多宇宙的过去。那么它的未来会怎样呢？我将会
比讲述我们表面上看来有限的过去更简要地讲述我们假定的无限的
未来。现在一致认为我们是有未来的，而且只要我们愿意那将是非常
漫长的未来。我将要讲述的一切会以假设宇宙不是闭合的作为起点，
如此一来宇宙将来不会有反弹出现，也就是说宇宙现在是无限的，它
将会永远膨胀下去。这看起来好像是宇宙学家们普遍接受的观点。但
是他们总是会有弄错的可能性，如果是这样的话，宇宙也许现在是有
限的，但是将会在几千亿年之后以一个很大的反弹而结束。

　　　宇宙不仅是看起来会永远膨胀下去，而且有足够的证据表明这种
膨胀在不断加速。这个发现对宇宙有非常深刻的意义，整个宇宙学界
为之震动。我们可能会想起哈勃是如何用造父变星确定星系到我们的

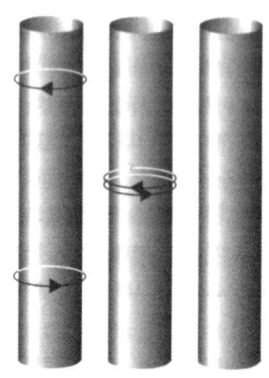

图8-13　两根弦，一根弦和它的反弦，在一个卷曲的维度中运动将会相遇并且
湮灭，并使这个维度可以自由展开。根据弦论，弦在三维空间中也极有可能相遇，就
像在一维空间中的点粒子一样。但是剩余的维度中则不那么容易碰上，所以仅仅只
有三维的空间可以展开，从而形成我们今天所熟悉的宇宙

距离。另一种确定距离的方法是利用Ⅰa型超新星作为标准烛光。当
一颗白矮星（一种质量相当于太阳但是尺度只有地球大小的星体）处
在一个紧密的双星系统中，并不断从它邻近的正在经历核反应阶段的
恒星中吸附物质时，结果就会形成Ⅰa型超新星。它不像我们前面讨
论的Ⅱ型超新星（核心塌缩而形成），Ⅰa型超新星几乎都有一样的光
强度。因此它们可以像造父变星一样作为标准烛光，我们可以用它们
与生俱来的强度来判断它们到我们的距离。另一个优点是Ⅰa型超新
星比造父变星亮很多，所以我们可以用它来研究更遥远的天体。

　　1998年人们发现，一批非常遥远的Ⅰa型超新星的亮度比假定
宇宙减速膨胀或者以恒定速率膨胀时得到的亮度要暗。假设证据可
靠，那么必须引入一个可以用真空来描述的对能量的贡献，就像在暴
胀时期所引入的一样，不过现在这个值很小。这个贡献叫作宇宙学常

数，最早由爱因斯坦引入用来平衡他的宇宙模型的引力使得宇宙保持稳态，但后来在看到哈勃的结果后，他自己认为这是他所犯的最大的错误而剔除了这一项。现在看来，爱因斯坦认可并接受引入这个常数这是他所犯的最大的错误其实是一个更大的错误。[1] 这个会产生加速度的神秘能量叫作暗能量，或者可以更富想象力一些，听从亚里士多德的意见，叫它第五元素。一个可能的宇宙图景是，从不为零的宇宙学常数开始，一个新的暴胀时代已经开始，宇宙的加速度将会在不久之后 —— 大概在 10^{30} 年里 —— 达到一个非常大的速率。如果情况如此，我们将会在突然之间变得无比孤单，仅仅只可以看见我们自己的星系和仙女座合并的残迹。我将会假定这种指数式的迅速膨胀并不会在其他事情发生之前发生，但是事实并不一定如此。

　　大约在 100 亿年之内，太阳将会很快的沉寂下来。它将会膨胀并变成一颗红巨星，半径将会超过地球所在的轨道，所以从比较简单的物质观来看，我们的地球在轨道上会烧成灰烬。地球将会经历一个拖曳过程，很快地穿过它周围非常稀薄的来自太阳的物质，并在 50 年内被太阳卷进去而最终死亡。我们这些年在地球上得到的所有成就最后剩下的，只不过是对太阳造成的微不足道的污染，人类对污染事业又尽了一份力。我意指"简单的方式"，有可能太阳在变成红巨星的过程中会比现在亮 100 倍，并将大量的物质抛入太空，从而质量变得很小。结果行星受太阳的引力束缚变小，地球的轨道将会向外膨胀，也许会逃逸到足够远的地方以使我们免于变成灰烬；我们邻近的金星可能也会逃逸。与此同时，最后太阳将会留下一颗质量为原来一半的

---

1. 说到爱因斯坦的大错误，我并不是想诋毁他所做出的杰出贡献。这些错误本身就是非常了不起的，我也希望自己能有这样的智慧可以犯这样的错误。

白矮星。质量大的恒星比小恒星的寿命更短，它们将会以更加剧烈的方式结束生命，形成一颗中子星或者是黑洞。

就像只要有人类，人类社会就会存在下去，只要有恒星，星系就会存在下去。根据恒星形成和演化的动力学，以及星系中物质循环的方式，恒星形成的时期将大概在100万亿年（10^{14}年）之内会结束。在那之后的很长时间里，大概60亿年的时间里，当仙女座并向银河系或者至少离银河系很近时，我们所在的地方将会有一些麻烦出现，但在宇宙尺度上这个事情并没有太大的意义。当恒星停止形成，我们将会得到星系几乎由等量的白矮星和褐矮星（温度很低的伪恒星，质量不够达到核点火；它们的质量可能少于8个木星的质量）组成，还有少量的黑洞，当这些褐矮星碰撞、并合并有足够的质量点燃的过程中，恒星可能会很慢地形成。白矮星同样会发生碰撞，并合并形成较大的白矮星。黑洞也会吸收恒星，并且根据假设，在10^{26}年内，存在于星系的中心的黑洞将会吞噬所有的恒星。这种大型的黑洞，质量大概有100亿个太阳质量，将像在宇宙这个海洋中游荡的鲨鱼，不断地吞掉在早期从星系中蒸发逃离出来的单个恒星。如果这些恒星是白矮星，它们的核反应将会有很长时间，但是随着它们的质子在大概10^{35}年里面衰变完结，它们将会慢慢地随着辐射的减弱而暗淡下来。这种强度的辐射将会非常低，如不留意很难被发现：一个典型的白矮星因为质子的衰变，发光强度仅仅相当于一个400瓦的灯泡。

黑洞死亡。霍金辐射是宇宙学家斯蒂芬·霍金于1974年提出来的 [272] 预言，可以作如下表述：真空（我们已经学会了如何来理解这个真空的含义）是沸腾的粒子泡沫，反粒子只能非常短暂地存在。如果我们认为粒子反粒子对可以在黑洞的视界存在，黑洞是指其表面所束缚的任何东西都无法逃逸的空间区域，那么一个粒子将会发现它自己在视界里面形成，它的对应的粒子在视界外面形成（图8-14）。结果，如果一个粒子被俘获，那么生成的反粒子就会逃逸。逃逸的粒子将会从黑洞的区域带走能量，所以黑洞的质量在减小。这个过程非常缓慢。对于一个星系质量的黑洞，我们需要用10^{98}年才能蒸发掉。因此我们可以得出以下结论，在10^{100}年后，宇宙将会由电磁辐射、电子和正电子组成。而且电子和正电子将会相遇、湮灭，最后衰变成电磁辐射。宇宙中辐射的波长将会随着宇宙的膨胀不断被拉伸，就像是大爆炸的余晖已经被拉伸成了宇宙的微波背景辐射。

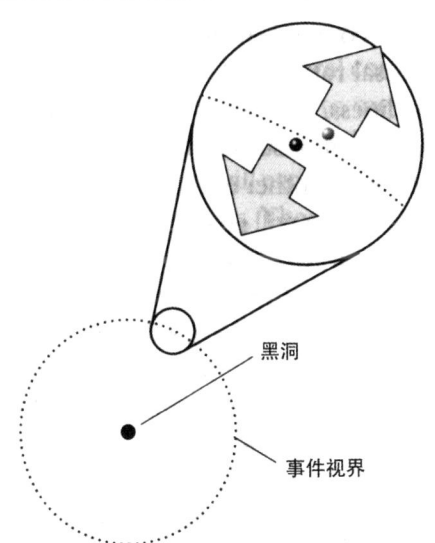

黑洞

事件视界

图8-14 是一个描述霍金辐射形成的示意图，黑洞损失质量并收缩。黑洞在史瓦希半径处被一个视界包围，在这之内，任何东西，包括光线，都不能从中逃逸出来。尽管如此，如果有一个粒子反粒子对（比如说电子和正电子）在视界上形成，那么可能在视界里面找到反粒子，而粒子在视界外面形成。这样就可以允许粒子从视界里面逃逸，从而使黑洞质量减小。这种辐射的强度有黑体辐射的性质，其温度反比于黑洞的质量

当宇宙开始变得无限，波长也会变得无限长。所剩下的只有死寂 273
的平坦的时空，所有那些显示我们曾经的辉煌、智慧和存在的痕迹
都会被一一抹杀。尽管我们的终结并不像我们的开始，在宇宙的开端，
一无所有，绝对的一无所有，而在它终结之时，相反的，将会有一个
完全空白的世界。不过，我们应该庆幸，在这两个缺少生机的边缘的
空隙中间，我们竟能在如此丰富多彩的世界中生存。

第9章
时 空
互作用的舞台

伟大的思想

时空被物质弯曲

时空是我们的思维模式，而非我们的生存环境。

—— 阿尔伯特·爱因斯坦

275   万物从何萌生？当我们环顾四周，就可以发现显而易见的答案：我们在空间中生存，在时间中运动；但是，何为空间？何为时间？而我们的直觉也已经为我们备好了一个答案：我们视空间为舞台，或许它是无形的，但的的确确是某种舞台；那时间呢？时间分割连续的运动，它是宇宙的特征，让我们可以将当下视为介于过去和未来的不断流逝的界线。即空间区分同时发生的事件，而时间则从不可预见的未来中剥离出无法改变的过去。空间与时间联姻，在空间上将事件依次展开，从而使这些事件可以被人们所理解。科学从时间的存在中发轫，因为科学的推动力，因果律 —— 事件的次序发生，在本质上是事件贯穿时间的有条不紊的连续性：眼前的现在，转瞬成往昔。

    对空间和时间的这种解释类似感性认识，它并非真正的知识。它或许是哲学家的起点，但不是科学家的终点。这一章里，我们将看到有关空间与时间的现代观点，这种观点精致而优雅地发展了人们的直觉观，认为世界便是舞台，一座运动的舞台。不过，最近的进展令这种观点开始瓦解。目前，一些科学家认为，他们将发现更为伟大的思想，这一思想甚至已经超越了本章将要讲述的内容。

我们的故事以人类（Man）[最初进行勘测工作的几乎都是男人 [276]（man）]对地面的测量开始，这时地面会作为运动的舞台被人们感知。联系下文可知，他们真正着手测量的不是地球，而是生存的世界。实际上科学方法的一个方面，便是限制人们追求那些似是而非的目标的野心，科学细嚼慢咽着小小的面包圈，并不企图狼吞虎咽庞杂的问题。

理解万物关键要与观察相结合，特别是那些我们称之为"测量"的定量观察，以及我们称之为"逻辑"的系统的思考方法。首先我将带着你以现代观点理解运动的舞台，巴比伦人和埃及人提供了测量法，而希腊人贡献了逻辑学；巴比伦人按部就班地进行测量，但缺乏证明，不过希腊人引入证明。比如说，巴比伦人先于希腊人1000年就知道直角三角形直角边的平方和等于斜边的平方，而此关系落到希腊人的手中，也许就以我们熟知的整套勾股定理（在西方被称为毕达哥拉斯定理）的形式出现，用来证明对所有想象得到的直角三角形，这个关系皆成立。程序乃是知识的基础，应用之根本，而证明则洞察事物之本质，将我们对事物的理解引向深处。

我会多唠叨几句毕达哥拉斯理论，因为它教给我们许多重要的东西。其实，我们现在看到的对时间与空间特点的理解，在毕达哥拉斯（公元前500年）、欧几里得（公元前300年）以及生于小亚细亚南岸佩尔格的阿波罗尼奥斯（公元前200年）的工作中，就早有预见。对于这几个人，我们实际上一无所知，而且由于关于他们的大部分传闻轶事都是死了数个世纪后人们所记载的，因而，我们不能信赖这些传言。不过，他们许多非凡的思想依然健在，它们的证明及方法是熠熠生辉的宝藏，能够洞彻虚无空间的性质。

我们从一则寓言开始。想象有一位美索不达米亚（Mesopotamia）[1]早期的征服者，汉谟拉比（Hammurapi）国王，在3500年前他就已经思考占领疆土后可能要处理的问题。我们假设汉谟拉比国王生活的世界诸多不便，至少不便到南北距离要以米为单位测量，东西距离要以码为单位测量。

277　　国王的勘察员调查新近征服的领土，他们需要测量土地的边界长度；还因为一个与课税有关的莫名原因，他们也要测量土地对角线长度，并且最后随意地以米或者码为单位提交测量报告。你可能推测得到，汉谟拉比国王对勘察员收集的测量数据完全找不着谱。例如，一块以南走向的土地边长分别为120米和130码，对角线长169米；而另外一块以东西走向的土地边长分别为131码和119米，对角线为185码。汉谟拉比一团雾水，因为这两块地看上去是一模一样。

某天，他灵光乍现。他决定推翻沿袭至今的古老的单位制，并颁布法令：从此以后，所有的长度皆以米（m）为单位。经过大量的勤奋工作，他的勘察员递交给他边长与对角线的新的数据表。他惊讶地发现，他们的测量变得有用得多。那两块地的边长都是120米和119米，

<hr>

1.美索不达米亚，古代西南亚介于底格里斯河和幼发拉底河之间的一个地区，位于现在的伊拉克境内。可能在公元前5000年以前就开始有人在此定居。这一地区孕育了众多的人类早期文明，其中包括苏美尔文明、阿卡德文明、巴比伦文明和亚述文明。——译者注

而对角线都是169米。[1] 把所有的测量数据都用相同单位表示后，汉谟拉比将让形状从方位分离出来：所有相同形状的物体具有与方位无关的相同的尺寸。

汉谟拉比更进一步地整理了王国中土地的测量数据。不是所有的土地大小都相同，所以他的勘察员给出的数据，即使统一以米为单位，看上去和随机数据也没有什么差别。比方，一个富裕的农民拥有长宽为960米和799米、对角线长1249米的土地；而另一个贫穷的农民土地边长分别为60米和45米、对角线75米。不过，我们杜撰的聪明的汉谟拉比突然惊呼"我找到了"（eureka）[2]。他发现，对任何一片土地，无论大小，他把两个边长的平方加到一起，发现结果与对角线的平方一样。即他的勘察员所有的测量结果都满足如下公式：

$$距离^2 = 边_1^2 + 边_2^2$$

这里，距离指的对角线长度。作为一位吝啬的统治者，他现在可以命令勘察员只要测量土地的边长，以此节约时间和薪水。因为他可以自己算出对角线的长度。事实上，他认识到，即使他们坚持使用国家古怪的单位，他依然可以用如下公式算出对角线长度：

$$距离^2 = (C \times 边_1)^2 + 边_2^2$$

1.我用的这些数据（当然，不包括单位），以及下文的数据，都来自巴比伦时期的昔林顿（Plimpton）322号泥板上的记载（大概是公元前1700年）。
2.源自希腊数学家和发明家阿基米德发现了测量不规则固体体积的方法，并以此发现了测定金子纯度的方法时的惊呼。——译者注

这儿的 C 是将码转换为米的因子，一个让王国高度敬畏的基本常数[1]。

278　　　这时，我们可以从虚构的汉谟拉比的世界，从汉谟拉比国王的公式、效率和税收中走出来。比实际应用更加重要的是，他确定的这个公式在某种程度上归纳了美索不达米亚空间的性质。写出萨尔瓦经（*Salvasutras*）的不为人所知的印度人——一位吠陀时代（大约公元前500年）复杂的献祭过程的管事，也知道这个公式，因为婆罗门需要在设计上和结构上都可靠的方形祭坛。而汉朝早期（大约是公元前200年）写出《九章算术》的中国人也知道这个公式。

　　　我们将会明白，两点之间特定的距离公式的存在对应于几何的存在，它以点、线、面和体描述空间。为了确认我们栖息的几何空间，我们必须确定公式。汉谟拉比国王对美索不达米亚空间在几何上的确定需要两步。首先，他必须在不同的坐标轴上统一单位；接着他必须找到两点之间距离的公式。因为无论印度和中国，C 值和公式都是一样的，故印度和中国具有和美索不达米亚相同的几何空间。也许毕达哥拉斯和他的学派已经证明汉谟拉比公式不仅仅适用于美索不达米亚，也可以应用于宇宙中任何地方（或者他们可以想到的地方）；不过没有确凿的证据表明他们不仅仅是使用这个公式，而是在任何地方都已经证明过它。为了找到理论的证明，我们必须追溯到欧几里得著于2300年前的《几何原本》（*Elements*），这本书后来不断重印，但是

---

1. 根据记录，C=0.9144 米·码$^{-1}$。汉谟拉比的科学家曾经耗费大量时间，孜孜不倦地拿米杆与码比较，确定 C 值。汉谟拉比觉得这太浪费时间，所以命令他们从此以上面那个值定义 C，以此有效地以米定义码（就像我们今天的做法）。

没有足够的理由认为欧几里得的证明是最早的。

欧几里得发现他可以从五个简单的显而易见的陈述中，概括出空间的性质，从中可以推导出汉谟拉比公式。这5条陈述便是他的"公理"。这的确是一个叹为观止的成就。如果我在2000年前作此书，一定会把欧几里得的公理作为伟大的科学思想看待，因为除了一个几乎可以忽略的瑕疵外，它满足一个伟大思想的评判标准：它们简洁，但是从中可以得到数不胜数的丰富结果。当然，所谓的瑕疵是说它们是错误的（即它们对我们栖息的这个空间的描述不够精确）。不过，我们可以暂且搁下这个细节问题，给予欧几里得当之无愧的尊敬。

欧几里得用下列5条论述扼要描述空间： ₂₇₉

1. 不同的两点确定一条直线。

2. 直线可以无限延伸。

3. 圆可以以任意点为圆心，以任意长度为半径。

4. 所有直角必然相等。

5. 给定一条直线和一个不在直线上的点，过那一点有且仅有一条直线与给定的直线平行。

（我已经将他的论述稍稍简化，不过保留了中心意思。）第5条公理便是家喻户晓的平行公理（*parallel postulate*）。它比任何其他的数学陈述更加令人困扰，因为线与其他元素的复杂关系之外似乎隐含着，它可以通过4个简单的公理证明出来，这是非常诱人的。但是，多少人毕其一生想证明这个，也徒劳无功。我们现在知道，其实它独立于其他公理，如果拿别的陈述替代平行公理，同样可能设计出完美的可接受的几何，例如：

> 5′.给定一条直线和一个不在直线上的点，过这一点没有直线与给定的直线平行。
>
> 或者：
>
> 5″.给定一条直线和一个不在直线上的点，过这一点有无数条直线与给定的直线平行。

以欧几里得的平行公理描述空间称为欧式几何（*Euclidian geometry*）；而基于其他公理的描述称为非欧几何（*non-Euclidean geometries*）。

我们将暂且追随欧式几何，毫无疑问它契合我们生存的空间。欧几里得的13本书表明，从5条公理中可以推衍出数量庞大的性质，而且在实际的测量的检验中，这些性质均成立。这些公理——特别是平行公理的结论之一，就是毕达哥拉斯定理，第一本书的末尾给出了它的证明。因此，我们虚构的汉谟拉比距离公式的存在，乃是欧几里得5条公理的必然产物，而汉谟拉比几何亦为欧式几何。

280　　到此为止，我们已经说明了平面中的欧几里得几何，那是一个平坦的二维区域，就像纸面。我们都知道——或者默认我们都知道，我们栖息于三维空间，可以在平面中和平面上下自由运动，那么只要把另外一条边也考虑进去，毕达哥拉斯定理就很容易扩展到3个维度。它可以写成：

$$距离^2 = 边_1^2 + 边_2^2 + 边_3^2$$

我们没必要就此打住。数学家们靠着激情四溢的一般化推广生存，而欧式几何恰好为他们提供了一般化的沃土。尽管我们大部分人无法想象任何超越习以为常的三维空间的东西，不过，我们却可以利用公式来表示那种空间的属性。因此，四维的毕达哥拉斯定理可以写成：

$$距离^2 = 边_1^2 + 边_2^2 + 边_3^2 + 边_4^2$$

你或许会认为，思考三维以上的空间纯属无稽之谈，仅仅是思维的娱乐消遣罢了。但是你错了。例如，我们将会看到，超越维度的能力对理解我们世界结构是颇具价值的。此外，我们能够肯定我们真实的世界只有三维吗？会不会有一些，甚至许多的其他维度藏匿于我们无法知晓的地方？在第8章中，我们已经确认我们是不能做出如此确凿的肯定结论的，因为我们有可能生活于包括时间在内的十维的空间中。

我坚信我们无法想象超越三维的世界。不过，事实不完全如此。一些毕生钻研高维几何的人声称，他们对存在于四维——而非三维中的关系略微知晓，而计算机已经绘制出惊艳的四维世界（图9-1）[1]的三维剖面。我不会要你专心于此道，不过你应该对它的到来有所准备，因为我们的确需要熟悉一些四维景观。为此，我们必须温习一下思维革新的一段段旅程。它由13世纪晚期、14世纪早期的意大

1.超立方体旋转的立体动画可以在 http://dogfeathers.com/java/hyprcube.html 中找到。

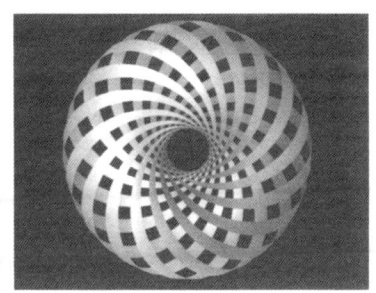

图9-1 超空间中，一些物体的形状关系可以通过图形和动画表示。这里，是四维中的平坦的环形圆纹曲面旋转的两幅图，它们被投影到三维空间，然后在二维平面描绘出来

利画家乔托·迪·邦多纳（Giotto di Bondone）和皮埃罗·代拉·弗朗切斯卡（Piero ella Francesca）等人发起，他们开始在二维画布上表达三维。而真正以精确的数学为基础，通过透视，以二维阐释三维的，应属盖帕德·蒙日（Gaspard Monge）、斐罗斯（Conte de Pélouse）（1746 — 1818）。他们在18世纪末创作了《蒙日画法几何学》（Géométrie descriptive）（1798）。接着，我们必须更进一步，稍微看一下四维的景象如何借助三维投影，在二维描画出来。这一切听起来相当复杂，因为这就像让一只永远束缚于平面空间的蚂蚁想象平面上下是怎么回事。但是我们装备了比蚂蚁先进得多的四维武器，因此我们可以期待取得一些进展。

一个零维的立方体（零维立方）是一个点，如果把零维立方看成笔尖，那一维立方体（一维立方）就是笔尖沿着直边（图9-2）画出的一条线。由一维体（即直线）沿着垂直于它的新的方向拉伸，形成一个二维立方体（二维立方），即一个平面。所有这些我们想象起来轻而易举，对聪明的蚂蚁也是如此，因为这些很容易在二维的纸面上表示。

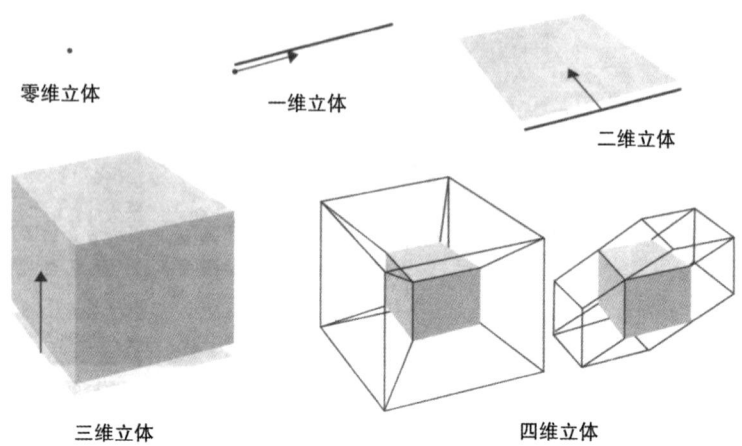

零维立体

一维立体

二维立体

三维立体

四维立体

图9-2　通过向新的垂直方向移动前一立方体，可以形成不同维度的立方体。
这里，我们可以看到一系列的立方，从零维立体（一个点）逐渐增加，沿一个方向拉
伸点，形成到一条线（一维立体），沿垂直方向拉这条线又会形成一个面（二维立体），
接着，沿着垂直方向拉伸面，就形成了普通的立方体（三维立体）。我们已经知道解
释立体的二维投影。最后，一个四维的超立方体也是沿着另外一个垂直方向拉伸三
维立体形成的。我们人类还没有学会理解最后的那个图：我给出了超立方体沿着不
同方位旋转的两种视图

282

对三维的立方体（三维立方），按照老套路，沿着垂直平面的方向拉
伸二维立方即可。尽管蚂蚁们糊涂了，因为它们搞不明白哪里来的第
3个垂直方向，不过我们想象这一步小菜一碟。因此，在普通的二维的
纸面上表示三维立方没什么问题。在艺术作品中，我们如此熟悉三维物
体的二维表示方法，可以不费吹灰之力地破译二维表示。为了帮助那只
迷迷糊糊的蚂蚁，我们可以这样做：我们小心翼翼地切开三维立方，平
坦地摊开（图9-3），然后告诉蚂蚁，那些边是如何合到一起形成三维
立方的。蚂蚁可能不解以粗线标记的边 I 是如何接近平面的，不过它最
终会对三维立方有点感觉，至少将可以开始理解我们对三维立体的二
维表示，当然也包括它滑稽的看法：它发誓我们给它看的是一个六边形。

图9-3　三维空间一个普通的立方体可以用排列成十字架形状的平面组合而成，只需要将相邻的边粘到一起，将长条折叠起来，把粗线条标记的边连在一起就可以组合为立方体。我们很容易发觉垂直于平面的维度，利用它可以将粗边联结在一起，但是对于囿于二维的生物，这个过程就很难

283　　　现在，我们有足够多的知识搭建一个四维的超立方体（四维立体）。许多数学家通过类比，继续往下进行。所以，就如我们拉伸零维立体形成一维立体，我们通过沿垂直于先前3个维度的方向，拉伸三维立体（普通立方体）构建四维立体。现在，我们就是困扰的蚂蚁，因为我们无法想象一个垂直于我们三维空间的方向，就像蚂蚁无法想象第3个维度。我们当然可以聪明地跨越这个门槛，接受这样一个维度；然后——就像蚂蚁一样——通过类推去理解它。为了帮助我们理解图9-2中的四维立方体的二维图，我们可以让一些超空

间生物沿着一些超立方体的面将其切开,然后将它们在三维空间中摊开(图9-4)。就像把一个三维立方体摊成二维立方体一样,我们

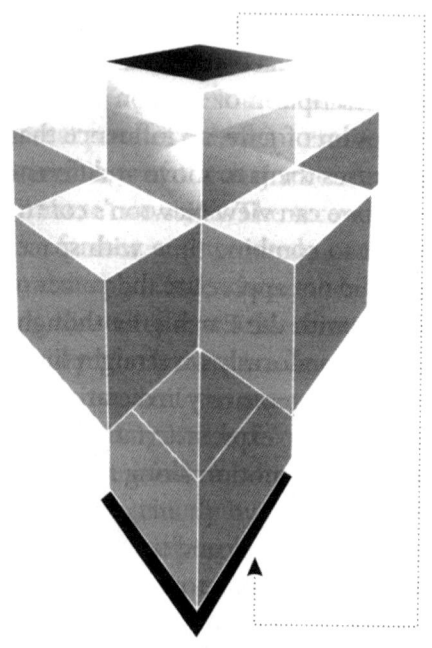

图9-4 我们现在利用8个三维立方体(其中的一个藏在十字架中间),通过粘连相邻的面,建立起一个新的维度和一个超立方体。我们已经把黑色的面通过点线胶合到一起了。如果生物被局限于三维空间,很难明白这个过程如何完成的,不过,在四维中一切都合情合理

可以把一个四维立体摊成8个三维立体(一个三维立体藏在了上面十字架的中心)。[1] 为了想象如何将三维立方体拼成四维立方体,我们可以假想把它们胶连到一起。我们这些三维中生存的读者,与二维中的

1.萨尔瓦多·达利(Salvador Dali)知道其中的意味。皮埃罗·代拉·弗朗切斯卡的《被鞭打的 基 督》(*Flagellation of Christ*,1460年)和 达 利 的《耶 稣 受 难》(*The Crucifixion: Corpus hypercubicus*,1954年)的不同之处说明我们在不断地进步。

蚂蚁类似，比如我们很难想象得出，黑色标记的两个面怎么连到一起，一个二维的蚂蚁面对三维时也有类似的问题。四维读者可能就没有这种困难。

到17世纪，欧式几何就已经完善。我们在第3章中已经看到，当时牛顿（Issac Newton，1643—1727）基于伽利略的观测，在欧几里得对空间的静态描述中，加入了对空间中运动的描述。为此，牛顿引入了力（force）的概念，它作用于物体可以使之运动偏离直线，并导致物体速度的改变。在我们当前的讨论中，我们可以将牛顿的贡献，视为将时间空间融合的第一次理性的成功的尝试。亚里士多德已经尝试过，不过没成功，因为他没有理解到几何决定物体运动路径的能力：根据他的实践经验，他自认为力仅仅用来保持物体的匀速直线运动。而牛顿却洞悉几何在引导物体运动轨迹方面的力量，于是他引入力的概念，以此表达对正常运动——沿着直线的稳定运动的偏离。

和早他2000年前的亚里士多德一样，对牛顿而言空间和时间是绝对的，空间就像所有演员表演的固定不动的舞台，而时间的滴答声对所有人别无二致。

> 绝对空间，其本质不存在任何外界联系，总是保持相似性与稳定性……空间中绝对的、真实的和数学的时间其本质是无任何外界联系的均匀的流动。[1]

1.出自牛顿的《原理》一书，更确切地说，是《自然哲学的数学原理》（*Philosphiae naturalis principia mathematica*）。

行星将其轨道卷成类似圆环状，以一定的距离相互作用，这个概念是一个深刻的难题。牛顿把它看成自己理论的瑕疵，但是他具有实用主义的眼光，满足于把这个问题留给后世的聪明头脑。他是一个细嚼慢咽的人，而不是狼吞虎咽的人。几乎独立解决这个问题的头脑属于爱因斯坦，在这章的余下部分，我们将看到他取得的巨大成就。

阿尔伯特·爱因斯坦（1879 — 1955）分两步"迈入文明"。第一步，他想办法让空间与时间结合的亲密程度甚于牛顿的理论。如此，他便推翻了牛顿绝对空间与时间的观念，并抹去了共同的滴答声。第二步，他颠覆了牛顿最伟大的成就之一 —— 视万有引力为一种力的概念。巨大的困惑往往需要颠覆性的解决，科学家应该会细细体会着丢弃这个重要概念，甚至迷失自我的滋味。[1] 我们将参与爱因斯坦的这两步。第二步更为伟大，不过也需要前一步的奠基；而且如果我们想要真正地、深刻地理解我们生存的原因、地点和时间，就需要竭力效仿他的前进之路。

爱因斯坦的第一项成就是狭义相对论。狭义相对论是对处于均匀的非加速的相对运动之中的人们观测的描述。爱因斯坦的中心观点是：对于一个匀速运动的人，如果不看窗外，他们是无法检测自己是否处于运动状态。爱因斯坦以惯性系扼要地概括这个观点。一个"惯性系"简单地说就是以直线匀速运动的平台。伽利略在17世纪早期也有相同的想法，当时他假设人们出海旅行，海面很平静，而人们待在

285

1.我意指一个理想的世界。我完全不能保证牛顿会友善地对待爱因斯坦，因为牛顿对同时代的人，对任何科学家甚至最谦逊的人都不怎么友好，而思想性的颠覆对一个尚在之人，并不是一件愉悦的事。

没有窗子的封闭的船舱中。伽利略想象不出有什么实验可以检测出来船是否运动。举一个现代点的例子，我们可以想象在一个稳定飞行的飞船中做实验，如果我们没有任何外部参照，我们就无法检测出飞船的运动。相距两个世纪，伽利略和爱因斯坦的关键区别在于，爱因斯坦可以得到有关电磁学的资料，还有运动物体的动力学性质（例如钟摆）。

为了明白爱因斯坦等效惯性系观点的重要性，我们可以假设你和我都是教科书的作者。假如我在一间固定的实验室里进行一系列的测试；而你想象自己在一间以1000000000千米每小时的速度（这个速度相当于光速的93%，环绕地球一圈仅需0.14 s）运动的实验室中。与大部分汇编他人课本的作者不同，我们决定将所有经典试验重新完成一遍——从伽利略在比萨斜塔上的坠球、法拉第发现电磁感应到麦克逊和莫雷徒劳地寻找物体在以太中运动的证据，等等。爱因斯坦的观点是，尽管你相对我以1000000000千米每小时的速度运动，我们各自写出的课本会一模一样。我们的语言可能不一样，不过我们所传授的物理毫无区别。如果我们交换教材，完全可以互用，把我们课本中的内容拓展到整个物理学结果也是一样的，不仅仅是运动的物体（伽利略），整个电磁学都不会发生变化（爱因斯坦）。

现在，我们接触到了中心问题。许多物理学中的方程，特别是那些描述电磁场的方程，依赖于光速 c。[1]问题就出在这里。在我写的课本关于电磁学的那章中，我已经在我的试验室中进行过 c 值的测量，

1.科学家曾经花了大量时间测量 c 的值。不过到现在，就像汉谟拉比的 C 一样，光速值被定义为 $c = 299792458 \ \mathrm{ms}^{-1}$；光速不再是一个我们测量的量。

而你在你的那章中也会有一个 c 的值。而为了使我能够用你的课本授课，你测量出来的 c 值必须与我的一致。就是说即使你相对于我以1000000000千米每小时的速度运动，当你测量 c 时，你测量的值要与我的值分毫不差。只有这样，你的课本才与我的一致。

不同惯性系的观察者，以不同的速度运动（你和我），但是测量出来的光速一样。对空间与时间的理解而言，这隐含了许多深刻的东西。比如说，它不符合"同时性"，也摒弃了将空间单独作为一个舞台的观点。因为这些论述与我们想象并深信的一切相差较大，因此这是一个改变我们对自然理解的至关重要的时刻，我们需要看到更精确的东西。

倘若你以如此快的速度相对我运动，却还是可以测得相同的 c 值，这是怎么回事呢？一种解释是，你测量的距离、时间和我不一样。例如，如果你测量的杆子比我的短，而你的钟又走得比我的慢，那么即使我们观察到相同的现象，我们得到的值也不同。因此，若你那里的灯发射出的光线比我的快1000000000千米每小时，但由于你对空间与时间的感觉发生变化，它们的差别便抵消了。即是说，你运动的速度虽然加在光速上，不过，最终测量值由于知觉的变化而彻底抵消。这种修正方法已经由爱尔兰物理学家菲茨杰拉德（George Fitzgerald，1851—1901）和荷兰物理学家洛伦兹（Hendrik Lorentz，1853—1928）独立提出，并以菲茨杰拉德-洛伦兹收缩（*Fitzgerald-Lorentz contraction*）统称。爱因斯坦的成就便是将他们独特的想法以更巩固 287 的、深入的理论为基础，提出这种收缩是空间和时间的几何结构作用的结果。

　　爱因斯坦击中物质本质。他或许已经想象出当汉谟拉比的勘察员横跨土地进行测量时,时间被压缩,尽管他没有以这种方法表达。但是,勘察员以不同的速度穿过土地时,将会报告不同的对角线长度;汉谟拉比的距离公式不再有效,因为勘察员测量时跑的速度和方向不同,得到的测量值也会不同。这是一次思想的飞跃,我们虚构的汉谟拉比和真实的爱因斯坦说仅仅空间中点的位置已经不够了,勘察员必须从现在开始既要报告测量点的位置还要报告测量时钟表所记录的时间。我们将这种联合测量称为一个事件。爱因斯坦提出,无论他们速度如何,真正对任何人都一样的"不变量",是两个事件之间的区间(*interval*)。两个事件的区间在空间上的距离差别由距离表示,在时间上的差别由时间表示,它可以定义为:

$$区间^2 = (c \times 时间)^2 - 距离^2$$

这里,距离的计算和我们前面的表达式一样。对测量开始和结束的两个事件,虽然在空间距离上你测量的值要比我的小,但是因为我们的区间一样,所以你测量的时间差必须也很小,以保证 $(c \times 时间)^2 -$ 距离 ^{2} 的这个差值相同。换句话说,以我为参照,时间的流逝对你来说变得慢了。[1]我们各自测量的时间称为我们的固有时(*proper time*):我认为你的固有时比我的走得要慢。因为你考虑到我相对你在运动,所以你也认为我的固有时比你的慢。

1.我们不需要知道细节,不过为了理解完整起见。如果你知道你飞船的长度是 l,那么我测量出了的长度就是 $l \times (1-s^2)^{1/2}$,这里 s 指的是你相对于我的速度,以光速的形式表达。在100 kph(大约60 mph,超过最快的牛车的速度),因子 $(1-s^2)^{1/2}$ 与 l 的差别仅仅只有一百万亿分之一,因此汉谟拉比完全可以不必顾虑他匆匆的勘探员测量时的速度。

爱因斯坦的提议需要我们对空间和时间的理解做出巨大的改变。首先，它摒弃了普适的同时性概念：不同惯性系的观察者，不再认为两个事件是同时发生的。为了理解这个结论，假设你在一艘已知长度 [288] 为100米的宇宙飞船中，以1000000000千米每小时的速度从我面前疾驰而过。我记录下特定时刻飞船两端的位置，发现它们之间仅仅相距38米。而我的两次测量时间差为零。因为它们是同时发生的，因此它的区间与我测量的空间距离之差相等，为38米。你知道你的飞船长100米，而区间大小应该一样，因此，你测量这两个事件的时间（即飞船两端的测量）不应该为零。事实上，你认为我的两次测量时间相差0.31微秒！简言之，你并没有认为两次测量事件同时发生。同时性这个概念不再可靠，因为没有哪两个相对匀速运动的观察者会对事件的同时发生达成一致。牛顿的绝对时空观就此成为过去。

其次，它修正了人们常识的错误——混淆了空间与时间。首先，让我们梳理一下区间的表达。就像汉谟拉比通过统一东西和南北的长度单位，简化美索不达米亚土地的描述，因此我们也可以通过统一空间和时间的单位，简化对时间和空间的描述。为方便起见，我们以"光行进1米"所花的时间作为时间的测量单位。这段时间内光走的距离，用它乘以c就可得到。因此，1秒对应于300000千米，因为这表示光在1秒中可以走这么远，而"1米的时间"在传统单位上等于3×10^{-9}秒（即1秒的三亿分之一）。当你看着你手上的表滴滴答答时，每个滴答声就意味300000千米。这种转换是家常便饭，不过它将区间的定义简化为：

$$区间^2 = 时间^2 - 距离^2$$

就像汉谟拉比要求勘察员统一以米报告长度，以此将距离的定义从 $(C \times 边_1)^2 + 边_2^2$ 简化为 $边_1^2 + 边_2^2$ 一样。

现在，我们到了一个极其重要的地方。如同毕达哥拉斯从二维空间归纳出来的的距离公式，可以推广到三维或者更多维空间，爱因斯坦的区间公式有力地表明，时间应该看成与三维空间垂直的第四维。闵可夫斯基（Herman Minkowski, 1864 — 1909）最先觉察到这一点，在1907年他评论道：

> 从此以后，空间本身和时间本身，注定如阴影般慢慢消逝，只有二者的统一，方能独立地存在。

289　　空间与时间的统一体被称为时空。我们一定不能混淆四维时空和四维空间，因为它们的几何性质完全不同：四维空间的距离以 $t^2 + x^2 + y^2 + z^2$ 给出，而与之类似的四维时空的区间表达形式为 $t^2 - (x^2 + y^2 + z^2)$ 或者 $t^2 - x^2 - y^2 - z^2$。我们说四维空间和四维时空具有不同的度规符号（*metric signatures*），四维空间的度规符号（距离表达式中正负号的形式）为 $(+, +, +, +)$，而时空中的区间为 $(+, -, -, -)$。你也许对时间的本质有所感觉，至少在定义上它在时间坐标中的度规符号最独特，为"$+$"号而不是"$-$"号。以 $(+, +, -, -)$ 度规符号表示的世界具有二维时间，因此"今天"必须用两个日期区分。如果我们不得不想象一个高维时空，比如 $(+, -, -, -, -)$ 的五维时空，我们可以立即判断出第一个坐标便是代表时间。我们在第8章中遇到过高维时空，而这就是决定附加维度中哪个是时间哪个是空间的基础。这章中，我们将以 $(+, -, -, -)$ 这样的度规符号形式表达时空的四维形式。

我不得不承认，被称为闵可夫斯基空间的时空的几何性质，比单独的几何空间更加难于掌握。不过，接下来的解释将让你对它的特点和它与空间本身的区别。有深刻印象。这些内容并非我要讲的重点，因此如果它让你觉得有点困惑，别担心，继续看下去就可以了。为了建立你思考这类事情的信心，我将利用先前的方法。就像随着维度逐渐增加，我们发现自己能够隐约理解四维空间一样，我们从更小的时空开始，朝着四维时空的方向逐步推进。

　　并不存在诸如零维时空和一维时空的东西。只有在二维时空中，空间与时间（就像度规符号表达的那样）才能区分出来，它只有一个时间维度和一个空间维度。此外，二维时空能够在平面中画出来，一条轴表示时间，另外一条轴表示空间（图9-5）。图中的线条表示物体在世界中运动的不同路径，闵可夫斯基将其称为*世界线*（*Worldlines*）。垂直的世界线表示固定不动的物体的历史 —— 随着时

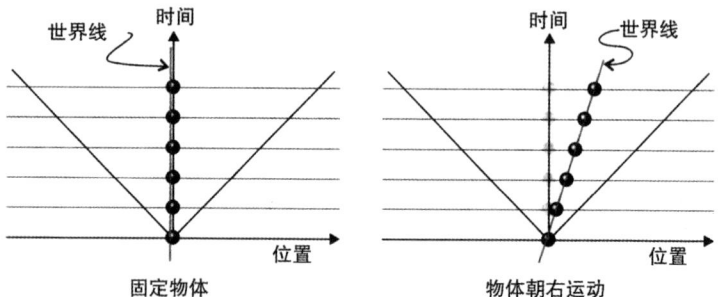

图9-5　物体的世界线只不过是随着时间流逝的物体的位置轨迹。左边的示意图表示一个固定不动的物体；随着时间逝去，它保持在原处，所以它的世界线是垂直的。而右边的示意图中，相同的物体以匀速向右运动，所以伴随时间流逝，它越来越靠右。因此，它的世界线向右倾斜。这两幅示意图中，45°的世界线表示光的世界线，在1m的光行时中，它运动了1m。没有什么比光跑得更快，因此没有东西的世界线能超过这个角度

290 间流逝，物体在空间中位于原处。世界线略微向右倾斜表示物体缓慢朝右运动，因为物体的位置随着时间的流逝，越来越靠右。以45°倾斜的世界线对应于以光速运动的物体，即在1m的光行时（以常用单位为标准，是1秒的三亿分之一）中，运动了1m的距离。这条线表示物体可能的最快的运动速度，因为没有什么快得过光，而只有无质量的物体（例如光子），才能达到光速，所以所有可能的世界线位于左斜45°（以光速向左运动的物体）和右斜45°的范围内（以光速向右运动的物体）。

现在，我们进入三维时空，它具有两维空间和一维时间（如图9-6），而物体能够随着时间在二维空间中任何地方自由运动。因为没有物体快得过光，故所有的世界线都位于45°的半角圆锥内。这个圆

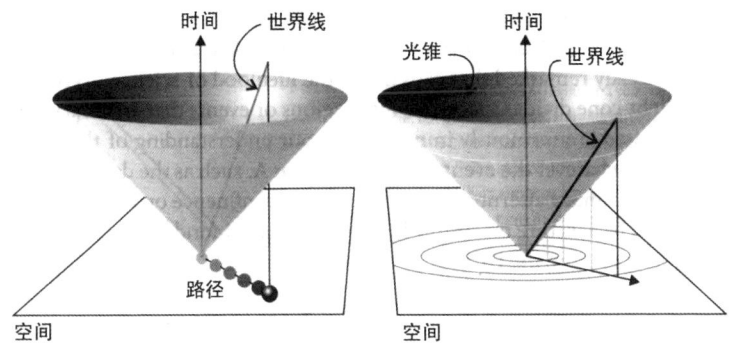

图9-6 在二维空间中，物体可以在平面中自由运动，如左图，世界线在锥形中。锥形本身便是光脉冲以原点开始传播形成的光锥。在它外面没有世界线，否则这将表示物体的运动速度超过光速

锥被称为位于其顶部事件的光锥（*light-cone*），因为以光速运行的光的世界线落在这些锥表面，我们可以假想光以一点开始，产生环状脉

冲，随着时间的流逝，它在平面中以圆环形式扩展开，并被不同时刻的光锥所描述。

一旦我们回到四维时空，我们必须想象一个从某一事件开始的四维形式的锥，在任意时刻将其切开，我们可以得到一个三维的球（表示光从一点开始，以球形脉冲的形式向外传播）。想象这么一个东西完全超出我的能力，因此我从来没有妄想过可以找个方法把它在纸上表示出来。幸运的是，我们只需理解图9-6中二维空间中的脉冲的光 291
锥即可。

一个光锥将事件分为两类。比如考虑图9-7中的事件A和B。因为B位于A的光锥内，从A发出的信号在足够的时间内到达B，可以影响到事件B。现在，考虑事件A和C。事件A无法影响到事件C，因为后者位于光锥外，因此没有信号可以从A及时抵达C，对C产生任何作用。我们说A和B（以及所有位于光锥内或者光锥上的其他点）有因果联系，而A和C（以及所有位于光锥外的其他点）没有。我们已 292
经讨论过因果律是科学的生命之源，因此光锥将时空划分为没有因果联系的两个区域，对于我们对这个世界的理解极为重要。比如，无论A点发生什么事件 —— 比方如果上周日的下午地球毁灭，都对C点就没任何影响 —— 而事件C可能是下周一在一个远离地球的行星上的有关宇宙历史的讲座。

前文所述可能非常易于理解，因为我们画的线和锥反映了传统空间的性质。现在，我们来看看欧几里得空间和闵可夫斯基时空的基本差异和直觉最难察觉的特点。在空间中，直线是两点之间的最短

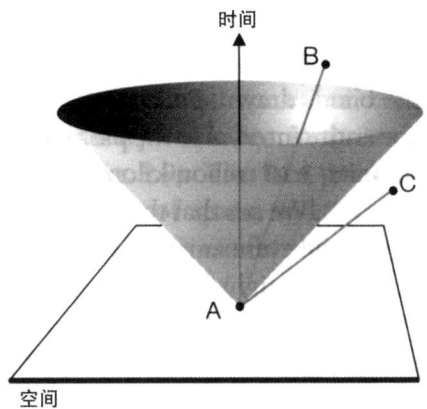

图9-7　光锥将事件分为具有因果联系和没有因果联系两类。如果事件在A发生，它可以影响到光锥内的事件，例如B；但是，它无法影响到光锥外的事件，如C，因为信号无法从A抵达C

距离；而在闵可夫斯基几何时空中，我们必须熟悉一个观点，即直线对应于两事件之间最长的区间。下面我拿卡斯托（Castor）和普乐斯（Pollux）的寓言[1]作比方，来解释这一点。

　　我们假设卡斯托呆在家里。他的世界线是垂直的，从他20岁生日，一直延伸到21岁生日。而普乐斯，庆祝完兄弟20岁生日后，立即踏上旅途。普乐斯以1000000000 kph的速度离开卡斯托，朝着星际中遥远的一点飞去，接着折回，刚好在卡斯托21岁生日那天回来。在卡斯托看来，普乐斯旅行了8.8万亿千米，耗时12个月。卡斯托利用他的兄弟离开的时间计算出普乐斯旅行的起点和终点的区间为3.3万亿千米。普乐斯同意他的结果，因为区间是不变的。不过，因为普乐

斯没有离开过飞船，对外界一无所知，所以他认为自己没有去过任何地方，于是他只把区间距离看成时间的流逝，和空间中方位的改变没有关系。按照通常单位，光走了3.3万亿千米对应于4.6个月（图9-8）。我们可以看到，表示普乐斯在卡斯托生日事件间旅行的世界线对应的区间距离比两次生日（对应于卡斯托的世界线）的直线距离

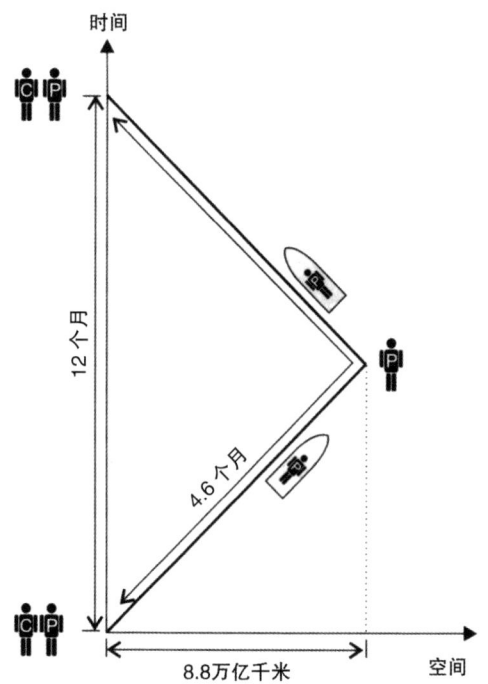

图9-8　卡斯托在家里待了1年：他长大1岁，但是哪里也没有去。在他两次生日之间的区间距离为3.3万亿千米（1年）。普乐斯以光速的93%的速度出发，走了8.8万亿千米后折返，回到了卡斯托的21岁生日。普乐斯不认为他去过什么地方，但是他同意卡斯托的计算：他离开与到来的区间距离为3.3万亿千米。不过，他将这归结于时间的流逝，即4.6个月

更短。而以欧几里得的观点看来，前者应该更长。这个结论验证了我们的论断，即事件之间的直线距离对应的区间距离比间接路径更长

293 （实际上，前者是最长的）。一般说来的确如此，所以当你看时空图的时候，不要像欧几里得那样去思考。

第二个需要注意的地方是，普乐斯的年龄比卡斯托要小了。普乐斯的新陈代谢与他经历的时间保持同步，当卡斯托长大1岁，他仅仅长大了4.6个月。[1]因此，为了避免衰老，我们应该快速地旅行。

另外一个区别时空与空间特点是体积的重要性。到了一定的阶段，我们将无法避免地思考四维，但是我们可以通过思考更低维数的时空，类比论证，从而踏上构建第四维之路。我们考虑一个三维时空中的立方盒子，这个盒子有6个面（如图9-9）。示意图中，标记A的面完全位于二维空间中，它对应于某个给定时刻的普通的空间平面：可以把它想象为特定瞬间的一页平纸。

标记B的面是一段时间后的一个面，可以将其想象成5分钟后，
294 位于同一地方的同一页纸。标记C的面由这张固定纸的一条边（即面A的边缘）所有点的垂直世界线形成；类似的，其他垂直的面，也是由这一页纸的另外3条边上点的世界线形成的。

4个垂直面囊括了5分钟内我们目前考虑的纸张边缘发生的所有事件。例如假设2分钟后一只蚂蚁从左边爬到纸面上。最开始，纸面荡然无物，故平面A是空的。这只蚂蚁从左边开始爬行，呈现出它的

1.我们描述了人们称之为"双生子佯谬"的问题。这源于人们没能认识到普乐斯经历了与卡斯托不同的历史。我忽略了普乐斯折返回家时减速，然后加速的效应，从而简化了讨论，即使考虑这些效应，结论还是一样的。

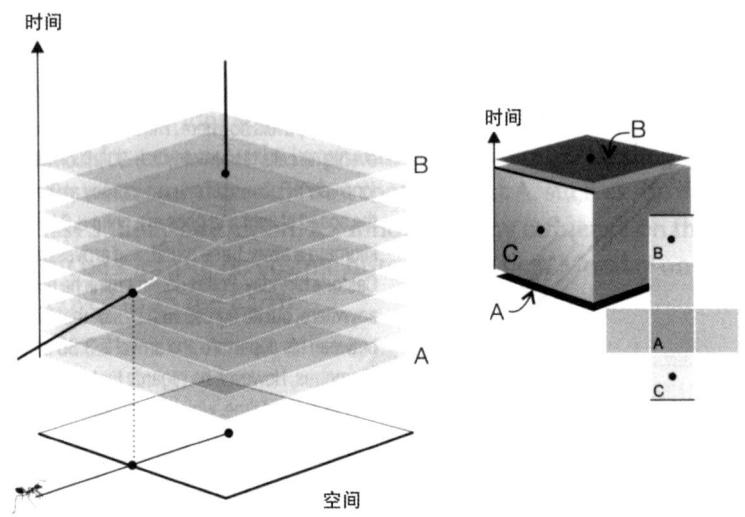

图9-9　一只蚂蚁在矩形的纸张上缓缓爬行，接着停在了中央。因为蚂蚁不在纸上，所以三维立方体的底面（A）开始是空的。但是过了一会儿后，当我们重新检查那张纸，我们发现蚂蚁出现在纸上面了，对应于平面（B）上的一点，而这个面就位于三维立方体的顶面。在某一时刻，蚂蚁肯定穿越了纸张的左边缘，我们用一点标记此位置，它对应于三维立方体的一个面（C）

世界线。它穿越了纸的左边缘，因此我们看见一个点出现在那里。接着（我们假设）那只蚂蚁爬到了纸的中央并停留在那里。现在，它的世界线变得垂直，3分钟后，成为面B上一点。请注意平面A（没有点）和B（有一点）由某一时刻出现于垂直平面上（此例中，在面C上）的一点联系起来。倘若一个物体无法简单地无中生有，那两个水平的"类空"的平面A和B的改变，必须由一个垂直的"类时"平面上的事件（对这只蚂蚁来说，为面C）联系起来。

　　现在，我们束紧思维的安全带，向四维时空起飞。这是一条可以让你舒心的毛毯。请记住四维时空与三维完全类似，只是平面空间

295

（纸张）被体空间（房间）代替；蚂蚁的爬行，被人进入房间代替。

我们看到，四维立方的墙壁由8个三维立方（回忆一下图9-4）搭建而成。在时空中，我们把这8个三维立方中的2个，命名为X和Y，它们只与空间有关，对应于三维的空间区域，即真实的房子。它处在我们关注的起始时刻与结束时刻（如图9-10，我将清楚明白地讲

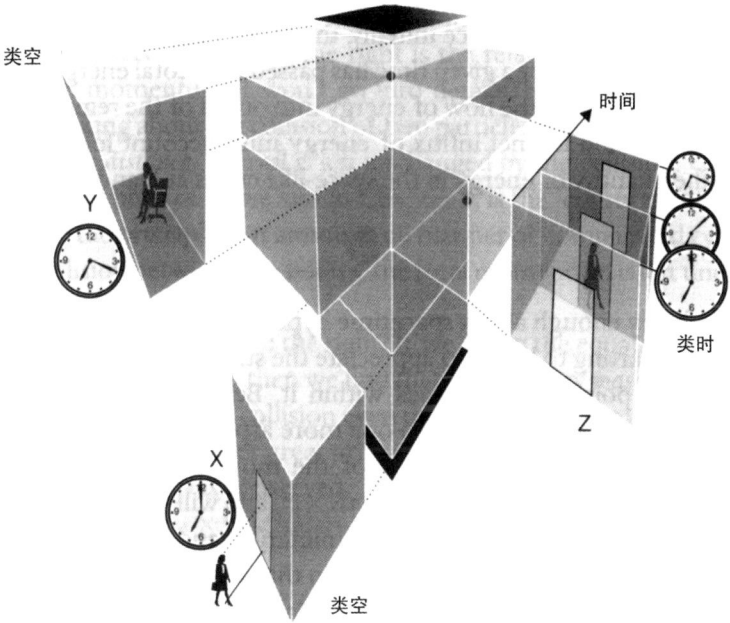

图9-10 一个四维立体表示了三维空间（一间房子）占据的过程，就如三维立体可以用来表示二维纸面上蚂蚁的存在历史。三维立体X是晚上7点的房子，即最初的空房。20分钟后，如果我们检查对应于三维立体Y的这个房子，我们发现有人住在里面了，并在此居住者的头顶位置标记一个点。如果在此期间，我们监视房门，我们就可以沿着时间轴Z给出一连串的画面表示此处正在发生的事件，它们形成了类时的立方体Z。在7点10分的短暂片刻，当居住者进入房间，她出现在平面上，于是在与之对应的立方体上，在她头顶位置标记一点。这个超立方体就是从最初到最终时刻房间历史的记录

解其中发生的事件），就像三维时空的面A和B对应于不同时刻的一页纸。我们称这些普通的立方体为"类空"。那其他6个立方体有何意义呢？它们每一个的边都由二维空间和一维时间组成，因此它囊括了 ²⁹⁶ 真实盒子的每个二维面所发生的事件，就像前图中的C面包揽了纸张的一条边发生的一切。我们将这些立方体称为"类时"。为了理解它们的重要意义，假设我们的类空立体表示你正在进入的房子，当你穿过墙上的门进入房子前，房间应该是空的，因此类空立方体X是空的。于是在此刻对应的立方体上，比方说那个立方体为Z，以一点表示你进入的时间和地点（那一点可能在你鼻子的位置）。如果我们一会儿后检查相同的房子，而那时你还在里面，我们就会发现你的位置由类空的立方体Y的一点标记。和三维时空中一样，立方体X和Y的差别必须由其他6个立方体内部的某一点联系起来：一段时间后出现的这一点的位置取决于你何时何地进入房间。

现在，为了梳理一下此次讨论，让你为后面的内容做好准备，我需要敦促你进行更加一般性的思考。当我们着手讨论一个空间区域的能量或者质量时，我们可以以这幅图景为基础。立方体X的总能量（或者质量，可以通过$E=mc^2$关系得到）即为初始空间区域的总能量，而立方体Y的总能量则为一段时间流逝后那一区域的能量。类时立方体的总能量表示通过边界的那堵墙区域中能量的进出；而流入的净能量必须计为类空立方体X和Y的能量差。

目前为止，这些内容对理解时空超立方体已经足够。很不错，你正在开始理解时空结构和其中点与体积的重要性。在我们共同踏入下一步之前，我需要向你介绍狭义相对论的几个观点。这重要的一步将揭示整个物理学最著名的表达式 $E=mc^2$ 或者 $energy=mass \times c^2$（能量等于质量与光速平方之积）的源泉，并且给出这个对思想、经济、商业、军事和政治都非常重要的表达式。它是时空几何的另一面性质，已经在这章和前几章中突兀地出现过。这个公式中，时间单位以长度表达，即 $c=1$，因为在 1 m 的"光行时"内，光行进 1 m。爱因斯坦的方程并不清晰明了，但是更加简洁，它揭示了 $energy=mass$ 的形式，即能量与质量之间无区别。

我无法避免地要用一点点数学，推导过程无关紧要，不过结论却让人激动不已。我希望你能够把它看完（或者干脆跳过它吧，结论才是重要的）。我们已经知道区间、时间与距离的关系：

$$区间^2 = 时间^2 - 距离^2$$

297   把这个关系式两边同时除以区间^2，就得到

$$1 = \frac{时间^2}{区间^2} - \frac{距离^2}{区间^2}$$

下一步，我们两边同时乘以质量^2，这里的质量是我们考虑的任意物体的质量（诸如铀原子、青蛙、木星）。这一步给出

$$质量^2 = \left(质量 \times \frac{时间^2}{区间}\right)^2 - \left(质量 \times \frac{距离^2}{区间}\right)^2$$

因为距离／区间距离类似于通常的速度表达式，而质量乘以速度被定义为线性动量（第 3 章），我们可以猜测式子右边的第 2 项为相对

论动量平方的表达式。我不会去纠缠这些细节，但是考虑两个物体的碰撞，可以发现质量 × 距离 / 区间的值，在碰撞过程中不变，这就证实了我们的猜测。我们在第3章看到的是物理学中最中心的原则之一，便是"线性动量守恒"。尽管两个物体在碰撞中发生了种种复杂的事件，但是总动量是不变的，因此这种认识是有道理的。

不过，右边的第1项是什么呢？如果我们建立两个物体碰撞方程，我们会发现质量 × 时间 / 区间在碰撞过程中，即使发生了大量复杂事件，它依然不变。这是物理学中另一个伟大原理，就像我们在第3章最后看到的，叫作能量守恒。我们对方程的观察强烈地暗示，我们应当将质量 × 时间 / 区间等同为能量，于是我们就可以写出最终的方程：

$$质量^2 = 能量^2 - 动量^2$$

将质量 × 时间 / 区间等同于能量就像动量一样，在碰撞中守恒，亦被证实。就像区间距离的表达式隐含着空间和时间应该在统一的时空中思考一样，这个表达式透露出线性动量和能量应该被认为是一个整体的两个方面，可以冠之以动量能量，不过人们很少用这么笨拙的名称。从能量和动量的这个表达式中计算出来的质量，就像由时间和距离计算出来的区间距离一样，是一个不变量。这一性质即无论观测者以多快的速度运动，它们都应该是一样的。[1]

1.在原来的狭义相对论表示中，质量是一个随着速度增加的量。这是一个过时的观点，现在认为质量不变。

298   我们现在可以朝着最终的结论出发。我们假设质点在我们惯性系中保持静止 —— 可以认为它是我们手上拿着的一个铁块。因为质点静止，所以物体的动量为零，$质量^2 = 能量^2 - 动量^2$ 成了 $质量^2 = 能量^2$，这便是我们想要推导出来的。你应该注意到了，这个非凡的重要的表达式完全是结合了两个物理守恒定律的时空几何结构的直接结果，它们让我们得以窥见这个著名公式的源头。[1]

     我们对时空几何的探究已经将我们引到结论，即质量与能量是等价的。我们必须承认，如果能量在一个区域消失，那么那个区域的质量也将殆尽。如果能量流入了一个区域，那么这个区域的质量也将增加。实际上，对于普通物体来说，质量上的不同可以完全忽略。比如，10千克的加农炮在室温与1000 K温度时的质量差，仅为50皮克（50微微克），完全检测不出来（在当前技术条件下）。[2]能量的改变伴随着亚原子粒子 —— 质子和中子的重新分布，由此导致的原子核质量的增加，要比简单地加热加农炮大得多。原子核裂变就是这样一个过程，原子核分裂为两个更小的核，让质子和中子以更加稳定的能态组合，释放冗余的能量。10 kg的铀235裂变，能量的损失对应多达10 g质量的损失。这相当于燃烧3万吨的煤。几何结构具有让人震惊的能量。

     本章中的许多工作是消除基本常数光速 c，并简化结果的表达式。

1.在第6章中，我们知道这些守恒定律也是时空对称性的一个方面，因此，原子能和热核战争只不过体现了几何的威力。康拉德（Joseph Conrad）在科幻小说《间谍》（The secret agent）中阐述了这一点，在小说中，无政府主义者在对抽象几何的侵略运动的一次活动中，炸毁了天文观测台。
2.不过，如果以铁原子来表示的话，相当于炮弹中增加了5.4亿个铁原子。

现在，我们继续前行，消除另外一个基本常数，从而得到对自然更为 ²⁹⁹深刻的理解（在第3章中，我们已经知道了这个过程，那里我们消去了热的力学等价量，从而对热力学有了深刻洞察）。我怀疑，如果我们可以消除所有的基本常数，我们将完美地理解大自然！这就是我们将朝着她奔去的伟大之思想，它是这章真正的核心。它让爱因斯坦花了大约10年时间，从狭义相对论走向更为广义的理论，人们一般称之为"广义相对论"——"爱因斯坦的引力理论"，或者很直白的"爱因斯坦理论"。

牛顿认为他的引力理论是力跨越虚无空间的相互作用，由一个普适的基本常数，即引力常数 G^1 来刻画。按照牛顿理论，由一个物体引起的引力大小与 G 和物体质量成正比。这种比例关系的意味是，因为太阳的质量为地球的336千倍，所以在一定距离下，从它们中心（到它们外部）开始计算 [2]，太阳对一个物体的引力比地球的大336千倍。

首先，例行公事地进行单位化简。从现在开始，我们把 G 纳入物体的质量中，接着用长度表示质量。[3] 以长度表示，地球的质量为4.41mm，而太阳质量是地球的336千倍，为1.48km。你应该注意到，我们已经把质量、长度和时间都用长度为单位表达了；若我们将其除以 c，就完全可以以时间单位表示它们，不过那样数字就会非常难看，缺乏直观意义。[4] 你还应该注意到，我们已经在牛顿对引力的描述

1.当前认可的 G 值为 $6.673 \times 10^{-11} m^3 kg^{-1} s^{-2}$。
2.就是将三者都看成质点。——译者注
3.为了明确起见，我们用 Gm/c^2 代替 m。
4.这个讨论没有将黑洞包括进来。如果考虑黑洞的话，我们将发现质量 m 的黑洞的视界半径为 $2m$（以长度单位表示），即在此范围内任何东西都是无法逃逸的。而地球质量那么大的黑洞，从中心算起，它的质量只有8.8毫米。

中消除了神秘的常数 G。这在某种程度上透露了引力是一个人为概念，而 G 出现于物理学中并不是因为它有任何深刻基本的意义，而是因为我们的先人采用了奇怪的单位制（例如，千克）来表达质量，而非自然的单位，像长度单位（如米）。但是，关于这种关系，我能做的最深刻的评论是：把所有的量都用长度表示。你也应该记住我得到这一思想的过程，那时时空对质量的效应将变成几何学的分支，我们将朝着这个方向前进。欧几里得如果得知他思索的东西被如此拓展，定会着迷。

现在，我们言归正传。爱因斯坦注意到一件奇巧之事，广义相对论便从此发轫。科学中显然的巧合就和日常生活中的巧合一样，都比较蹊跷。人们发现日常生活中，这些巧合最终只不过是骗局；而在科学中，巧合往往伴随着新的发现。质量通常用来表示一个物体抵抗运动状态改变的能力，第 3 章中我们将其称为"惯性质量"；不过还有一种质量，物体可以通过它产生万有引力的吸引作用，即物体的"引力质量"。可巧的是，这两种质量一模一样。它们的等价已经在实验上得到证实，精度达到万亿分之一。这强有力地说明，惯性质量和引力质量是完全一样。如此奇特的现象肯定会让你瞠目结舌，因为没有任何直截了当的理由表明，炮弹用来抵抗我一脚踢去的力道并保持静止的质量，与炮弹用来产生引力场的质量分毫不差。

爱因斯坦将这个巧合等价于另外一种情形。假设你我在同一电梯中，不过突然电梯出问题了。我们首先发现自己被困于建筑物的第 100 层，在等待营救的时间里，为了打发无聊的时间，我们互抛一个球。作为一名观测者，我们注意到球的轨迹为曲线（如图 9-11），而如

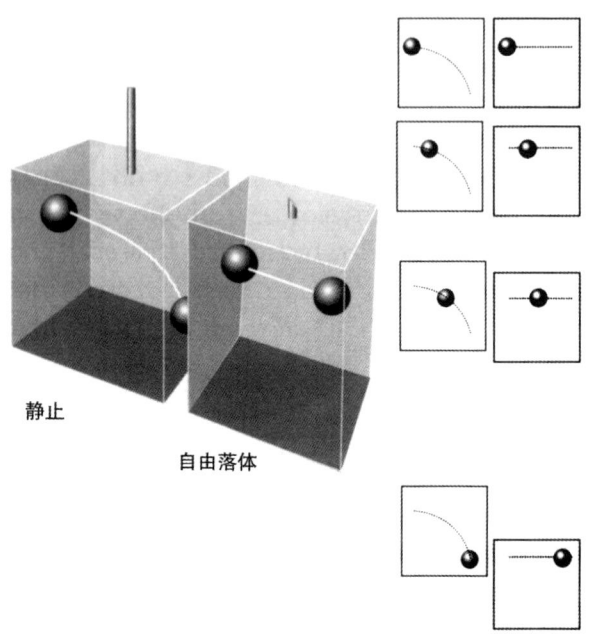

图9-11 在固定的电梯中（图左，球水平抛射的轨迹为朝地面的抛物线，而在远离任何引力质量的自由空间，球的轨迹是直线（图中）。在自由落体的电梯中，轨迹也是直线（图中）。右边一系列图片说明了球的轨迹。白盒子以夸张的表现固定电梯中球的抛物线轨迹。灰色盒子中，电梯以一定加速度刚好改变垂直位置，位置的改变恰好抵消了球的下落

果我们的电梯厢在浩渺的太空中，远离一切恒星或者行星的引力，那么球的轨迹将是一条直线，所以我们把球弯曲的运动轨迹归结为引力的影响。作为科学家，我们经过迅速地计算后偶然发现球的轨迹是抛物线，如果有一个与圆锥某一边平行的平面，切割此圆锥，便可得到此形状。[1]

1.为了完全理解抛物线，我们应该回到阿波罗尼奥斯的《圆锥曲线》中去。希腊人很久以前就弄清楚了它的性质，它们不仅仅与抛射轨迹有关，还与空间的形状有关。圆锥曲线可以分为抛物线、双曲线和椭圆。见图10-4。

突然，灾难袭来。我们无能的营救人员粗心地割断了吊住电梯的绳索，顿时电梯所有的安全保障化为乌有。我们自由落体地向下直冲。作为科学家，我们冷静地利用这个生死攸关的时刻给予我们的独一无二的机会，继续相互掷球。让我们极为惊异的是，这个球在我们之间以直线飞行，就像在没有引力的空间中运动。自由落体消除了引力效应！倘若我们的电梯刚好在太阳表面，球的抛物线弯曲将更明显，但是一旦电梯厢开始自由落体，它的加速度也会更大，而球运动的曲线亦被消除，从抛物线变为直线。我们明白了，无论我们在哪里，我们都可以在一个自由落体的平台上消除引力效应。假如人人都永远局限于自由落体的电梯厢中生活，人们就永远也不可能提出引力这一概念。

301　　爱因斯坦确认了这个惊人的观测现象，并开始思考。首先，他提出在效果上，待在自由落体的电梯厢中的所有观察者，都会写出相同的物理学教科书。这是等效原理的中心内容。特别是当观察者们在厢内溜达时，他们会经历爱因斯坦的狭义相对论预言的相同的时空收缩。我们可以将这一陈述以更加几何化的形式表达：在任何自由落体的电梯厢中，时空结构是相同的（都是闵可夫斯基空间）。因此，我们以前讨论的有关狭义相对论相关的一切，都可以应用于自由落体的厢中。

不过，爱因斯坦更伟大的成就在于，他思考了如果我们厢体与其他厢体自由落体加速度不一样的话，两者之间的时空几何结构。比如说，你的摩天大楼建在一个小行星上，你下落时的加速度非常非常小，而我可能位于地球，加速度为 10 米·秒$^{-2}$（即 1 秒后，静止物体的运动速度为 10 米·秒$^{-1}$，而 2 秒后为 20 米·秒$^{-1}$，如此类推）。在我们各自的轿厢中，时空的几何结构是"平坦的"，都是闵可夫斯基空间。但是，我的这一小块平坦的几何空间相对你的空间，是扭曲旋转的。你可以试着在球上放块硬币（如图9-12），虽然每一小块区域都是平坦的，但是一个区域与另外一个区域成一定角度。爱因斯坦开始着手处理这个问题，经过几年艰难的思考，终于将其解决。这个问题即，如果一个平坦的时空区域附近存在质量的聚集，如恒星，那它与其他时空区域有何关系。假使我能够站在你小行星的视角上描述基于地球的时空，那么我就可以清晰明了地描述科学家称之为引力的这种影响。 302

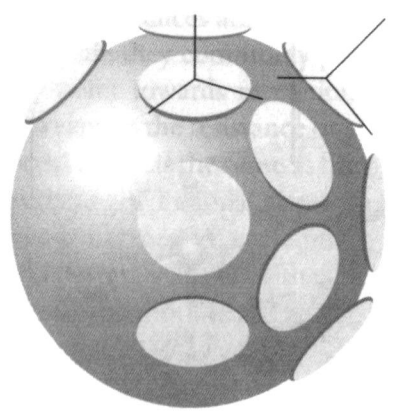

图9-12　空间中给定点的局域几何为欧式几何（如球面上的不同点，我们以平坦的圆表示之）。不过，接近诸如恒星或者行星等大质量的物体时，空间就被弯曲，一个局域化的欧式空间区域就相对另外的区域弯曲和旋转了。爱因斯坦的广义相对论揭示了不同局域坐标系统之间的关系

　　本章之初，我们搞清楚了时空。现在，我们必须勒紧四维的缰绳，更进一步向时空的弯曲冲去，去搞清楚弯曲的时空是怎么回事。这听起来很唬人，其实不然，因为我们已经将闵可夫斯基几何空间作为思维的铺垫，并且假设自己忘记它了的复杂性。事实上，许多人认为广

义相对论的质量观点比狭义相对论中的容易得多，因为他们考虑的是弯曲的空间（这要容易些），而非弯曲的时空（这难得多）。不过这无非是被众人认可的错觉，仅仅为了让这个概念更加易于接受，所以我们要继续前行。

首先我们把注意力放在弯曲的空间上，因为这个概念相对直观。与前面类似，我们首先在头脑中想象低维情形，接着逐渐增加维度数，循序渐进的重复前面的想象的过程，这样在概念上相对容易理解。不过，为了想象二维弯曲平面，我们还需要第三维，用以表示平面被弯曲"进"第三维，因此你可以看到，为了想象四维的弯曲时空，我们必须想象它处于五维中！我不会让你这样去做，因为这超出了我（和我认识的所有人）的能力，但是你完全可以在脑海中虚化出一个弯曲的时空，这便是你必须尝试去做的事。考虑一个位于更高的维数中的弯曲空间，有一个术语称为"嵌入"，我们可以说，一个空间嵌入更高维度的空间里。为了设想弯曲的四维时空，我们一定要将其嵌入一个五维的空间中。

303   让我们暂时回到二维弯曲空间（不是时空）。为了把它想象成弯曲的，我们设想这个二维表面嵌入一个三维空间块体中。让我们把这个二维平面想象为一个三维球的表面（一个普通的球，就像完美的地球）。现在，设想这么一出场景，我正站在经度为零的赤道上（处在非洲西边的洋面上，那里潮湿让我微有不适），而你站在经度为 90° 的赤道（你被放在厄瓜多尔的海岸上）。哨声一响，我们同时开始向北走，并保证在整个旅程中，每一步不偏不倚朝向正前方。作为理论物理学家，我们忽略期间沙漠、海洋和冰盖地区等不便因素。最终，当我们达到北极时，我们发现彼此对视（如图9-13）。我们不得不得出显而易见的结论，在这个几何空间中，看上去的平行线的确会相交。这个空间中，所有一眼望去的平行线，只要延伸到足够长，一定会相交，或者等价地说，这是一个没有真正的平行线的空间——即正曲率（*positive curvature*）空间。这个空间就是我早先所提的非欧几何空间存在的一个例证。

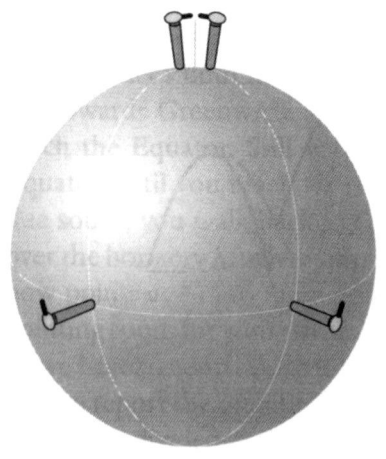

图9-13　你从赤道开始，坚持沿着格林尼治子午线（0经度），一直面向前方去。我同样，在经度90°的地方开始。当我们达到北极，我们面对面。因此，这两条经线不平行：在这种几何空间中，不存在平行线。这个示意图也告诉我们如何假想一个正曲率处处一样的二维面，而它是三维球的表面。我们说，这个二维面"嵌入"于三维空间中

非欧几何空间的存在顿时意味着几何学是一门试验科学，而不是单单通过内省（introspection）就可以证明其正确性的（第10章中，如伊曼纽尔·康德如此想当然）；如果像亚里士多德精妙阐释的那样，仅仅通过内省是永远也达不到真理的彼岸，而只有像伽利略精妙阐释的那样，只有内省和试验结合才是一个非凡的可以值得信赖的

路标，这也是本书的主题。我们探寻的时空结构，要么是欧式的，就如欧几里得和他的追随者安逸地坐在扶手椅上空想出来的，绵延至今已2000余年的观念；要么是非欧几何的。为了解决这个问题，我们一定要诉诸试验和观察。比如，如果我们沿着平行线前进足够远的距离，会不会直面而立。卡尔·弗雷德里希·高斯（Karl Friedrich Gauss，1777 — 1855），这位最伟大的数学家之一，隐隐觉得可能存在与欧式几何匹敌的几何：

> 事实上，我偶尔会打趣表达我对欧式几何错误的希冀。

僵局的打破大部分归功于数学家伯哈德·黎曼（Bernahard Riemann，1826 — 1866），一生短暂悲惨的数学家。他于1854年献上了一场杰出的报告，其内容主要是对我们现在称之为"张量"的探究。负几何空间，同样可以解放人们的思想，让他们的想象力在非欧几何空间中驰骋。如图9-14，表示一个负二维面嵌入一个三维空间中。当你坐在马鞍上时，就是一个二维的负曲率面支撑着你。这个空间中，通过给定一点，有无数条平行线与给定直线平行。

当我们翻越这座智慧之巅，接受不同类别的非欧几何的存在，我们就可以开始想象空间几何可以从一处变换到另外一处。即，不同的空间区域，可能有不同的曲率。例如，我们可以设想沿着一个球的赤道向内挤压，得到一个类似哑铃形状的空间，就像给这个球束腰一样。这个空间在它的两极附近具有正曲率，而在接近赤道处形为马鞍，曲率为负。我们可以继续设想更复杂的空间，只需用我们的手指捅一捅表面，在它上面制造出坑坑洼洼的形状，那么不同地方的曲率就不一样。你可以认为不同的日常物体在不同的地方曲率各异（比如说，你的身体）。

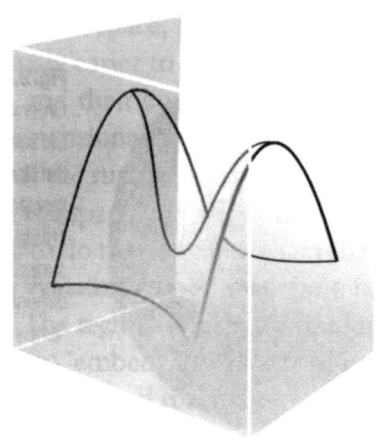

图9-14 一个负曲率的二维面嵌入于三维空间中，形如马鞍

当你想象一个空间嵌入更高维度中，我们立足于一个高级的超空 305
间生物的视角，它可以检察整个世界，扫一眼就知道这个空间是否弯
曲。假定我们只是一只蚂蚁，我们的想象力也被我们生存的真实空间
所局限：蚂蚁可否明白地球是弯曲的，而我们也是否明白我们的时空
是否弯曲？答案已经包含在讨论中，因为你我的旅途要么总是以面对
面告终，要么就永不谋面。我们无需关心它是否嵌入高维空间，这两
种情况在空间表面上一定会发生。因此，如果你和我沿着平行路径出
发，最后面对面，那么我们就知道我们栖息的空间为正曲率。无论我
们能否想象这个空间如何嵌入于高维空间的，这个结论都成立。

我们可以将这个想法进一步拓展，从而达到对空间曲率的定量测
量的目的。和我来到北极吧（如图9-15），现在我们都在这里，让我们
都举起手臂，朝着南方沿经度为0的格林尼治指去。哨声一响，你就

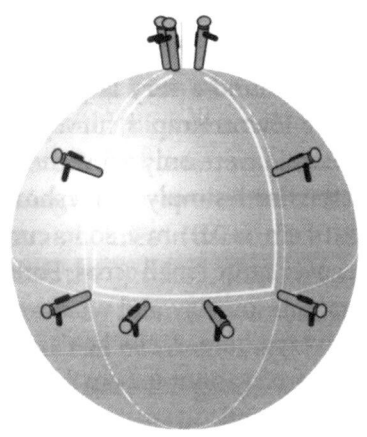

图9-15　无需嵌入更高维空间，就可进行表面曲率的测量。有一个方法是环绕关心的点一整圈，然后测量某个方向上角度的改变。比如说，如图所示，我们都站在北极，手指南方。然后你沿着西经90度的子午线，径直走到赤道，随后沿着赤道走到格林尼治子午线，最后沿着赤道回到北极。期间，你的手一直指向南方。当你回来时，会发现你手的指向与我的成90度。从这个观察事实中，我们可以推论出这个空间的曲率为1/半径²，这里的半径指的是球的半径

开始往南走，直到你到达经度90度的地方。这时，保持手的指向，返回北极。你即将要回来的时候，我看到你从地平线上慢慢出现。但是，尽管在整个旅途中，你都小心翼翼地让手臂朝南，我们却惊奇地发现彼此手臂朝向相差90度！在平坦的空间，我们的手臂本将重合，由此可以得出一个结论：真实的地球表面不是平的。此外，你的途径轨迹围成一个空间，通过你手臂的变化，我们可以用1/半径²定量地测量出曲率，这里半径指的是地球的半径[1]。因为地球的半径为6400千米，所以曲率为2.4×10^{-8}千米$^{-2}$。这是一个非常微小的曲率，说明我们一定要经过一个非常大的区域才能觉察到它的效应。这就是为何汉谟

306

1.你的手臂角度的改变为π/2弧度，而沿着赤道经过的45度的弧长r围成的面积为$1/8 \times (4\pi r^2)$或者$\pi r^2/2$，因此曲率为$(\pi/2)/(\pi r^2/2) = 1/r^2$。

拉比的勘察员无需理会空间是否平坦的原因：他们在美索不达米亚丈量的土地长宽仅仅只有几千平方米，地球的曲率无法表现出来。一个足球半径大约10厘米，曲率为0.01米$^{-2}$，它的面仅仅覆盖一小块区域，其曲率易于观察得多。对于一个球，无论我们从哪里出发，经过什么地方，曲率都是一样的。任何地方的曲率都是正的。鸡蛋的曲率也处处为正，不过大小从圆端的0.2厘米$^{-2}$左右到尖端的0.4厘米$^{-2}$不等。

我们没必要在真正的地球、足球或者鸡蛋上旅行一趟来分辨曲率大小。如果我待着不动而你在空旷的空间中沿封闭的圆环绕一周，旅途完毕的时候，我们发现各自的手臂指向相同的方向，我们就可以得出这个空间区域是平的，属于欧式空间；而假如我们发现各自的手臂成一定角度，那么我们就可以肯定这个空间区域是弯曲的，属于非欧式空间。此种情形下，我们手臂所成的角度，体现了空间区域曲率的正负和大小。一般说来，在不同区域中旅行，结果各异。我们甚至可能发现，沿着相同点做环绕旅行，不同的取向会带来迥异的结果。由这类实验，我们可以得到每个空间区域以何种几何类型为主。

在我们全面理解弯曲空间性质之前，需要多了解几个概念。测地线（geodesic）是不偏不倚地穿过空间的路径。在平坦的空间中，测地线是一条直线。欧式几何大部分内容便是有关平坦空间中测地线，即直线组成的形状（诸如三角形和矩形）的性质。无论何种空间，两点之间的最短路径都是将两点相连的测地线。在球面上，测地线为一个巨大的圆环。比如我们沿着一条经线（例如格林尼治子午线）旅行，那么我们就会在此经线的两处划出一条测地线；而如果两点位于不同的经度和纬度，像伦敦和纽约，做一个最大的圆环穿过它们，他们之间的最短距离是这个圆上位于两个城市之间的弧。粗略地讲，飞机沿着测地线飞行比较经济。

307 现在，是将我们的脚步从弯曲空间踏到弯曲时空的时候了。这一步没有你想的那么痛苦不堪，因为我们需要的大部分概念都可以借用弯曲空间的讨论。为了设想一个弯曲时空，我们应该想象一个二维面，一个维度是空间，一个是时间，就像我们想象二维空间那样，它嵌入在一个三维空间中。如果时空是平坦的，测地线在二维面上应当为直线。不过，时空有趣的几何性质揭示出连接任意两点的测地线对应它们之间（回忆一下前面所述的卡斯托和普乐斯两孪生兄弟）最长的区间距离。弯曲的二维平面，可以用三维空间中一块扭曲的薄片表示；和平坦的时空中一样，两点间测地线对应它连接的两点的最长区间距离——只不过随着曲率不同，测地线有可能蜿蜒盘旋。

现在，我们到了整个讨论的关键地方。我们对它的讨论将用到以前所有的概念。1915年，由爱因斯坦提出的伟大之思想是质量扭曲时空，他的卓越成就是发现了复杂的空间曲率与质量分布的精确关系。我无法在此给出精确的关系，因为它是所有科学中最优美但也是最复杂的关系。不过，带着你披荆斩棘一路至此，此刻你已经陷入束手无策的境地，这是我的错。因此，我会做两件事来弥补，首先略微地告诉你爱因斯坦结果的形式，然后我会列出它的一些结论。

在此，我需要让你想象一个立方体，其边稍稍弯曲，有一点点像你用橡胶做了一个立方体，然后将其立起，于是它的边会略微膨胀。接下来我需要你把它看成时空中的立方体，而不是仅仅是空间中的。老实说，你就可以把它想象成普通空间中的立方体，只不过这个立方体具有我所要说的一些性质，所以你也无需在这幅图景上逗留太久。不过，你要时刻记住我们是在讨论时空，而非空间。

回忆我们先前讨论的四维超立方体（在图9-4中已经描绘出来）。从现在开始，我们想象这个立方体的一条边落在我们关心的时空的测地线上。这意味着，这些立方体恰当地组合在一起，形成超立方体的时候，超立方体的边会略微的扭曲倾斜。假设我们小心翼翼粘好的超立方体附近有一质量体。这个超立方体基本维持原样，对类时的立方体（这些立方体表示真实盒子的一个面，质量流进流出的历史），它表示质量在这个类似盒子的区域，通过不同的面的流进和流出；而两个完全类空的立方体（指的是在我们的讨论过程中，时间开始和结束的两个盒子）表示最初和最终的盒子各自的总质量。爱因斯坦"场方程"所做的一切，就是描述了组成超立方体的8个立方体面的扭曲和倾斜与它们的总质量成比例关系。[1]这便是果壳中的广义相对论（需要承认，这是一个四维时空的果壳）。 308

爱因斯坦的场方程很容易写出来（符号的意义却非常丰富），但是极难求解。不过，在它第一次被提出后数月内，人们就发现了一个解。在俄国服役的德国数学家卡尔·施瓦西（Karl Schwarzschild，1873 —1916）发现了具有质量的球形区域外的解 —— 比如行星或者恒星外的真空，以及质量均匀的球形内部的解。这可以看成人们在第一

1.为了不让你觉得自己完全被蒙骗了，这是我给出爱因斯坦的场方程：
每个立方体各个面转动力矩的总合=8π×（这个立方体的动量能量）
粗略地讲，"转动力矩"指的是三维立方体的一个面的扭曲乘以这个面与中心的距离。

次世界大战期间少有的具有正面影响的行为之一。史瓦西染上罕见的皮肤病卧床在家，几个月后便辞世而去，但是史瓦西解和史瓦西半径这两个词却让他全然得以永生。另外一个各向同性的、同质的、平均分布的宇宙时空模型的解，由H.P. 罗伯逊和A.G. 沃克于1934年发现。

让我们设想从均匀的地球中心出发直到进入外部空间，思考不同地方时空的形状。为此，我们想象6个点排列在空间中八面体的各个角上（如图9-16）。在地球内部，时空曲率完全是"收缩的"，因为

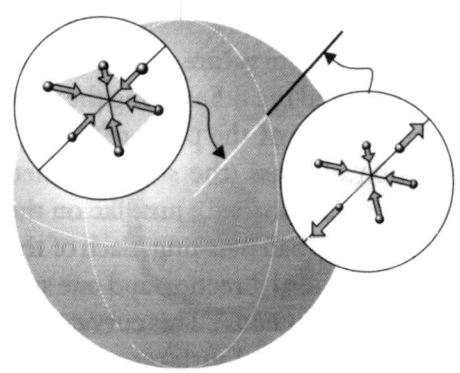

图9-16　引力的涨落可以通过排列成八面体形状的6个点的受力情况来推测，沿着远离地心方向运动的两质点（或者质量体）相互分离，不过位于灰色平面上的其他4个质点相互吸引到一起，这就是史瓦西外部解的特点。由史瓦西内部解给出地球内部的时空几何结构，6个质点全部都相互吸引

6个点的排列要比在地球外部紧密得多，就像时空自身被挤压进地球。这种行为是在均匀球形内爱因斯坦方程的施瓦兹希尔解的表现形式。我们可以认为这6个点在自由落体深入地球内部的过程中，自由落体的直线越来越紧密地靠在一起，而与之对应的四维时空具有正曲率——就像球在每个二维时空平面具有相同的正曲率。密度均匀

的区域中, 每个平面的曲率的都是常数, 而且在某种程度上, 我们可以认为这个曲率与一个重球置于一块橡胶板上 (图9-17) 所形成的区域的曲率相同。与之类似, 一旦这6个点冲出地面, 进入外部空间, 施瓦兹希尔的内部解就演变为它的外部解。现在, 时空的几何结 309

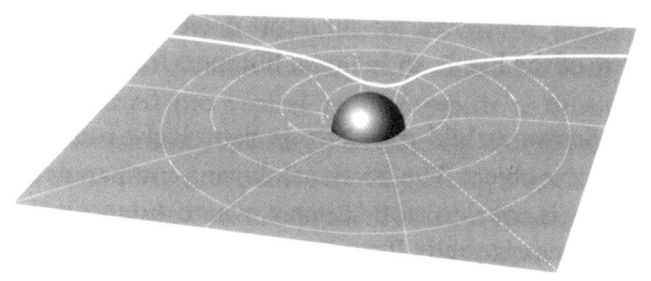

图9-17 质量庞大的物体对空间的扭曲效应, 就像一个很重的球停在橡胶板上。质点沿着测地线运动 (如图中加粗的白线)。因为测地线在弯曲的时空中迂回前进, 沿着这条线的平稳连续的运动路径, 看上去就像被这个巨大的物体吸引过去。如果我们可以同时给出时空的维度, 那我们就可以解释当质点接近和离开这个巨大质量体的时候, 是如何产生加速和减速的

构开始 " 涨落 ", 因为与平面垂直的两点相互分离的速度, 是与平面平行的4点相互汇聚的速度的两倍; 不过这6点围成的体积不变。我们可以认为, 在一个方向上 (指向致使空间变形的质量体)[1], 空间被拉伸; 而在其他两个垂直方向上, 空间被压缩。这种涨落效应绝对不能小觑。地球的涨落效应, 足以将月亮刚性的球形适当地扭曲1千米左右。而地球的潮涨潮落, 恰恰体现月亮对地球表面时空几何结构的影响; 因为一天两次的涨潮刚好表示沿着地月方向上的时空几何结构的膨胀。因此, 当你驻足海滨, 凝视着潮起潮落时, 你也在注视着施瓦兹希尔几何结构经过地球表面时, 投下的阴影。即便是克努特大帝

1.这里可以认为是地球。——译者注

310 (canute)[1]也无法左右海湾的时空几何结构的改变。

我们可以对曲率作一些数值计算。径向的曲率（一条边沿着半径方向，而另一条边沿着时间轴的平面曲率）为—2×质量/半径³，这里的半径是从球状质量体（比如恒星或者行星，如图9-17）中心到我们关心的那一点的距离。注意，这个曲率是负值（马鞍状），就像在橡胶板上，被球压着的外部区域的曲率。而一边垂直于径向方向，而另一边沿着时间的方向的两个面，其曲率均为质量/半径³。这个曲率为正值，因此我们可以认为这些二维平面就像是球面。这些曲率维持三维立方体的体积不变，因为在一个方向上拉伸两个方向略微压缩，效果抵消。此外，随着我们逐渐远离地心，曲率不断减小；当距离地球非常遥远，时空就变得平坦。

接近质量巨大的物体时，时钟会变慢。这是史瓦西几何的一个特点。如果距大质量物体较远时，时钟会微弱地变慢，其差值等于质量/距离，这里距离是离大质量物体质心的距离。如果我们思考地球质量对于宇航飞机上时钟的影响，我们就一定要考虑到，虽然它比海平面上的一架飞机速度快（因为一艘航天飞机远离地心，而且所在区域的时空曲率稍微小一些），但是前者时间流逝得更慢，因为那个航天飞机处于运动状态。地球质量很小，因此商用客机速度效应的影响微乎其微。不过，如果以850千米/时在10000米的高空做环球旅行，引力的效应将会使上面的时钟加快0.2微秒，同时速度效应仅仅使它变慢0.05微秒。现实生活中，以这种方法验证广义相对论要考虑到

1.克努特大帝，1016—1035年英格兰国王。据说，他曾经阻止大海接近陆地。——译者注

飞机着陆、起飞，以及在航线上改变速度的影响。

为何我们如此关心时空的测地线呢？在真空中，质子做直线运动。即，它们沿着平坦时空的测地线运动。[1]这种观测结果充分说明了时空在决定物体运动路径方面的重要性。当时空开始被质量的存在扭曲——比如我们逐渐接近一颗恒星，物体开始沿着测地线运动，不过现在这些测地线是弯曲的。其实，在质量巨大的物体周围，时空的弯曲可能非常大，以致恒星的测地线扭曲成螺旋状。换句话说，随着时间的流逝，行星可能以近乎重复的闭合路径围绕恒星运动，接近椭圆，即恒星在时空中沿着测地线的运动，表现在空间上几乎是一个封闭的轨道。在远离恒星的地方——比如冥王星而非水星，时空弯曲很小，行星需要更长的周期，其轨道才能近乎封闭。也可以说，遥远的行星绕恒星运行的速度，要比接近恒星的行星速度慢。事实上，行星的轨道并非完美的椭圆：每个运动周期，它们的轨迹都略微不同。对一个固定在空间中的观察者来说，它们绕中心星体的轨迹像玫瑰花结。广义相对论在早期成功解决了水星类似玫瑰花结轨道精确形状的问题，也即所谓的近日点的进动问题。（图9-18）。

我们已经摒弃了引力。现在，我们看到行星的运动不再是叫作引力的力的影响，而是物体沿着时空测地线简简单单地自然地运动。即，运动体现几何性质。

到目前为止，对时空的描述还有一个大问题：在足够小的尺度下，

1.它们的行为为何如此？因为我们在第7章中已经看到，波函数排除了其他所有路径。

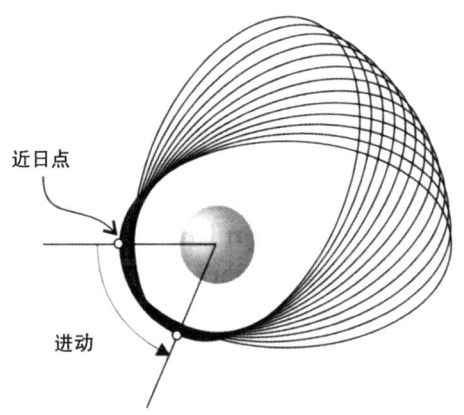

近日点

进动

图9-18　按照爱因斯坦的理论，一颗行星（特别是一颗靠近它的母恒星的行星，如水星在太阳系中距离太阳最近）的轨道并非完美的椭圆，而是像一个玫瑰花结。离恒星最近的一点是围绕着恒星旋转的，这种运动被称为近日点的进动。经典（牛顿）力学也预言了进动，但是大小只有实际观察值每世纪43秒弧度（每年为一弧度的万分之一点二）的一半，而广义相对论却预言了正确的值。双星体系中轨道的进动——近星点的提前——显著得多，一年有几度，更易于测量

几何结构可能不复存在。现代物理最突出的问题就是如何将广义相对论与量子力学（第7章）统一为量子引力（quantum gravity）。尽管人们已经做出了巨大的努力，也取得了诸多进展，不过科学家依然没有找到一个统一的理论。当前，并没有诸如"量子引力"的理论，这个领域人们众说纷纭。这些理论运用了不同程度的复杂的数学来表达，但大部分人们都存有异议。不过，当最终达到统一时，人人都期待着我们对空间和时间的思考方式会有一个革命性的变化；这可能比相对论和量子理论本身的影响更大。不过，尽管当前科学家对量子引力本质的理解模糊不清，但是我们可以预言它的一些特征。

　　尽管乍一看，对于时空的本性，我们将空间看成一座舞台，这是一个相当过时的观点，一个在原理上与牛顿的理解几乎无异的观点，

但量子引力的一个特征便源于此。虽然我们已经将时空联合起来，在依赖于质量存在的非欧几何上对其进行了更加成熟的描述。不过，时空作为运动的舞台，世界的一切活动都在上面上演，这种认识是不变的。而量子引力中，这种舞台式的认识被消解，定义宇宙的是事件本身。或许，其实并无舞台，我们想当然的宇宙仅仅是无可计数的相关事件的集合。在这种理解下，爱因斯坦的方程就成了对相关事件因果结构的描述。

量子引力的第二个特征是，在一个足够小的尺度下，时空的所有概念都化为乌有。时空不再被认为是（因果相连的事件的）连续统一体，它更像一堆泡沫（图9-19）。事件可能的最小分立空间尺度，

图9-19　如果我们在极高放大率的显微镜下观察时空，将看到它并不是一个连续体，而是呈现出泡沫状。在普朗克长度与时间下，时空的经典理解已经无效。没有人真正知道，在普朗克尺度下发生着什么，但是人们依然不断地进步，并有望在我们生存的这个星球，继续革新我们的认识

我们称之为"普朗克尺度";而时间可能的最小分立尺度,我们称之
为"普朗克时间"。普朗克尺度大约是 10^{-35} 米,它比原子核直径还要
小 20 个数量级,因此,我们这些笨拙的庞然大物没有误将时空理解
为连续统一体,实在是让人不得不惊叹!在时空中可以存在的最小
的面,其面积接近普朗克长度的平方,而能够存在的最小的三维体
积大约为普朗克长度的立方。用普通单位表示,普朗克时间大约为
10^{-43} 秒,所以没有哪两个事件相隔时间可以比它更近,即使持续 1 毫
秒的过程,也是由 10^{40} 个部分组成。没有哪一部钟能够 1 秒中滴答超
过 10^{43} 次。

就像在普通物理中没有绝对低的温度("绝对零度"),在量子引
力中也没有绝对的高的温度,极限大约为 10^{32} K。在这个温度下,时
空本身将会融解。标志宇宙开端的大爆炸或许并非仅仅是一个戏剧性
的大火球,它很有可能是将时空恒久固定下来的宇宙的冷却过程。几
何,以及我们感悟到的这个词中囊括的一切,都是事件因果律被固定
后的烙印。

第 10 章
数　学
理性的局限

伟大的思想

若算术是相容的，则它不
完备[1]

> 上帝创造了自然数，其他都是人为的。
>
> —— 莱奥波德·克罗内克 (Leopold Kronecker)

　　数学乃是人类最精妙的创造之一。因为它不仅是理性思考的典范，[315]也是当科学推论面临经验检验时，能够使其保持充分严谨的脊柱。科学假设自身好比果冻，它们既需要严格的数学公式来接受实验检验，也要能够融入构建了自然科学的概念脉络之中。人们普遍认为：数学并不是一门科学，因为数学可以肆意构造它欲讨论的宇宙 —— 一个似乎与我们栖息的世界几乎没有任何关系的宇宙，而这个宇宙唯独只需要保持逻辑上的严格性。如果这样，人们或许可以认为数学是这个三维空间的不速之客。但是，因为它在科学家的思维模式中居于如此中心的地位，因而作为名誉上的科学，数学也是极其受人欢迎和尊敬的。再者，随着抽象概念在物理学中的稳步发展，以及在生物学中人们对它的强烈兴趣，很难找到一个数学终结科学开始的地方，就像描画出晨雾边缘那样困难和无意义。

1.全部数学的相容性可以归结为基本算术的相容性。但哥德尔的第二条定理证明了基本算术的相容性不能在自身内部证明。——译者注

我们将数学放在这里讨论比较合适，因为有一个与之相关的更深层次的原因。大多数科学家的工作，很实用很明智地把数学令人惊异的能力简单地看成对自然界的一种描述；而他们也非常感激拥有如此精妙的威力无穷的工具。但也有些人更具远见，他们的思考超越了对数学的感恩及其应用，他们想知道科学观察和数学描述的累累硕果，能否通向数学更深刻的一面 —— 一个还没有被完全认识、没有确定解释的一面。美籍的匈牙利物理学家维格纳 [Eugene Paul (Jénó Pál) Wigner (1902 — 1995)] 做了许多工作，将对称性的数学理论用公式表示出来，并应用于物理问题。但是作为一种描述世界的语言，他对数学的卓越能力感到深惑不解：

> 数学语言能够恰如其分地把物理定律用简洁的公式表达出来，这完全是个奇迹。这份让人赞叹的厚礼，我们既没有理解，也不应得到。[1]

爱因斯坦的想法和他不谋而合。爱因斯坦评论道，这个世界最不可理解的特征就是它竟是可以理解的。

我打算在这章讲讲有关数学的东西，而不是解释数学本身。可以公正地说，除了那些我觉得相关的或者虽然无关但是有趣的东西，我主要讲的是构建数学大厦的思想历程。换句话说，我会谈谈数学家发展他们的理论、求解他们的方程时，对于自己所做事情的看法。我不会涉及他们工作的细节，因此你碰不到毕达哥拉斯理论的

---

1. "数学不可思议的有效性"，《纯粹数学与应用数学通讯》1960年第13期。

证明，也找不到如何求解二次方程。就此而论，这章更注重数学哲学（philosophy of mathematics），特别是数学的本体论（ontology），它才是这个学科的基础，而不是那些我们各自所学的，让我们或赞赏，或厌恶与恐惧的数学技巧。也可以说，我意在用这章检验伯特兰·罗素（Bertrand Russell）那句被大量引用但依旧迷人的名言：

> 纯粹的数学是这样一门学科，在这个学科中我们不知道自己正在说些什么，亦不明白我们所说的什么才是正确的。

有人提醒我，我的大部分读者对于数学残留不适甚或压抑的回忆，或者至少对这样一章要求的东西抱有不安的猜测。但是请记住：这不是教科书，我只打算以动人的零碎的几点为重，对于一些可以放心跳过去的地方我都会标出。至少刚刚开始读的时候，别理不清头绪。此外，你应该在头脑中谨记，这一章并没有数学化，它只是一篇关于数学的故事。

最后我还得介绍性地谈一下我写这章的另外一个目的。我们已经沿途穿越了不断深入的抽象世界，看着一个个熟悉的概念消解，被更有力的概念取而代之。数学是这场旅途的高潮，其抽象更为本质：数 ³¹⁷ 学是纯粹的、显然的、不存在实体的抽象。因此，我们应该期待着它非凡的力量。

数学最基本的困难在于它借助自然数处理问题，即 0、1、2、3… 这些日常计数。这些数很迷人，但是人们使用它们的最初目的不在于此。自然数作为基数，表示集合中项目的个数；而序数，用来在列表中为项目排定次序。它们是两个不同的概念，而且在英文中我们也起了两个不同的名字。一、二……作为基数使用，而第一（first）、第二（second）……作为序数使用。我们将要谈到的大部分东西，都把自然数作为基数。

不久我们就会看到，一旦数学家开始以他们独具的方法深入思考自然数，显而易见的事实会让人惊奇万分 —— 我们可以穷尽自然数，因为它们的数目太少（很微小的无穷）；而且自然数极不寻常，以至于从某种角度来看，古人首先就误打误撞地发现它们实在让人惊讶。即便这时我们的讨论刚刚进入正题，我们就已经开始明白数学家们忧虑的一些问题。比如说，基数的确是永无止境呢，还是属于极端有限论的数学？对后者而言，自然数还未达到无穷便寂然湮灭；一般的看法是数字朝着无止境的无穷而去，难倒有比这更好的理解吗？而且，坦率地说，因为我们无法直接感知无穷，数学延伸至无限的能力可靠吗？许多人都会宣称，他们无法信赖数学，凡事都对它无限敬而远之。

倘若我们回到计数的起点，那么无论它何时出现，我们都能发现它与我们今天所采用的计数方法（待会我们将对此进行探讨）的深刻共鸣。人们通过计数器来统计数目，这给予了人们极大的帮助。比如卷标上的记号，比如念珠 —— 穆斯林信徒的数百颗念珠上用以铭记真主安拉 99 种德性（以一颗额外的念珠为始）；比如干燥的粪便颗粒；比如一堆鹅卵石［我们的单词"计算"（calculation）和"微积分"（calculus），便是从拉丁文 calculi 衍生出来的］。一个全人类共有的便携计数装置就是人的身体，因为它上面有不同的突出和凹陷部分。托雷斯海峡的岛民们能够数到 33（以右脚的小脚趾标记），还包括 8（右肩）、26（右臀）、28（右踝），这种方法可以让他们以33为基底计数。

不过，人的手是更为便利的计数装置，特别是衣裳蔽体后。此外，[318]手也可以灵活地指示基数和序数：同时张开恰当数目的手指头，可以表示基数；按次序伸出手指头可以表示序数。因此，人们称之为"10进制"的便利的计数方法，就是人类解剖学的自然结果。

尽管现在计数的基数逐渐定格于10，而且这种用法几乎放之四海而皆准了，不过，还是存在异数。在阿皮亚（Api），新赫布里底群岛人说的一种语言以5进制为基数，这种语言在一些非洲语言中也可以找到。从我们日常生活使用的打（dozen, 12）和罗（gross, 12×12）中，还能寻到12进制的蛛丝马迹。巴比伦人喜欢60进制，虽然原因依然不明，但是他们的选择在我们对时间和圆的分割中——以微小的"分"和次级的"秒"区分，继续残留。巴比伦的苏美尔人以60为进制（但是没有0这个记号），暗示着两种文化的交融，一种使用10进制（以2和5为约数），另一种使用12进制（以2和3为约数），而（2×5）×（2×3）＝60，这是最小公倍数乘法。60进制从来没有在日常的计数中使用，因为它需要记住太多的特定名称，这个体系中有60个截然不同的名称「0、1、…、8、9、◆、"、…、☆（我们的59）、10（我们的60）、11、…」。拉丁语和法语仍残余20进制的痕迹，分别有19（undeviginti, 19＝20－1）和80（quatre-vingts, 4×20＝80）这两个词，类似的在英语的20（score）和丹麦语的60（tresinstyve, 3×20＝60）中也可以寻到某些迹象。20进制在委内瑞拉奥里诺科河的泰马纳斯人（Tamanas）中依然使用，还有格陵兰岛的因纽特人，日本的阿伊努人和墨西哥的萨巴特克人。而可怜的玛雅人，那个时候他们的天文历法基于20进制，其中有贝壳状的0的记号，但是第3位数（即"百"位）以18×20为基，而不是20×20，第4位数以18×20×20为基，依此类推。他们可能是希望以此简化天文历法，像18×20＝360，就是玛雅纪年的长度。

　　尽管手指计数不适于保存记录，不过，早期原始的会计师们推动了计数方法的发展，不同的物理媒介开始作为计数器和记录交易的工具逐渐浮现。他们开始在频繁的商贸中，在不同的物理媒介上刮写，让计数得以永久保存。苏美尔人曾经使用一套相当精致的楔形数，而古希腊人依照字母表的符号顺序来标记数字，比如 Δ 代表10（δεκα，deka），M代表10000（μυριοι，murioi）。而罗马数字当今依然在使用，除了一目了然的 I 、II 、…—— 我们现在将它们写成1、2、… 德国历史学家莫姆森（Theodor Mommsen, 1817 — 1903）推断，V（＝5）表示完全摊开的手，X（＝10）代表两只手合在一起，而M（＝1000）为记号（｜｜）传讹为φ而最终形成，D（＝500）完全可以看成那个字符的半边。

　　我们耳熟能详的阿拉伯数字9世纪以前在印度就已经出现，它们可能用来表示阿拉伯人用的沙板算盘上的数；之所以被西方学者惯以"阿拉伯"，因为那个时代的阿拉伯科学非常辉煌，作家们言必称阿拉伯，将其作为权威的证明。虽然大多数阿拉伯数字的原始形式还是很晦涩，不过，1能一目了然，2可能由平行两笔组成，3由平行三笔组成。但是，人们似乎在一瞥之下，无法对超过4个的数目了然于胸，于是从4到9的数字不断发展，都以笔画的若干组合作为速记形式。

　　我们当前符号的变革，可以追溯到婆罗米文字（Brâhmî）的手稿，这是在阿育王的铭文中发现的印度非常早期的文字形式。阿育王是摩揭陀孔雀王朝的三世国王，它对印度的统治大约从公元前275年到公元前235年（图10-1）。手稿本身看上去似乎是由西方闪米特的教义经由阿拉姆语衍变而来。这些数字到10世纪末，才由欧里亚克的修道士哥伯特（Gerbert，945—1003）传到接受能力不强的欧洲。在极具数字意义但注定令人失望的千禧之年，他当上了西尔威斯特二世教皇。但是，革新这株柔弱的嫩芽，由于保守传教士们的反对遭到扼杀，他们更陶醉于使用传统的罗马数字，尽管用它进行算术几乎不可能。阿拉伯数字在欧洲最早出现于维格兰斯手卷（Codex Vigilanus），它由西班牙阿贝达修道院中的传教士维格兰（Vigila），于976年摹写而来。

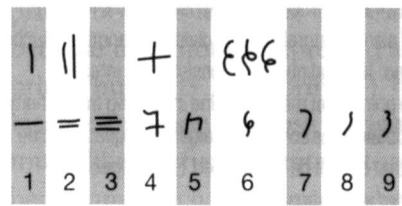

图10-1　所谓的阿拉伯数字，实际上源于印度符号，它可以追溯到婆罗米文字，刨根问底更可追至闪米特族传统。第一行表示来自公元前3世纪的4个数字。第2行表示3世纪的数字，源自北方邦（Uttar Pradesh，印度北部一邦，大部分位于恒河上游的谷地）

　　零（来自阿拉伯语 sirf，空之意）最开始是一个点，就像现在阿拉伯文稿中的写法。而无穷大的符号∞，像夜狼窜入并匍匐于数字的营地，在适当的时候，将会展开猛烈袭击。1655年的失眠症患者沃利斯（John Wallis，1616—1703）在有关圆锥截面的小册子中，首次使用这个符号，他是牛津大学的数学家以及英国皇家学会创始人之一。他选 320

择这个符号，是为了表示曲线可以无穷无尽地描画下去，或许也希冀从此酣然入睡。

当数字以不同的方法结合，麻烦（当然指的是数学方面的）接踵而来。当我们开始用减法和除法操作自然数，当独创性的才智涉及注重实效的经验时，我们创造了各种与数集关系不大[1]的数。我们首先审视这些操作的符号，接着看看，将它们如何应用于自然数，进而产生其他的数类；所得到的结果总结于图10-2中，或许它有助于循序渐进地将示意图记在脑中。早期的数学方程像"修辞"一样，用甚为

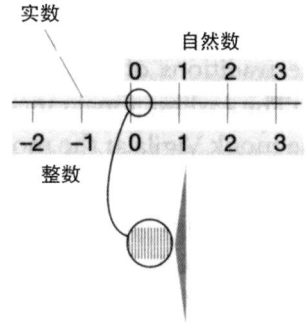

图10-2　这里归纳了我们这章将要与之打交道的数字的主要类别。自然数是可数数（Counting number）；如果扩充到负值，就可以将其推广到整数。介于整数之间的是有理数，它能用自然数相除的形式表示。无理数更为密集，它无法通过自然数表示。实数则由整数、有理数和无理数组成，它所对应的点可以形成一条朝两个方向无限延伸的直线。代数数可以由代数方程（见正文和脚注7）求得，而超越数是无法用这个方法得到的。有些代数数是有理数，另一些是无理数；所有的超越数都是无理数

饶舌的词语表达。当指意的操作符号引入数字中后，方程就变得清晰得多，进而在数字的处理上，威力更为惊人。

1.整数、有理数、自然数、实数都是数的集。集可以是有限的，也可以是无限的。——译者注

表示加号的符号"+"，可能衍生于et的草书形式，它第一次出现于15世纪德国人的手稿中。而减号"－"，有可能就是分开的意思。乘号"×"可能来自比例计算中的一个交叉符号。它首次出现于1631出版的威廉·奥特雷德（William Oughtred，1574—1660）的著作《数学之钥》（*Clavis Mathematicae*）中。德国数学家莱布尼茨（Gottfried Leibnitz，1646—1716）发现×和x太容易混淆，于是他在1698年提议以一个简单的点取而代之，比如$a \cdot b$就表示a和b相乘。他也喜欢用"："代替除号，而人们普遍使用的除号"÷"（早先，它被用于相减）是在1659年，第一次出现于瑞士的文本中的。[321]

等号"="由两条相等的并行线组成。英国数学家罗伯特·雷科德（Robert Recorde，1510—1558）在《砺智石》（*The Whetstone of witte*，1557）中引入了这个符号，他将代数学引进英国。同时他还是一位炮制书名的高手，他的书名总能让人眼睛一亮［包括《砺智石》、《艺术的基础》（*The grounde of artes*），一本介绍算术的书；还有《知识的城堡》（*The castle of knowledge*）——这是一本介绍天文学的书］。不过，他最终还是由于负债累累，被债主囚禁而死。关于等号的记载如下：

> 为避免"等于"这两个字单调乏味地一再重复，我将在我的工作中经常使用一对平行的长度相等的线取而代之。

这段记载解释成我们熟悉的话是说"="和"‖"还有基于aequalis的缩写的æ的不同形式斗争很久后，最后终获成功。

自然数的加和乘只能产生更多的自然数。比如说，2+5=7，是一个自然数；2×5＝10，又是一个自然数。不过，自然数相减产生了一类新的数。因为，如果我们用2减去3，得到的是−1，这就将我们讨论的领域由自然数拓展到整数范围，… −2，−1，0，1，2… 当负整数刚刚引入的时候，肯定让人们非常困惑，因为只关心计数的人们发现，设想一种比没有还少的情形太困难了。

尽管自然数相乘只能得到自然数，但是，乘法这一概念让人们认知了自然数的一个子类：素数。素数是无法由自然数相乘得到（除了1和自身）。因此，头几个素数为2，3，5，7，11，13，17，… 像15就不是素数，因为它可以写成3×5；而17就是素数，它不能表达为其他自然数的乘积形式。素数正在并且一直会被那些迷恋数字之人特别关注，因为它们看上去像极了自然数的基本"原子"。利用乘法运算，它们可以构造出其他的一切自然数。这种基本特点是欧几里得《算术基本定理》（*fundamental theorem of arithmetic*）的中心内容，它断定每个自然数由独一无二的一组素数相乘得到。[1] 比如说，9 365 811这个数，就只能写成唯一的一组素数的乘积（此例中，为 $3×7^2×13^2×29$）。这个基本理论是现代加密过程的基础，它利用了两个大素数的乘积达到加密目的。而数学家对素数的研究满怀兴趣，因为无论对于商业交易的安全还是个人和军队的秘密通信，素数都举足轻重。

人们已经知道素数具有五花八门的性质，不过一些猜测依然

1.如果1是质数的话，这个结论就不成立，因为要是这样，我们可以在表达式中加上任意多个因子1，这是不将1包含到正式的质数表中的原因之一。不过，在特定情况下，它也可以滥竽充数地混进质数中。

未被证明（它们也可能是错的）。欧几里得早已明白素数的数目无限这一既定事实：素数永无止境的延续。当前已知的最大素数为 $2^{13466917}-1$。[1] 这是一个梅森素数（Mersenne prime），形式为 2^p-1，这里 p 本身也是一个素数。它于2001年11月被发现，如果全部写出来，将会超过400万位（精确地说，是4 053 946位），相当于8本这样的书。超过1000位的巨大素数，被称为"泰坦"素数。当素数逐渐增大，它们的分布越来越稀疏，但是在任意给定的某个数和两倍于它的数之间，必定至少存在一个素数。比如，你可以确信，在10亿和20亿之间，至少存在一个素数；事实上，它们之间存在数百万个素数。有一些素数聚集在一起，比如有很多孪生素数（twin prime），孪生素数是指两个相差2的素数。因此，11和13为孪生素数。孪生素数猜想（这还仅仅是一个猜测）是说存在无穷多个孪生素数，因此孪生素数就像素数一样，无穷无尽。目前为止，已经发现的最大孪生素数为 $33218925 \times 2^{169960}-1$ 和 $33218925 \times 2^{169960}+1$（这对数发现于2002年，每个数都有51090位）。

素数还有许多其他的奇妙性质。例如，充满想象力的杰出的美籍波兰数学家坦尼斯劳·乌拉姆（Stanislaw Ulam, 1909 — 1984）发现，如果你将所有的自然数写成一条螺旋线，以1为中心，2在右边，3位于2上，4位于1上，5位于4左侧，如此下去，接着标记所有的素数，你会发现它们有落在对角线的趋势（图10-3）。乌拉姆还在其他领域发挥想象力：他和特勒（Edward Teller）一道，发现如何引爆氢弹。

---

1. 最新记录可以访问 http://www.utm.edu/research/primes/ 得到。（截至2006年9月6号，发现的最大素数为 $2^{32582657}-1$。——译者注）

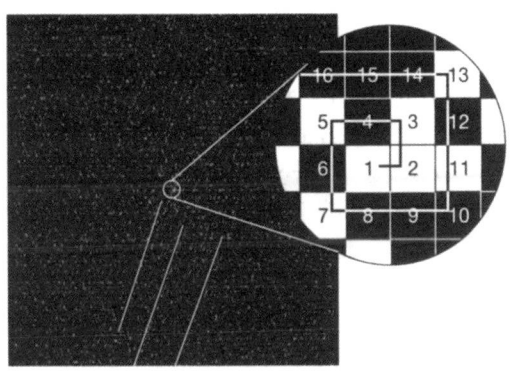

图10-3　乌拉姆螺旋。如右边嵌入的小图，当在螺旋线上画出自然数，并标记素数，素数有落在对角线的趋势。我们已经画出一些对角线条，指明素数的位置。你自己也应该能挑出其他线条

323　　　尽管素数是乘法运算的基本元素（就像1是加法运算中再普通不过的基本单元），但是素数可能在加法中也扮演了基本角色。1742年，哥德巴赫（Christian Goldbach, 1690 — 1764）—— 他做过彼得二世（Czar Peter Ⅱ）的辅导老师，不过唯独一次。在一封致瑞士数学家雷纳哈德·欧拉（Leonhard Euler, 1707 — 1783）的信中，提到每个大于2的自然数，都是两个素数的和。因此，我们有2+2=4，3+3=6，3+5=8，… 47+53=100，… 尽管人们做出巨大的努力，还是没能证明哥德巴赫猜想。看上去，困难源于素数产生于乘法运算的概念，而此处却要与加法运算扯上关系。不过，这个猜想所反映的素数的特点或许正在让一个观念逐渐逼近我们舞台中央：可能并不存在证明，因此一定程度上这个猜想非真非假。哥德巴赫还猜测每一个奇数都是3个素数之和。这个猜想已经被部分证明 —— 证明是由俄罗斯数学家维诺格拉多夫（Ivan Matveevich Vinogradov, 1891 — 1983）1937年完成的，不过仅仅对于大数成立。

一个自然数被另外一个自然数除，又引入了一类新的数，叫作有理数（rational number）（这个名称来自"ratio"这个词；"rational，理性的"，是可以理喻、有"道理"之意，它反映出人们对这个数的信赖）；比如0和1之间就包括了1/2=0.500000000…与3/7=0.42857142857…注意，以10进制表示的有理数，要么尾数是无穷个零，要么是无限循环的一列数字。

如果你开始像一位数学家那样思考——他们通常超越了直觉，寻找一般化，并探究这些一般化会走向何方，那么你会为心中忽现的问题兴奋难抑：那些无法写出重复序列形式的数字可不可以也表达成自然数之比？毕达哥拉斯学派第一次发现这些无理数（irrational [324] numbers）的的确确存在。他们在克劳东（现在的Crotone，意大利地图尾端）结社生活，他们相信有理数和谐存在是世界的基础，并以此为全部的哲学信仰。他们通过禁止面向太阳小便以及祭祀时剪去指甲，不食豆类（毕达哥拉斯本人曾经与埃及司祭一同生活，形成这一习惯），达到彼此宁和的共存[1]。不过，当2的平方根被发现，这一切全部被颠覆。$\sqrt{2}=1.4142135\cdots$是一个无理数，它无法表达成两个自然数相除的形式。从此，人们还找到了其他许多的无理数，有$\pi=3.14159\cdots$（圆周与其直径之比，欧拉1737以这个符号代表圆周率，它于1767年被确定为无理数）[2]，π^2（1794年被确认为无理数），以及$e=2.71828\cdots$（自然对数）。无理数难于证明：比如说，尽管众所周知e^{π}是一个无理数，但是人们还不清楚π^e是否也是无理数。

1.真的非常正确。我们现在知道豆类富含一种我们体内的酶消化不了的碳水化合物，不过在我们消化道中的大肠杆菌却可以；当它们消化这种酶的时候，释放出大量的二氧化碳和氢气，这是肠胃气胀的主要原因。

2.π值已经被计算出了数千位。数字7在第1589位开始重复，不过连续出现4个7后便中断了。

有理数和无理数，皆有正有负，它们和零一起，组成实数。如果要想象一下实数，我们可以把任何一个数与直线上的一点联系起来，随着直线向右延伸，数字越来越大。实数，就如同在这条直线上的点，从左边的负无穷大，一直延伸到右边的正无穷大，囊括了所有可能的数——整数、有理数和无理数。实数与直线上点的联系是认知几何的关键一步——不同直线的性质、点集合的性质、进而追溯到实数集合的性质，因此，可以将几何视为算术的分支。本章余下部分我们不会就此往下讲，不过你应该意识得到，尽管我们一面正大光明地把注意力放在算术概念上，一面也羞羞答答地包含了数学的一些其他分支，比如几何学（图10-4）。事实上，算术涵盖的范围远非如此。1915年德国数学家罗文汉（Leopold Löwenheim，1878—1957）证明了

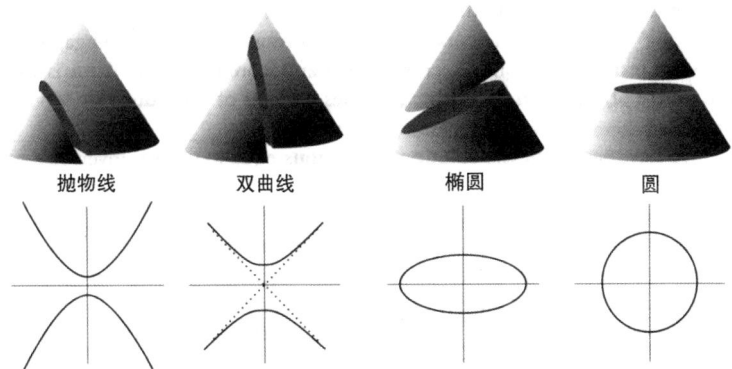

抛物线　　双曲线　　椭圆　　圆

图10-4　希腊人已经完美地描述了空间，他们自然而然地熟知几何。这里，我们可以看到抛物线、双曲线和椭圆（包括它的特殊形式圆）都可以认为是以不同方向切割圆锥，得到的诸多特定的数。我们现在知道，多亏起初笛卡儿把这些形状与代数量联系到一起，我们才得以明白空间几何与特定数字在算术方面的关系

一个非凡的而且迷人的小定理，而史谷伦（Norwegian Albert Thoraf Skolem，1887—1963）于1920年将其完善。根据这一定理，通过一

组公理，就像算术中的定理一样，可以模拟任何知识领域。根据罗文汉-史谷伦理论（Löwenheim-Skolem theorem），如果你学习过平方根求解和长除法，这些过程就变得不再乏味。因为实际上在这个过程中，你正在建立一个从量子力学、自然选择和法学归纳出来的模型（目前为止，这些学科可以以公理表示）。这一章的后面也是如此：尽管都是在叙述算术，不过你要记着实际上它是对人类任何知识系统分支的描述。[1]如果这还不算惊心动魄振奋人心的话，那我真不知道用什么词来形容了。

325

一些无理数是超越数，$\sqrt{2}$ 不是，但π是。因为它们"超越"了普通的代数方程。简单地说，它们不能简单地从诸如 $3x^2 - 5x + 7 = 0$ [2]此类的代数方程中解出。$x = \sqrt{2}$ 是方程 $x^2 - 2 = 0$ 的解，因此它是代数的（此类方程的解），而非超越的。不过没有这样一种方程，具有 $x=\pi$ 或者 $x=e$ 形式的解，因此π和e不仅仅是无理数，它们也是超越数。1934年，俄罗斯数学家盖尔封特（Aleksandr Gelfond, 1936 — 1968）证明了只要a为代数数（除0和1），b为代数数或无理数（如 $\sqrt{2}$ ）时，a^b 是超越数；因此 $2^{\sqrt{2}}$ 即超越数，因为2为代数数。而我们一开始就知道2为无理数，故没有代数方程具有 $2^{\sqrt{2}}$ 的解。很凑巧，"代数学"（algebra）这个词第一次公开于《复原和化简》（Al-jabr w'al muqâbala）中，阿尔花拉子米（Mohammed ibn Musa al-Khwarizmi）的这本书著于公元830年。书名中的"还原"在这里与求解方程有关，不过颇为有趣的是，这词常用的意思是"正骨师"。阿尔花拉子米在数学上还书写了一笔：我们的术语"算法"也来自他的名字，指的是求解方程

326

1.相反，形式化的知识系统只不过是算术而已，真是这样，这么说一点也没有言过其实。
2.代数方程具有 $a_n x^n + a_{n-1} x^{n-1} + \cdots + a_0 = 0$ 的形式，这里，a_i 为整数。

的一系列的程序。

我们已经看到，不同方程的解导致不同种类的数，它们的合集叫作"代数数"。诸如 $2x=1$ 给出有理数解（此例中 $x=1/2$），而方程 $x^2=2$ 给出无理数解（此例中 $x=\sqrt{2}$）；那些非简单方程解的数为超越数（如 $x=2^{\sqrt{2}}$）。自然数可以认为是诸如 $x-2=1$ 等方程的解（解为 $x=3$），而负数为 $x+2=1$ 之类方程的解（解为 $x=-1$）。但是，在这个方程清单中还缺了一个简单方程：$x^2+1=0$ 的解是什么？目前为止，还没有哪个数可以作为它的解，因为任何数的平方都是非负的，加上 1 后永远比零大。主要是因为数学家无法容忍一些无解方程的存在，于是他们创造了虚数（imaginary number）i 的概念，它是方程 $x^2+1=0$ 的解；即 $i=\sqrt{(-1)}$。尽管 i 及其任意倍数并非真实存在——事实上，是笛卡儿（Descartes）这样认为的，于是给它们起了一个名字，叫作"虚数"。

不久，人们开始明白诸如 $x^2-x+1=0$ 的方程，其实存在虚数和实数的联合解。此例中，解为 $x=\dfrac{1}{2}+\dfrac{\sqrt{3}}{2}i$ 和 $x=\dfrac{1}{2}-\dfrac{\sqrt{3}}{2}i$。这类虚实数的联合解，被称为复数（complex）解。此例中，第一项 $\dfrac{1}{2}$ 是普通的"真实"的数，而 $\pm=\left(\dfrac{\sqrt{3}}{2}\right)i$ 是"虚"数。人们发展出一套特定的规则来计算这些分为两部分的数，因为这种规则只是对实数运算的自然拓展，所以并没有给人们带来多大困难。

我们看到，实数可以按顺序排成一列。一旦我们意识到每一个复数都能以平面上的一点表示，实部代表沿着水平轴的距离，而虚部表

示沿着垂直轴的距离（图10-5），复数就变得一点也不神秘。换句

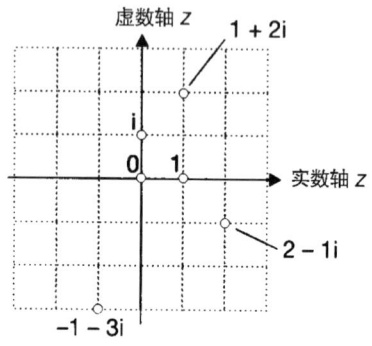

图10-5　一个复数由两部分的数组成，它可以在平面内表示出来。比如说，复数2−1i就可以用一个沿着水平轴前进两个单位、沿垂直轴向下一个单位的点表示。复数的操作就是对这些具有两个分量的对象的操作

话说，一个复数实际上是一对数。以复数1+2i为例，它是具有两个分量（1、2）的数，我们可以用距离垂直轴1厘米、水平轴2厘米的点表示它。还可以这样说，我们可以将复数想象为一张多米诺骨牌，长方形左边的值对应实部，而右边的值对应虚部。以后，当你抓到∷∴（这里是一对多米诺骨牌的图片，左边一张4点，右边一张3点），就可以把它看成复数4+3i。如果你对这样的数学图景感到不习惯，别担心，除了一个一闪而过的注释，复数在这章中再也不会出现。

　　这部分里，我将致力于解决两个相当直白的问题：有多少个数，[327]它们又是什么？如你所猜测的，答案比问题复杂得多，所以，实际上这应该是一个很好的问题。

　　乍一看，存在无限个自然数。因为在原理上，我们可以永远地数

下去：一只羊，两只羊，……我们说自然数的基数集（cardinality）是无限的。希尔伯特的旅馆是对这个基数集的奇妙探究，这要归功于德国数学家希尔伯特（David Hilbert），一会儿我还会在他身上花费更多笔墨。"希尔伯特的旅馆"拥有无限数目的房间，一天晚上，所有的房子都被占满。一位旅者进来了，但他并没有预订房间。"没问题！"（管理员）希尔伯特喊道。他说服所有的客人都搬到隔壁房间中，为新来的客人留出第一间房。夜幕愈深，无限位旅行者突然来访，他们都没有预订房间。"没问题！"储备丰富的希尔伯特喊道。他说服所有的客人将行李打包，搬到房间号为现在两倍的房中，因此号码为奇数的房间被空出来，可以接纳所有新来的人。

可能到现在为止，一切顺利。不过，对有理数呢？有理数由自然数两两相除得到，有多少个有理数？"显然"的答案是有理数要比自然数多，因为它们在 0 与 1 之间的数目数不胜数（如 1/4，1/2，53/67 和许多其他数），在 1 和 2 之间亦存在数目庞大的有理数（如 3/2，5/3，79/47 和许多其他数），等等。不过正确的答案是有理数的数目和自然数一般多：它们的基数集是无限的，与自然数的无限别无差异。有意思吧。

为了证明这种说法是对的，请看图 10-6，我画了一张全体有理数的表格（上面的有理数只占一丁点）。自然数作为分数的分子，出现在顶部（分子式的上面）——我们将要处理的这些分数，左边从上至下的自然数为分数的分母（分子式的下面）。整张表格包含了所有可能的自然数两两相除的分数。其中有许多重复数，像 3/6 和 4/8，它们都等于 1/2，不过这无关紧要。现在，我们从第一项开始，以一条蛇形线贯穿所有项，如图所示。接着，当我沿那条线鱼贯而下，我们开始1、2、…地计算所有遇到的分数。通过这种方法，所有的有理数与自然数一一对应起来。我们从来没有耗尽自然数，因此有理数的数目与自然数一样，尽管在此情况下，它们的密度要比自然数大。在0和1之间存在无限个有理数，1和2之间亦如此；但是，在0和2之间有相同的无限！简而言之，我们总是可以去计算有理数个数 —— 我们说它们是可数的 —— 同时找到它们个数"无限"的答案而无需顾及其数目超出我们的计算能力。或许，你可以开始领会无限是一个晦涩的概念。

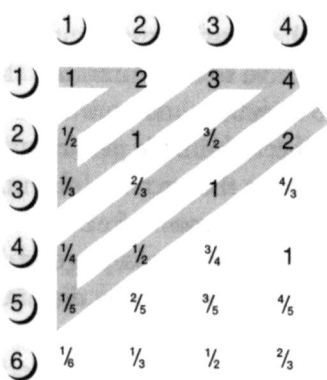

图10-6　有理数可以与自然数对应起来，因此它们是可数的。顶部一行以p/q的分子出现，左边一行从上至下以分母出现。当我们沿着蛇形对角线贯穿这些分数，我们可以数尽所有的有理数（包括那些重复的数）

代数数 —— 作为代数方程解的数，同样是可数的。从代数方程与整数的关系你或许可以瞥见端倪。注意每一个代数方程都可以由整数与x的幂次（像x^3这种表达）相乘组成（如$4x^3+2x-1=0$）。因此，对于方程的代数解，它们与定义方程的整数之间存在一一对应关系。[329]我们可以推断，代数数也是可数的，尽管它们是无限的，但是其基数集与自然数相同。

那么，存在多少个无法表达为自然数之比的无理数呢？你可能认为它们的数目依然无限。你是对的，但也可能是错的（除非你已经知道答案）。因为无理数的无限，大于有理数的无限。即，无理数的基数集比自然数大。这个奇异特征由聪明的康托（Cantor，1845—1918）第一次证明出来。康托在圣彼得堡出生，父母分别为丹麦人和俄罗斯人。虽然他身上流淌着父母随遇而安的血液，不过他的时光大部分在德国度过。他的一生挫折无数，主要由于他将无限引入数学世界，而这份工作处于主流数学的边缘；还有一部分是因为数学界一些非常保守的人士反对他的工作，让他神经紧绷。特别是颇有影响的克罗内克（Leopold Kronecker，1823—1891），他对除有理数外的其他所有种类的数皆抱有偏见。因此，康托开始忍受精神上的巨大折磨，逐渐求助于宗教。因为他认为，曾经深思熟虑的无限个对象的集合在上帝的思想中，是作为可以理解的事物而存在的，而他康托，作为被选中的上帝的化身，是数学界的圣徒约翰降临凡间，向世人传道解惑。他一面沉溺于幻想，认为培根是莎士比亚的创造者，一面在精神病院日益常住，就像他研究数学问题一般，以共济会、通神论和占星术的形式探索宗教的前沿问题，不过他对前者的研究没产生什么影响。当一个人在无限的深渊中冥思苦想时，理所当然要冒着疯狂的危险。当你读完这章，将它轻轻合上后，或许你会开始理解个中味道。

1847年，康托发现一个简单的方法可以证明，无理数比有理数的数目多。我们将使用他的证明，并且本书的其他内容中用到它的一个变化形式，因此，在它上面花费一些时间物有所值。我们一开始写下一列在0和1之间随机选择的数字，并按顺序标记它们（见左列）。

1	0.**1**98 402 957 820 ⋯
2	0.4**3**8 291 057 381 ⋯
3	0.68**4** 930 175 839 ⋯
4	0.782 **9**48 261 859 ⋯
5	0.500 0**0**0 000 000 ⋯
6	0.483 91**3** 562 785 ⋯
⋮	⋯

现在，我们要说明无论这个列表有多长，甚至无限长，都一定会有数字没在里面。为此，我们构造一个新的数，规则如下：选择第1个数的10分位的数字，作为新得到的数的第1个数字；以第2个数字百分位数字为第2个数字；如此类推，然后改变此例中每一对应位数的数字：如图改变粗体标记的数字，比如我们假设新数为0.35047⋯这个数是完全不会出现在列表中的，因为它与第1个数不同，与第2个数也不同，等等。这样给出的实数（有理数和无理数）就比自然数要多。因为无论列表多长，我们总是可以构造一个里面没有的数。于是我们说，实数是不可数的（*uncountable*）。

让我们更细致地考察这个结论。我们刚刚已经明白实数（自然数加上有理数和无理数）是不可数的。不过，我们已经看到自然数和有理数以及代数数都是可数的。将这些可数数排除，就只剩下超越数。

我们只好断定：令实数不可数的数都是超越数（就如 π 和 e）。

我们暂且停住，把目光放在这个非凡结论的重要性上。它意味着在所有的数中，占据绝对多数的浩瀚无垠的数，是超越数。这是件令人震惊的事，特别是因为相对"普通"数来说，人们对超越数非常陌生，而实际上，你甚至可能都没听说过超越数。超越数与其他数相比，具有压倒性的多数，这可是我在本章初评论的基础。我说我们竟然能够计数，这足以令人惊讶。因为自然数极其稀疏地分布于实数中，每个自然数都被无数个超越数包围着。作者贝尔（Edward Temple Bell）331 很形象地这样表达：

> 代数数 [包括自然数] 分布于平面上，如黑夜中的星辰；而浓密的夜空便是超越数的疆土。[1]

康托以希伯来字母 $\aleph_0$（aleph-null）来标记自然数的基数集，即自然数的总数。它是一系列的超穷数（*transfinite numbers*）$\aleph_0$，$\aleph_1$，$\aleph_2$ … 中的第一个，这些数的大小依次增加。[2] 我们可以认为 $\aleph_0$ 是最小的无限，$\aleph_1$ 比它大一点，如此类推。康托遇到的问题是，是否像我们所看到的，实数的基数集要比自然数的基数集大，等于 $\aleph_0$ 后的第一个数 $\aleph_1$，还是其他无穷大的数，比如 $\aleph_5$。康托屡战屡败地尝试证明这个连续统假设，康托几乎被它逼疯了——一些人甚至非常肯定地这样认为。如果康托活到 1963 年，他应该能够理解为何证明令他如

1.贝尔，《数学人》（*Men of mathematics*）。初次发表于 1937 年。
2.这种用法在这里有一点变化：一些人保留"transfinite numbers"，将其用于序数 ω，$\omega + 1$，…这里 ω 比任何自然数都大。

此沮丧，或者说那个时候人们至少向他证明了这个问题是不可解的：即不可能证明连续统假设是正确的还是错误的，而实数的基数集可以是 $\aleph_0$，$\aleph_1$，$\aleph_2 \cdots$ 中的任何值，或许所有值的都是。

我们已经在另外一个麻烦上面犹豫不前，并为数学的特点忧虑：当处理无穷大问题时，我们已经殚精竭虑，就好像面对哥德巴赫猜想时（关于将任何数表示为两个素数之和的问题），我们智慧的河床变得干涸。这时有一个问题开始慢慢在我们脑海中闪现，是否数学完全不像人们所吹捧的那样：当我们刨根问底时，它是不是已经失去了神秘的支配能力？是不是还存在其他类似连续统的假设，可以让数学归于寂静？难道就像极端有限论者认为的当自然数尚未接近无穷时就已经悄无声息地终结那样，在一定范围内数学的证明逐渐失效，存在数学无法企及的地方吗？

在进一步判断数学的精致外衣究竟是不是已经褴褛不堪前，康托的推断还有一些有价值评论的地方，即使它们或许已经将我们逼到疯狂的边缘。首先，实数的不可数性暗示在任意长度的一条线段上，人 [332] 们无法知道其中点的数目。不过，我们能够确信，无论线有多长，它都包含相同数目的点，不管什么数都如此。因此，无论是一条一毫米长的线段，还是从此处延伸邻近星系的线，包含的点数目一样。那么，在平面中的点的数目又是如何呢？康托通过一个巧妙的证明，给出平面上的每一个点都可以与一条直线的点——对应，不论平面面积和直线长度各是多少。因此，任何面积的平面上的点——一张邮票或者整个澳洲，都与任意长度直线上的点数目相同——一个纳米或者一千米，这个数目都等于实数的数目。对于任意维数的体积，结果亦是如此。在立方体中的为数众多的点，与任意体积的十维超立方中的点一样多，也等于任意长度的直线上的点数目。故令人相当震惊的是，在地球这么大的球体中的点的数目等于 1 厘米长度直线上的点的数目。或许，你能够逐渐明白当数学步入希尔伯特所称的"康托的伊甸园"时，为何克罗内克对数学的这种前景如此沮丧；而且，如果我们一不小心，无限就会成为一处无情吞噬理性的变幻莫测的沼泽。

我们知道它们为数众多，当我们见到它们我们便承认它们的存在，但是，它们究竟为何物？数为何物？希腊人对数的看法很有限，或许这便是他们更擅长几何而非算术的缘由。他们拥有完美的初等几何概念 —— 画在平面上的直线和圆，这些概念在此无用武之地；不过他们的数却很麻烦。实际上，他们并不认为 0 和 1 是数，因为在他们的概念中存在的只有"大量的数"（numerous），而不是"单个的数"（number）：数的量越大，数越大。没有东西和仅有一样东西都缺乏众多的数量，因此它们不是数（un-numbers）。

现代数的概念还是在集合理论（set theory）发展出来后，才得以浮出水面。集合理论于 19 世纪末由康托创立，并经弗雷格（Frege）和皮亚诺（Giuseppe Peano）完全严格化。意大利人皮亚诺（1858 — 1932）是数学上的卡索邦医生，就像《米德尔马奇》（*Middlemarch*）中的卡索邦医生搜寻世界上所有宗教的历史，皮亚诺正当中年 —— 大约从 1892 年到 1908，开始尝试编撰他的《数学公式汇编》（*Formulario mathematico*），一本囊括已知的所有数学分支的理论的合集。可爱的充满理想主义的皮亚诺认为"公式汇编"是教师的无价之宝，授课中他们只需要告之定理的编号，无需滔滔不绝地冗繁乏味地去说明。为了让它的使用更为国际化，皮亚诺以拉丁国际语（Latino sine flexione）发表他的工作，他设计的这门被公认的国际化语言以拉丁文为基础，有对应的拉丁语、德语、英语和法语的词汇对照表，剥离了烦人的语法。或许皮亚诺不太注意平日的行为举止，尽管在其他事情上他温文谦虚，但是他滥用他最卓越的才华——尖刻的逻辑，这种本事令他的朋友离他远去。如果别人的证明没有绝对严格，他的才华就会像急风暴雨般，劈头盖脸朝着这些可能的朋友扑去。罗素开始进行的数学基础公理化，他采纳了皮亚诺的一个概念的变化形式，当罗素与皮亚诺在1900年会面后，即便是年轻的罗素也难忘皮亚诺的无比精确的证明能力。不过在数理逻辑公式化的建立上，皮亚诺的这份才华可以说物尽其用。

由于一些未知的，不过可能浸染着浪漫气息的原因，皮亚诺用拉丁文发表了他的公理。他将算术建立在如下的公理之上：

1. 0是一个数。
2. 一个数字的紧邻后续数也是一个数。
3. 0非任何数的紧邻后继数。
4. 没有两个数有相同的紧邻后继数。
5. 0和任何数的紧邻后继数所具有的性质所有数同样有。

最后一个公理即数学引论原理（*principle of mathematical induction*）。如果我们以s标记"紧邻连续"数，那么我们认为1是s0（0的紧邻连续数），2是ss0（0的紧邻连续数的紧邻连续数），3是sss0，依此类推。尽管皮亚诺留下了他的许多术语，诸如"紧邻连续"，但实际上，他并没有定义"数"。我们依然不知道什么是数。

334 这一点上，弗雷格（1848—1925）做出了开创性的贡献，他的贡献甚至可以说让数学在人类的思想中臻于完美，但事实上，他依然未能说明什么是数。弗雷格被公认为数学逻辑的奠基人，因为他着手构造一个完美的逻辑框架，在这个框架下建立的数学汲取人类思想之精华，是它的一个缩影。为了走向成功，他需要定义数的概念，于是他在他的《算术基础》（*Grundlagen der Arithmetik*，1884）中，建立了集合（*set*）的概念。集合就是一堆可以区分的对象组成的整体，比如 {Tom，Dick，Harry}。集合由康托引入数学中，在以后的10年中，这个理论被策尔梅罗（Ernst Zermelo，1871—1953）和费朗克（Adolf Fraenkel，1891—1965）等人完善。他们对集合的性质，如何构造集合（康托对此一筹莫展），以及如何操作集合建立了精确陈述。所以，Zermelo-Fraenkel 理论作为现代集合理论的一个常用形式广为人知。

弗雷格发展了一个观点：即数是对一定类别集合的命名。为了精确定义数，他引入了性质的扩张（extension）这个概念，指的是所有性质相同者的集合。或许把"扩张"这个名词理解为从"扩展的集合"（extended collection）衍生的词比较贴切。因此"与集合 {Tom，Dick，Harry} 大小相同"这一性质的扩张集合，是一个包含所有的与此集合具有相同大小的集合。"具有相同大小"在集合理论中有明确的意义：它表示集合的成员之间能够一一对应。比如，集合 {Tom，Dick，Harry} 与集合 {剪刀，石头，报纸} 大小相同，因为 Tom 可以拿来与剪刀对应，Dick 对应石头，而 Harry 对应报纸（图10-7）。从定义来看，集合理论可能冗繁：但是，如果拿它作为数学的基础，必定冗繁。

所以，"与集合 {Tom，Dick，Harry} 大小相同"这一性质的扩张，就是包含 {Tom，Dick，Harry}、{剪刀，石头，报纸} 等所有集合的集合。现在，扑通一声，我们回归现实：我们称这样的集合扩张为3。

图10-7　如果两个集合的大小相同，一个集合中的对象便可以与另外一个——对应。这两个集合具有相同大小；如果把飞机拿掉，它们大小就不相同了

弗雷格接着以如下扩张定义自然数：

> 0为"具有与'与本身不相符'的集合相同大小"的性质的扩张之名（当然不会存在任何东西与自身不一样）。
> 1为"具有与集合0相同大小"的性质的扩张之名。
> 2为"具有与集合0和1组成的集合相同大小"的性质的扩张之名。

依此类推……

这是通过小集合来连续定义集合，并冠之以名，以此定义数。这种定义的关键是，它使用了逻辑中的术语，即"性质"、"相等"和"否定"。它促使弗雷格提出的数学只不过是逻辑的观点。

或许可以用逻辑表示数学，但却无法令人心悦诚服。1902年，当弗雷格正准备将他的巨著《算术的基本定律》（*Grundgesetze der Arithmetik*）第二卷交付出版商——他在此书中已经以他对数的定义为基础搭建了整个数学大厦，这时，他收到了罗素著名的信。罗素指出，他的理论存在无法自圆其说之处。弗雷格慢慢地展开罗素的信笺，弗雷格感人的言语向我们透露了那个天昏地暗的时刻：

> 一个科学家[1]最不愿意看到的是，当他的工作业已完成，大厦的根基却轰然倒塌。当我的工作即将付梓，却被伯特兰·罗素先生的信推到了如此境地。

罗素向弗雷格指出性质的扩张"不属于自身"的问题。例如我们考虑一个集合，这个集合由一些概念组成，但是这些概念并非此集合自身的成员。比如，一个由"抽象思想"组成的集合也是这个集合的成员，因为这个集合自身便是一个抽象概念，而由"水果"组成的集合就不是这个集合自身的成员，因为这个集合不是水果。罗素问道：不属于自身的概念的集合是否属于这个集合。如果它属于这个集合本身，那么它也是不属于自身的一类集合；如果答案为否，那么它的的确确是属于自身的一类集合。简而言之，若是则非；若非则是。罗素的二律背反（或者称矛盾、佯谬）可以通过许多日常生活的话表达，比如"这个城市中的一个理发师为所有不自己刮胡子的人刮胡子：那

1.我们注意到弗雷格这位逻辑学家非常尊重自己。

他为自己刮胡子吗？"

罗素的二律背反削弱了弗雷格的工作作为数学基础的重要性。这[336]是由于一个矛盾的具有不断侵蚀理论的效果，倘若一系列的公理引发矛盾，那么逻辑学理论告诉我们，这个系统中的所有命题都是系统的理论。[1] 因此，如果弗雷格的定义自相矛盾，那么无论什么样的理论，甚至包括"$1=2$"和"$\sqrt{2}$ 为有理数"都能从中推出。故以他的公理作为算术基础，比无用更糟糕。

罗素和弗雷格一样，深切关注数学基础的问题，而且他同样有兴趣试图证明数学只不过是逻辑的分支，这就是数学哲学（philosophy of mathematics）的逻辑学派观点。1903年，罗素发表了他的《数学原理》（*The principles of mathematics*），而他以前的主考官，也是现在剑桥大学的同事，怀特海（Alfred North Whitehead, 1861 — 1947），正在准备他的《泛代数论文》（*Atreatise on universal algebra*）的第二版。这两个人决定面向更宏大的工程一起合作，说明整个数学仅仅是哲学的子集而已。这个工作花费了他们10年时间准备，最终分别于1910年，1912年和1913年出版了三卷《数学原理》（*Principia Mathematica*），不过已经计划好了的第四卷从未问世。*Principia* 使用了高度精巧的符号系统，它要比皮亚诺和弗雷格的符号更为有效；它的精致和复杂，从图10-8中罗素和怀特海对 $1+1=2$ 的证明中，可以窥见一斑。

1.我们以 $p \supset (\sim p \supset q)$ 定理开始说明，这里 $\sim$ 意为"非"，$\supset$ 应该理解为"如果 …… 那么"，而 p 和 q 是命题。假设命题 p 和 $\sim p$ 从公理中推得。因为 p 是正确的，由分离规则我们可以将其从定理中除去，从而推出 $\sim p \supset q$，接着因为 $\sim p$ 正确，又由分离规则，我们可以将其除去，接下来只有 q。即无论什么命题，q 都是正确的。

337

*54·43. ⊢ :. α, β ε 1 . ⊃ : α ∩ β = Λ . ≡ . α ∪ β ε 2

    Dem.

        ⊢ . *54·26 . ⊃ ⊢ :. α = ι'x . β = ι'y . ⊃ : α ∪ β ε 2 . ≡ . x ≠ y .

        [*51·231]   ≡ . ι'x ∩ ι'y = Λ .

        [*13·12]   ≡ . α ∩ β = Λ   (1)

        ⊢ . (1) . *11·11·35 . ⊃

              ⊢ :. (∃x, y) . α = ι'x . β = ι'y . ⊃ : α ∪ β ε 2 . ≡ . α ∩ β = Λ   (2)

        ⊢ . (2) . *11·54 . *52·1 . ⊃ ⊢ . Prop

From this proposition it will follow, when arithmetical addition has been defined, that 1 + 1 = 2.

and much later

*110·643. ⊢ . 1 +₀ 1 = 2

    Dem.

                  ⊢ . *110·632 . *101·21·28 . ⊃

                  ⊢ . 1 +₀ 1 = ξ̂ {(∃y) . y ε ξ . ξ − ι'y ε 1}

                  [*54·3]   = 2 . ⊃ ⊢ . Prop

The above proposition is occasionally useful. It is used at least three times, in *113·66 and *120·123·472.

    *110·7·71 are required for proving *110·72, and *110·72 is used in *117·3, which is a fundamental proposition in the theory of greater and less.

图10-8 从《数学原理》原封不动复制过来的 1 + 1 = 2 的证明

    罗素和怀特海需要避开吞噬了弗雷格的矛盾的泥沼。为此，罗素引入他的*类型理论*（*theory of types*）。在这个理论中，集合的成员都被赋予"类型"，任何集合都只能包含比它自身类型少的成员。因此，单独的实体为类型 0，有关这些单独实体的集合的陈述为类型 1，依此类推。因为一个集合只能包含次级的类型，所以它永远都不会成为自身的成员，故罗素的二律背反得以避开。不过，类型理论依然没有强大到足以消除一些悖论，比如"贝利悖论"（Berry's paradox），即一句 10 个单词的陈述"用至少 11 个单词定义的最小整数"（the least integer not definable in fewer than eleven words）。[1] 满足它的整数事实上由此十个词的陈述定义，因此这个陈述自相矛盾。罗素不得不对类型理论进行修正，他称之为*类型的分支理论（亚理论）*，这个理论又绕开了一块沼洼之地。分支理论不仅仅注意到被讨论实体的类型，还有这个理论中实体被定义的行为。《数学原理》便以分支理论为基础。

人们或许已经开始感觉到类型分支理论是一个临时补缀的破麻袋。事实比这还糟糕，因为人们发现它不能证明自然数是一个连续数或者数目无限。为了克服这些缺点，这个破麻袋必须再补上一条*无限公理（axiom of infinity）*，以简单地断定无限的存在。更严重的是，为了正确的定义数，又要缝上一块*还原公理（axiom of reducibility）*，它涉及不同次序命题的行为。慢慢的，逻辑学家的议题变得清晰明了，很明显数学不仅仅是逻辑的分支。[338]

人们日益清楚集合理论存在的问题，而它也已被提为数学的基础。这个看上去无伤大雅的麻烦，有无可能可以追溯到集合的固有的问题？或许，集合这个概念对数学来说过于宽泛？ 20世纪初，一些人开始支持这个看法，而几乎同时，弗雷格和罗素正在以*选择公理（axiom of choice）*的形式，与他们的问题搏斗。这个公理是欧式几何五个推论（关于平行线的推论，见第9章）在逻辑上的对应，并得到高度关注。它最简化的形式就像只温顺的小绵羊：如果你有一系列的集合，那么你可以在每个集合中选择一个成员，放到你的购物篮中，

1.这里的单词指英文单词，换成中文，我们可以说"用至少15个字描述的最小整数"。当然，我们从一开始往上数，一定会找到一个这样的数字，用中文写出来刚好15个字，但同时，满足这一条件的整数却由这个14个字定义。——译者注

组成另外一个集合。我们像在超市购买物品一样编制集合，我们把这种集合的构造称为"购物"。对这样构造集合的过程，谁能辩驳呢？

当我们考虑无限集合的时候，这只小绵羊甩掉羊皮，摇身一变，俨然一头恶狼，因为可能不存在明确的选择方法。对于一个有限数目的集合，我们完全可以列出我们选择的成员：我们列出购物清单。但是考虑如下问题，我们有一个无限数目的集合，它由0和1之间的所有实数构成，下一个集合位于1和2之间的实数，依此类推。我们决定从每个这样的集合中，随意选择一些数，组成一个新的集合。很不幸，我们无法列出我们的选择，因为存在无穷多个数，我们无法通过一个规则来指定它们，因为它们是被随机选取的。因此，我们构造出了一个我们无法具体说明的集合。罗素的选择公理问题更为通俗的例子是，一个有钱人有无数双袜子，他让他的男仆从每双袜子中都挑出一只。男仆无法开始，因为他无法确定要选择每一双中的哪一只。

对选择公理有三种态度，一般说来数学家都会有意无意地选择一种。第一种态度，是那些回避数学现实的人所采纳的，他们对这个问题视而不见，随性地继续他们的工作，这是所有物理学家的态度，他们中的大部分人并没有意识到还有这个问题，就算问题摆到眼前，需要解释的时候，也只是耸耸肩放弃。接着是数学工作者，他们意识到这个问题，所以在逻辑证明中只有在迫不得已的情况下，才诉诸选择公理。他们绝望地在公理和他们的结论之间找到其他的路，无论那条路多么地拐弯抹角才走到结论。最后剩下的是数学的圣徒们，面对选择公理时，他们是真正的独善其身者，他们不会与选择公理发生干系，并认为所有依凭于它的证明无效。

　　就像这众多的失败所暗示的，如果数学并非纯粹为逻辑的分支，[339]那还有哪些其他成分可以展现在我们面前呢？为了挖掘这个可能的额外成分，我们必须追溯到那位鞍工之子，一位18世纪最难相处但是有影响的哲学家，可能具有四分之一苏格兰血统的伊曼纽尔·康德（Immanuel Kant, 1724 — 1804）。[1]他在《纯粹理性批判》（Kritic der reinen Vernunft, 1781）里对形而上学知识 —— 即超越经验界限的哲学知识进行讨论，其中康德提出"综合"与"分析"两种陈述方式的区分。分析陈述（analytic statement），是指仅仅依靠推理从主体中揭示出来的断言（predicate），它不承载新的知识，就像"所有的胡萝卜都是蔬菜"。根据20世纪初的逻辑实证家 —— 他们采用并阐明了这个词，分析陈述的真实性仅仅取决于组成句子的单词的意义和把它们并列在一起的语法规则。而在经验陈述（synthetic statement）中，断言无需局限于主体，比如"玫瑰是红的"这句话，实际并非所有玫瑰都是红的；此类陈述承载了新的知识。这种分类进一步地被划分为先验的（a priori），指当事实的断言独立于经验事实；以及后天的（a posteriori），指陈述的正确性确实依赖于经验。

　　康德提出，先验的综合陈述，它表述了新知识但是是先验的，为哲学探讨的专有对象。这种陈述包括关于时间和空间的命题，这些在他眼中，是不存在任何异议的，而且对它们的知觉在某种程度上内建于我们的大脑中。对康德来说，欧式几何的原则与自然数的性质都是先验的。在康德看来，数学定理是对时间和空间性质的解释，并在某

1.康德生于斯科特亚（Scotya），它位于东普鲁士柯尼斯堡（Konigsberg，第二次世界大战后，易名Kaliningrad），属于重要的苏格兰移民；据说他的祖父是苏格兰人。尽管他的思想四处流浪，他的肉体从未离开过家乡柯尼斯堡。

些方面清楚表明了我们的神经网络（当然，这不是他曾经用过的词）和我们的知觉模式。

数学哲学提出人们对自然数的某些感觉是天生的，数在世界中是直截的、显然的、具有综合的先验性质。这就是众所周知的直觉主义，由数学家也是拓扑学奠基人布劳维尔（Luitzen Egbertus Jan Brouwer，1881—1966）在他阿姆斯特丹大学的博士论文中提出来的。布劳维尔摒弃了康德提出的几何是先验的观点，其实对欧几里得第五条推论的认识已经让康德一败涂地，因为这条推论可以被其他推论替代而不会产生矛盾（就如我们在第 9 章中看到的）。更确切地说，康德曾提出的欧式几何不可避免的真实性，布劳维尔相信这种说法是错误的，因为存在可替代的几何学，对此经验的表现可以更好地描述空间和时间；不过，虽然如此，他并没有整体否定康德观点：数学是对空间和时间的研究，他否认的只有空间那部分。布劳维尔考虑后认为，数学是有关我们对时间意识的陈述，并宣扬他的观点，认为自然数来源于我们对实体组成的集合的顺序审视；我们各自的知觉在时间上的分离，是区分自然数的关键。布劳维尔实际上走得更远：他是一位唯我论者，相信万事万物包括他人的思想的存在，都源于自己的思想意识。不过，这个观点在直觉主义者的议程中没有必要复杂化，乍一看似乎并没有必要深究（但是以后我会表示赞同地涉及它的一个形式）。

直觉主义者认为，自然数具有特殊的地位，我们可以知觉它们，它们并非是可以进一步描述的实体。根据布劳维尔的说法，为了理解自然数的概念，我们让实体按照时间顺序出现，然后审视它们，并记录下我们分辨实体的知觉。每当我们的知觉忽略了一个实体，在数字上就把它加上去。这个观点暗示，自然数体现我们的精神活动。类似的，算术的操作，诸如加法，在他看来也刻画了出现于我们脑子里面的神经过程。因此，为了验证 2+3=1+4，我们必须执行不同的任务：我们必须判断在 3 上加 2 的结果，对 1+4 亦如此，接着我们必须验证这两个结果一致。

直觉主义导致某些麻烦的结果，虽然在这个简单的说明中不能一目了然，但还是需要注明一下，因为这些麻烦实实在在击中了经典逻辑的心脏。特别是处理无穷多个实体集合的命题的时候，因为我们对无限缺乏直接的经验，故知觉没有相关的智力活动。比如，亚里士多德曾经在他的排中律（law of the excluded middle）中，确定了逻辑的一块基石，即陈述要么真，要么假。直觉主义数学中，这个定律不再正确，因为可能存在某种陈述未被证明或者不可判定。无论哪种情形，陈述都不处于真或假的状态，除非它已被证明。因此，这种情形导致一个命题若是非伪命题并不等价于这个命题就是真的。[1] 我们也可能坚持，"一个拥有无数个球的盒子中，有不是红色的球的说法不是真的"，与"这个盒子中的所有球都是红的"两种提法一样，但直觉主义者会反对这个结论。根据直觉主义者的说法，只有数遍盒子中的所有球，才能确定盒中存在非红球的陈述的真实性，而对于无限的集合来说这是不可能的。这种立场更为深远的后果是，若采用归谬法（reductio ad absurdum）证明某个陈述是错，并不能证明这个陈述的否定是错或导致矛盾。对直觉主义者来说，唯一可以接受的陈述乃是那些可以通过有限步骤的清晰明了证明的陈述。

1.即，∼（∼p）不等价于 p。

希尔伯特，一位舞步翩翩的风流之人，也是20世纪数学界最具影响力的人之一。他和康德一样，出生于东普鲁士的柯尼斯堡（很凑巧，这也是哥德巴赫的出生地）。他在世纪之交，准确地说是20世纪初，提出了他认为的数学上悬而未决的难题，这些题目吸引了大量数学家从此为之奋斗，希尔伯特也因此独具盛名。这些问题是1900年在巴黎举办的第二届国际数学家大会上公之于众的，他的报告列出了十个难题，不过这些问题在出版过程中经过希尔伯特不断总结整理，增加到了23个。这些难题之所以产生如此大的影响，是因为它们所要探究的内容必然对数学的发展大有裨益，而人们更倾向于把这些难题看成综合性的大问题或者由难题本身牵连到的某些问题，而并非23个单独的精确公式化的让人们直接求解的问题。因此，希尔伯特迫切希望人们花时间弄清楚它们，困难虽大，但尚未到可望而不可即的程度。而且，这些难题被破解之时，它们的光辉亦将照耀以之为基础的更宽广的领域。

其中的一些难题也已得到解决，一些悬而未决，还有一些人们正在为之拼搏。希尔伯特陈述的一些难题过于宏大，能否得到和其 ₃₄₂ 他难题一样明确的解还不得而知。比如，他的宏大难题之一是物理学的公理化，即将其置于简明扼要但可靠的基础上，就像欧几里得对他几何的处理那样。而希尔伯特本人，已经在他的权威的《几何基础》（*Grundlagen der Geometrie*，1899）中将物理学形式化，他所考虑的，便是将"万有理论"进行公式化表达。不过，其中大部分的难题很明确，因为它们已经被解释得足够清楚了，比如说康托的连续统假设（它已被证实是不可证明的）和黎曼假设的证明。黎曼假设是说，存在无穷多个复数 z，它们的某一函数等于零，而它们的实部均为1/2（图10-9）。后一问题看上去根本无关紧要，但实际上这个问题对素数的研究意义深远；它一直未能解决，并被人们视为数学中最重要的悬而未决的难题之一。我们迟些时候会清楚地处理希尔伯特的其他两个问题。其一为他的第二个问题，是要证明算术公理的相容性，哥德尔（Gödel）通过努力得到否定的结果。其二为他的第十个问题，即所谓的判定问题（Entscheidungsproblem），这个问题是说设计一个过程，根据它可以确定，是不是任何问题通过有限步骤都能得以解决。图灵（Alan Turing）和丘奇（Alonzo Church）解决了这个问题，得到否定结果。

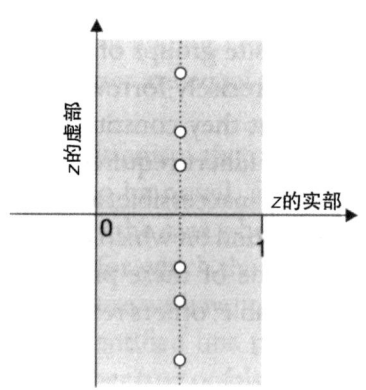

图10-9　方程 $1 + \dfrac{1}{2^z} + \dfrac{1}{3^z} + \dfrac{1}{4^z} \cdots = 0$，（z为一个复数）。人们已经知道它落在0和1的带中间。黎曼假设的一种形式是断定这个方程的所有解实际上都位于这条带的中线上（以小圆圈标注），即无论哪个解，z的实部皆为1/2

希尔伯特还发展了人们称之为形式主义的数学哲学。他视数学为 343
两块紧密粘连的薄片：一块薄片包括应用特定规则得到的符号的有限排列。这些符号简单地在纸面上形成确定的图案，完全没有含义，这些毫无意义的图案就是我们津津乐道的所谓的数学。

　　照这个意思，数学家就是墙纸设计师。根据希尔伯特的说法，唯一可靠的证明是有限论的，即它们是符号的有限集合，只有这种集合才能被人们检查和验证，值得信赖的数学是有限的。第二片薄片上，是元数学，它由对真实数学的解释组成，包含了诸如"这一串符号类似于另外一串"、"对于一个实体来说，x 将被解释为特殊符号"、"一个独特的符号群意味着图案是完整的"、"这是那个命题的证明"之类的论述。我们应该把数学自身看成象棋棋盘上的种种布局，和与之对应的是以评论出现的元数学，诸如"白方有 20 种可能的开局"或者"这种情况下被将死"。按照形式主义者的说法，数学乃是抽象符号和图案的形成：元数学向人们赋予符号和图案的意义，它令记号"充满意义"；它还热血于陈尸。

　　还有一个学派思考数学的本质，即柏拉图现实主义。赞同这种学派的数学家对形式主义者们"数学从毫无意义的连串符号中诞生"的观点不屑一顾，他们也漠视直觉主义"数学是思维的投影"、"存在是无意义的，除非提供证明"、"当意识缺失时，不存在自然数，也不存在诸如平行线之类的东西"等主张。像形式主义者和直觉主义者那样，他们都认同逻辑学家"数学仅是逻辑的分支"的理解是不完备的，也都赞同数学超越了哲学的范畴。

　　这类数学家被称为柏拉图主义者，他们认为哲学所失却的是真实。柏拉图主义数学家是先存（pre-existing）关系的开路者，他们在这个世界上挥舞着闪耀理性光芒的鹤嘴锄，开始开辟工作。他们是真理的发现者，非创造者。在他们看来，自然数作为实体存在着，数之间的关系则是对某些东西的描述。对他们而言，直线、三角形以及球具有岩石般的质感，而算术的真理（记住，它包含任何数学的真理，甚至有过之而无不及）是对某些现实存在（actuality）的注释。因此，他们 [344]拒绝形式主义者无益的淡漠以及直觉主义者主观的羁绊，并认为自己和其余的人一样，都是科学家。他们挖掘着亘古不变的真理，激烈地反对直觉主义者的立场，因为他们认为即使证明未被公式化，真理依然在我们身边。

现在我要把希尔伯特最重要的两个难题摆上来，它们击中了数学哲学的心脏，以最直截了当的方式检验它的能力。难题之一是我已经提到的所谓的"判定问题"（*Entscheidungs problem*）。这个问题是要找到一个系统的方法，确定符号语言中的任何陈述是否都可以通过语言公理证明。两个人几乎同时对这个问题发起进攻，一个是美国逻辑学家丘奇，他发明并使用 λ 计算法解决这个问题；另一人是英国数学家图灵，他发明了"逻辑计算机"，现在被称为图灵机（*Turing machine*）。这两种方法表面上截然不同，但是丘奇和图灵一起合作证明它们在数学上实际上等价。这便是数学的一个非凡重要的能力，它可以将两样看上去似乎毫无干系的东西等同起来。我们将把注意力放在图灵的方法上，因为它更为贴近人们熟悉的计算机世界，但是我们也不应该忽视 λ 计算法与计算机也有共鸣之处，因为它是计算机所用的各种软件的基础。

图灵机这种装置用来模拟人们进行各种算术计算（*algorithmic computation*）时的行为，算术计算就是按次序通过一系列的规则执行计算，现在我们认为这种装置是数字计算机的代表。第二次世界大战期间，图灵就在伦敦以北的布莱切利公园（Bletchley Park）做密码破译工作, 不久, 他又来到曼彻斯特, 他在这段时间的工作中实现了首个可编程的数字电子计算机。图灵成功地破译了敌人的密码, 缩短了战争时间 —— 即使没有数年也多达数月, 从而拯救了成千上万人的生命, 他本人已因此广受赞誉。但是, 他却因为那时法律和社会习俗(他是一名同性恋), 年纪轻轻就被逼迫至死, 这是20世纪中叶英格兰的耻辱。

图灵希望提取出人们计算过程的本质, 接着检验这个过程的局限性。我们可否这样问道: 无论人们工作多长时间, 都得不到它们的答案? 图灵如此描述: 他将这个过程封装于一个装置中, 这个装置由一条上面被分割为一个个正方形单元的无限长的纸带和一个读写机头组成(它用来模拟人们进行计算时, 无限的纸和笔资源并用它们进行计算、记录中间结果、写下最终结果的过程)。读写机头可以设计好程序, 无论单元中是何内容, 每时每刻它都在鉴别以做出恰当的反馈
345 (图10-10)。这些规则也可以更改, 并且从纸带反馈到机头里面。

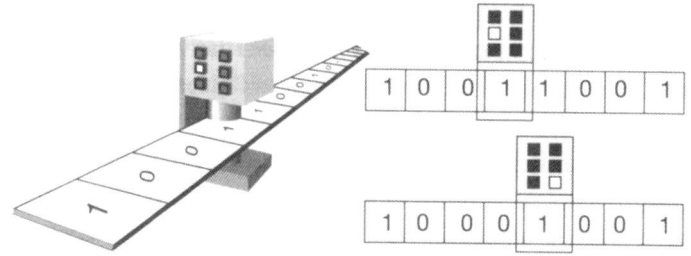

图10-10　图灵机的一种形式。机器包括一条无限长的纸带, 它上面被分成了一个个单元, 符号(一般是0和1)就写在单元中。一个机器可以读取符号, 根据读取内容和那个时刻的内部状态作出行动; 如果需要的话, 它会改变符号值, 接着移到或左或右的紧邻单元。这幅图中的图灵机, 内部状态由读写机头上面的灯处指定。下面的那个表格给出了一个可能的响应: 机器内部状态由灯指定, 并且当前读数为1; 根据指令, 它将1变为0, 并且读取机头移到右边的一个单元

我们假设纸带单元内容要么为0要么为1，这取决于其内部状态；而机头可以读取纸带单元内容，在单元上写，移到一个单元的左或右。一个特定的图灵机可以执行一系列的动作，只需依赖机头从纸带上找到的内容以及机头内建的响应方式。比如，如果它在纸带上找到1，而它本身状态为"1"，机头就可能将纸带上的1改为0，并将自己的内部状态改为"2"，接着移到右边一个单元，而在右边这个单元中，内容可能为0。当机头状态为"2"，一旦它读到0，就可能根据已经编好的程序，移到此单元的左边；但如果它读到1，就会将1改为0，移到右边。如果精细地设计好机头的响应反式，那么图灵机甚至可以执行最复杂的计算。机头及其响应方式的实际设计可能非常困难，而且计算速度极慢，不过我们只注重计算原理，不在乎效率。[1]

每个图灵机都是内建独特程序的机头和纸带的独特组合。假设，[346] 我们可以将所有可能的图灵机编号，我们可以准备一个仓库将里面的这些图灵机分别标上 t_1, $t_2 \cdots$，依此类推。如果向其中的一个机器输入某个数，当它计算停止，我们可以得到某个输出数。比如，如果向机器 t_{10} 输入数字3，计算结束后它可能输出数字42，于是我们就总结为 $t_{10}(3) = 42$。不过，可能有一些机器和数学的组合永远不能得到结果，比如向机器 t_{22} 输入数字17。为了总结这一输出结果，或者表示缺乏结果，我们写下 $t_{22}(17) = \square$。图灵的问题为，是否存在一个审察所有机器和它们数据的方法，并依据审察结果确定计算会不会得到结果。

1.对图灵机工作的模拟可以在一些网站上找到，比如http：//wap 03.informatic.fhwiesbaden.de/weber1/turing/index.html。

为了执行这一程序，我们假设存在一台通用图灵机，这个图灵机可以通过设计程序模拟所有其他图灵机的行为。这个机器的输入纸带分为两部分，一部分为程序，另一部分为数据。程序部分可能由一连串的数字组成，用来指示机头如何响应从纸带中找到的数据。比如，代码 001 可能意为：

> 001：如果你在纸带上发现 1，而你处于状态 1，那么将纸带上的 1 变为 0，并将你的内部状态变为 2，接着右移一步。

类似的，代码 010 可能意为：

> 010：如果你在纸带上发现一个 0，而你处于状态 2，那么移到左边；而如果你读取值为 1，那么将其变为 0，并移到右边。

如果这两个程序连续执行，纸带的程序部分可能看起来像…001010… 我们称通用图灵机为 tu。不过注意，单个的图灵机只读取资料，而通用图灵机首先调入程序自我准备，接着读入数据。因此，如果我们想模拟 t_{10}，我们调入程序 10，这套命令就会让它像 t_{10} 一样工作，接着我们才向图灵机回馈数据。如果数据中包含数字 3，我们就可以从 t_{10} 的处理方式中，预测到结果为 42，记为 $tu(10, 3) = 42$，这里括号中的第一个数字指的是我们意欲模拟的图灵机的编号，而第二个数字为数据。

现在，我们假设有一个图灵机，它可以取代任何图灵机比如 t_{23}，

以及任何一套资料，并可以自行判断这套组合会不会中止，接着打印
出结果。我们称此特殊的图灵机为 th（h 代表"中止"）。如果 th 对于 347
某个程序和数据的特定组合发生中止，比如 t_{23} 和 3，它就打印 1 并停
止；如果它确定组合不会中止，比如 t_{22} 和 17，th 就打印输出结果 0 并
停止。图灵的成就在于，他说明了 th 并不包含于所有可能的图灵机中，
因此它并不存在。为此，他利用了一个非常类似于"对角"证明的方
法，康托曾经利用它证明无理数是不可数的。如果你想略过这个结论
的推导过程，那就跳到下一部分吧，不用顾虑。

　　证明过程如下。假设我们向图灵机 t_0，t_1，t_2，… 中输
入 0，1，2，…，并画出一张表格，图标仅仅是这张表格左
上方的片断。

	输入：0	1	2	3
0	□	□	□	□
1	3	□	4	1
2	1	1	1	1
3	0	1	□	2

（左侧纵向标注：机器数）

　　如果计算不会停止，我们就以符号 □ 表示。因为表格
连续的列中已经包括了所有数字，所以这张表包括了所有
可能的可计算的数（图灵机可以计算任意位数的数字），而
在连续的行中，包括了所有可能的图灵机。

　　现在我们做第二次运算。这次，我们先用 th 将结果整
理一下，如果这个机器确定对应的计算将会中止，我们以

0 表示。如果它认定计算不会中止，将不会对数据进行处理。在已经出现□的地方 它会用 0 代替□，因为它不希望自己因为模拟那个机器也陷入永无止境的计算中去。比如，当你向 th 输入 4 和 2 时对应于程序 t_4 和数据 2，接着 th 查验纸带，进行某种计算，确定如果我们要运行 $t_4(2)$ 的话，计算不会终止，就在表格中对应的地方用 0 代替□，以提醒自己这个特殊的计算将不会停止。这部分的计算结束后，左上方的部分表格就像这样：

348

输入：	0	1	2	3
0	0	0	0	0
1		0		
2				
3			0	

（左侧纵标：机器数）

接着，在我们没有填写 0 的地方，我们就像第一次测试那样，将所有计算运行一遍。现在，我们得到如下的部分表格：

输入：	0	1	2	3
0	0	0	0	0
1	3	0	4	1
2	1	1	1	1
3	0	1	0	2

（左侧纵标：机器数）

因为原始的表格数据包括了所有可能的可计算的数值，故这张表格也包括它们：其中可能有大量重复，不过无伤大雅。

现在，到了关键地方。让我们取对角线上的数（在表格中以黑体标注）并各自加1（就像康托的证明）。我们就得到一个类似于1123…的序列。这是一个可计算的数（我们已经假设，图灵机对每种情形都计算过，故这一系列的步骤也已经被 *th* 检验过的），因此产生这个数的那个机器肯定已经在表格中的某个地方出现。不过，它又不会出现：它与第一行的机器不同（因为我们已经强行令第一个数字不相同），而它也与第二行的机器不同（因为我们已经让第二个数字不同），表格中其他所有行的图灵机依此类推。即，一方面1123…必须存在，但是另一方面，它又不可能存在。这自相矛盾，故我们以前假设的图灵中断机的存在肯定是错误的。我们已经证明（可以确信图灵本人的描述更加严格和权威）并不存在单独的、一般的、通用的算术程序，可以凭此判断特定的计算是否得到结果。反过来，它也暗示不存在一般化的算术法则来判断数学问题的结果，因此希尔伯特的判定问题无解。

现在，我们朝着这章的典范，被称为20世纪逻辑学取得的最漂亮的成就——哥德尔定理（Gödel's Theorem）前进。奥地利逻辑学家哥德尔（Gödel, 1906—1978）生于奥匈帝国的 Brünn（现在捷 [349]

克共和国的布尔诺），孟德尔[1]（Gregor Mendel）在此进行他的工作，并且在维也纳大学做研究。尽管哥德尔非犹太人（尽管罗素的看法相反），但他也无法容忍纳粹压迫，1934年去了美国，并于1940年永久性移民美国，在普林斯顿度过余生。在那里，他和爱因斯坦是伟大的朋友。事实上，在他人生晚期，哥德尔对广义相对论作出了重大贡献，他发现了爱因斯坦方程的一个出人意料的解，这个解可以允许飞向过去的时间旅行。哥德尔并非一个在世界观和人生道路上完全传统之人。第一次访问美国后，他回到澳大利亚，与一位离婚的舞女结婚，并将她带回普林斯顿。那时的普林斯顿，人们非常势利，因此她从来没有被完全接受。当哥德尔垂老之时，出现了典型的抑郁和偏执：他坚信他是一场谋杀的牺牲品，最后这种情绪严重到他完全拒绝坐下；当他穿过他认为已经严重污染危机四伏的普林斯顿时，为了避免被传染，他戴上滑雪帽。他死于"营养不良和虚弱"（因为不食烟火，最后油竭灯枯），当时仅重30千克。最后，就像他的死亡证明上说的，这是一种"人格失调"。

有若干理论与哥德尔名字联系在一起。在此，我们只关心他于1931年在文章《论〈数学原理〉及有关系统中形式上不可判定的命题》（*Über formal unentscheidbare Sätze der Principia Mathematica und verwandter Systeme*）中发表的理论。在这篇文章中，他说明在任何公理化的数学系统中，以系统公理为基础，都存在无法证明或者反驳的元数学命题。

这就是我们要做的。数学是一连串的命题，比如"1+1=2"、"这

1.孟德尔通过著名的豌豆杂交实验，发现了生物遗传规律。见第2章。——译者注

是对命题的证明"；在希尔伯特看来，前者为数学命题，而后者为元数学命题。假设，我们可以写下从基本公理推衍出来的所有命题（比如皮亚诺的公理以及罗素和怀特海用过的，以类型分支理论为基础的，更为精致复杂的系统）。这就给出了命题 p_0，p_1，p_2，…，如此类推。但是我们如何确定哪些命题不重要呢，下面几句话可以让你体味一下哥德尔的处理方式。

　　算术公式中，只有少数几个符号，就像皮亚诺公理中的符号。例如，公理之一"一个数的紧邻后继数也是一个数"，我们可以写成 $x'=sx$，这里 s 指"紧邻后继的"，故我们看到，$s0=1$，$s1=ss0=2$，依此类推。哥德尔为表达式中每个基本符号都赋予了一个数。我们假设，他把 5 赋给符号"="，把 7 赋给符号 s。而每一个独立变量，比如 x，都被赋予一个大于 10 的独立素数，因此，我们将 11 赋予 x，13 赋予 x'。那么一个命题的哥德尔数便是命题中包含符号对应的所有数的乘积，因此我们的命题 $x'=sx$ 分配到的值为 13（对应 x'）×5（对应 =）×7（对应 s）×11（对应 x），算出来为 5005。注意，通过这个程序，一个包括形式化公理的命题，变成一个独一无二的数，[1]所以命题之间的关系就变成算术关系。比如，对于这个命题是否会以一个更长更复杂命题形式出现的元数学问题，我们可以回答了。我们只要计算出 5005 是否为一个更复杂的命题的哥德尔数因子即可，就像 5 是 75 的因子。

　　我们将用哥德尔数标记命题，因此关于数字 6 的命题 $x'=sx$（这应该读成 $6=s5$，"6 为 5 的紧邻后续数"）即命题 p_{5005}（6）。你可能猜到了，

---

1. 为了简单，我简化了计算过程，所以不是非常有效。这一部分是因为符号出现的顺序没有考虑进去。哥德尔的过程更为精致复杂。

复杂命题的哥德尔数更大，但是下面我们假设可以处理诸如 $p_1(6)$ 和 $p_4(6)$ 那样很小的数。比如我们可以假设当应用在数字 6 上时，命题 4 即 p_4，是一个元数学陈述 "6 是一个完美的数"（质数因子之和的数，此例包括了 1，$6 = 1 + 2 + 3$ 和 $6 = 1 \times 2 \times 3$，此例中 1 为质数），而命题 5 可能是一个与质数有关的陈述，命题 $p_5(11)$ 可能为 "11 是一个质数"。

　　一个数学证明包括了一连串的命题，通过应用符号操作规则，这些命题彼此紧密相连。这意味着，我们可以通过计算哥德尔数将一个独一无二的数赋予一个单独的证明。如果一个证明包含哥德尔数为 6，8 和 2 的三个命题（实际上，这些数都是巨大的），那么整个证明就可以赋予哥德尔数 $2^6 \times 3^8 \times 5^2 = 10497600$（对于更长的证明，继续取 2，3，5 后面的质数）。你可能想得到，复杂命题组成的很长证明的哥德尔数像天文数字一样庞大。[1] 这个过程中的关键在于，整个证明又一次被引入了算术领域。比如我们可以利用算术步骤，判断一个证明是否利用了其他哥德尔数，以此确定后者的哥德尔数是不是前者哥德尔数的因子，这有点像 $15 = 5 \times 3$ 表明 5 和 3 是 15 的组成部分。

　　现在，我们利用哥德尔数推导哥德尔的结果，采用的是康托和图灵可计算性讨论过程的一个变化形式。实际上哥德尔用了一个更深刻的方法，建立了 40 个中间理论——作为攀登证明的顶点的探险的中继营地。接下来是与之有关的最基本的东西：可以把它想象为坐飞机到达山顶。不过，即使我已经将证明简化到可以采纳的程度，这个过程还是很艰难。所以你可以坦然跳过，从正常大小的字继续开始。

---

1. 在极端有限论者看来，这时数字已经逐渐消失，具有如此大的哥德尔数的证明可能失去意义。

我们假设，构造了关于数字0的某个命题，并称此命题为 $p_0(0)$，接着关于数1的相同命题，叫 $p_0(1)$，依此类推。一般的，$p_0(x)$ 是关于 x 的命题。这些命题或真或假。比如，它们可能是"x 的平方根为1"，这样，$p_0(0)$ 就是假的，因为命题宣称 $\sqrt{0}=1$，不符合现实；而 $p_0(1)$ 就是真的，因为 $\sqrt{1}=1$。每个这样的命题都有一个哥德尔数，我们都可以计算出来。对无限个自然数中的每一个数，就对应存在无限个哥德尔数。我们写下命题 $p_0(x)$，$p_1(x)$，依此类推：一些是无用的垃圾，一些是真的。现在，我们将它们对应的所有哥德尔数在一张巨大表格中排列出来（其中有天文数字，但我们只取比较小的）。表格左上方部分可能就像这个图

	输入：	0	1	2	3
	0	1	55	27	4
命题	1	51	3	7	17
	2	0	20	30	40
	3	13	22	11	2

表格中的每一项（虚构的）都是命题对应的哥德尔数。因此，命题 p_3 关于数字2的虚构的哥德尔数为11。

现在，我们一个一个地编制出所有命题的哥德尔数列，这些命题是可以由系统公理证明的。就像我们假定存在可靠的图灵机可以判断一个计算是否会中止，我们也假设这样的序列是可以编制出来的，不过如果我们得到自相矛盾

的结果，我们就不得不否认这个假设。

现在，就像在图灵的证明中那样，我们到了关键时刻。

让我们考虑如下命题：

这个对角项的哥德尔数不在可证明陈述的列表中。

"对角项"是和命题自身数有关的命题，比如命题 p_2 便与数 2 有关。因为这个陈述是一个命题，它在原始的无所不包的命题中已经出现过。为了简化，让我们假设，它便是命题 2。所以，此例中我们考虑的对角项对应的哥德尔数为 30。这个哥德尔数对应的命题为：

关于数字 2，没有命题 2 的证明。

现在，我们找到了症结所在。倘若我们参考完整的可证明陈述列表，知道这个命题确实为真，即"关于数 2，没有命题 2 的证明"是可被证明的，我们就得到了一个矛盾的事实，因为实际上，这一命题不在列表中的可证实的命题中！相反，如果我们假设命题"关于数 2，存在命题 2 的证明是假的"，那么我们也找到自相矛盾之处，因为如果"关于数 2，不存在命题 2 的证明"是假的，那么它就不在可证明命题的列表中，而这种情形下，命题却是真的！

我们已经达到目标，这里我们必须总结道：我们正在使用的公理系统是不足以在命题和它的否定之间做出判定的。数学是不完备的。这意味着，存在无限个数学陈述，虽然它们有可能是真的，但无法从给定的一套公理中推导出来，这就是我本章之初评论的基础。不仅仅我们可以数数（因为自然数如此稀少的分布于所有数字的宇宙）令人震惊，我们可以将算术作用其上同样让人惊异（因为形式上可证明的表达如此之少）。

哥德尔的结论并非数学的末日。首先，可能存在非算术的方法判断陈述的真实性，就像或许无法在形式上证明象棋中的某种情形无法将对方将死，但是从全局看来，却是可以察觉得到的。更确切地说，对于一个论断，可能存在元数学的证明，但在形式系统中却无法证明它。人类的思想具有非正式的但是完全可以信赖的进行证明的能力，它像一扇与意识性质有关的窗子，因为它告诉我们，理解和反映并非基于规则系统的。[353]

数学在其发展史上经历了三次重大危机。第一次是希腊人发现无理数，无理数的存在削弱了毕达哥拉斯的哲学。第二次是17世纪微积分的出现，人们恐惧对无穷小的非法处理。第三次危机便是遭遇矛盾，比如20世纪初罗素的二律背反和贝利的悖论。某种意义上，数学作为一门学科生存到现在非同寻常。这部分归功于人们良好的共识：即使数学建筑的内部依然有深不可及的地方，不过大量的神奇的数学都极其有用，抛弃如此令人赞叹的成功的学科过于愚蠢。对于深入数学基础的裂痕，数学家能够没有忧惧地继续工作。首先他们认定，数学基础的裂纹是不大可能会在实际应用中凸显。其次，当然是因为数学真的太有用了，它是描述物理世界的至高无上的语言。若数学随风而逝，大部分科学包括商业、运输、工业以及通讯也将尸骸无存。

这就提出了一个问题。为何数学，人类思想至高至极的产物，可以如此臻善臻美的描述自然。这里，我将沉溺于一片数学的繁华之境，一场个人的梦幻之旅。它纯粹是没有囿于科学的推测，因此毫无权威可言。不过它将向你展示，尽管我气短无力的嘲弄希腊人的思辨哲学，但从内心来讲，我本质是一位希腊人（古希腊）和康德主义者。这里，我打算比希腊人更希腊，再看看自己能否比康德更康德，探索柏拉图的现实主义、康德和布劳维尔的直觉主义和希尔伯特的形式主义之间，是否存在更深刻的联系。

我们面对的问题可以分为两条支流。其一，数学是人类思想的内部产物。其二，数学的出现能够至善至美地用来描述外部物理世界。为何内部和外部如此相得益彰？如果我们采用康德的大脑观点，我们就可以假设，大脑以某种方式进化，从而具备对自然数对应集合的区分能力（用康德的术语，叫"先天综合"能力），以及在三维中通过几何形式表达这些数的能力（也是"先天综合"能力，但后者仅仅部分是正确的，因为我们知道欧式几何面对巨大的尺度、邻近质量体时是不对的）。现代版的康德或许会宣称，我们在思考无理数和非欧几何上，之所以遭遇了这样的麻烦。这是因为这些概念没有通过某种进化适应于局部环境，直接与我们的神经网络硬件相连。因此我们必须在现实
354 中费尽心思，思量它们的性质。

继续往下走，我们也可以假设，对这些概念进行简单操作已经结构化的存在于大脑的硬件中。这个观点告诉我们，基本的逻辑操作是已内建好了的，而我们拥有硬件化的算法能力。我不是在说这是大脑唯一的才能：当前，人们对一个猜测性的假设抱有浓厚兴趣，即大脑中存在非局域化的活动，它可以让我们不按照规则的（non-algorithmic）考虑各种关系；还有一些人 [彭罗斯（Roger Penrose）是这种观点的主要拥护者] 推测意识是一种与生俱来的非局域化的量子现象。如果这些说法被证明是正确的，虽然我会非常惊讶，但是它并非我的推断的

组成部分，因为我要把注意力集中于大脑的算法过程，在可能具有非局域化能力的大脑中，它是更为庞大的、更加元数学的希尔伯特算法的协作处理器。简而言之，对于规则系统的计算，我们可以站在"结构主义者"的立场上，与乔姆斯基（Noam Chomski）有关人类先天语言能力的看法遥相呼应，并且借助康德的灵魂附体，把我们的逻辑能力看成是迫于进化压力出现的在大脑中硬件相连的规则系统的组成部分。我们创造数学关系，推导理论等的能力都来自这种结构。

走出大脑我们将继续前进，我们现在必须考虑数学这只手套与物理世界这只手为何搭配得天衣无缝。此刻，我的推测更加靠不住。我们已经明白数字与集合的关系，而弗雷格将数字与特定集合的外延等同起来。快乐的匈牙利裔的美国数学家约翰·冯·诺伊曼具有同样的精神 [John（Johann）von Neumann, 1903 — 1957]——他与图灵一道，被公认为现代计算机之父，他揭示出自然数可以等同于某些非常简单的集合。特别是他把空集 { }，这个没有元素的集合看成 0，接着他将包含空集的集合看成 1，1 = {{ }}，2 对应的集合包含空集以及包含空集的集合，2 = {{ }, {{ }}}，接着 3 = {{}, {{}}, {{}, {{}}}}，依次类推。[1] 故冯·诺伊曼从绝对的虚无中转动了整个数学世界，并无中生有地（ex nihilov）将算术呈现于我们面前。

因为我缺乏想象力，无从知道如何从绝对的虚无中诞生东西，所以我已在别处证明过，宇宙无中生有的出现肯定如同像冯·诺伊曼的魔术，从空集中变出自然数。宇宙在自我创造后依然存在，这暗示通

³⁵⁵

1.这种记号很精致，但容易让人糊涂。集合理论中，空集一般用 ∅ 表示，因此自然数就是 ∅, {∅}, {∅}, {∅}} …，这种记号至少不容易混淆。

过这种方式开始存在的实体在逻辑上是自洽的，否则宇宙将会坍塌。因此对宇宙而言，存在一种与算术一样的内在的逻辑框架。

现在，我们将这些气泡汩汩的溪水般的推测汇成河流。当数学面对物理世界，它看到被物理世界反射的自我。我们的大脑，以及其产物数学，具有与物理宇宙本身一样的精确的相同的逻辑框架——时空与实体的结构均栖息其中。承维格纳（Wigner）和爱因斯坦之恩惠，从那时开始，大脑产生的数学毫无疑问便成了一门描述物理世界的完美的语言。

或许上面的一切都是无稽之谈。但是如果不是呢？暗示之一即世界的深层结构为数学：宇宙及其包罗的万象，均是数学，除了数别无他物，物理现实是让人顶礼膜拜的数学的体现。这是偏激的柏拉图主义，极端的"新柏拉图主义"（ultra-neoplatonism），别处我还贯之以"深刻结构主义"之名。那些我们可以实实在在感受得到的——土地、空气、火和水——都只是数学。如果这样，那么某种程度上哥德尔的理论可以应用于整个宇宙。我们永远无法知道宇宙是否真的自洽，如果不是的话，那么或许在未来的某个瞬间，一切都会戛然而止，或者矛盾就像瘟疫般蔓延到宇宙的整个结构，所过之处，逻辑如乱麻混乱不堪，而结构铁锈斑斑，直至灰飞湮灭。万物归于本源，回到空集，回到那个令人惊骇的绝对的虚无。

同时，我们陶醉于这种力量。如果这个观点还有那么一点点正确的话，那我们周围的一切便令人敬畏地衍生于虚无。万事万物通过我们的感知，由智慧而深化，因科学更敏锐地感知，愉悦地向我们昭示伽利略的远见，他那多管闲事的手指。感动与激动无以复加。

后记
认识的未来

对认识的未来，伽利略的手指指向何方？过去的数个世纪，特别
是刚刚过去的这个世纪，人们已经取得了令人振奋的进步，并且这样
的进步并没有减缓的迹象。那么，它将走向何方呢？

科学看上去就好像是半无限的。我这样谨慎的措辞，意指对于寻
找终极理论 —— 不恰当地称呼为"万有理论（theory of everything）"
[自谦的说法是，它是物理学的脚指头（theory of everything首字母的
缩写TOE在英文中有脚指头的意思）] —— 乐观者有一定的把握猜想
最后将以成功告终，但是，科学的衍生和应用永无止境。当然，每个
世纪都堆满了此种观点的残骸，而紧接着的进步，闪烁着刺目的灯光，
将它们漂白，并且烘托得滑稽可笑。不过，现在的迹象不同，乐观者
们 —— 乐观主义应当是所有科学家共同的个性特征 —— 可以指出19
世纪和21世纪科学终结论（end-is-nighers）的本质区别。

一位19世纪的科学家，在一个大小不一的零件日益精致复杂的
世界中成长 —— 从细微之物到横跨国度的庞然大物。对于这些零件
来说，终极认识的理想之境是构筑一架模拟观察的机器，因为它们可
以理解零件。我们待会就会看到，这种观点从现代科学中并没有完全

销声匿迹，但是科学家现在接受，在认识的终点上，"零件解释"是幼稚的观点。任何零件本身都由更小的零件组成：实际上，任何具有性质的东西都是一个复合的零件。一个电子，在某种意义上，以质量、电荷和自旋为零件，电子具有某种假定的结构，这种结构赋予了电子这些基本特征。

我们可以从零件时代顺流而下至抽象时代。当前的21世纪的科学家相信宇宙的深刻结构通过数学就能表达，而任何将数学与可视化的模型联系到一起的尝试都危机重重。现在，抽象是我们游戏的名字，是目前认识的典范。任何终极理论，如果存在的话，就很可能是对世界基本结构的纯粹抽象的描述，一种我们或许能够拥有但却无法理解的描述。

我们可能拥有一个解释，但无法理解它 —— 这个观点可能过于极端，人类是数学诠释的好手。浅显地说，尤其指那些用来支撑物理的数学；他们始终明白他们的解释充满危险和不完备，但是依然义无反顾地去解释。于是，想象电子的自旋像一个球的旋转就成了人类智慧的产物。可是，在物理背景上，我们知道"自旋"是一个非凡的抽象的存在，其性质无法从这个经典图像中完全领会，而且经典理论在这些方面存在误导。弦理论是另外一个例子，这里我们可以把弦想象为三维空间振荡的实际的弦，从而自认为理解了多维空间中的弦的数学概念。尽管终极理论可能高度抽象，但我们预料它的内容有一个浅显的、启发性的、不精确的图景，科普作者无限憧憬的未来便是找到崭新迷人的办法让终极理论更容易消化。

　　但是通过"终极理论"我们想要什么呢？终极理论将不会是一个单一的方程，它一旦被解出，就能解释世界上（under the Sun）所有的性质和活动，包括太阳（Sun）自身。某种意义上——我不能明确地表述因为只有事后我们才能明确——终极理论将是复杂的概念，体现了它对物质世界基本结构的看法。为了让你们明白我的想法，我可以指出拥有奇思妙想的惠勒（John Wheeler）尽管失败了但是富于想象的尝试。他几乎在半个世纪前就想知道终极现实的基本原料是否是一个谓项逻辑陈述的总和。他想知道，宇宙开端时，是不是随机的逻辑陈述相互纠缠，最终达到自洽？大爆炸是否让世界在逻辑上开始自洽？换言之，万物产生之时，便能自我理解吗？

　　当然，这种描述比现在依据量子力学和引力的统一理论、弦理论所探索的层次更初级更深刻。回望往昔，我们可以满怀自信地说，从目前的理论发展到终极理论，至少存在两次意义深远的观念的变迁。当然，我们亦有可能正踏上无穷连续的观念变迁之路，而真实的理解一直沿着这条黄砖路，穿越下一个观念的地平线（如果未来的档案保管员有能力读我们印刷出来的书，看着这些幼稚的词一定会止不住窃笑）。这大概会让哲学家欣喜，他们是天生的悲观主义者，他们会因科学潦倒的前景欢欣雀跃；但这却会让本是天生乐观派的科学家垂头丧气。 359

　　观念的变迁之一将来自引力和量子理论的统一，而且对于它可能的存在形式，已经显露出征兆。就像在第9章稍稍谈到的，有一个观点正在浮现，即时空唯一的真实之处是事件之间关系的存在。量子理论对此也有深刻的阐释，在量子力学中所有可能的过去都已经发生，因此宇宙本质上是多层的。我们还没有完全认识此类观念的变迁，而它们也开诚布公的面对技术上的反对，因为我们还没有一个完整的量子引力理论；不过毫无疑问，它将把我们对现实的理解，领向一条充满令人敬畏的惊奇、并且迄今为止依然朦胧难以分辨的道路上，就像狭义相对论改变了我们对时空的感知，广义相对论亦如此，量子理论依旧这样，绵绵无息。事实上，如果人们思考20世纪的特征，会发现不仅仅存在社会秩序的剧变（并非那个世纪独一无二的），还有一个深刻的剧变——发生在我们对现实世界架构的理解上，它不同于自哥白尼时代以来发生的任何事情。哲学上从未完成如此剧变，尽管它已经生生不息千年之久；而科学在百年内至少经历三次，并且至少还将经历一次，或者两次，或者可以想见的无止境的继续。

观念的变迁之二——我们假设它是最后一个，但这不得而知了——将领着我们踏向凌驾量子理论和引力的统一之处。它将领着我们深入物理现实的基础，而我们也将理解粒子（当然，这已经是一个过时的观点）的意义，力的意义，带电的意义，物理定律是如何产生的，为何世界以这种方式存在，以及一目了然的真实怎样从不受干涉的绝对的虚无中产生……这些都将能够被理解。尽管弦理论的各种可能性隐约闪烁着微光，但终极理论长成什么样，人们连最起码的看法都没有。无论在惠勒的推测里，还是我在第10章末尾婉转提到的梦幻的推测中都没有。所有我们能够确定的只有：当终极启示来临，我们会为之前的幼稚瞠目结舌。

360　　　虽然还有百万计的下一层次的问题，和数不胜数的数万亿的更下一层次的重要问题，但是只有两个真正深刻的问题留待科学解决。伟大的问题之一是宇宙的起源；之二是意识的本质，这是物质所有属性中最令人迷惑的问题。一旦我们对量子引力和粒子理论的研究更进一步，宇宙起源的面纱将被慢慢掀开，而我们可以期望由它总结出一些更伟大的思想。意识的问题可能与众不同，可以想见无需发展与之有关的伟大思想，它就可以得到解决。

首先，我猜测一个像意识那样复杂的现象无法从传统意义上的"定律"归纳出来。大脑，是目前唯一已知的能够产生意识这种知觉的装置，它能够利用诸多行为模型，还支配许多非完全局域化的特定的功能区域，因此我们不能期盼用一两句话就可以总结大脑的功能，更别说数学公式了。我猜测只有当我们成功地模拟意识后，才能理解意识。这个观点当然没有否认目前应用于大脑的生理学、药理学、心理学等神经系统科学的方法，因为我们需要详尽的明白什么要考虑到我们的模拟中去。但是这里我们应该谨慎点，因为没有必要将发现的所有东西都纳入其中，就像一架宇航飞机不需要装备羽毛或者在其胸部装上引擎。这个观点并非意味着，因为目前人们流行将量子现象看作意识机制的基础，我们就不把诸如（细胞）微细管道考虑进去。实际上，如果搭建一个装置，即使仅仅模拟经典的神经系统科学，包括令人惊叹的神经联结的可塑性和微妙的化学势和遗传，还是有可能达到 I 型意识（人们可能如此称呼）。接着再构建一个装置，不过它考虑了各类不受局域限制的量子效应 —— 因为一些建议者相信这些效应是意识过程的不可避免的伴随产物，以此达到 II 型意识。弄清楚 II 型意识模拟器可以做什么事，或者想象它能够做而 I 型模拟器做不了的事，或者想象它无法完成的事，都是有趣的任务。倘若像我推测的那样，事后证明我们自己只不过是 I 型意识，那么可以想到，我们将

无法识别出 Ⅱ 型意识作为意识所达到的不同成就，并把它作为失败的尝试束之高阁。

简言之，尽管可能永远不会存在"意识理论"——实际上这个提法也可能不合适 —— 不过我们极有可能模拟出意识。在某种程度上，在构建这个模拟器的过程中，就理解了意识的本质。当然，探索模拟意识与天然意识即我们自身的意识之间的区别，将永无止境，而我们亦将永远也无法确凿地肯定，人工意识与自然意识是别无二致呢，还是我们只是简单地创造了一些自己永远也理解不了的东西。或许有那么一天，我们碰到了唯一的异族便是我们亲手制造出来的人。对于这些人造的但是具有知觉的伪人类（non-being）的权利问题，诸如它们死的权利，他们残障后享受特殊待遇的权利，我们都可以撇给后代；而与之相联系的伦理问题，还有我们可以精确克隆他们和他们经验的可能性，不同种族的有意识的伪人类被开发出来但是彼此之间无法接受的可能性，在个别的模拟器中出现的信仰系统或者削弱他们预设的理性行为的部落的形成的可能性，以及这些智能生命发现无聊的人类意识表现出来的乖张行为，然后对依赖此星球为生的人类施加于星球的负担做出悲观但是现实的判断后，采取合适行动的可能性。显然，这里许多的胜景等待新的格列佛来游历。

我已经提到过科学观念的变迁。有两个观念更贴近我们，它们身处我们中间，并且击中科学最核心的部位。

随着计算机时代的崛起，以及它高度密集的庞大数据的计算能力，我们正在目睹从分析 —— 建立并求解方程 —— 到数值计算的转变。

恰当地利用计算机，这种转变是卓越的，因为它延伸了科学家的触角，当一个理论中出现不可解的方程，他们现在不必绝望，他们可以在计算机上进行计算并且分析结果的含义。我们现在可以看到，即使微不足道的、望之平淡乏味的方程也可以产生非凡的结果。我们不得不赞美那份力量以及我们弄清数值意义的能力，在序言中我用过与此相同的赞美标准，那是只有对于伟大思想才考虑的标准。

不过，危险也是双重的。一为轻浮：稍加努力便可得分析解的时候，我们可能还会诉诸数值计算。这是懒惰，尽管我们看到人们提出漂亮分析解后悔叹息，但已经没什么重要意义了。第二个危险更深刻：诉诸数值解让我们疏远理解。当我们发现分析解，我们可以声称理解所得结果，因为原理上，我们可以逐步理解证明，直到最终结果。当发现一个数值解，很少有人能够立刻掌握种子（即方程）和果实的 ³⁶²关系，而我们也并不觉得这个结果像我们经过步步分析推导得到的那样，是我们人类的一部分。不过，得到数值解比完全没有解要好得多，而且随着时间流逝，我们将感觉越来越舒坦，并将找到通晓数值计算的方法。当然，这样的计算的可取之处在于这种神奇的方法可以把内容以图形方式表现，目前我们正处于从击节叹赏优雅分析解的美丽，到赞叹计算机解的优雅图像的美丽的转变过程中。

第二个转变必须更加小心谨慎地处理。我已经在正文中诸多地方提到，在某些情形下科学正在谨慎地放弃它的特色，它最重要的手段：实际实验。在宇宙学中，有一些试验超出人类能力所及，很多时候是因为试验需要的能量是宇宙量级的，还有些时候因为我们的观察受限于单个的、业已存在（pre-exsit）的宇宙。在第6章中，我以弦理论为例，给出一个在实验上似乎无法检验的理论。

对于放弃实验能力，至少有两种反应。一是将所有的没有检验过的理论拒之科学之外，就像任何类似亚里士多德对真理的宣言一样不再接受。这时，伽利略的手指摇摆着，以示劝诫和警告。它们是迷人的智力活动，但不是科学，一些人对弦理论当然会持这样的观点。但是其他人，极不妥帖对自然选择也抱有同种看法。还有一个可供选择的观点是，科学已经成熟到不能证实的理论也能被谨慎地看作正确的时候了。因此，倘若一个理论解释了基本粒子的质量并预言世界是三维的，那么即使没有已知的或者实际的方法去验证它，它也能因为名誉上的正确被接纳。当科学知识的躯体过于瘦弱时，这样一种态度应该不会被接受，但是现在 —— 只要应用于丰富的已知事实上并不产生矛盾 —— 我们或许就可以谨慎地接受这样一个未经证实的理论的正确性。现在伽利略举起手指警告，如果我们坚持可证实性 —— 科学的纯粹主义者有权这样做，那么所付出的代价是在基础发现的意义上，我们将走向科学进步的终点；当然，这场争论在应用科学上没有影响，相同的道路上，可能的实验永远都不会被剥夺。

我用了"可证实性"（verifiable）这个词。它把我与卡尔·波普尔（Karl Popper）广受赞誉的观点联系起来。波普尔的观点即在文字的严格意义上，理论永远都无法被证实，但是它们被认为是科学的话，必须是可以证伪的。这就是说，应该在原理上存在一个试验，说明理论是错的。自然选择是可证伪的（与某些人的想法相左），因为就像我们在第1章评述的，它与诸如分子生物学扯上关系；广义相对论是可证伪的，因为它与接近重物的对象的运动有牵连，像我们在第

9章看到的，比如水星轨道进动和星系导致的光线弯曲；和前两者一样，能量守恒定律和熵增定律（热力学第一、第二定律）也是可证伪的，因为它与如永动机的存在有干系。

那弦理论是不是可证伪的呢？目前尚不清楚，因为它过于模糊并且没有什么明确的预言。不过假设它不可证伪：假设以后M理论存在某种描述，它的形式确定下来并可以预言所有基本粒子的质量，所有基本常数值，以及时空的结构，但是完全没有试验可以证明它。它将是不可证伪的，因为它已经精确预言了已知的宇宙的几乎所有基本性质，我猜测我们会认为它是正确的，而且事实上它也会被认为是科学成就的典范让我们振臂欢呼。

一旦万有理论建立并预言了宇宙的所有性质，科学将何去何从？一些人将转到其他方向，探索这个终极理论的分支。这将是他们永恒的事业，文明得以延续。还有一些人，因为他们已经将哥德尔理论和它的负面影响铭记心中，他们会担心那个终极理论的自洽问题，于是去提供此类证明（第10章）。那些不担忧自洽的人将在黑夜也无法入睡，他们忧虑没有可能证明终极理论是独一无二的，他们甚至可能发现看上去完全不同的万有理论，这个理论也精确地包含一切，但在数学上和与之竞争的理论并不等价，这暗示真实的宇宙与迄今为止的假设完全不同。那时，那便是科学。

名词索引

B

C

D

E

G

H

I

J

K

L

M

N

O

P

Q

R

S

V

W

X

Y

Z

译后记

许耀刚 刘政 陈竹
2007 年 7 月 1 日

　　有这样一本书，如果你在茶余饭后随手翻阅，你会为科学的某个方面而激动；如果你有足够的耐心和勇气，或在琐碎的时间里逐章品味，或沏上一杯清茶一气读完，无以复加的感动和震颤将会涌上心头——无论你将她看作生物的进化史、物理的革新史、宇宙的演化史、化学的编年史、数学的断代史；还是观念的变迁史、思维的抽象史、知识的嬗变史、科学的思想史。科学在这里已经不是单纯的指代名词，她囊括了你能想象的一切；她就如同永不消逝的圣光，指引着愚昧的人在渺小的时间尺度上保持着矜持和自信，勇敢地叩问自心，探究世界，执着地披荆斩棘，一如既往地前行。作为理性的典范，她犹如第二位上帝，将弱小的人笼罩在宗教般的辉光中，让他们充满了无穷的精神力量，——这就是《伽利略的手指》能够给予我们的。

　　尽管作者在书中已经一再强调，这里我们依然有必要重复：看到本书的目录时，千万不要被貌似庞杂和晦涩的内容吓倒。如果你就此放弃，你将错过了一处满目繁花的理性的花园，一次与科学、与理性、与人内心的孱弱和强大面对面交流的机会；如果你能鼓起勇气继续读下去，等待着你的将是一场无与伦比的科学的盛宴，数轮极具挑战的头脑风暴，以及许许多多对科学理念颠覆性的认识。

我们将随着作者的生花之笔遍览科学的胜景，科学在此如一泓碧泉，已无层次之分；不同的领域融会贯通，共同汇成了人类恢宏的思想以及螺旋上升般认识的层层变迁。我们就在作者的引导下，或驻足远观其思想的轮廓，撷取片叶品味；或大步流星地穿越重门与认识相拥，坐拥繁花满地。

我们从生物学，从熟知的生物的进化开始。久久囿圄于高楼水泥中的我们被妙曼的大自然当头一棒，这是回归自然回归大地，并且在寻根溯源中的心灵的颤动。自然选择作为生物进化的准则，不仅仅为人类的反省打开了理性之窗，也将生命置于科学的解剖台，驱去几千年来的种种神秘。我们将乘着理性的飞毯，越过重重真实与抽象的高山，在科学的大地上寻觅如岩石般充满质感的真理。

生命在广袤的大地上何以生生不息？从孟德尔的豌豆杂交实验到多利羊的诞生，遗传学的发展把上帝之手赋予人类，20世纪最伟大的科学发现之一——DNA的发现一举将分子生物学推进到新的纪元；洞悉了DNA，也就明察了生物的灵魂，包括我们人类自身。这时，我们将在分子的基础上重新认识自己。科学的力量让造物主黯然失色。

但我们依然不满足，为何分子能够充满活力，从而造就充满活力的大自然？我们把目光投向能量，分子运动的原料。从此刻开始，我们推开基础物理的大门，能量借科学之名出现于理性的舞台；与此同时，我们的思维正不知不觉地从现象步入抽象，并且随着讨论的继续，我们将翻越越来越高的抽象的山峰，但是，也慢慢逼近现实背后的本质。

我们都知道能量守恒定律，但是不同性质的能量（热能、势能、动能等）没有任何本质区别吗？在能量守恒的过程中，真的没有什么发生变化吗？什么驱使能量在不同的状态间转变？这时，熵作为热力学第二定律的核心给出令人信服的答案。热力学第二定律告诉我们，宇宙中的总熵是不停增加的，即宇宙永远朝着越来越混乱的状态发展。我们终于能够理解无论是简单如咖啡冷却还是复杂如生老病死等现象。但是，疑问接踵而来，既然熵会不断搅乱我们的世界，那么日益精致复杂的人类社会，诗歌绘画雕塑如是如何产生的呢？以宇宙的衰亡为大背景，熵和引力之间的暧昧关系又是怎么回事？

暂且放下这些疑问，我们从抽象的能量、熵中全身而退，深入分子，一头扎进物质世界更加基础的原子中去。人类对物质本源的兴趣与生俱来，从两千多年前到现在，执着的追求从未停歇。特别是近两百年以来，突破性的发现接踵而至。对我们尚还孱弱的灵魂，恍若隔世。年轻的物理学家还在为自己新的发现雀跃，蓦然回首却发现已经落后于主流。元素周期表和原子结构的发现相映成趣，后者紧随前者，为元素周期表的排列奠定了坚实的理论基础。但是，不能不提到的是，直到半个多世纪后扫描隧道显微镜的发明，人类才第一次真真切切地"看"到了单个原子。

然后，我们又一次从物质回归到抽象，这次是与基本粒子息息相关的对称问题。虽然人类的想象力无穷，可是由于对称的存在，图案在平面上的排列方式变得寥寥可数，对称限制了美；也是因为对称的原因，s轨道和p轨道电子的能量有微小差异，同一轨道不能容纳两个以上电子，同一轨道的电子的自旋必须成对，这些制约因素导致了性质各异的原子的出现，从而组成我们大千世界。不仅仅是原子，甚至四种基本作用力（万有引力、电磁力、强相互作用力、弱相互作用力）在极高能量下是完全相同的，只是因为能量的降低，出现对称破缺，从而逐步分道扬镳，变成四种截然不同的力。但是，要在实验上验证这一理论需要无穷大的能量，这是人类永远也无法企及的。理论与实验的壕沟越来越大，会不会有一天，虽然理论预测与当前的一切完美吻合，可就是无法被实验证实，那个时候，科学还能称之为科学吗？

仅仅浅尝辄止地了解物质的基本结构不是我们的终极目标，无数的艰难险阻等待着我们。只有当我们理解了微观世界的运行机制，也才有一点点权力声称我们对微观世界略微知晓。这时，量子成为我们永远也无法回避的话题。不同的理论有不同的特征常数，比如热力学中的玻尔兹曼常数、相对论中的光速、量子物理的特征常数是普朗克常数——一个小得我们无法想象的数。描述量子世界的量子力学的建立波澜壮阔，诸多轶闻故事至今人们还津津乐道。但是接受量子力学的代价也是苦涩的，我们不得不抛弃习以为常但是陈腐的观念，比如我们只能知道一个粒子所处位置的概率信息而无法绝对定位，比如我们不能同时得知粒子的动量和位置。固执的爱因斯坦对量子力学深恶痛绝，认为"上帝是不会掷骰子的"，可是一次次实验都向世人宣告量子力学的完备性和正确性。巨人已老去，但是阵痛依然会伴随着观念的变迁深入骨髓。

接着，我们再一次从抽象重回现实的物质世界，像坐过山车一样从最细微的原子、电子飞跃到浩渺的宇宙。在对宇宙一次次重新认识的过程中，人类的地位愈见卑微；然而我们这些微不足道的人却可以触摸到造物主的思想，这让我们足够自信自豪地继续我们的探究。这里，我们将纵览宇宙演化的恢弘长卷，从宇宙大爆炸的一瞬间基本粒子在致密至热的空间自由驰骋，到原初物质核子的形成；从核子邂逅形成原子核以及不断充实披上层层电子的霓虹羽衣，到大量氢氦云团凝聚为不同质量的恒星；从瞬间灿烂的超新星爆炸到新的核素散布空间重新组成恒星；从百万亿年后恒星形成时期的完结到黑洞的消亡。虽然我们能够自豪地勾勒出宇宙诞生乃至未来的图景，但我们对宇宙的认识依旧只是皮毛，视界、平坦性、暗能量、磁单极以及更深层次的宇宙的不对称性和三维性问题俨然摆在我们面前。

当我们还在宇宙的"新大陆"上畅想，时间如同无形的鞭绳将我们抽醒，开始与空间一道在更为抽象的时空中调侃我们幼稚的思想。人类以不竭的智慧为红娘，历经几千年的努力，终于令时空在四维联姻，作为一个整体出现。对于时间、空间、质量、引力、几何的理解，从未如此简洁明了，在爱因斯坦的引导下，我们终于明白质量扭曲时空，引力表现时空几何结构。可谓叹为观止的成就。

最后，我们的旅途终于到达高潮，一个绝对的抽象世界，纯粹的、显然的、不存在实体的抽象——数学。我们目睹了逻辑妄图鲸吞数学却将自己胀得漏洞百出，而数学哲学也被希尔伯特的最重要的两个难题击中要害。哥德尔以惊人的智慧，将数学命题与素数联系到一起，并以此为光芒，毫不留情地将数学的不完备性暴露于阳光下。但是，这并非数学的末日，以此为契机将引导人们更加深刻地去认识数学的本质，追究数学与人类大脑的关系。我们听到窃窃私语道数学乃世界的深层结构，包括物理在内的其他科学仅仅是她的化身。如果确实如此，我们便无暇顾及数学的自洽与否，我们深深沉浸于无以复加的感动之中——为我们能够感知，借助科学的伟力感知万事万物！

　　毫无疑问，这不仅是一部关于科学的翘楚之作，也是一部波澜壮阔的文学作品，其优美程度甚至不亚于任何经典之作。虽然我们已经尽力保持原作的风格，但是还是建议读者最好能够对照英文读下去，这样一方面有助于更加深刻地理解作者的思想，一方面可以领略文学性与科学性的完美结合。后者至少证明：科学在保持其严谨性的同时，在文字上亦可以做到环环相套、丝丝入扣，美丽优雅且严格。我们无需赘述，大家在字里行间自然领略得到如歌如诗般的科学的思想史，以及戴着科学的脚镣起舞的感觉。

　　以科学之名，追逐理性，革新思想，以至无极。

图书在版编目（CIP）数据

伽利略的手指 /（英）彼得·阿特金斯著；许耀刚，刘政，陈竹译. — 长沙：湖南科学技术出版社，2018.1（2024.4 重印）
（第一推动丛书. 综合系列）
ISBN 978-7-5357-9439-0

Ⅰ.①伽… Ⅱ.①彼… ②许… ③刘… ④陈… Ⅲ.①科学知识—普及读物 Ⅳ.① Z228

中国版本图书馆 CIP 数据核字（2017）第 210843 号

Galileo's Finger
Copyright © Peter Atkins, 2003
This title was originally published in English in 2003.This translation is published by arrangement with Oxford University Press and is for sale in the Mainland（part）of the People's Republic of China only.
All Rights Reserved

湖南科学技术出版社通过安德鲁·纳伯格联合国际有限公司获得本书中文简体版中国大陆独家出版发行权
著作权合同登记号 18-2004-065

JIALILÜE DE SHOUZHI
伽利略的手指

著者
［英］彼得·阿特金斯

译者
许耀刚　刘政　陈竹

出版人
潘晓山

责任编辑
吴炜　戴涛　杨波

装帧设计
邵年　李叶　李星霖　赵宛青

出版发行
湖南科学技术出版社

社址
长沙市芙蓉中路一段416号泊富国际金融中心
http://www.hnstp.com

湖南科学技术出版社

天猫旗舰店网址
http://hnkjcbs.tmall.com

邮购联系
本社直销科 0731-84375808

印刷
湖南省众鑫印务有限公司

厂址
长沙县榔梨镇保家工业园

邮编
410129

版次
2018 年 1 月第 1 版

印次
2024 年 4 月第 8 次印刷

开本
880mm×1230mm　1/32

印张
17.5

字数
366 千字

书号
ISBN 978-7-5357-9439-0

定价
78.00 元